高等学校广告学专业教学丛书暨高级培训教材

广告学概论

董景寰　编著

中国建筑工业出版社

本书密切联系当代国内外的广告实践，对广告学的基本理论、方法和广告活动的整体运作过程进行了全面、系统的探讨。主要内容包括：广告概说和广告学的研究对象、广告调查、广告策划、广告目标及计划和预算、广告定位、广告媒体策略、广告创意与设计、广告文案的写作，广告美学、广告效果测定，广告的组织与管理、国际广告等。全书体系完整，结构合理，论述清楚，资料丰富，特别是书中引用了大量的最新广告实例。本书既可作为普通高校和各类成人高校广告学专业、市场营销专业和其他相关经济类专业的学生学习广告学的必修课或选修课教材，亦可供广告公司的从业人员、市场营销人员和对广告有兴趣的广大干部、青年阅读参考。

高等学校广告学专业
教学丛书暨高级培训教材编委会

主　任：吴东明　崔善江

副主任：张大镇　陈锡周

编　委：（以姓氏笔划为序）

丁长有　王　从　王　健　王肖生　尤建新

包淳一　乔宽元　吴　平　吴东明　吴国欣

张大镇　张茂林　陈锡周　林章豪　金家驹

唐仁承　崔善江　董景寰

总　序

　　广告是商品经济发展的产物，同时广告的发展又促进了商品经济的发展。在现代社会中，广告业的发展水平已成为衡量一个国家或地区经济发展水平的重要标志之一。

　　随着我国改革开放的深入和社会主义市场经济体制的逐步建立，广告正发挥着日益重要的作用。作为现代信息产业的重要组成部分，广告不断实现着生产与生产、生产与流通、生产与消费，以及流通与消费之间的联系，成为促进商品生产和商品流通进一步发展的不可或缺的重要因素之一，推动着现代社会再生产的顺利进行。这种作用随着社会化大生产的发展及商品经济的发展将会变得越来越明显。

　　正因为如此，改革开放以来我国广告业有了十分迅猛的发展。截止 1995 年底，全国广告经营单位已有 4.8 万家，从业人员 47 万人，全年广告营业额 273 亿元。

　　但是，应该看到，我国广告学研究和广告专业人才的培养工作还远远跟不上广告业迅猛发展的实际需要。一则，作为人才密集、知识密集、技术密集型产业的广告业对专门人才有着大量需求，而目前的实际情况是，广告教育投入还比较薄弱，广告人才极为缺乏。再者，广告学作为一门边缘性、综合性的独立学科，国内的研究只能说是刚刚兴起。还有，为了适应整个广告业向产业化、科学化、规范化的方向发展，无论是广告从业人员的政治素质和业务水平，还是各种广告作品的思想性与艺术性，都亟待提高。

有鉴于此，在中国建筑工业出版社的支持下，我们组织编写了这套适合于广告学专业需用的系列教材，全套共十四本。《广告学概论》阐述广告学的研究对象、理论体系、研究方法等基本原理，及其在广告活动各个环节中的运用原则。《广告创意》在总结国内外大量成功的创意典范基础上，对广告创意作了系统、深入的理论探讨。《广告策划》结合中外广告策划案例分析，从文化、美学的层面上，重点论述广告策划的内容、程序、方法与技巧，揭示了广告策划的一般规律。《广告设计》、《橱窗设计》、《广告制作》不仅论述了广告设计、橱窗设计的一般程序、广告插图、广告色彩的表现形式和处理方法以及主要媒体的广告设计原则，而且还对不同种类的广告制作的材料、工具、方法、步骤等逐一进行阐述。《广告文案》在分析鉴赏中外广告大师杰作的同时，对广告文案的特征、功能、风格及其文化背景等问题展开研究。《广告传播学》全面系统地论述了广告传播原理、功能、传播过程、传播媒介、传播效果及传播媒体战略和国际广告传播。《广告心理学》阐述了广告心理学的基本理论及其在广告计划、广告作品、媒介计划等广告活动中的具体运用。《广告艺术》阐述了广告作为从现代艺术中分离出来的一种独特形式而具有的自身特点、表现形式和发展规律。《广告管理》结合我国国情，就广告管理的结构、内容、方法、及广告法规、广告审查制度和责任、广告业的行政处罚和诉讼等问题展开论述。这套系列教材中还包括《企业经营战略导论》、《企业形象导论》及《广告与公关》,分别对企业经营战略、企业形象的要素和企业形象的传播与沟通,以及广告与公关的区别与联系等诸多问题作了系统的、详细的探讨。

统观这套系列教材,有三个明显的特点:其一,具有相当的理论深度。许多理论融中外广告大师的学说于一体,又不乏自己的独有见解,澄清了许多虽被广告界广泛运用却含义模糊的概念。其二,操作性与理论性兼备,相得益彰。系列教材集中外广告大师杰作之大成,又凝结着著作者的广告实践经验和智慧。其三,具有系统性。全套教材从广告学基本理论、到广告活动的各个环节,以及广告学与相关学科的关系,作了一一论述。它的内容不仅覆盖了广告涉及的各个方面,而且有着较强的内在逻辑联系,构成了一个完整的体系。

在系列教材编写过程中,由于广告专业这个门类正在随着实践的发展而不断深化,加上作者水平所限,编写的系列教材中不当之处在所难免,恳望同行专家、学者和广大读者批评指正。

高等学校广告学专业
教学丛书暨高级培训教材编委会

目　录

第一章　导论 ·· 1
　第一节　广告概说 ·· 1
　第二节　广告发展史述要 ································ 15
　第三节　广告学的性质和研究对象 ··················· 29
　第四节　广告学与其他学科的关系及其研究
　　　　　方法 ·· 33

第二章　广告调查 ·· 44
　第一节　广告调查概述 ··································· 44
　第二节　广告调查的内容和范围 ······················ 49
　第三节　广告调查的程序和方法 ······················ 55

第三章　广告策划 ·· 64
　第一节　广告策划的界定、特征和意义 ············ 64
　第二节　广告策划的原则 ································ 68
　第三节　广告策划的内容和程序 ······················ 73

第四章　广告目标、计划和预算 ·························· 82
　第一节　广告目标的制定 ································ 82
　第二节　广告计划 ··· 87
　第三节　广告预算 ··· 90

第五章　广告定位 ·· 98
　第一节　广告定位理论概述 ····························· 98

第二节　影响广告定位的因素 ·················· 103
第三节　广告定位的实施策略 ·················· 109

第六章　广告媒体策略 ···························· 122
第一节　广告媒体的概念及其基本功能 ············ 122
第二节　大众传播媒体 ························ 125
第三节　其他广告媒体 ························ 135
第四节　广告媒体的选择策略 ·················· 142

第七章　广告创意与设计 ·························· 150
第一节　广告创意 ···························· 150
第二节　广告设计的基本问题 ·················· 163
第三节　广告设计的构成和色彩 ················ 166

第八章　广告文案的写作 ·························· 189
第一节　广告文案概述 ························ 189
第二节　广告文案的写作艺术 ·················· 193
第三节　广告文案的构成元素的写作 ············ 206

第九章　广告美学 ································ 227
第一节　按照美的规律设计和制作广告 ············ 227
第二节　广告的形式美 ························ 245
第三节　广告的创意美 ························ 254

第十章　广告效果测定 ···························· 264
第一节　广告效果测定概述 ···················· 264
第二节　广告销售效果测定 ···················· 271
第三节　广告心理效果测定 ···················· 273
第四节　广告社会效果测定 ···················· 283

第十一章　广告的组织与管理 ······················ 285

  第一节　广告组织 ································· 285
  第二节　广告组织的经营与选择 ················· 295
  第三节　广告管理 ································· 305

第十二章　国际广告 ································· 315
  第一节　国际广告概述 ···························· 315
  第二节　国际广告活动的展开 ···················· 321
  第三节　国际广告的发展趋势 ···················· 333

附录 ··· 338
  附录一　《中华人民共和国广告法》 ············ 338
  附录二　《广告管理条例》 ······················· 346
  附录三　《广告管理条例施行细则》 ············ 350
  附录四　《广告审查标准》 ······················· 356

后记 ··· 374

第一章 导 论

信息、物质、能量是现代社会经济发展的三大支柱。在现代社会生活中,信息像空气一样,一刻也不能离开。作为信息之一的广告,是现代人不可缺少的东西,它不仅贯穿于人类经济生活的各方面,而且波及人类的社会生活、道德生活、政治生活。它作为一项知识、技术、人才、智能密集的高新技术产业,越来越受到社会的重视,已成为现代社会的标志。尤其在社会主义市场经济发展的过程中,现代广告的经济功能和社会作用日益突出,因而系统地掌握广告的基本理论和有关知识,具有特殊的意义。

第一节 广 告 概 说

一、广告定义

"广告"一词在我国古汉语中并没有,约在本世纪初至 20 年代左右才传入我国。据考证,"广告"这个词汇源于拉丁语"Adverture",原意是吸引人或诱导人注意,具有通知、披露、诱导的意思。后来"Adverture"这个词在 1300 年至 1475 年左右的中古英语时期演变为英语的"Advertise",意思是"引起人们的注意"、"通知某人某事"。直到 17 世纪英国商业兴盛时期,世界上才通用"Advertise"一词,以后演进为广告活动 Advertising,并具有了现代广告的含义。

1. 对广告定义的不同理解

广告,汉语字面意思为广而告之、广泛劝告。广告有广义和狭义之分。广义广告包括非经济广告和经济广告。非经济广告指不以盈利为目的而是为了达到某种宣传目的的广告,如政府行政部门、社会事业单位乃至个人的各种公告、启事、声明等。狭义广告仅指经济广告，又称商业广告，是以盈利为目的的广告，主要是推销商品和劳务。现代广告研究越来越侧重于研究经济广告。本书也以经济广告为研究对象。

由于市场经济的发展，广告应用的范围和作用日益广泛，科学的进步带来广告媒体的日益繁多，广告模式各不相同，机制各有所长，人们研究广告的角度各不相同，因而对广告的理解形成了不同的理论学派，其对广告的定义也就众说纷纭。不同的理论流派从不同角度揭示了广告的外延和内涵，这对我们深入理解广告的含义不无裨益。

①从广告的目的进行分析，强调广告是劝说和说服人。其中较有代表性的广告定义有：美国《广告时代》周刊于1932年公开征求广告定义，最后确定为："个人、商品、劳务、运动以印刷、书写、口述或图画为表现方法，由广告者出费用作公开宣传，以促成销售、使用、投票或赞成为目的"。也有人提出，广告是"被法律所许可的个人或组织，以有偿的、非个人接触的形式介绍物品、事件和人物，借此影响公众意见，发展具体的事业。"还有人说："凡是以说服的方式（不论是口头方式或文字图画方式），有助于商品和劳务销售的公开宣传，都可以称为广告。"有的人说得更加明确："广告是一种说服性的武器"，"广告是一种传播信息的说服艺术"。这种观点认为广告的目的是对广大公众产生影响，使他们认同广告倡导的价值观念和介绍的商品与服务，按广告主的期望进行社会活动和消费活动。这种广告观突出了广告主在广告宣传过程中的主导、支配地位，展示了广告主的主观需要和动机，但是它忽略了公众的积极能动作用，势必导致出现广告主的热心说服得不到公众认可的局面。

②从广告的手段进行分析，强调广告是传播、宣传活动。我国1989年版的《辞海》把广告定义为："向公众介绍商品、报道服务内容或文娱节目等的一种宣传方式。一般通过报刊、电台、电视台、招贴、电影、幻灯、橱窗布置、商品陈列等形式来进行。"《简明不列颠百科全书》对广告的解释也定位于传播："广

告是传播信息的一种方式，其目的在于推销商品、劳务，影响舆论，博得政治支持，推进一种事业或引起刊登广告者所希望的其他反应。广告信息通过各种宣传工具，其中包括报纸、杂志、电视、无线电广播、张贴广告及直接邮送等，传递给它所想要吸引的观众或听众。广告不同于其他传递信息的形式，它必须由登广告者付给传播信息的媒介以一定的报酬。"还有的人对广告的传播属性说得更加直截了当："广告是传播商品信息的活动"，"广告是广告主有计划地通过媒介传递商品或劳务的信息，以促进销售的大众传播手段。"宣传、传播信息这是广告重要职能之一，广告就是要把各种商业信息呈现给公众，让他们成为某种商品信息的拥有者，但这必须以公众能够接受、理解为前提。由于公众的社会背景、文化程度、心理状态各不相同，因而对广告的宣传所产生的反应必然会有差异，有的会不自觉地抵制广告主的影响，甚至产生强烈的愤慨，因而广告只强调宣传、传播显然是不够的。

③从广告的最终目标进行分析，认为广告是一种促销手段。《中国企业管理百科全书》（上）把广告定义为："企业通过媒体对广大用户介绍某产品或服务的一种促销方式。这种促销方式，客观上形成了商品信息的重要来源。……" 1992 年底出版的《经济大辞典》对商业广告是这样定义的："……狭义指通过各种媒介向用户和消费者宣传商品和劳务，以促进销售或扩大服务的手段，亦称'经济广告'"。促销型广告的定义还有："广告是指企业或个人付出一定的费用和代价，以说服的方式，通过一定的媒体，把商品或劳务信息传播给广大群众，引起注意并能产生深刻印象，唤起消费者的购买欲望，起着促进销售作用的一种推销手段"。美国广告主协会也认为："广告是付费的大众传播，其最终目的是传递情报，变化人们对广告商品之态度，诱发行动而使广告主得到利益"。帮助广告主获得商业利益，这是广告的根本要求，是广告的本质特征，但是过分强调广告的商业色彩，则会使广告失去其发展所必需的营养。

2. 广告的科学定义

综合以上介绍和分析，我们可以对现代广告作如下定义：广告是广告主在付酬的基础上，有计划地通过一定的公共媒体传播商品、劳务、观念及自身形象等多方面的信息，以推动目标公众购买、使用或赞同的艺术化的宣传活动。这个定义主要包括以下几方面的内涵：

第一，广告都是要付酬的。

广告主必须为发布广告向广告经营单位付出一定的费用。新闻报导也可能宣传企业、宣传产品，甚至也能起到促销作用，但只要不是以付费或其他报答为条件的，它就只能是新闻而不是广告。

第二，广告是经过艺术处理的信息。

广告的宣传必须以事实为根据，要实事求是地宣传产品、劳务。但为了更好地吸引公众的注意，具有说服力，为广大消费者所接受，广告信息要进行必要的艺术加工，塑造出富有感染力的艺术形象，激发现有的或潜在的消费者的购买欲望。

第三，广告是通过各种媒体传播信息的。

广告的对象是广大消费者，其传播形式是大众传播，即它不是人员推销那种直接面对面的传播，而是必须借助于大众传播工具才能达到它的预期目的。

3. 广告与宣传、新闻、公共关系的关系

广告是一种信息传播活动，它与宣传、新闻、公共关系既有联系、又有区别。为加深对广告本质的认识，必须对这种关系作进一步的研究。

①广告与宣传

从广义上讲，广告传播信息也是一种宣传，所以广告与宣传有着内在的联系，但它与一般意义上的宣传又具有本质的差异。

两者的联系表现在：其一，广告与宣传在表现形式上是一致的。广告过程和宣传过程一样，都是一种传播活动，都要遵循相同的传播规律，具有相同的特点，如广泛性、单向性、超越性、组织性等。因此，仅从表现形式上看，是无法将两者区别开来的。其二，两者的传播目的和动机也具有一致性。即它们都是为了使某种观念、意识或某种观点达到有效的扩散，使受众心理产生符合传播者意愿的信念或行动，都是期望传播对象能够按照传播者的意向行动。其三，从广告和宣传的受众来看，接受者都是被动的，传播者都必须运用各种启发、诱导的手段反复地，甚至是固执地不断传播某一信息，这样才有可能被传播对象所注意、所接受。广告和宣传一样，对于拒不接受的受众来说，都只能"徒唤奈何"。

两者的区别表现在：其一，广告是以付费的方式向传播对象进行信息传播的，而宣传是不能收费的，如若收费其性质也就发生了变化，即不再是宣传而成了广告。其二，两者传播的要求不同，自由度也不同。广告主要是向人们提供信息，因而它必须客观、真实。可以进行艺术加工使受众更容易接受广告信息。但是，不管怎样，广告信息必须真实，不能弄虚作假，否则就会受到制裁。而宣传则是以激发人们的思想、信念为主，因而它必须要有强烈的鼓动性和灌输性，它要依据时代和政治的要求对信息进行取舍。所以，宣传相对广告来说在传播过程中有着更大的自由性，而广告传播则必须以商品或劳务的基本属性为前提，在信息的选择上没有宣传的自由度大。其三，广告和宣传在内容上也不相同。商业广告主要是传达经济方面的信息，归属于经济范畴。而宣传的核心则是灌输一种政治主张，是为宣传者谋取政治利益服务的，其主要特征是具有鲜明的煽动性和政治目的性，因此宣传一般属于政治范畴。其四，在传播手段上两者也存在着不同。广告基本上是通过大众媒介给予公开发布，离开大众媒介，广告传播就难以实现。而宣传的手段则多种多样，既可以利用大众媒体，还可以利用访谈、演讲、文艺演出、美术、图表等多种手段。虽然许多企业现在也采用了诸如此类的手段进行广告宣传，但大众媒体依然是最基本的传播工具。

②广告与新闻

广告与新闻的传播方式及作用有十分相似之处，具体表现在：首先，广告与新闻都要凭借一定的传播媒体，尤其是对现代化的大众传播工具一刻也不能离开。如果没有现代报刊、广播、电视等传播媒体，广告和新闻就不可能获得如此广泛的传播。其次，广告和新闻的目的都是为了传播信息、扩大影响、吸引公众。广告主要是向公众传播商品信息，使公众了解商品、了解企业，为消费者提供消费指导和参考；新闻主要是及时宣传国家机关的方针政策，报道国内外重大时事及有意义的典型经验、新产品、新技术等。再次，广告和新闻都要求传播的信息准确、真实。广告必须真实，虚假广告不仅会给消费者带来损失，而且广告主也必将为之付出代价，甚至会断送企业的前途。新闻也一样，虚假的、欺骗性的新闻为公众和法规所不容。最后，广告与新闻的影响作用是互相渗透的。即广告具有一定的新闻作用，新闻又具有一定的广告作用。如新产品上市的广告能给人带来新的信息，而新闻在一些情况下也会产生广告的作用。如对某企业业绩或某产品情况的报道，就具有广告作用。

除了有相似之处，两者还有差别：首先，广告与新闻之间存在着有偿服务与无偿宣传的区别。一个单位或个人只要具备了刊登广告的条件，交了广告费就可以在媒介上做广告。但是新闻却不能用钱买，媒介为企业组织发布新闻，不仅不收取费用，还要向作者支付稿酬。其次，在传播方式上广告与新闻也有区别。新闻报道一经刊出，便不再重复，而广告则必须多次重复刊登，这样才能加深人们对广告的印象。再次，广告与新闻处理传播内容的方式也有不同。在传播内容的处理上，新闻不能有任何主观臆断，不允许艺术夸张；而广告则不然，它在传播过程中在保证内容真实性的基础上，必须进行艺术加工，以感染消费者的情绪。最后，两者的服务对象也是不同的。新闻是面向全社会的所有读者、听众，受众面越宽越好。而广告却有它的具体受众对象，它不可能是面对全社会。由此可见，广告与新闻尽管联系密切，但在实践上决不能混淆，不能搞"广告新闻"，也不能搞"新闻广告"。不能以钱买新闻，用新闻代替广告这种做法是不允许的。

③广告与公共关系

现代广告与公共关系都是商品经济高度发展的产物。两者之间相辅相成、相互补充，具有密切的联系。这表现在：首先，两者都以形象为核心。从根本上说，广告和公关都是一种形象的推销，只不过广告侧重产品的形象，公关侧重组织的形象。把这两方面的形象有效地传递给公众，促使社会公众接受并加以选择，这是广告与公关活动的基本使命。其次，两者都以社会公众为对象。广告和公关都要针对特定的公众展开说服或劝导，因而都应注意研究和分析公众的特性和特点，以便使广告和公关活动有的放矢。再次，广告通常是公共关系活动的一项重要手段。企业可以利用广告来发布企业的信息，沟通企业与社会公众的联系，促进企业的公关工作，形成对于企业的良好的社会舆论。最后，公共关系能够增强广告的影响作用和宣传效果。良好的公共关系既可以为企业或组织赢得知名度和美誉，又可以增进广告的说服力，扩大它的影响力。公共关系能为广告创造良好的环境和气氛，使广告更能够为公众所接受和认同。

广告和公关既相联系，又相区别。其区别表现在：首先，广告侧重于竞争，公关侧重于和谐。广告的任务在于推销产品，它立足于在竞争中发展自己，通过独特而富有吸引力的形象去赢得公众的选择；公关则立足于组织与社会环境之间的和谐发展，尽可能地减少摩擦与冲突，倡导友善、协调、沟通和理解。其次，广告偏重于利益，公关偏重于感情。广告一般侧重于利益上的诉求，引导目标公众进行比较和选择，最终接受广告所介绍的产品和劳务，其中所带的利益色彩比较强烈；公关则更多地以感情的力量来影响公众，通过沟通、协调与公众的感情，使之接受该组织的形象。再次，广告注重急功近利，公关崇尚长远目标。一个社会组织要想通过公关工作树立起自己的良好形象，增强美誉度，并非一日之功所能奏效，必须经过该组织长期坚持不懈的艰苦努力。而广告则比较崇尚实际，要求投入与产出之间实现快捷联系。第四，广告涉及面没有公关涉及面广。公关活动涉及组织系统各方面的传播内容，而广告活动的主要内容则是推销商品与劳务。

二、现代广告的构成

现代广告是由若干个相互联系的要素构成的有机系统，它涉及方方面面。为便于对广告实体进行研究,有必要了解构成每则广告的基本要素。

1. 广告主

亦称广告客户,即提出发布广告并能支付广告费用的企业、事业单位、团体和个人。

广告主是广告系统得以存在的基础,正是由于广告主的存在才产生了广告系统的其他要素。也正是由于广告主的活动才推动了广告系统的运转。大量事实说明,广告主数量的多寡和行为的活跃与否,直接关系着广告系统的生命力,凡是广告主队伍庞大、广告竞争激烈的国家,商品经济必然很发达,广告系统也必定是健康活跃的。作为一个确定的广告主,不仅是付费作广告的人,还必须具备以下条件:①拥有一定数量和质量的产品或服务。这是确定广告主的重要标志。如果广告主不能保证向消费者提供一定数量和质量的产品或服务,广告主就失去了商业信誉。②有明确的广告目的。广告主作广告的主要目的是促销产品或介绍劳务,树立企业形象。③明确作广告是一种必要的投资。主动投资作广告,并承担责任和后果的企业、团体、个人,才算确定的广告主。④对广告的发布拥有委托权或主动权,并负有法律责任。在广告效果较差时,有权撤销广告。⑤广告主必须持有工商管理部门发放的有关证明,广告主在申请发布广告时必须出具有关证明。

2. 广告经营部门

以经营广告业务为盈利手段的单位都属于广告经营部门。作为广告经营者应具备以下条件:取得营业执照或兼营广告单位取得广告经营许可证;具有熟悉广告管理法规的管理人员及广告策划、创意、设计、制作、文稿撰写等人员,有专职财会人员;有独立的资金、财产或独立经营管理的财产及自己的经营场所。目前我国广告经营部门的营业形式有兼营和代理两种,今后要由兼营过渡到代理制。所谓广告代理制度是指具有独立规模和组织的广告代理机构,这就是专业广告公司。专业广告公司取代媒介部门兼营的广告业务或个人代理的广告业务,能满足媒介和广告主各自的要求，避免媒介直接承揽广告业务的状况。

广告经营部门在广告活动中处于核心和支配地位，起主体的作用，它决定广告的性质、特点和形式，决定广告的最终效果，对企业的经营和发展具有重要意义。如何选择广告公司对于企业来说是至关重要的事情。

3. 媒介部门

媒介是传播过程中用以扩大和延伸信息传递的工具。广告媒介是传播广告信息的媒介物，使用各种媒介物从事广告信息传播的经营者称为媒介部门。

广告产品生产出来以后，广告的全过程并没有结束，广告必须通过一定的方式向诉求对象传达，显示其中的信息，否则不能称其为广告，因为广告的生命就在于传播和流动。在现代广告系统中，媒介部门的主要功能是利用现代科技手段，定期传出信息，刺激诉求对象，并以一定的方式测定信息接收效果。

4. 诉求对象

广告诉求对象即广告受众和接收者，是广告的客体。它既是广告活动的起点，又是广告活动的终点。从社会再生产过程来看，有消费才能存在有目的的生产，有生产才能有广告主，有广告主才能有广告的一系列活动，所以，消费者是广告活动的起点。而广告活动的最终目的是促使产品价值得以实现，满足消费者需求，广告效果的好坏也要由消费者最终评判，因此，消费者又是广告行为的终点。

5. 市场

在广告系统中，市场这个要素的重要性随着商品经济的发展日益显著，它是连接其它要素的纽带。广告系统各要素的功能，通过市场发生有机联系。广告的最终目的是促销，而产品的销售、交易行为集中体现在市场上；再有，广告系统各要素的行为方式和行为后果都要在市场上得到反映。所以，市场是以其特殊功能维系着广告系统各要素之间的联系。

广告系统中广告主、广告经营部门、媒介部门、诉求对象之间形成有机的联系是在市场中实现的。广告主向广告经营部门提出广告服务的要求,广告经营部门根据广告主的要求和市场调查情况,完成广告制作,选定适当媒介,媒介部门则根据广告经营部门的要求以一定的方式向诉求对象发布广告信息,消费者根据自己的需要,进行判断、比较,立即(或将来)采取购买行为,这种购买行为的信息又通过各种渠道反馈给广告主,广告主根据这些反馈的信息,调整自己的行为,生产出更适销对路的产品或劳务,以满足消费者需要。广告经营部门也要根据这些反馈信息修正和实施广告策略。如此循环往复。市场则为广告的运作提供了必要的时间和空间。

三、广告在社会生活中的作用

自从有了商品交换,广告便成为经济生活的重要内容。在某种意义上可以说,现代市场经济中,离开了广告,企业就无法进行正常的生产和经营,消费者也难以作出合适的选择。广告影响着社会政治、经济、文化的发展。具体表现在:

1. 传递信息,促进市场经济的发展

传递信息是广告的首要功能。所谓传递信息是指通过具体的文字、声音和图像向人们传递明确的信息和情报。这些信息包括产品信息、市场信息、服务信息、企业与品牌信息及生产和生活信息等。传递信息就是沟通联系。

①沟通生产者与消费者的联系

在自然经济条件下,生产者生产的产品大部分供自己消费,即使有交换,商品的品种亦不多,而且地域范围不广。一般情况下不存在消费者与生产者联系的困难,消费者可以依靠自己看到或听别人介绍来获取商品信息。随着商品经济的发展和社会分工的深化,生产者与消费者逐渐分离。社会化大生产的迅速发展,使社会分工更加复杂,产品种类日益繁多;同时由于现代运输技术的提高,国际合作得以广泛开展,地区界限被打破,流通领域扩大,市场趋于国际化,生产者和消费者的距离更加遥远,这时谁掌握了信息,谁就把握了市场的主动权。只有充分有效地利用广告宣传,迅速准确地把商品信息传达到消费者当中,才能使大量商品快捷地从生产流通转入消费。因此,在现代社会生活中,广告是密切联系生产和消费的桥梁。消费者通过广告了解商品的功能、特点、价格、购买地点、销售服务等信息，实现消费推动生产的发展。所以，广告在社会经济生活中传播信息、沟通产销的作用是不可替代的。

②沟通信息，鼓励竞争，活跃经济。

信息是当今社会赖以生存的重要条件。大至一个国家，小至一个企业，没有信息就无法生存。竞争是商品经济的产物，哪里有商品经济，哪里就有竞争。竞争本身是一种挑战，一种较量，通过竞争区别出先进和落后，体现优胜劣汰。广告就是为商品生产者服务，旨在说明产品的生产厂家和商标，强调所宣传产品的特点和优于同类产品之处，引起消费者注意，激发其购买欲望，促进认牌购买。广告是企业之间强有力的竞争手段。第一，企业通过发布的广告向社会公众提出保证。保证生产出货真价实、品质优良的产品供应市场。同时，企业通过有计划，有步骤的广告宣传，提高产品的知名度，使之成为广大消费者普遍接受的"指牌购买"的名牌产品。第二，广告调研活动等使企业及时获得准确的市场信息，推动企业加快新产品开发和现有产品的更新改造，及时调整生产计划和产品结构，扩大适销对路产品的生产规模，从而战胜竞争对手，确保竞争的主动权。第三，为了在竞争中获胜，企业必须使产品在价格上保持优势。而广告调查可以促进企业加强对生产过程、流通过程的管理，提高产品的竞争力。第四，企业利用广告发布销售和售后服务信息，消除消费者的后顾之忧。市场的扩大，商品品种的复杂，不同商品在消费者心中的地位时刻发生变化，为了确立产品在消费者心目中的地位，并保持长期的信誉，除保证产品质量的优良外，还要为消费者提供多方面的服务，形成消费者对该产品的信任和依赖。

③加速商品流通

流通一般是指以货币为媒介的商品交换。商品交换的原始形式是物物交换，交换过程中每个人既是产品的所有者又是产品的需要者，并作为产品交换双方的当事人，直接成交，既不需要货币作媒介，也不需要当事人以外的人参与。随着生产力的发展，进入交换的商品逐渐增多,物物直接交换越来越困难,人们逐渐把自己的产品先换成起一般等价物作用的商品即货币,再用货币换回自己需要的其它商品。交换过程变成了以货币为媒介的交换,即商品流通。商品流通虽然克服了物物交换的困难,但同时也把交换过程分解为卖和买两个独立的行为,使它们在时间和空间上都截然分开,有可能出现有人卖了商品而不立即购买,造成买卖脱节,产品积压,流通中断,生产无法进行的局面。要解决这一问题,就必须促使交换得以实现。广告正是服务于商品的流通,沟通信息,促进产销畅通,为商品进入消费提供服务,从而加快社会再生产诸环节的运转速度。

2．提高地位,树立形象,促进企业迅速发展

广告对企业的生存与发展具有重要的促进作用。

①促使企业认识差距,自我完善。企业通过广告可以了解同行业的生产与发展状况、价格高低、市场变化和竞争对手的多种信息以及市场资源情况等,为企业决策和制定计划提供依据。广告传递同行业的发展,使企业认识自身存在的差距而感受到外部压力,为使企业立于不败之地,必须加快新产品的更新换代,采用新技术、新发明,努力增加花色品种,完善售后服务,保证企业在市场大潮中更具竞争力。

②扩大影响,提高企业知名度。经过广告高频率、全方位的反复宣传,人们会逐渐知晓、熟悉企业,提高消费者对企业产品的了解和对企业商标的识别,达到扩大市场占有率,增加营业额的目的。如我国的"健力宝"饮料、"太阳神"口服液、"娃哈哈"儿童营养液,经过广告全方位的投入,反复宣传,使消费者对产品的了解、商标的认知达到了家喻户晓的程度,提高了产品的知名度,扩大了销售。又如日本丰田公司占领美国市场最初的努力就包括它针对目标市场所做的大量广告。丰田公司1965年所做的第一批广告,是以电视广告为主,配合报纸、杂志等形式广告攻势,使美国消费者认知丰田的"可乐娜"小型车,为丰田轿车进入美国市场起了重要的促进作用。

③有利于企业形象的树立和信誉的提高。一个企业的形象和

声誉对于企业的生存和发展是至关重要的。企业自身的素质是建立良好形象和声誉的根本，但是企业素质再好，若没有广告的宣传，企业的形象和声誉也是难以树立的。广东"健力宝"创产初期，无人知晓，1988年10月在郑州举行的全国糖酒交流会上，广东"健力宝"开展了全方位的广告活动，电视、报纸、交通、文艺演出、街头巷尾、体育、艺术场馆，到处都是"健力宝"的广告，声势之大可谓当时国内商家罕见，给人们留下了深刻印象，订货直线上升。第二年停作广告一年，当年就被商店赶入甩卖商品行列，每听只卖到1.80元，很多人认为"健力宝"不行了。面对危机，1990年的亚运会上，"健力宝"又开展了广告攻势，在各种场合大做广告，赞助亚运会1700万元，使"健力宝"的品牌信誉大增，企业形象得以树立，当年销售额即突破4亿元，第二年订货单又增至7亿多元。现在许多企业通过公共关系广告，将企业的经营宗旨、先进的技术设备、文明生产、优质服务、社会责任感等宣传介绍给公众，使公众对企业产生良好的印象。1996年5月，青岛海尔电冰箱股份有限公司在青岛成功地推出了："海尔冰箱登关大喜"促销活动。海尔冰箱的策划者意识到新婚市场将是冰箱销售的主战场。经过多方调查，得知5月份是青岛市的结婚高峰，而5月18日、5月28日又是"峰中之顶"，于是选择这两日为吉祥日。新婚必须营造一种热烈、喜庆的气氛。对在这两日结婚的海尔冰箱用户，海尔冰箱策划者们特制巨幅喜帖，成套的贺喜帖，统一着装的送喜车队，热情地"登门送喜"，形成吉祥的送喜氛围。在婚宴上，新婚夫妇收到一份"意外"的惊喜，这时消费者注重的不是物，而是一种氛围，一种"情"！这种"情"会使新婚夫妇及他们的亲人永志不忘。海尔企业的声誉在见闻这一广告活动的消费者心中自然扎下了根。

3. 指导消费，刺激需求，塑造新的消费者

①企业借助广告向消费者传达商品信息，引导其确定购物方向。对于消费者来说，认识商品才能购买商品，加深对商品的认识，才能激发起购买兴趣和欲望。随着商品经济的发展和市场的扩大，新的科学技术与生产的结合，新产品、新的劳务项目层出

不穷、品种繁多、功能各异、布点分散。在这种情况下，消费者只能主要通过广告获得有关商品和劳务的信息，如商品的商标、功能、特点、价格、使用方法、保养、各项服务、产地、购买地点等等。实际上是广告帮助消费者提高了对商品的认识，指导消费者如何购买商品。

②刺激需求，扩大市场。广告的连续出现，就会不断刺激消费者的消费兴趣和需求。需求有初级需求、选择需求两种。新产品上市着重介绍新产品的功能、特点、价格，促进购买行为的发生，开拓新市场，这是刺激初级需求。如80年代初各类家用电器相继上市，广告通过不同的媒体反复传播各种电视机、电冰箱、洗衣机等的功能、特点，激起人们的购买欲望，现在家电已成为我国一般家庭的生活必需品。选择性需求的刺激，是企业通过广告不断宣传和突出自己产品的优异之处，促成消费者"认牌选购"。这是初级需求形成后的进一步发展。如广州百事可乐汽水厂1986年1月投产，通过强大的广告攻势，占领了广州市场，月销量达2000多吨。厂家没有就此停止广告宣传活动，而是进一步以"百事好味道，全球都赞好"为口号，配以有实物图案的广告招贴进行宣传；同时，在市内选择5个有代表性的地点，进行免费赠饮活动，消费者反应热烈，试饮人数达2万余人，且普遍满意百事可乐的口味；另外，他们还大力赞助社会公益事业和群众性活动，如赞助长跑比赛，投放一批印有"注意交通安全"和百事可乐汽水厂字样的太阳伞在交通岗上，等等。这样，百事可乐迅速成功地促成了消费者的认牌购买，从而打开市场，进一步站稳了脚根。

③创造流行，转变观念，塑造消费者。广告宣传在指导消费过程中，还起创造流行，推动时尚的作用，许多流行性商品的出现与广告的大肆渲染密不可分。实际上，人们的许多消费观念和消费行为正是在广告的诱导示范作用下形成的。广告不仅是传递信息，同时也传达了一种消费观念，甚至生活方式。如营养保健品、健身器的广告提出"健康消费"或"花钱买健康"的口号，作为一种全新的消费观念为人们所接受。电冰箱、洗衣机成为家

庭生活必需品，成为子女"献给妈妈的爱"，成为一种敬老的表现。又如许多企业不再满足"顾客就是上帝"的口号，而提出"维护和增进社会公益，推动人类进步是本公司的职责"之类的口号。在"公益广告"、"绿色广告"的推动下，人们在食、用、住等方面强调用"绿色产品"，原来时髦的各种人造代替品或化纤制品等逐渐被淘汰。现代社会中，人们在工作之余都希望彻底放松，好好休息，或外出旅游观光，这已成为人们的一种生活方式。广告转变了人们的消费观念，塑造了新型的消费者。

4. 对人们的德、情、美等精神方面具有潜移默化的教育作用

广告在传递经济信息的同时，还起到教育消费者的作用。如广告在宣传化妆品的时候，告诫人们要克服矫揉造作的审美情趣，努力追求自然美。许多广告在宣传产品时，表现的是一种人与人之间的友爱温馨、积极向上的精神风貌，传递出一定的伦理、道德、社会责任等观念，给人以真、善、美的高雅艺术薰陶，对人的精神世界起着潜移默化的影响。

第二节　广告发展史述要

广告是经济文化发展的产物，是人类智慧的结晶，它包含着前人留给我们的丰富遗产。回顾广告的历史发展，有助于我们全面地、历史地去认识、研究广告，准确地把握广告发展变化的规律，以推动广告事业不断健康发展。

一、中国广告发展简况

1. 中国古代广告

广告是社会经济发展到商品生产，有了商品交换和市场才出现的，它是商品经济的产物，并随着商品经济的发展而发展。

中国的广告产生于原始社会末期。在原始社会初期，生产力水平极其低下，氏族社会生产主要是狩猎和采集。社会成员按年龄进行分工，青壮年男子狩猎，妇女和儿童担任采集。恶劣的环境迫使他们集体活动，个人完全融合在集体里，物质生活资料极

端贫乏,没有私有财产,没有私有观念,人们过着"日出而作,日入而息","无私织私耕"的平等生活。没有剩余产品,社会交往也非常少,从而没有商品流通,没有市场,更没有广告。

到了原始社会末期,生产力有了发展。在距今4000至10000年的新石器时代,社会出现了第一次大分工,农业、畜牧业出现,继之又出现了手工业。生产力的发展和劳动者的社会分工,使劳动者的技术向专业化发展,劳动者总是倾向于自己所熟练的技术生产,因而生产的产品种类和数量都不相同,为了满足个人的需要,出现了以其所有易其所无"抱布贸丝"的产品交换。随着生产发展,分工日益深化,生产的物质品种逐渐增多,剩余产品也随之增加,交换活动也日益频繁,交换的品种也越来越多。到了春秋时期,出现了"百工居肆",手工业者把自己的产品拿到"肆"(店铺)上,"农夫以粟易械器",(孟子语)陶工、冶工"以其械器易粟"。由于手工业的发展,出现了直接以交换为目的的手工劳动,即商品生产。商品交换的需要,出现了专门从事商品交换的商人,出现了专门作为交换媒介物的货币。

陈列实物与叫卖是最早出现的广告形式。这种形式的广告至今还被人沿用。屈原在《天问》中描述:"师望在肆,昌何识?鼓刀扬声,后何喜?"师望即吕望,指姜太公,是说姜太公操屠户之业于市井,在卖肉时把屠刀剁得响亮并大声叫卖,招徕顾客。有的商贩为宣传自己的商品卖得便宜,也大声吆喝。《警世通言》中曾有这样的记载,街上一小伙叫卖"本京瓜子,一分一桶,高邮鸭蛋一串一个"。后来叫卖还编成了词曲,边卖边唱。又如宋孟元老《东京梦华录》记载:"季春万花烂漫,卖花者以马头竹篮铺排,歌叫之声,清奇可听。"由此可见,广告已不是一般叫卖,而是和音响相结合,有了韵律。另外,当时作广告已讲究技巧和心理效果,甚至用名人效应了,《战国策·燕二》曾记载:"人有卖骏马者,比三旦立市,人莫之知。往见伯乐曰:臣有骏马,欲卖之,比三旦立于市,人莫与言。愿子环而视之,去而顾之,臣请献一朝之贾。伯乐乃还而视之,去而顾之,一旦而马价十倍。"同样一匹马,立市三日无人问津,而伯乐一看之后马价上涨10倍。这说明古人已经较熟练的运用广告宣传了。

中国封建社会二千多年，其间广告随着时代的发展也出现了新的形式，如旗帜广告、招牌广告、彩楼广告。

春秋时期，我国社会完成了从奴隶制向封建制的转化。与此同时，商人阶层也出现了分化，分为行商和坐贾。行商是走村串寨沿途进行买卖活动的商人，他们采用叫卖、打击物品等特定的声调吸引人们注意，招徕顾客。坐贾是有一定经营场地，招徕他人购买商品的商人，他们把商品陈列于市，或悬挂于货摊上、店堂口，以引人注意，招引来客。于是在实物陈列的基础上，演变和发展成了招牌、幌子等广告形式。如酒店挂酒旗、药店挂葫芦、旅店挂灯笼等。韩非子在《外储说右上》曾记载："宋人有酤酒者，升概甚平，遇官甚谨，为酒甚美，悬帜甚高"，即是说的旗帜广告。

秦统一中国，从秦到隋的800年间，社会生产力有了较大发展，在手工业中占有重要地位的有冶铁、煮盐、纺织等，商业的规模和范围也与春秋时期大不一样，统一的帝国为商业的发展提供了有利条件。《史记·货殖列传》中说："汉兴，海内为一，开关梁，弛山泽之禁，是以富商大贾周流天下，交易之物、莫不通得其所欲。"长安有九市，"凡四里为一市，致九州之人"（《三辅黄图》）。可见都市之繁华。此外坐贾和行商也很兴盛，《汉书·食货志》记载"商贾大者积贮倍息，小者坐列贩卖，操其奇赢，日游都市，乘上之急，所卖必倍"。广告的表现形式也随商业的发展而发展。

到了唐朝，随着商业和服务业的繁荣与兴旺，广告形式也就更多，除有口头叫卖、招牌、实物等广告形式之外，还有了商品展销。如天宝年间，韦坚将渭水通往长安的漕舟集于宫苑墙外，供皇帝御览所载各地货物，其中有各地的绫、罗、锦、缎；名瓷、酒器、茶釜、茶铛、茶碗；玳瑁、珍珠、象牙、沉香；蕉葛、蚺蛇胆、翡翠等等，集货之广，景况之盛，是空前的。当时的旗子广告也较过去有了发展，不仅是用字作为标记，而且绘上五颜六色，着色醒目，堪称工艺美术佳作。

北宋在发展商业方面作了大量的改革，首先取消了自古以来"日中为市"的限制，市场交易随时、随地可为。同时开禁夜市，商业贸易有日、晓、夜三市"买卖昼夜不绝，夜交三四更游人始稀，五更复鸣"。各种行商走街串巷，叫卖之声不绝。坐商扩大门面，出现门面宽阔的大商店，从而出现了店面装潢——彩楼、欢门等广告形式。

在隋朝发明的雕版印刷，到了宋代已发展成为活字印刷，印刷技术被广告采用，出现了印刷广告，"济南刘家功大针铺"的印刷铜板是印刷广告的有力史料。宋以后的元明、清各朝代，商业都有不同的发展，广告的形式也日趋完善，口头广告、音响广告、旗帜广告、招牌广告随处可见。此外，门匾、旗子、门楼、彩灯、印刷术等的应用也是相当普遍的。广告对商业的发展起了巨大的推动作用。

2. 中国近现代广告

近现代的广告形式是在鸦片战争前后出现的。以报纸杂志为标志的现代广告是由外商引入的。19世纪中叶，外商先后创办了一些专业性广告报刊，如《孑孓刺报》、《东方广告报》、《福州广告报》、《中国广告报》等。当时的广告业务，主要以船期、商品价格为主。20世纪初期，即辛亥革命前后，各种报纸新闻和广告均有了很大程度的发展，当时全国性报刊已在500种以上。在一些经济发达的地区，如沿海大城市，除有报刊刊登各类广告外，还有了月份牌广告、路牌广告、橱窗广告，广告表现形式多种多样。广告内容也更加丰富繁多，涉及了多种行业，如日用百货、烟草、电影、戏曲、医药、银行、书籍、个人启事等等。

"五四"运动前后，共产党人创办了多种刊物，这些刊物除了政治宣传以外，也注意发挥广告的作用。如共产党人李大钊等创办的《每周评论》、陈独秀创办的《新青年》杂志、毛泽东创办的《湘江评论》、周恩来创办的《天津学生联合会报》等刊物都刊登了广告，在广告的重要版面上向社会各界推荐进步书籍和介绍国货。有些国货广告图文并茂，很生动，配合了抵制日货运动的开展。到1922年，我国的中外文报纸已达1100多种，这些报纸刊登的广告涉及商务、社会、文化、交通、杂项等五大类。报纸广告的广泛出现，标志我国近代广告的发展进入了一个新时期。

本世纪20年代，除报纸广告迅速发展外，其他广告形式也相继出现。1926年10月1日，中国人自己办的第一座广播电台哈尔滨广播电台开始播音，继而北京、天津、沈阳等地建起了官办广播电台。随之北京、上海又建起了几座私营电台，当时的私营电台主要靠广告维持，因而各种形式的广告节目不断涌现。这时路牌、橱窗、霓虹灯等广告形式也诞生了。我国初期的路牌多数树立在街口、屋顶、铁路沿线及风景区，内容多为香烟、药品和电影等广告。随着商店大橱窗的出现，橱窗广告也应运而生，30年代上海的先施、永安、新新、大新四大百货商店将大橱窗供厂商陈列商品，向厂家收取租金。厂家将橱窗陈列布置得美观、整洁、生动、活泼，富有诗情画意，吸引了大量的消费者，起到了广泛宣传的作用。第一个使用霓虹灯广告的是上海南京路伊文斯图书公司，1926年该公司在橱窗内设置"皇家牌打字机"，当时被看成是新鲜玩艺，引得过路人驻足观赏。1927年上海湖北路中央大旅社门首安装了横式霓虹灯招牌和露天霓虹灯广告，大世界屋顶也装上了白金龙香烟霓虹灯广告。

随着广告业的发展，广告代理业，即广告社和广告公司也开始出现了，这标志着广告媒介的多样化已经形成。为了适应蓬勃发展的广告业，1927年上海有六家广告社联合起来，成立了"中华广告公会"，这是广告同业的最早组织。该组织的建立促进了我国广告业的健康发展，其间曾几次更名，解放后称为"上海市广告商业同业公会"。会员包括：报纸类、路牌类和其他类三种，其中报纸类实力最强，是同业公会的中坚力量。

30年代广告业进入了一个新的发展时期，广告业的作用越来越受到社会，特别是工商界的重视，成为工商界生产经营活动中不可缺少的部分。广告媒介空前发达，有近十余种，其中报纸、杂志、书籍最重要，此外还有邮政、交通、路牌、售点、广播等等。

这一时期革命根据地和解放区的广告业也得到了长足发展，并展示出了自己广告的特点：讲究信用，内容严肃，文风朴实，讲求实用。广告第一次提出了要为人民服务的宗旨。总之，在中华人民共和国成立之前的二三十年间，中国广告业曾有一个兴盛时期，但由于引导和管理不善，最终走上了一条畸形发展的道路。这种局面到新中国成立后才得到扭转。

3. 新中国建国以后广告业的曲折发展

解放初期，为了恢复国民经济，发展工农业生产，发挥广告在商品流通中的作用，上海、天津、广州、武汉、重庆等地的人民政府对广告业进行了整顿，相继建立了广告管理机构，颁布了一些地方性的广告管理法规。如：1949年4月，天津市人民政府公用局制定了《管理广告规则》；同年12月上海市人民政府公布了《广告管理规则》；1951年底，重庆市人民政府发布了《重庆市广告管理办法》；西安市工商局发布了《关于印刷厂商管理暂行办法》，其中许多条款涉及广告。这些法规是新中国诞生后最早颁布的一批地方性广告管理法规，它对广告业向正确方向发展起了积极作用。

在公私合营的高潮中，全国各大城市对原有的广告从业人员进行思想教育，逐步克服了资本主义经营作风，开始树立了为生产者、为消费者、为人民服务的思想。并把分散的各自经营的私人广告业，改造成公私合营的广告公司。如上海市把100多家广告私营企业按经营范围改组归并为五个公私合营广告公司和一个公私合营广告美术社，由上海商业局统一领导。北京市组成由文化局领导的北京市美术公司。全行业公私合营后，由于工业产品由国营商店包销，商品的销路有了依靠和保证，广告传播商品信息的作用被削弱，导致一些报纸的广告版面和商业电台的广播广告也日益减少。

1957年12月，在布拉格召开了有13个社会主义国家参加的国际广告工作会议，我国商业部派人以观察员身份参加了这次会议，大会作出了题为"从人民利益出发，发展社会主义商业广告"的决议。会后，国务院有关部门在北京召开会议，传达布拉格会议精神,并结合我国实际,就广告事业应具有的政策性、思想性、真实性、艺术性和民族风格等特征进行了讨论,统一了思想,提高了认识。

1959年商业部召开了21个对外开放城市参加的"商业广告会议",会议肯定了广告在社会主义经济中的积极作用,制定了"为生产、为消费、为商品流通、为美化市容"的四为方针。这期间,各大中城市商业广告比较活跃,各种类型的广告也有很大发展,如允许在车站内陈设广告,在车厢的图书、杂志、硬书夹、棋盘、扑克盒、餐车食谱、壁挂、风景画以及售货员提箱上可做广告等。但总的来看,由于工业部门提出"需要什么,生产什么",商业部门提出"生产什么,收购什么","生产多少,收购多少"的口号,商品失去了竞争,广告失去了意义。到了"文化大革命"时期,现行的商品制度从根本上被否定了,广告作为商品生产和商品交换的宣传工具,也被彻底否定了。直到1974年,出口商品广告才有所恢复。而国内的广告业务,则是在1978年先后在广州、上海、北京开始恢复。

1979年中国迎来了广告业的春天。1979年1月28日,上海电视台率先播出了中国(大陆)电视史上的第一条商业广告——参桂补酒。3月5日上海人民广播电台在全国广播电台中第一个恢复广告业务。3月15日上海电视台又播出第一条外商广告——瑞士雷达表。同年4月15日广东电视台正式设立《广告节目》。1979年底和1980年底,中央人民广播电台和中央电视台也相继开办广告节目。广告业在中华大地迅速发展起来,行业规模也逐渐形成。从业人员从1981年的1万多人已增加到现在的30多万人。全国广告营业额已超过130多亿元。广告门类和媒体种类都已比较齐全。广告形式也日益齐全。目前,我国不仅有电视、广播、报纸、杂志等广告形式,而且有新闻广告、店铺广告、交通广告、文艺广告、邮寄广告、路牌广告、霓虹灯广告、户外广告、售点广告(POP)、商业展览会、博览会等等多种表现形式。广告的宣传已经深入到全国各地和千家万户。

随着广告业的发展,广告的服务质量有了明显提高,经营方式和水平也有新的发展。广告设计从简单化、雷同化、公式化，进入力求以完美的艺术形式表现广告主题阶段。广告制作手段已采用国际先进技术手段。为客户的服务已转向以创意为中心，以全面策划为主导的优质服务方向。在经营方式上已出现跨地区、跨行业、跨部门的联合。广告科研开发出一批广告新技术、新材料，有效地促进了广告质量的提高。广告教育和人才培养也初见成效，一些大学开办了广告专业，同时一些综合高等学校的商业、经济学专业或财贸经济学院、商学院也根据社会需要开设了广告学知识课程。中国广告界还从实际出发，采用各种形式培养社会急需的广告人才。广告管理亦有了突破性进展，1979年以前，广告管理是分散的，没有统一的管理机关和规范的全国性的广告活动的法律、法规。1982年国务院颁布了《广告管理暂行条例》，规定由国家工商行政管理机关统一管理全国广告。1987年国务院发布《广告管理条例》，国家工商行政管理局依据《条例》单独或会同有关部门制定了几十个广告管理规章。1994年10月27日江泽民主席签发了由全国人大常委会审议通过的《中华人民共和国广告法》，决定于1995年2月1日起施行。这使广告法规和广告管理体系初步形成。

随着市场经济的发展，全民广告意识普遍提高，广告的地位和作用也得到充分肯定。绝大多数的企业已把广告作为一项长远的战略性投资纳入企业生产经营计划之中。广大消费者也逐渐改变了对广告的看法，并建立起通过广告了解购物信息，有比较、有选择地进行消费的习惯。社会也把广告业作为发展市场经济的先导产业，列入国家第三产业发展规划之中，并明确地将广告定为人才密集、知识密集、技术密集的高新技术产业。

二、国外广告发展简况

1. 从萌芽到成长期的广告业

国外的广告最早起源于何时何地，一直没有定论。人们现在能看到的最古老的广告实物，是收藏在英国博物馆的一张写在羊皮纸上的寻找逃奴的广告，这是在埃及尼罗河畔的古城底比斯发现的公元前3000多年的遗物。它的原文是这样写的："一个叫谢姆的男奴隶,从善良的织布匠哈甫家逃走了,首都特贝一切善良的市民们,谁能把他领回来的话,有赏。谢姆身高5英尺2英寸,红脸,茶色眼珠,谁能提供他的下落,就赏给半个金币,如果谁能把谢姆送到技艺高超的织布匠哈甫的店铺来,就赏给他一个金币。"

　　早在古希腊、古罗马时期,一些沿海城市由于处于有利的地理位置,商业比较发达,广告首先在这里产生。人们首先采用的是口头广告。据记载,古代迦太基人的叫卖声十分动听,商人们把叫卖的内容编成歌曲、小调,并配以各种音响工具,形成叫卖的交响曲。在雅典,古时曾流行类似四行诗形式的广告,如有一首化妆品的广告:"为了两眸晶莹,为了两颊绯红,为了人老珠不黄,也为了合理的价钱,每一个在行的女人都会——购买埃斯克里普托制造的化妆品。"古代的法国也是以口头叫卖开始自己广告事业的。浴室工人在路口高喊:"洗热水澡",专门接待沐浴爱好者。酒店老板请广告人在店中吹笛子招揽顾客,一些沿街叫卖的小商贩,索性把广告式的叫卖配上传统的曲调,后来招贴取代了叫卖,许多曲调依然在几代人中流传。有一首叫卖篦梳的小调:"黄杨篦梳,抓头虱之宝,包你头发,干净完好"。古代广告除叫卖之外,还有陈列、音响、文图、诗歌、招牌等广告形式。广告内容有推销商品的,有文艺演出,有寻人启示,还有政治竞选,等等。公元前79年,古代罗马的庞贝城,因维苏威火山爆发,整个城市被火山熔岩吞没,这场不幸的灾难给我们留下了2000年前庞贝城当时生活的状况,经考证发现,在纵横交错的街道建筑物的墙上和柱子上,刻满了各种广告文字和图画。在官方规定的广告栏内,还有候选人的竞选广告,有竞技场的演出海报,有招寻悬赏广告,有书店供应新书的广告,有宣传商品物美价廉的推销广告。此外,从发掘古迹看,当时的招牌已经相当发达,如山羊表示奶品厂,骡子拉磨表示面包房,水壶表示茶馆等。

　　印刷术的传入,对西方广告业起了极大的推动作用。15世纪中叶德国人古登堡发明了金属活字印刷,印刷广告问世。17

世纪初，英、德、法等国陆续出现了定期印刷报纸，1666年英国《伦敦报》第一个在报纸上开辟了广告专栏，从此，广告成为报纸的重要组成部分和最重要的经济来源。

　　从19世纪50年代起，近代广告的发展中心由英国转向美国。美国的广告业从18世纪初开始兴起，1704年第一份刊登广告的报纸《波士顿新闻通讯》问世。1729年美国广告之父杰明·富兰克林创办了《宾夕法尼亚报》，创刊号的头版刊登了一则推销肥皂的广告，标题很大，四周留有相当宽的空白，鲜明突出，取代了新闻的重要版面，进一步提高了广告的地位，使广告日益成为左右报纸前途的重要因素。

　　2. 成熟期的广告业

　　西方广告走向成熟是在19世纪末20世纪初。在这一时期广告业的重大进展，主要表现在如下几方面：

　　①广告公司的产生

　　1837年，美国爆发了第一次经济危机，造成商品过剩。为了推销商品，广告成为最主要的宣传工具。为报纸兜揽广告的人则成为广告代理商。广告商的出现为专业性广告公司的兴起奠定了基础。1841年帕默在费城开办了第一家广告公司，从事代理广告活动。1860年罗厄尔开办的广告公司采取大量收购地方报刊的版面，然后再转销给广告主的作法，从事广告经营活动（付给报社现金时回扣50%），从而创立了佣金制，成为典型的专业化广告公司。1869年F·艾尔与其父N·艾尔在费城创立了"艾尔父子广告公司"，开创了现代广告公司的先河。他们将广告业务从单线的报纸版面，转向为广告主服务。他们代表客户向报纸讨价还价，帮助客户制定广告策略，测定广告效果。1870年该公司开始为广告主制定广告计划，这是通过从市场调查入手，协助企业开辟市场和开展销售活动，从而使广告成为市场营销中的重要组成部分，广告公司发展成一支独立的商业机构，加入到国民经济的第三产业的行列。

　　②广告公司向广告主提供全方位服务

　　为了能够撰写出深受消费者喜爱，充分反映产品特点，促使消费者购买的广告文,一些广告人开始注重调查研究,调查消费者购物时的心理,调查产品的特点,调查市场需求等,以期撰写和制作出起到促销作用的广告。在市场调查的基础上,广告人开始向广告主提供广告策划服务。如1905年,卡尔金斯为蓝吉列保险刀设计了一个广告规划,从选择广告媒体到商品介绍的小册子,从招贴、橱窗布置到展览等,利用图表、广告设计草图等对产品的各个方面进行综合说明,制作出一份完整的广告规划。在广告策划的基础上,广告人还为企业提供广告策略和广告文的撰写等一揽子服务,极大地开拓了广告公司的服务范围和营业内容。

③广告管理有了长足的发展

广告业的发展带来了广告的激烈竞争,为了打败对手,广告从业者有时不惜制造虚假广告,欺骗消费者,因而广告业迫切需要一套规范性的广告法。1911年美国通过了《普令泰因克广告法案》,规定任何人、任何企业和广告代理不得进行欺骗性广告宣传,并对不真实的或令人误解的广告,以诈骗论处。1914年美国成立了"联邦贸易委员会",下设专门管理广告的机构,即欺诈行为局。1938年,美国国会又通过了《惠勒—利亚修正案》,使"联邦贸易委员会"对广告管理拥有至高无上的仲裁权。1911年世界广告联合会成立,把"广告中的诚信"作为联合会的口号。第二次世界大战之后,有50多个国家参加了国际广告协会。60年代,该会发表了"广告自律白皮书",促进广告业的自我约束。目前,国际广告协会已成为世界各国广告业和工商业相互联系,加强友好合作的纽带。

④广播广告诞生

1920年匹兹堡西屋电器公司的商业电台开始播音,其他国家也相继建立了电台,这些电台都设有商业节目,主要播放广告。

⑤电视广告的出现

世界上最早的电视台在1929年于英国试播,1936年正式建成。美国在1938年有电视台19家,但在1941年7月1日才开始接受广告业务,而电视商业化则是在第二次世界大战结束后开始的。1946年美国拥有电视机的家庭已有8000多户。二战后,电视得以发展,特别是50年代美国首创的彩电成为最理想的传播媒体,在其后的广告业中独占鳌头。电视广告的出现打破了印刷媒体一统天下的格局,一跃成为最大的广告媒体之一。

⑥广告媒体日益繁多

随着科学技术的发展,新的广告媒体层出不穷。除了有报纸、杂志、广播、电视外,还出现了许多新的表现形式。如路牌、霓虹灯、橱窗、交通、空中飞行物等。各种博展会也成为广告的重要传播媒体。

三、广告事业的发展趋势

1. 经济发展刺激广告投资增长

进入90年代,世界各国在新科学技术革命推动下,经济增长出现较好势头,企业着力提高产品质量,开发新产品。企业一方面要通过大量的广告活动进行自我宣传,另一方面又要及时、准确地把握市场的新动向,因而各国的广告量都呈上升趋势,即广告投资都在增加,即使在经济不景气,增长速度缓慢的情况下,广告投资仍然是处于增长状态,只不过是经济增长速度加快,广告投资幅度增长就大,经济增长迟缓,广告投资增长幅度就小。据国际广告协会统计,1990年美国广告营业额增长率为4.9%,日本为10%,我国为30%。目前我国广告处于一个发展时期,1992年全国广告经营单位有16700余家。当年广告营业额为67.87亿元人民币。在今后几年中我国广告业会有一个发展时期,到本世纪末我国广告的营业额将达到200亿元人民币。世界经济发展中心东移,亚太地区经济迅猛发展,广告业也出现了一个大发展的好势头,日本、香港、韩国的广告费用增长速度均在10%左右。随着欧洲大市场的建立,欧洲各国的广告业也将有一个较大的发展,其增长速度可达7%左右。总之,随着经济的发展,世界广告业在本世纪末将有一个较大发展。

2. 新技术科学的发展,促进了广告业的腾飞

随着尖端技术的发展,传播手段和形式也有了很大的发展,

现在许多大型广告公司都拥有自己的数据库、信息库、智能软件和专家集团，在制作上基本上实现了现代化。新型传播媒体不断涌现，如电脑磁碟片广告、录像带广告、电脑信息网络广告、烟雾广告、激光广告等多种多样形式。新型传播媒体的涌现为消费者提供了许多方便，如想买一辆福特汽车，用不着到商店去挑选，只要打一个电话，便可收到福特公司的磁碟片广告。在家里就可以详细地了解各种福特汽车的设计、款式、性能、价格、付款方式以及福特公司为消费者提供的各种服务。再有，过去杂志广告是无声的，现在有的广告公司可以在杂志广告专页上安装微型音响装置，当人们翻到广告专页时，微型装置就会发出动听的音乐和亲切的广告语，如果是食品或化妆品的广告，还可以闻到食品或化妆品散发的香味。这种多维、有声广告对产品销售起了巨大的推动作用。

3. 现代广告向国际化、集团化发展

由于商品经济没有国界，这就迫使各个国家的广告业走上国际广告的道路。如奥美广告公司、萨奇兄弟广告公司、BBDO 环球广告公司等，都把目标对准国际广告市场，实施了国际性的广告经营战略，广告公司向跨国方向发展。另一方面，广告公司向集团化方向发展。商品经济国际化，国际经济区域性集团和行业性集团的出现，促使广告公司向集团化发展。在 80 年代兼并之风席卷世界广告业，美国 BBDO 环球、DDB（道耶丹伯、恩巴赫）和尼德汉姆、哈泼等三家广告公司实行合并，建立了奥姆尼康集团。设在伦敦的萨奇兄弟广告公司于 1986 年兼并了美国第三大广告公司特德-贝茨。在第二年，即 1987 年，萨奇兄弟集团的广告营业额达到 114 亿美元，税前利润比上年猛增 77%，升至 1.9 亿美元。为了对付国际广告业的激烈竞争，英国的跨国传播集团 WPP（缆线及塑料制品公司）在 1987 年以 5.66 亿美元的代价购买了著名的智威汤逊广告公司，随后又在 1989 年以 8.64 亿美元买下了世界最大的跨国广告公司——奥格威集团，从而使集团的广告营业额上升到 135 亿美元，一时成为广告行业的重大新闻。

我国广告业虽未走上跨国的道路，但也开始走向集团化。1991年中国广告联合总公司与中国环球广告公司合并，1992年东北的几十家广告公司组建成"东北广告联合总公司"。这种联合，虽离集团化还很远，但它提高了我国广告公司全面策划和全面服务的能力。总之，广告向集团化发展这是现代广告业发展的客观需要，也是不可阻挡的发展趋势。

4. 现代广告活动的主体是策划，中心是创意，二者不可偏废

在现代广告活动中，广告策划是广告的战略性活动，"运筹帷幄之中，决胜千里之外"，策划欠周，便要失败。在激烈的市场竞争中，广告策划是以市场调查为基础，以取得较好的经济效益和社会效益为目标的有计划的广告活动，它具有系统性、整体性、层次性、目的性、运动性和适应性等特点。广告创意不仅是体现广告策划目的的一种策略，更是广告的灵魂，没有好的创意，广告目标就难以达到。在现代的广告活动中，创意已形成一门系统化的知识体系。

5. 建立完善的广告代理制是现代广告业发展的必然趋势

目前世界各国广告业基本上都实行了广告代理制。所谓广告代理制，是指广告主的广告活动委托广告公司全面代理的制度。能够进行广告代理的广告公司不是广告活动中的二道贩子，而是一种经济实体，它要具有一定的组织规模，拥有足够的资金和一批专门人才，能以市场调查为先导、以策划为主导、以创意为中心、以文化为基础，自主经营、独立运作，为客户提供全面服务的代理机构。这种代理制有利于广告公司和传播媒体的明确分工，可以充分发挥广告公司和媒体各自的优势，提高广告公司的地位和责任，充分发挥广告公司在广告活动中的主力军作用，从整体上提高广告效果。实行代理制有助于我国广告业向集团化、国际化、现代化方向发展，有利于我国广告业参加国际广告市场的竞争，推动我国广告业快速发展。

总之，随着世界经济的发展，广告业将向科学化、专业化、现代化、国际化、集团化、网络化、个性化、效率化的方向发

展。广告艺术与广告文化将更加紧密地交融在一起,从而改变人们的价值观念,成为人们生活中不可缺少的一个重要组成部分,促进生产和社会的发展。

第三节 广告学的性质和研究对象

一、广告学的起源与演变

虽然广告早在人类社会有了分工和产品交换时就产生了,但它形成一门独立的学科则是到 20 世纪初才开始的。其标志是 1903 年美国心理学家瓦尔特·狄尔·斯科特撰写的《广告理论》问世。在这本书中,他首先提出了科学广告所必须遵循的一般原则,第一次把广告当作一门学科来看待。1908 年,他在系统研究广告活动实践经验的基础上,又撰写了《广告心理学》,他运用心理学的一般原理分析了消费者面对广告时的心理特征,研究了广告心理学的基本原理。随之,美国经济学家席克斯编著了《广告学大纲》,对广告活动进行了较为系统的探讨,从此广告学诞生了。但是作为新的理论体系,不能只是一两个人的学术观点,它要有众多人参与,通过几代人的研究才能形成一门真正的学科。1926 年美国率先成立了《全美市场学与广告学教员协会》,对广告学展开了更加广泛的探讨和研究。继之,英国等一些国家也加快了对广告学的研究步伐,先后出版了《广告学》、《实用广告学》等著作,于是广告学作为一门独立的学科进入了"科学"的殿堂。

我国广告学的研究是从 1918 年"北京大学新闻学研究会"成立开始的,它把广告作为新闻学研究和教学的一部分。1919 年 12 月该会出版了徐宝璜的《新闻学》,其中专门撰写了"新闻纸之广告"一章。从 1920 年到 1925 年数年间,我国圣约翰大学、厦门大学、北京平民大学、北京国际大学、燕京大学和上海南方大学的报学系与新闻系,都先后开设了广告学专业课。1927 年,我国著名新闻学学者戈公振出版了《中国报学史》一书,较系统地阐述了我国广告历史和当时的发展状况,对我国广告事业的发展起到了一定的促进作用。

到 20 世纪 30 年代，资本主义世界暴发了经济危机，许多企业为了能尽快走出低谷，摆脱困境，增强自身商业销售能力，对广告在销售中的作用有了新的认识，资本主义各国鉴于广告研究的需要，于 1938 年在美国成立了"国际广告协会"、"广告代理商协会"等组织，使广告学的研究更加深入。

在这期间，我国广告学的研究有了重大发展，进入了解放前的鼎盛时期。在上海成立了"中国广告学社"，由叶心佛编写了《广告实施学》；在天津建立了"新中国广告社"，李汉荪、华文煜编译了《实用广告学》。加之外商利用广告与我国商业进行竞争，迫使我国商界竞相利用广告，从而促进了我国广告业的繁荣与发展。

第二次世界大战以后，第三次产业革命兴起，现代能源、电子、空间技术的发展，使世界广告业进入了以电视媒体为主的电视时代（1949～1959 年）。电视媒体的出现，使广告业发生了巨大变化。过去，广告主对消费者进行文字诉求的方式，现在可以通过电视对消费者进行视听结合的形式象诉求。于是，广告策划成了广告活动的主体。为了吸引人们对商品的注意，激起购买欲，广告人经常在广告中作出奇特的构想，于是广告的发展进入了创新时期（1960～1970 年）。广告人把创意作为广告策划的核心，于是一些立意新颖、具有吸引力的广告纷纷问世，如广告大师大卫·奥格威在广告图片设计时要求能激起读者的好奇，使他们迫不及待要读广告文。他在给海赛威衬衫做广告时，别出心裁地设计了一张大照片，照片占全部广告面积的 3/4，照片中一个中年男子神气活现地叉腰站在当中，身穿雪白的衬衫，旁边有两个人正在忙着为他量体裁衣。图片中最引人注目的是中年男子的右眼上有一只黑色的眼罩，显得很神秘。任何人看了照片都会很诧异，不由得想多看几眼，想搞清这是怎么一回事。照片下的广告标题是："穿海赛威衬衫的人"。广告正文告诉人们穿好西装的整体效果要有好衬衫搭配，继而介绍了海赛威衬衫的耐穿性好，用料考究，样式华贵等。这幅形象独特的图片，吸引了众多读者的注意力,从而使海赛威衬衫的知名度大大提高,迅速成为畅销全国的热门货,为衬衫公司老板创造了数百万美元的利润。到了20世纪70年代,广告又迈进了"定位时期",使广告学科从理论上进入了更加完善的阶段。对广告学原理的研究不再局限于狭隘的经济学范畴,而是更加深入到社会、文化、政治、伦理、科技、教育等各种社会科学与自然科学的广阔领域。

二、广告学的性质

广告学是广告学科体系的核心和基础,它研究广告理论、方法及其应用。由于广告学所涉学科的广泛,从学科分类来说,究竟归属于什么学科,一直有不同见解。有人认为,广告学是一门科学;有人认为,广告学是一门艺术。笔者认为,从广告学的内容和任务来看,它实际上是在商品经济条件下,从新闻学、经济学中分离出来,专门研究广告活动规律和广告表现艺术的综合性学科。这就是说,广告学既是一门科学,又是一门艺术,它具有以下特性:

第一,科学性。广告学是随着商品经济的发展和广告实践活动的迫切需要而产生的一门新兴的学科。它主要是研究广告的本质特征和内部组成因素的相互关系,并透过大量的偶然的、杂乱的经济现象揭示广告活动的客观规律。广告活动的核心是经济活动,它必须符合经济活动的客观规律。所以作为探讨广告活动规律的广告学,是属于社会科学领域的经济科学。在广告学的研究中遵循经济学科的一般规律,以指导广告活动,使广告活动更加合理、科学,符合市场发展的需要。

第二,艺术性。广告学是一门独特的艺术学科。广告在创意、文字、图画、摄影、色彩、字体、修辞、音乐、造型等方面都要遵循艺术规律。在广告活动中,不仅要注意广告的思想性、科学性,而且要注意广告的艺术性。要用真实、生动的形象表现商品,给人以美的感受,不但引导人们注意广告,加深人们对商品信息的理解和记忆,发挥艺术的认识能力;而且,使人们在感觉上、感情上接受健康的商品信息,通过不断的潜移默化,把高尚的道德、情操变为人们自身的心理欲求,使个体的欲望、要求、冲动、感情充满高尚的道德感，发挥艺术的思想教育作用。

第三，综合性。广告学是一门综合性的边缘学科。广告学的知识体系涉及到经济学、市场学、社会学、行为学、心理学、传播学、新闻学、管理学、统计学、美学、语言学、文学、法学等社会科学。随着现代科学技术的发展，计算机、声学、光学、电学、生物学等自然科学也与广告学相联系，而绘画、摄影、音乐、戏剧、电视、电影等艺术类型，更与广告有着密切的关系。同时，广告学本身还有着自己完整的理论体系和许多分支学科，例如广告原理学、广告策划学、广告创意学、广告传播学、广告媒介学、广告设计学、广告经济学、广告心理学、广告美学、广告文案学、广告摄影学、广告音乐学、广告经营管理学、广告法学等等。这就充分说明了广告学的边缘性或多科性。

第四，历史性。广告学的基本理论、原理和方法，来自广告实践活动，是广告实践活动经验的概括与总结。而广告实践活动是具体的、历史的、不断发展变化的。随着商品经济和科学技术的发展，广告的内容和形式，广告策划的任务和方式，广告媒体的选择，广告设计与制作的手段、方法和技巧，广告经营管理的具体内容和机构，也必然随之发生相应的变化，从而使广告学的研究内容不可避免地具有历史性的特征。广告学的理论体系要随着广告运作实践的发展而不断丰富和完善。

三、广告学的研究对象

广告学是研究广告活动过程及其发展的一般规律的科学。具体说来，广告学研究的内容和范围大体包括以下几个方面：

1. 广告学的基础理论

主要是以辩证唯物主义和历史唯物主义的基本原理为指导，研究广告学中带有根本性或基础性的理论和原则。如研究广告的界定、性质、形式、分类和系统结构；广告的社会功能特别是在现代商品经济中的作用和基本任务；广告的产生、发展和演变；广告学与其他学科的关系；广告运作的心理学理论、美学理论、信息传播理论、创意理论等。

2. 广告策划与媒体

主要包括广告调查、广告目标确定、广告计划和预算、广告定位、广告效果测定以及广告媒体的分类、特点、组合运用策略等问题的研究。

3. 广告设计与制作

广告的最终效果，必须通过广告作品表现出来。因此，广告设计与制作是能否通过艺术手段把广告主题充分表现出来的关键。这部分主要研究广告创意的原则和步骤，广告设计的构成要素和基本原理，广告创作要求和广告表现的基本技巧，广告文案的写作，广告制作的技巧与方法等。

4. 广告组织与经营管理

一切广告活动都离不开其主体——广告组织。而采用科学的经营管理，则是现代广告业之所以能够获得迅速发展的重要原因。这部分是运用现代市场经营学和企业管理学的基本原理为指导，来研究广告组织的建立和广告活动中经营管理的客观规律。具体内容包括：广告组织的作用、类型和机构设置；广告组织经营的内容、过程和原则；广告管理的内涵和机构；广告的宏观管理和微观管理等。

第四节 广告学与其他学科的关系及其研究方法

一、广告学与其他学科的关系

广告学作为边缘性的综合学科，与众多学科都具有密切联系。这里着重探讨广告学与以下学科的关系：

1. 经济学

经济学是研究生产、交换、分配、消费等经济关系、经济运行规律及其应用的科学。根据研究对象的不同，可分为一般经济学和具体经济学。如政治经济学、生产力经济学、发展经济学、比较经济学、经济统计等，属于一般经济学，而财政学、银行学、人口经济学、投资经济学等则属于具体经济学。如按研究成果实际应用程度的不同，经济学又可分为基础学科和应用学科两大类。政治经济学是各门经济学研究的共同理论基础，它主要是研究社会生产统一体中的生产关系的本质及其发展规律,在研究中,不但要联系生产力,而且还要联系上层建筑,阐明人类社会发展各个阶段上支配物质资料生产、交换、分配、消费的规律。马克思主义政治经济学的各项原理,是建立社会主义广告学的理论基础。

应用经济学以部门经济学为研究对象,如工业经济学、农业经济学、建筑经济学、交通运输经济学、教育经济学等都是研究各自部门的经济关系及其发展规律的科学。如商业经济学是研究商业部门中的经济关系和经济活动规律的学科。它主要以商品流通活动为研究对象。广告是联接生产与消费信息的桥梁。它通过传递商品和劳务的经济信息来促进社会生产,加速商品流通,满足社会各部门生产消费和人民生活消费。因此,广告与各部门经济有着不可分割的联系。广告活动必须遵循这些部门经济的规律,必须与这些部门经济的方针、政策相协调,才能发挥广告的作用,提高广告的经济效益。

2. 市场学

市场学(MARKETING)又叫市场营销学,在本世纪初产生于美国,是适应现代商品经济高度发展而产生和发展起来的一门关于企业经营管理决策的科学。其研究对象是企业在动态市场上如何有效地管理其交换过程和交换关系、市场营销活动过程,提高企业经营效益,实现企业目标。其研究范围从消费者的需求开始,一直到如何保证消费者的需求得到真正的和全部满足为止的全过程。内容有消费者研究,包括现实消费者和潜在消费者的研究,市场研究,包括市场观念,市场结构、市场功能、市场划分、市场调查,市场预测等;产品和价格策略;销售策略研究,包括销售过程、渠道、方式等;促销策略研究,包括促销、广告、宣传报道、销售促进、人员推销、公共关系、售后服务;市场管理等。概括地说市场学研究可以归纳为五个方面,即以消费者(consumer)为中心的4p因素:产品策略(produc)、流通渠道(pace)、价格策略(price)、销售促进(promotion)。这是市场营销活动的四大支柱。

市场学研究的许多内容都与广告学的研究有关系。如市场营销和广告都要从市场调查开始。对消费者的研究是市场营销活动的核心，不仅要研究消费者的行为、习惯、心理，而且要研究改变其行为、习惯、心理的内在及外在的因素。广告的对象也是消费者，只有在对消费者进行了充分了解之后，才可能在广告活动中准确地采取相应的对策，有的放矢，取得显著的效果；对市场区划的研究可以使广告定向更明确；对商品生命周期、商品竞销、发展策略的研究，有助于广告定位；对市场的调查、预测，可以使广告主对市场供求发展变化了如指掌，这也是制定广告策略、进行广告设计、广告制作的基础。

广告学和市场学虽然研究对象不同，但互相渗透，互相补充，是有机的、密不可分的统一体，广告是市场营销的组成部分、市场是广告活动的场所，广告在市场活动中起着宣传与媒介的作用。广告学的许多原理来自市场学，而市场学的营销组合理论又由于广告学的补充而丰富。两者相辅相成。

3. 心理学

心理学（Psychology）是关于人的心理的发生、发展及其规律的科学。心理学的内容主要研究人的心理过程和个性心理特征两个方面。心理过程分为：认识过程、情感过程、意志过程。感觉、知觉、记忆、想象、思维都是对客观事物的了解、掌握，都属于认识过程。人在接触、认识客观事物过程中的主观体验，如对某事物的喜欢或厌恶，恐惧或忿怒，愉快或忧伤等，这些主观的心理体验过程就是情感过程。确定目的并选择手段、制定计划、采取措施以克服困难，达到预定目的的心理过程就是意志过程。认识过程、情感过程、意志过程是统一心理过程的不同方面，三个方面不是彼此孤立的，而是互相联系、互相影响、互相制约的。情感和意志是在认识的基础上产生的，有了认识才会产生深刻而强烈的情感，有了积极的情感，才会有强烈追求的愿望，才会产生坚强的意志力，所以认识过程是最基本的心理过程。另外，情感和意志对认识也有重要的影响，没有强烈的感情和坚强的意志，很难准确地、迅速地感知和认识事物。认识过程是感情过程和意志过程产生的前提,感情对认识和意志起着深化的调节作用,而意志对认识和感情则具有控制作用。

心理学研究内容的另一部分,是人的个性心理特征。表现在人身上的经常的、稳定的、本质的心理特征称之为个性。而表现在人的能力、气质和性格诸方面的特征称之为个性心理特征。个性及其心理特征是在心理过程中形成和发展起来的,同时,通过心理过程表现出来。如人的认识能力是在认识实践中形成、提高的。并且,在认识事物的过程中表现认识能力的高低。另一方面,已经形成的个性及其心理特征,对人的心理过程又有影响和制约作用。如性格、能力都直接影响到人们对事物认识的效率和深度。

广告学与心理学有着极密切的关系。广告创意和表现、广告设计和制作、广告策划和效果测定等都必须以消费者的心理活动规律为依据。广告心理学是心理学的理论和方法在广告运作中的具体应用,它是消费心理学的分支。广告与消费者心理活动的相互作用,是广告学与心理学的关联点,其关系如下图:

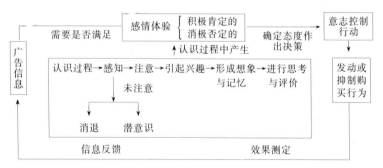

从图中可以看出广告信息首先作用于感知器官,如眼、耳、鼻等,如果被消费者注意了引起兴趣,那么对它会有进一步的认识活动,如想象、记忆、思维等,伴随认识活动还有愉快或厌恶等情感活动的产生,这种情感体验与广告信息是否能满足消费者的某种需要有直接联系。需要被满足则产生积极的情绪体验,反之产生消极体验。在此基础上确立对广告的态度并决策是否采取购买行动。然后经过意志活动的控制,发动或抑制购买行动。通过消费者的购买行为又可测定广告的效果如何，制定下一步广告。这就是广告对消费者心理活动的影响过程。

图中所示的每一个心理活动都可影响广告的效果，同样，广告所提供的信息对消费者的心理活动也有影响。例如研究消费者购买决策态度的形成就会发现，消费者对商品购买选择的态度，是以是否对自己最有利的立场为出发点，他们总是不自觉地比较各种利益，就象商品交换中那样，得要大于支出，至少要平衡。在社会交换中，这种"得"，不仅指物质的，也包括精神的、心理的、社会性的。在广告中，不仅要注意传递商品本身客观的指标，还要让消费者意识到从这个商品中能获得的心理上的利益，如大卫·奥格威为海赛威衬衫所作的广告，在广告正文中，开门见山地指出："美国人最后终于开始认识到，买一套好西服而穿的是批量生产的廉价衬衫，将会破坏整体效果，这实在是一件愚蠢的事。因此，在这个阶层的人群中，海赛威衬衫就日渐流行了。"这则广告使海赛威衬衫迅速成为畅销全国的热门货。这充分说明，消费者在进行了利益比较以后，只有在心理上感到安全和满意时，才会采取购买行动。广告信息正是要诱导消费者发现并认识到不仅能得到商品本身的物质利益，还能得到商品本身以外的精神利益，这时才会促成购买决策。又如运用心理活动中的认知不协调理论达到促销目的。认知不协调理论认为人在态度和行为等认识成分相互矛盾时，也就是从一个认知推断出另一个对立的认知时，会产生不舒适感与不愉快的情绪，并对人内心造成压力，这种压力驱动人向减少及消除这种失调的方向改变，直到认知协调。广告非常自然地应用了这一理论。如某广告讲某种药物具有活血化瘀、通脉舒络的作用，可用于血瘀引起的胸痹、中风等。而这正符合你医治胸痛心悸的认知，可另一认知是，现在你没有这种药，于是内心感到不舒服，有一种紧张感。害怕不用此药病情会越来越重，看到这个广告次数越多，这种压力就越大，于是你会迫不及待地到药店购买此药，直到把它吃下，才感到舒心轻松。这样，广告在认知上引起的不协调，到此时得到解决，广告达到了促销的目的。这种不协调理论用于广告，可更多激发消费者的购买动机。

根据心理学原理，心理活动产生于条件反射的中间环节。所谓中间环节，是指神经中枢对输入的各种信号进行综合分析，并命令效应器官作出反映，于是产生了各种心理活动。人的大脑右半球是进行形象思维的，能欣赏音乐、绘图、文艺节目等。左半球是进行抽象思维的，具有语言、阅读、书写、数学等思维功能。根据大脑的分工，澳大利亚广告学者认为，电视广告属于情感媒介，是由人的右半脑接受的。而报纸广告属于阅读媒介，是通过左半脑接受的。根据这种观点，电视广告和报纸广告有着很大的区别。电视广告是用情感去影响人的右半脑作出反映，这就要求电视广告创意要简明，做到以情感人，寓广告宣传于艺术之中，如在电视广告中多使用音乐和优美的广告歌曲。报纸广告虽不能使用广告歌曲，但可以通过优美的文字被人的左半脑接受。

总之，广告越发展，越要研究和借鉴心理学的研究成果，尤其消费心理学对广告的成功起着至关重要的作用。为此在广告学的研究中必须密切观注心理研究的新发展新成果、新方法，并大胆地把它运用到广告学的发展中，应用到广告实践中。

4．传播学

传播学（Communication）是研究人类运用语言、文字、表情、手势、图象等符号通过特定渠道传递观念、态度、感情等信息的科学，一般来说传播分为自身传播、人际传播、组织传播、大众传播四种类型，传播的基本要素有发送者、信息、渠道、接受者、经验效果。这就是说，谁发出信息，通过什么渠道传递给有接受这一信息经验的受众，产生了什么样的效果。这一系列问题的研究正是广告学所要研究的问题。在传播学中，所谓传播是信息发送者与接受者之间达到共识的过程，是信息发送者的经验和接受者的经验的重合。对于广告来说，如果只有广告主与广告代理、广告媒体的合作，制作出精彩的广告，而没有消费者的参加，这就不能说广告活动完成了。为了达到有效的传播，广告传播者要根据对消费者经验范围的了解，选择和运用字形、图案、色彩和音响等进行广告创作，使信息发送者与接受者之间达到共识，信息的传播才是有效的。因为思想不在信息中，而在信息使用者心中，传播是在信息发出者与信息接受者之间起沟通作用，当信息对传受双方都意味着同样的事物时，思想才能传播和交流。如中国人点头是，摇头不是，而有的国家恰好相反，这种肢体语言的信息符号不具备相同的意义，彼此的经验没有重合，信息的传播也就无法进行。受传者双方经验的重合，思想的沟通，是信息传播的前提。

信息的传播是凭借符号进行的，信息首先表现为符号，符号是信息的外在形式，世界上没有离开符号而单独存在的信息，正如没有不包含信息的符号一样，符号总是负载着某种信息，信息总是表现为某种符号，广告的表现形式必须由各种符号表现出来，而符号又不是一成不变的。随着个人经验范围的变化，符号的含义也会变化。例如从女工到"涉外保姆"的观念转变，原来认为由工人到"佣人"是见不得人的事，而现在对当"涉外保姆"很满意，对于下岗女工来说，由于外界环境的变化，她们对"保姆"的经验范围、符号的含义也发生了变化。又如在中国文化中，"棺材"一向是悔气的事务，而近年来福建一带逢年过节街上有许多小摊贩摆了许多呈"棺材"型的小匣出售，很多人争相购买作为吉祥的礼品送与亲友，原来当地人认为，"棺材"即官、财也。"棺材"这个符号的内含竟发生了本质变化。在广告传播学中，字形、图案或其他符号至少有三种含义：第一，指示含义。同一文化背景，使用同一语言的人，所理解的指示含义大致相同。如对于中华民族来说，龙代表吉祥，红色代表喜庆等。第二，内容的含义。人们对广告符号所代表的事物的特殊、个别的理解。如广告中的"质量"一词，不同的人就有不同的理解。第三，背景含义。是指广告活动中，人们往往借助于广告背景的特点来理解广告所传达的信息。如万宝路用西部牛仔的粗犷、强悍表现万宝路是男子汉的烈性香烟。

广告作品是多种符号——字形、图案及声音等的综合体。作为传播者，就是根据自己的经验和调查结果选择最能为消费者接受和认同的视听符号，向消费者传达广告信息的内容。信息能否引起消费者的兴趣,不仅取决于广告制作者的水平,而且取决于消费者的心态、背景、经验、认同能力等。也就是说,广告传播者的主观意图,仅仅是广告传播的一个方面,而客观效果如何,更取决于消费者接受广告的反应。这是广告传播中的一个极为重要的问题。

5. 美学

美学(Aesthetics)是研究人对现实的审美关系的一门学问,其中包括审美活动中的客体、主体、主客体的关系、现实美和艺术美、美感、美的创造和美育等。广告学的许多问题都与美学密切联系。为什么有的广告受欢迎,有的广告使人反感,为什么有的广告能给人留下深刻印象,而有的广告难以引起反映,这与广告的创作有关。广告的内容需要通过艺术手法表现出来。广告的艺术创作要遵循艺术创作的基本原则,广告一方面要传达经济信息,宣传商品,同时还应传递审美信息,能够给人以美的熏陶,提高审美情趣,潜移默化地影响人们的心灵,培养高尚情操,在赏心悦目、心情舒畅的氛围中得到美的享受,使人的精神得到升华,商品信息顺利地被人们接受。

而广告的创作达到真、善、美的统一,必须要认识形式美的因素(色彩、线条、形体、声音),遵循形式美的法则,使构图悦目、文字优美、色彩和谐美观,让人心旷神怡,陶醉神往,促使人们去购买。

广告上的艺术创作还要研究人们的美感,把握美感的特点和美感产生的心理过程,使广告活动所使用的各种图画、文字、音乐等有机的结合起来,刺激人们的审美器官:眼、耳等,从而唤起人们的兴趣、情感、好奇心、求知欲,与人们的利益、愿望、要求相结合,与商品的特点、性能、质量、用法等结合起来,起到宣传商品、传递经济信息、扩大流通、指导消费、活跃经济的作用。总之,美学可以帮助广告工作者提高审美修养,开阔思路,提高广告创作水平,创造出新颖精彩的广告。同时优美的广告,又可体现时代精神,普及审美教育、培养人们美好的情操和气质,提高人们的文化艺术修养及道德品质。

二、广告学的研究方法

1. 哲学研究方法

辩证唯物主义和历史唯物主义是广告学研究的根本指导方法。辩证唯物主义和历史唯物主义认为世界的本质是物质的，物质第一性、意识第二性，物质决定意识，意识对物质有反作用。社会存在决定社会意识，社会意识具有相对独立性，经济基础决定上层建筑，上层建筑对经济基础有反作用。这些基本原理是广告学研究中应遵循的基本原则。在进行广告活动时必须坚持调查研究，从客观实际出发，深入地进行调查研究，掌握第一手资料，通过实践——理论——再实践的反复认识过程，总结出符合实际的广告变化发展的客观规律。在广告活动中，要坚持实事求是，反对虚假广告，根据实际情况制定广告的策略，制定广告的计划。坚持运用辩证唯物主义对立统一的矛盾分析方法，分析广告活动过程矛盾的各个方面，分析广告活动的各个阶段的矛盾，找出矛盾的特殊性，坚持一般与个别相结合的原则，既从宏观上去考察广告活动与整个社会活动的关系，也从微观上去考察广告活动与企业活动的关系。另外，也要运用历史唯物主义的观点，研究各个社会形态和不同历史条件下，不同社会制度下的广告活动的特殊规律。辩证唯物主义和历史唯物主义为广告学的研究提供了总的原则和基本方向，使广告活动沿着正确的轨道前进，避免了方向性的错误。

2. 运用系统论、信息论、控制论进行研究

系统分析方法，把整个广告活动当作一个系统来看待，而社会调查、广告策划、广告策略、广告设计与制作、广告管理、广告评估、广告经营等都是广告的子系统。从系统论的整体性原则出发，广告的总体目标决定广告各个部分的活动目标，从广告的整体出发去组织局部活动，从局部活动之间的联系，协调广告子系统之间的关系，使各个环节协调统一。从系统论的有序性原则出发，着力抓好广告活动的内部组织管理，使广告各阶段、各部门的工作有序发展，加强各子系统的相互关联，从而使广告的整体活动作到层次分明，有条不紊。从系统论的动态性原则出发，

充分认识广告活动环境的多变性，及时掌握广告环境变化的性质、方向、趋势、程度和速度，及时调整广告活动的方案、计划，改进工作方法，在变化中求得系统优化。从系统论的目标优化原则出发，在广告活动中，组织管理应具有追求最优效益、获得最大利益的自觉性。以获得最大效益和付出最小代价为出发点，制定规划方案，实现社会经济、社会宣传、社会教育、大众传播的最佳效果。从系统论的可行性原则出发，将广告活动的优化方案和可行性原则结合起来，在可行性方案中寻找出最佳方案，取得广告活动的最佳效益。

信息分析方法是把整个广告活动作为信息的获取、传送、加工、处理的运动过程，整个广告运动就是信息传播运动。广告是信息传播的媒介，又是传播信息的实体。广告信息是通过广告公司等广告经营单位，将广告主的商品或劳务等信息资料，经过搜集、分析、加工、处理为广告信息，再通过传播媒体送给公众，接受广告信息的消费者把效果反馈给广告经营单位。广告经营单位再传播给广告客户。广告正是以这种特有的信息传播形式去影响生产、消费、流通，去影响社会环境和人类生活。

控制分析方法，实际上也是一种系统分析和信息分析。它是把系统的状态、行为、功能按控制的目的运行。控制方法中最重要的方法是反馈方法。所谓反馈，指的是控制系统输入的信息要促使系统的物质、能量、信息合理流动，并及时把结果送回原输入端，对信息的输入和再输出发生影响，起到控制和调节作用，从而达到系统的预定目的。在广告学中运用这种方法，我们可以找出广告费用与广告效果之间的关系，广告费用与媒体分配之间的关系，广告发布与广告频率之间的关系，广告信息与消费者反应之间的关系。更重要的是，这种方法可以检验广告计划的执行情况，检验计划制定得是否合乎实际，从而加强广告活动的内部计划管理，根据市场的变化，及时调整或修改原有的计划方案和实施措施，保证广告目标的实现，减少广告费用，提高经济效益。

3. 广告学研究的具体方法

调查方法。这是广告活动的最基本的研究方法。为把商品、劳务的信息传达给目标消费者，达到营销的目标，广告活动必须针对消费者的欲望和需求，推行广告活动，开展广告业务。为此必须进行全方位的调查研究，向消费者进行调查、向市场进行调查、向产品的生产者进行调查。具体调查方法有多种，如访问法、问卷法、观察法等等。

统计法。通过对广告活动数量上的考察，来反映在一定时间、空间、社会环境与市场环境下的广告活动的规律。也就是说，广告公司要充分利用内外现成的资料。依据统计原理来分析广告活动的变化规律，推测出未来发展变化的趋势，制定出应变措施，使广告活动更加有序。

电脑模拟法。电子计算机的广泛使用，使广告事业有了一个突飞猛进的发展。此法是把广告设计方案抽象成数学模型，再把市场上的多种影响因素，亦用数学模型来表示，然后把各种数据输入电子计算机，进行大量的模拟计算，得出结果，以供人们选择运用。把电子计算机作为实验手段，可以减少不必要的人力、物力、财力等的浪费。电脑模拟仿真，使广告活动产生了质的飞跃，使广告活动走上了科学化、现代化。

第二章 广告调查

广告调查是广告公司为完成广告活动的目标所做的一切调查。它最终服务于市场营销,它是广告策划的依据。广告调查在广告活动中占有极其重要的地位,它是广告活动的起点,一切广告活动都是在广告调查的基础上进行的。

第一节 广告调查概述

一、广告调查的含义

所谓调查就是对客观事物考核、查核、计算,了解客观情况的一种感性认识。广告调查就是一种搜集情报的活动。日本的九大商社(即三菱、三井、伊腾忠、丸红、住友、日商岩井、东绵、兼松江商、日绵)经营策略各不相同,但它们有一个共同的口号:"情报就是生命,情报就是金钱。"日本公司情报网创始于第二次世界大战末,当时有许多日本军方情报官纷纷到大型贸易公司工作。正是这些贸易公司构成了这个国家的市场情报系统,对日本的经济发展起了巨大的作用。在现代企业活动中,市场情况千变万化,面对复杂的内部与外部环境,企业必须不断地调整自己的经营策略与管理方法,使企业活动与内外环境保持最佳状态,为此必须使用广告调查这一科学工具。

广告调查是广告活动中的社会调查,它植根于市场经济,服务于商品的营销活动。广告策划的所有环节,实质上是围绕着市场调查展开的,市场调查是以市场体系及与市场相联系的一切方面为对象,了解其历史现状及其发展变化。目的是为了解决商品营销的问题而有意识的对市场进行具体的了解,认识市场的运行状况和运行机制的过程和工作。广告活动就是在市场调查的基础上进行的。

广告调查是在市场调查的基础上着重从广告规律方面揭示市场的机制与发展趋势。广告策划只有在系统地搜集有关市场与相关背景的资料，并加以科学概括分析才能确立广告策划，才能卓有成效地实现其总体目标。

广告调查具有明显的特点：①目的性。任何广告都是针对某一具体商品、劳务或企业的，所以，广告调查的目标从一开始就是极明确的。明确的目的性还表现在对调查的明确要求上，一个产品广告需要什么样的资料，是由这个产品的特点及广告活动的特点决定的，如果超出产品的特点和广告活动的特点进行调查，则会造成不必要的浪费和重点不突出，抓不住事物的本质。广告调查的目的性还表现在广告调查的成果使用上，广告调查就是为确定广告战略与策略的实施方案，确定广告的媒体选择与广告的投入时间等。②实践性。广告调查要深入到市场经济的现实活动中去。不能走马观花，要深入实际、全面、具体、准确地把握第一手材料，通过表面现象，分析归纳出市场变化的内在规律，以便策划出更贴近现实，更具有感召力的广告。同时广告调查的结论又要接受市场经济的实践检验。③系统性。市场经济是一个系统工程，广告活动也是一个系统工程。广告调查乃是全方位的调查活动，其中涉及了社会、经济、文化、民族、习俗等大的历史背景，也涉及到商品的具体特性等问题。在广告调查中使用任何一种方法都有局限性，因而广告调查应同时借用几种方法，并用几种方法对资料进行综合分析，这样就能制定贴近现实、更符合客观需要的广告活动计划。④保密性，广告公司一般同时承担很多企业广告，调查资料是不允许在竞争者之间相互泄露的，这是广告人的职业道德，每个调查人员都要严格遵守。

二、广告调查的目的

广告调查是一项目的非常明确的工作。首先，广告调查要服从于整个营销战略目的，服从于营销的总目标。其次，广告调查是广告策划诸内容得以实现的前提。最终达到对市场经济的运转现状有一个清晰的准确的认识，从而制定自己的营销方案。把广告调查的目的具体化，有如下几方面：

1. 产品定位

通过市场调查，对产品的性质、消费的数量、产品销售的条件以及消费者的评价等等，做出结论性的报告。在详尽占有材料的基础上确定某产品的市场位置。通过这种产品定位，进而推导出产销策略的定位，并且作出广告定位，达到巩固市场、扩大市场的目的，提高产品的知名度。

2. 选择广告策略

通过对市场的了解，分析出市场的类别、消费者群体的不同层次，明确市场营销的突破口，从而确定具体广告策略。如杭州娃哈哈营养食品厂为使娃哈哈打进北京市场进行了调查，了解到北京人口在一千万左右，娃哈哈的直接消费对象有80万左右。从市场上看，儿童营养品的品种繁多。但是，具有钙、铁、锌俱全的营养品还没有，这说明市场有需求。另外，北京市场规模大、消费面广、消费者的知识水平和消费水平较其它城市高。通过调查得出，只要宣传得当，打开局面很有把握。于是他们制定了一个进行一次密集型的广告攻势的策略。具体由三个部分组成：第一步，开展树立形象的公关活动，利用北京新闻媒介多的特点，召开大规模的新闻发布活动。第二步，对北京电视台、报纸、广播、有选择、分阶段地集中刊发广告，直接刺激消费者的购买行为。第三步，继前两个活动之后选两个商业集中区搞两次产品免费推广赠送活动。广告战三步曲取得巨大成功，赢得了北京广大消费者的信赖。这说明只有通过市调查才能制定出行之有效的广告策略。

3. 确定广告媒体

市场调查可以使广告策划主体根据不同的市场行情、消费走势、社会文化的背景条件确定以何种广告媒体去达到推销的目的。广告媒体对不同的商品、不同的消费者、不同的消费地区所起的促销作用是不同的，广告媒体的具体形式要通过对市场调查资料来确定。

4. 确定最佳广告诉求点

消费者的消费方式、消费态度是受多种因素制约的。商品的推销关键在于寻找到广告的最佳诉求点，这是广告心理策略的集中体现。最佳诉求点的确定并实现与消费者的沟通，只有通过广泛的市场调查才能达到。如美国著名的生活用品公司高露洁公司找到特德·贝茨广告公司，请他们为公司生产的棕榄牌香皂作广告。特德·贝茨公司与高露洁公司共同投资 60 万美元，对这种香皂进行了各种各样的测试，证明了如果每天坚持用这种香皂洗脸一分钟，就能改善皮肤的外观。于是将"棕榄牌香皂使皮肤更为娇嫩"写进广告，并附上了详细的测试数据。产品销路迅速打开。

5. 把握广告的黄金时机

广告推出的黄金时间不是随意的，而是依赖于市场的调查。广告时机的确定是广告策划的重要内容，也是媒体选择程序中的重要步骤。广告的时机选择从根本上来说要服从市场的变化和消费者的需求。广告的时间调查就是把握产品推出的最佳时机，收到事半功倍的效果。

三、广告调查的条件

1. 主体性。

即承担广告活动的市场调查人员应具有较高的文化素质、思想修养和优良的工作作风。主体的智慧、能力不仅关系到广告调查的成败，也关系到广告策划思路能否取得实效。加强对广告调查主体的素质培养是很重要的一项工程。因为广告调查面对的是大量客观的、复杂的市场信息。面对这些信息，主体如何筛选、挖掘，主体对信息的综合能力、决策能力、预测能力都对广告的策划产生影响。主体的素质除了思想意识、道德观念、坚强意志、崇高信念等方面外，还应包括各种调查手段和调查技能。广告调查能否达到预定的目标，关键在于广告调查主体的整体素质。

2. 经常性。

市场本身是一个错综复杂的动态系统，它象一只"无形的手"牵制着生产、流通、交换、消费等领域,若没有随时随地的广告调查,就不能及时发现市场变化和市场出现的新情况、新趋势、新特点,企业也就无法及时采取适当的应变措施以确定营销战略,广告的策划也不会有突出的表现而流于一般,就难以在竞争和变动中取胜。所以广告调查必须经常、广泛地进行,确立广告调查的长远规划,使广告调查的具体目标与主题保持连贯性。

3. 精确性。

在市场发展的不同阶段上,有着不同的特点。市场信息来自多方面,表现出极强的宽泛性和复杂性。在调查中必须遵循精确性原则,获取真实、可靠的第一手资料,通过精确、详细的分析得出科学的结论。

为达到精确性,要注意这样几点:一是在资料的掌握上,尽可能详细地掌握符合市场经济发展实际的材料。资料的来源要真实、准确、可靠,资料的内容要翔实丰满。二是在分析方法上,按照辩证的、逻辑的方法进行分析,从现象到本质,层层深入,最后得出科学的、合理的结论。三是对调查结果的运用上,无论调查结果与原来的设想有多么大的出入,必须要实事求是,正视调查结果,依据调查的结果制定广告活动的规划,制定出符合市场发展规律的广告活动目标,从而使营销战略建立在更扎实、更牢固的基础上。

4. 目标性。

广告的调查要有明确的目标。企业目标指导着营销目标,广告策划要服从于营销目标的需要。广告调查的目标来自广告策划的需要。所以广告调查目标的确定,主题的筛选,要服从广告策划的构想。如广告调查目标是以某类商品的推销为目的,还是以市场预测为目的,然后根据不同的广告调查目标,制定出不同的广告调查方案,从调查的结论中再派生出广告策划的主导思路,调查结果也要反馈给企业,以便企业的目标计划建立在坚实的调查材料的基础上。

5. 预测性。

广告调查是为广告策划服务的。广告调查要运用获得的各种信息和资料，预测未来一定阶段内市场的供求关系变化及趋势，据此勾画出广告策划的运作方式，供广告策划研究使用。

四、广告调查的作用

1. 有利于企业不断调整自己的经营策略和管理方法，使企业活动与内外环境保持最佳状态。通过对商品供应量和消费者购买力的调查可以及时掌握市场的供求情况，这便于企业选择和制定广告的方案。便于企业找到适销手段，达到促销的目的。通过调查找到企业的新的生长点和与外界联络的最佳通道，开发新市场，巩固已有的市场。

2. 广告调查有利于企业掌握消费者的心理和购买需求、购买习惯、购买行为、消费习惯等，掌握消费者对商品的数量、质量、品种的需求变化，做到按消费者的需求组织生产，确定产品销售的目标市场，使产品获得社会的承认。

3. 有利于新产品的开发。在调查中可以发现商品生产的市场空白点，可以针对空白点，开发新产品占领广阔市场。如"火锅调料"的出现。四川人喜欢吃火锅，上海人也喜欢吃火锅，但火锅调料的调配很繁琐，于是根据人们的不同胃口，生产出了各种不同的火锅调料，满足了火锅爱好者的需要。

4. 有利于促进商品的销售。通过调查可知消费者对某类商品的渴求点，调整产品的生产和营销方向能使商品的销售畅通。

第二节 广告调查的内容和范围

广告调查的范围，包括了广告策划所涉及的一切内容，凡是与广告活动有关的市场营销因素和广告活动所处的一切环境因素都属于广告调查的范围。

一、广告环境调查

广告环境是指广告活动所处的总体环境。

1. 自然环境、气候、地理环境的不同对产品的需求也会不同。如羽绒衣在北方和南方就有不同需求；气温的高低直接影响人们对冷饮和西瓜的需求变化；降雨量的计算对雨具生产很重要。气候、地理环境不同会产生不同的交通运输条件,影响资源的分布,影响消费者的不同需求。交通不发达地区,人们外出不便,于是购物求多求全,每次送货量大,间隔时间长;交通发达地区零售点多,每次送货量有限,间隔时间短。

尤其外销产品更要了解当地的自然环境。我国许多名酒开拓泰国市场,其销量远低于法国的白兰地、美国的威士忌,原因是该地气候炎热,不宜饮用烈性酒。对此,我们的厂家只须对酒进行吸附渗透处理,减轻酒味的爆烈,就能受到泰国市场的欢迎。

2. 国际环境。国际环境不仅对外贸产品的生产、销售有关,而且对其它产品也是重要的,因为商品国际化形成商品市场无国界,所以不仅要关心出口,也要关心进口,了解国外有无同类产品,同类产品的生产水平及需求量,了解国外的风俗、民情、文化等。

3. 政治环境、市场的政策法规。不同的政治背景和条件,市场的政策法规也不同。各地的改革开放进度不同,一些地方性的法规也会有异同。广告调查就要对特定的市场政策进行了解和分析,全面掌握当地的各种法规情况。为企业确定目标市场,实现营销战略提供政策法规上的依据。

这些政策和法规主要是地方工业政策、商业政策、税务政策,以及一些管理性法规。其中税务政策和价格管理政策尤为重要,直接关系到产品的利润水平。了解和分析市场所在地的政治经济形势,并预测未来发展的趋势,如宗教信仰和意识形态领域的变化,经济政策的调整等都会对产品的销售产生巨大影响。

4. 社会习俗和文化环境。不同的地区、文化历史的发展不同,形成人们不同的观念,信仰、习惯、审美旨趣。如由于文化的差异,世界各国顾客对商品的态度和价值观不同,不同的态度和价值观会使消费者的购买行为表现出不同的特点。如对新产品的看法,在美国代表有益,因此新产品容易被社会大众接受,而在另一些传统国家则意味着冒险,新产品的扩散则极为困难。又如,我国以左为尊,日本人以右为尊;日本汽车驾驶室方向盘在右边,我国则在左边,日本汽车企业为了使产品打入中国市场,将出口中国的汽车方向盘一律改在左边,适应了中国人的习惯。

几年前,一批物美价廉的中国鞋子在某非洲国家的市场上很畅销,可几天以后竟被当局全部收回焚毁,原因仅仅是鞋底花纹犯忌。又如语言方面,目前我国出口的产品中,有以"金鸡"为品名的,而译成英语的 cock(雄鸡)是当代美语俚语中的下流语言,这是英美国家的禁忌语。中国的名茶"茉莉花"远销欧美,但在东南亚却打不开市场,原来"茉莉"谐音"没利"。后来给"茉"字加两点,改为"莱"字、与"来利"谐音,销路立即打开。因此,开拓国际市场,必须重视禁忌考证,必要时可请有关方面专家来协助处理,避免误闯禁区。

二、市场供求关系与容量调查

1. 市场供求关系

市场供求关系是广告调查的核心。它主要表现为社会商品购买力和商品可供量的关系。社会商品购买力调查的主要内容:①调查消费者总量及其构成。人均收入水平、平均工资水平、消费水平、消费结构及其变化;②调查消费者对具体产品的需求状况与新的消费需求增长的情况,包括社会拥有量、购买频率、主要购买者、购买者的性别、年龄、文化、经济实力、职业等,商品潜在需求量对产品的评价。③社会集团与生产需求及其各种影响因素。分析特定市场供求关系的特点,发展的可能,从而为产品的市场定位和广告策划准备决策依据。

2. 市场容量调查,即产品的可能销路,潜在市场销售的可能性及其在政策上应采取的对策。

具体应调查如下几个方面:①同类产品在目标市场销售中的地位、特点、性质、价格与消费者的评价,产品的品牌、规格、厂家。②当地市场有关产品的消费变化指数,综合分析产品今后的消费变化趋势。③同类产品在当地市场年销售量,消费者的数量,产品销费方式,消费频率等。④从产品的周期状况推断出产品今后的消费变化情况。产品的周期分为:导入期——产品刚刚上市,销售增长缓慢;增长期——产品销路渐开,在以后一段时期内销售将会快速增长;成熟期——产品增长势头不明显,并有下降的迹象；停滞期——产品销售已达峰点，并逐渐缓慢下降；衰退期——市场对该产品的需求减少，销量持续下降。几乎所有产品都以某种形式经历这五个阶段。但不同类型的产品或同类产品中的不同品牌的产品变化速度是各不相同的。因此，查明产品在市场周期中所处的阶段是至关重要的。此外，还必须注意的是产品销售利润的下降通常要比销售量下降得早，也下降得快。

三、市场竞争性调查

市场经济的产品竞争异常激烈，这种竞争对企业产品能否占领市场，企业营销目标的形成有着重要影响，市场竞争性调查包括如下两个方面：

1. 市场竞争结构和变化趋势。

竞争对手的情况包括对手是谁，占有多少市场份额，是来自当地厂商还是外地厂商，其生产规模和扩大销售的计划如何，对手的产品成本优势和有何不足，价格优势以及对市场的控制能力如何，除主要竞争对手外，其它竞争对手的情况怎样。对于经营种类不同但用途相同的企业间的间接竞争也要查明，另外还要调查市场上是否有空白点，其它企业的售后服务状况怎样，从而得出本企业产品竞争成功的可能性，不足之处、改进的方向和方法。

2. 对各竞争者使用广告类型、手段及其效果进行调查分析，查明各竞争者广告费用支出情况。

在广告竞争中曾有这样一个趣谈，著明的意大利福斯和菲亚特两大汽车公司，曾分别推出高罗夫和泰普新型车，为占领市场双方展开了一场广告战。菲亚特想压倒对方，于是利用名人效应，请当时著名电影演员亚伯雷在电视上做广告宣传泰普汽车，并在报纸杂志上撰稿扩大影响。福斯公司的广告设计师威尔巴分析了竞争局面后采取了智取的广告策略，他设计了一位身着红色衣服的魔鬼，让它双手抱胸站立在山巅上，顶上赫然写着："你们经不起诱惑——无与伦比的高罗夫的诱惑"刊登在销量最大的报刊杂志上。众所周知，在西方国家，不被俗念打动的心灵只有基督一个，其余都是凡人，是禁不起诱惑的，福斯公司的广告有雷霆万钧之势，想压倒对手。菲亚特也不让步，竟然用"最后的诱惑"做醒目的通栏标题，在各个刊物上大肆宣传。两家汽车公司广告的较量，表现了广告设计者的才智与胆识，也显示了广告竞争的激烈。

四、产品调查

1. 对本企业产品调查

包括产品的生产能力、原料来源、工艺水平、用途、结构、价格、质量、产品的包装、规格、色彩、风味、式样等内容。如美国广告界的元老霍普金斯在为喜立兹啤酒作广告时，深入厂家仔细了解观看啤酒的生产过程，他看到喜立兹啤酒瓶是经过蒸气消毒的。霍普金斯马上捕捉住了这个细节，第一个在广告中提出这一点，使消费者感到喜立兹啤酒清洁卫生，质量可靠。结果，这个广告使喜立兹一下赢得了众多的买主，为厂家带来巨大的经济效益。

2. 向消费者调查，了解消费者对产品的知晓度、理解度、好感度，了解消费者与产品的相关事项。

这就是通常人们所称的消费者产品调查，或消费者使用测验。在产品测验中要选择对该产品有使用能力的消费者。测试时不能同时对三种以上产品做测验，产品除了给以文字或代号外，不能带有任何标志。由于消费者的文化背景、生活习惯不同，情趣爱好不同，通过调查可查明消费者对产品式样、类型、色彩等方面的要求，从而明确消费者的不同层次，不同地区的受众对产品的喜爱需求的区别，帮助对产品准确定位。

如台湾食品康师傅方便面和统一方便面到大陆的不同做法，取得的不同成效，充分说明了向消费者调查的重要性。80年代台湾食品业的龙头老大——"统一集团"来到内地经营方便面，他们不管大陆人的情况，只想把岛内最畅销的鲜虾面端出来，想让大陆人尝尝"台湾风味"，过过现代快餐食品之瘾，没想到这只是他们的一厢情愿，内地消费者对其敬而远之。接着又换上岛内的排名第二、第三的方便面，依然打不响，经营很不理想。

而在台湾"名不见经传"的小业主顶新集团却创出了名牌

"康师傅"方便面。顶新集团首先在品名上下功夫,他们细致推敲内地的社会消费心理,经过筛选淘汰,最终选定"康师傅"为品名。因为"师傅"是大陆人对专业人的尊称,使用频率不亚于"同志",同时"康"字容易引起人们对"健康"、"安康"、"小康"等联想。二是在档次上合理定位。他们通过调研,发现当时大陆的方便面市场将近400条生产线存在一个巨大的产销空档,即中档产品的生产,还发现内地生产的方便面仅仅能让人吃饱,而不注意口味和营养。于是他们把中档产品作为进军市场的定位。三是通过调查把品味定在"内地风味"。顶新集团的策划者用最原始的"试吃"来调查,研究方便面的配料和制作工艺。他们以牛肉面为首,先请一批人试吃,不满意就改,等这些人接受了这种风味后,再找第二批人品尝,改善配方和工艺后,再换人试吃,直到有一千人吃过后才将"内地风味"定下来。因而,当"康师傅"方便面正式上市时,消费者都夸"康师傅"的味道好。以至在现今的方便面市场上,"康师傅"已经成了方便面的代名词。

"康师傅"的崛起和"统一"的市场失误,这说明产品进入市场必须要对消费者调查,开发迎合消费者的产品,取悦顾客。要了解当地消费者的文化背景、消费习惯,坚持"到什么山唱什么歌"的原则,针对消费者实际及潜在需求才能开发市场。

五、广告媒体的调查

在发布广告之前,需对广告媒体进行全面的调查。广告媒体的种类繁多,主要有报纸媒体、杂志媒体、广播媒体、电视媒体、邮递媒体、户外媒体、店铺媒体、包装媒体、展示媒体、气模媒体、汽球媒体、飞船媒体等等。各种媒体的功能、性质、特点、传播区域、收费标准均不相同,即便是同一类媒体的不同级别,不同区域,其适应面也不同,为花最少的钱获得最佳的传播效果,必须进行媒体调查,制定最佳的传播方案。

六、广告效果测定

这是广告调查的一个重要方面。广告活动得以完整进行,达到最佳效果,必须对广告发出的信息不断进行反馈,以便准确、有效的进行广告活动。具体如何进行广告效果的测定,另列专章讲述。

第三节 广告调查的程序和方法

一、广告调查的程序

广告的市场调查按照搜集资料的内容可分为基础调查和专项调查。基础调查是广告代理中经常性的调查,是在历史资料的基础上,结合新情况更新资料。专项调查是接受新的广告项目时进行的专门项目调查。调查的程序与前者基本相同。

1. 筹划阶段

①确定调查目标。这是广告调查的正式起点。首先明确调查的目的,根据目的制定调查的题目,确定调查的范围以及研究的领域和方向,提出几个假想目标,经过分析调研,选出最主要的目标。在对调查问题进行初步分析时,常常要受到调查技术、调查时间、调查经费的制约,有时甚至左右着调查目标。因此,调查目标的最后确定,要依据现有的资料和已具备的条件、资金进行综合分析才能确定。

②拟定调查方案。调查目标明确之后要拟定详细的调查方案,调查方案的主要内容有:①拟定调查提纲。调查提纲首先要向调查人员传达调查目的,应达到的调查目标,还要说明调查的原则和要求以及调查费用。②设计问卷。问卷要做到将调查目的转变为被调查者可以回答的问题,并且愿意提出真实准确的资料。因此在拟定问卷之前要分析排队,列出必要的问题,确定每个问题的内容以及问卷的方向。为了使被调查者回答得容易,确保收集资料的正确性,有些题目要加上一个以上的过滤性问题,以便使问题明确并得到追根究底的效果。

例如下列问卷:

请问你家有没有热水器?

☐有 ☐没有

①府上的热水器是哪一种型式的?

☐ 电热式热水器，牌子是_____

☐ 管道煤气热水器，牌子是_____

☐ 液化气热水器，牌子是_____

②府上的热水器是多久以前购置的？

☐ 最近半年内

☐ 最近半年至一年内

☐ 最近一年至一年半内

☐ 最近一年半以上

在设计问卷时还要注意被调查者是否具有回答问题的能力或经验。如"请问你对高等教育的看法"？这种问题对一般消费者来说很难有满意的回答，还有一些问题也不易得到准确的答案。所以设计问卷的技巧要把握好。

③安排具体的行动步骤和时间秩序。

2．实施阶段

①小规模的试点调查。在一定范围内进行小规模的调查，以检验调查表或问卷是否完备，调查计划是否合理可行，若有问题马上修改，然后才可以进行大规模的调查研究。

②实施调查阶段。广告调查人员要严格、细致地按照广告调查计划，有条不紊地展开收集资料的活动。具体说，实施阶段包括搜集资料和整理资料两项内容。这是广告调查人员与被调查者（消费者）接触，向被调查者索取资料的过程，是广告调查的最关键阶段。收集到的资料称为原始资料，可分为文字资料和数字资料两大类。对此，必须进行整理、加工，形成可以利用的资料。资料的整理，第一步是编辑。从调查的原始材料中选出有关的、重要的参考资料，剔除无关紧要的、没有参考价值的资料，然后将挑选出来的资料按照一定的逻辑顺序排列，使之前后连贯一致，并且根据实际需要，将其中某些数据进行换算或整理。第二步是汇总和分类。按类别（如价格、竞争企业、消费者情况、市场环境等）分别汇总有关资料。分类是对汇总的资料进一步按

小专题细分。第三步是制表。把调查资料用适当的表格形式展示出来，以便说明问题或从中发现某种典型的"模式"。

3．总结，利用调查成果阶段

①对资料进行分析。一方面将众多资料做综合运算，运用最恰当的统计方法，将资料简化，进行数量分析，揭示数量特征，以此推论总体的各种数量特征。另一方面运用比较、归纳、推理或统计方法揭示各变量之间的内在联系。

②解释调查结论。广告调查是从假设开始的，现在则要用调查得来的资料来验证假设是否成立，提出在调查资料基础上的正确结论。

③说明调查结果的贡献，既包含理论的贡献也包含实际工作的贡献以形成调查报告或建议，提供给有关部门，供决策使用。

二、广告调查的方法

（一）文献调查法

在广告调查中，此种方法经常被忽视，而实际上这是一种高效率、高质量的调查方法。它是利用已有的文献资料进行的调查。文献资料是指用文字、图形、符号、声频、视频等手段在物质载体上记录的有参考价值的各种文件、资料。这种调查对调查人员的素质有较高的要求。

1．文献的来源和种类

文献的来源主要有企业内部、图书馆、研究所、情报中心（咨询中心、信息中心）以及政府机构和行业协会或商会等。

①企业内部。主要指企业的情况介绍、产品目录、商品说明书、价格清单、经销商品名单、财务报表、市场报告以及客户函电等资料和本行业竞争对手的资料等。

②图书馆。从各类图书馆中搜集有关资料，如相关书籍中，从各类报刊中和年鉴上的统计资料等，在图书馆查阅资料时要善于使用各种目录索引，以达到事半功倍的效果。

③研究所。一些经济、工业研究所，特别是某一行业的情报研究所，经常发表一些市场调查、市场评论的文章，这些文章中的资料可以成为整个行业或某个地区的市场背景资料。

④情报中心（咨询中心，信息中心）。此类机构从事信息咨询服务，是盈利性机构。其资料比较齐全，若需要某一专题资料，可找此类机构提供帮助，既经济又可靠。

⑤政府机构。从政府的某些部门，如统计部门、工商行政管理部门、税务部门、专业委员会和工业主管部门可以获取当地社会经济发展的有关资料，以及有关的经济政策法规和行业发展规划等。

⑥行业协会和商会。行业协会和商会可以提供会员名单、会员经营状况和发展水平、行业贸易状况以及同行业内部交流的一些资料。

还有消费者协会也能提供有关资料的来源。因为消费者协会经常检查在当地销售的产品质量和服务状况，并不定期在报刊上公布有关结果。它们与消费者联系密切，接受消费者的投诉，反映消费者的意见和要求。所以能够提供相关资料。

文献的种类分为：书面资料，如报刊、书籍、公文档案、个人文件、书信等；统计资料，如统计报表、数据资料等；图象文献，如电影、电视、录像、照片等；有声文献，如录音磁带、唱片等。

2. 文献调查的方法和注意事项

文献调查是一项繁重复杂、技术性很强的工作。它要求调查人员除需具备丰富的专业知识和耐心认真的工作态度外，还需要掌握科学的工作程序和工作方式，才能保证文献调查的质量。

拿到调查项目后，首先要确定资料的大致来源，然后再分工进行调查。分工搜集资料有两种方法，一是一人负责一个问题或几个问题，查找所有资料来源，这种方法资料比较系统，但比较费时；二是一人负责一种或几种资料来源，搜集这些资料中所需的全部资料，这种方法由于每个人搜集资料的范围广，所以容易疏漏，但节省时间。两种方法各有利弊，实施时应根据问题的多少、资料来源的情况具体选择使用。

文献调查的特殊性，决定了调查时应注意如下几个问题：

①分析文献的可靠性，也就是资料的准确性。依据准确的资

料信息才能做出对市场的正确判断，而错误的资料有可能导致灾难性的后果。在调查中，要了解书刊的权威性，明确文献的来龙去脉，对文献出现的时间、地点、作者及文献形成的原因、目的、过程、后果等都有一个定性的认识。为做到这一点，要认真辨别资料是原始文献还是第二手文献，一般原始文献比第二手文献可靠。原始文献的作者应是直接的调查者，而不是根据传闻来估计、推测出来的数据或结论；还要研究编制文献的目的，文献的作者与文献的内容有无利害关系，以辨别文献的准确度；研究文献的文字内容与实际内容的差别，明确文献中包含的最深刻、最隐蔽的内容。

②资料的时效性。资料的形成时间，是早期的，还是近期的，在千变万化的市场竞争中，早期的资料常常意义不大，近期的资料则能看出市场的现状及发展趋势。但从长期看，市场的变化也是有规律可循的，把早期和近期的资料进行纵向分析，可以得到市场变化的大致规律，从而可以对未来趋势做出预测和判断。

③资料统计口径的一致性。不同国家，甚至同一国家不同机构对统计指标的定义理解也有不同，统计口径不一致。从不同渠道搜集的统计数据不能简单地直接比较，需要依据一定的标准进行换算，在同一内涵的基础上再进行比较。

④资料的筛选。对搜集到的大量资料，要进行去伪存真，由表及里的筛选，这要求调查人员要有敏锐的眼光，准确地发现与调查有关的资料，而且能够把资料科学地归纳和分析。

（二）抽样调查法

从调查对象的总体中抽取一部分进行调查，通过样本论及总体的调查方法。其特点是节约成本，结论具有时效性。抽样调查分为立意抽样和随机抽样两种。

1. 立意抽样法

也称非随机抽样或典型抽样。具体做法有三种：①是调查人员根据自己的方便，选择样本；②是在有关专家判断的样本中选择；③是从分配的一定数量的调查样本中，由调查人员任意选择样本,这是立意抽样中常用的一种方法。

立意抽样法对于调查者较为熟悉的情况或总体对象同质程度较高的环境来说,这是一种简单可行的调查方法,但对于调查者不熟悉的情况或总体对象同质程度不高,使用立意抽样法就不如使用随机抽样法准确。

2. 随机抽样法

这是依据概率均等的法则抽取样本的方法,是一种比较科学的调查方法,它可以防止主观的片面性。在调查中,每个调查单位被抽取的机会都是相等的。具体方法是:①简单随机抽样法,也称纯随机抽样。多用于对调查对象一无所知或知之甚少的情况,常见的抽签掷硬币选择样本的方法都属这种方法,这种方法的特点是调查者可以不带任何框框,任意取样,由于对调查对象不甚了解,因而工作量大,财力、物力、人力的耗费也大,实际调查中较少采用。②分层抽样法,又称分类抽样。把调查的单体对象依据一定标准分成若干层次、类型、部分,彼此之间有明显的区别,然后在不同层次、类型、部分中按照同一的抽样比例或按照不同的比例抽取样本。如在大学生中调查对时装的看法,可在男生中抽出20%为样本,又在女生中抽出20%为样本。若要进一步调查不同年龄的在校生对时装的看法,则可以在一年级的男女生中抽取一定比例的样本,又在四年级毕业班的男女生中抽取同样的比例的样本。这样,调查的结果就会比较准确。③等矩抽样法,也称为系统抽样或机械抽样。即把全部调查对象按照一定的次序排列,然后按照相等的间隔有规律地抽取,间隔的大小由被调查总体单位数除以样本数来计算。④分群抽样法,将调查总体分为若干组,抽出几组,再从抽出的几组抽取样本。抽样调查法是市场调查的基本方法,具体操作方法多种多样,但不可避免地也有一定局限性,从严格意义上讲,只有在总体对象相差不大时,抽样调查才显出优越性,在调查对象比较复杂或层次参差不齐时,使用抽样调查效用就会受影响。抽样调查虽然有概率论和数理统计作为科学基础,但抽样调查得到的毕竟不是精确的结果,往往与实际情况存在着某种程度的偏差。

(三)观察法

指人们运用感官及辅助工具直接观察研究对象,获得大量生动、具体、真实的第一手资料,对其进行理论分析,找出内在规律。它包括对消费者的行为的观察和对非行为的客观事物的观察。观察法有三种:

1. 直接观察法

调查在现场直接观察消费者行为,如在进行商品需求调查中,对于消费者喜爱的品种、牌号、花色、包装等,可以在商品销售现场或展销会上直接观察,获得材料。

2. 痕迹观察法

这种方法不是直接观察被调查对象的行为,而是观察被调查对象留下的实际痕迹。如企业为了征集广告词,可以以启事的形式在报上登广告,然后根据回信(应征广告词)观察一下广告效果。

3. 行为记录法

通过调查仪器记录消费者的活动和行为。如用定时记数器,记录广告牌前行人驻足的次数和时间。

运用观察法时要注意集中精力紧扣主题,不要被纷繁复杂的社会现象所迷惑,保持高度集中的注意力,专注于调查主题,才能迅速发现问题,捕捉住解决问题的关节点。观察法具有实地观察,获得大量感性资料、可靠、具体、形象的优点,但缺乏对消费者动机深层次的了解,因而观察法能与询问法相结合使用效果会更佳。

(四)询问法

询问法是调查者通过口头、电讯或书面方式向被调查者了解情况,搜集资料的方法。这种方法由于与被调查者的联系比较直接,所以可以获得较为全面而又准确具体的调查资料,尤其是可以较具体地了解消费者的购买动机和意图。询问法包括访问法、邮寄调查、电话调查等。

1. 访问法

调查人员直接访问被调查对象,通过有目的的谈话收集所需要的情报和资料。访问前要拟定调查主题,确定调查提纲和范围,并对被调查者的情况有一个大致的了解。在访谈时要注意掌握时间,不能使被访者有急燥心情。采访时间最好选择在被调查者的空闲时间,谈话时要注意访谈艺术,要平易近人,使被访问者精神放松,解除顾虑,谈话应从被调查者最感兴趣的问题谈起,寻找适当的机会切入正题。切忌将调查问题生硬地搬来搬去,一问一答式地进行,更不能生硬地要求被调查者明确表态,而应尊重被调查者的习惯、爱好,表现出良好的礼貌和修养。按照调查提纲或问卷开列的问题进行访谈是结构性访问法。不完全按拟就的访问提纲进行,而采用比较自由的交谈方式,随着谈题的展开,根据对象的特点深入调查主题是非结构性访问法。另外,访问结束时,应向被调查都表示谢意。访谈可以及时了解被调查者的态度,当被调查者有了误解时可以及时进行解释。缺点是访问调查的成本太高,需要花费大量的人力、物力和时间,有时被调查者还会受调查者的态度、调查方法的熟练程度及心理情绪等因素的影响。

2. 邮寄调查

把调查的问题设计成调查表邮寄给被调查者,请被调查者填写后,按照要求再把调查表寄回来。具体做法是,把调查的问题分解成详细的纲目,拟成简明扼要的具有代表性的问题。问卷的设计分为封闭式和开放式两种。封闭式的答案是固定的,调查对象只能在规定的答案中选择,如"你喜欢的自行车是赛车、山地车、普通式的?"开放式的问卷无拟定的答案,调查对象可以自由发表意见,如"你喜欢什么牌子的彩电"?在问卷的开头一般都附一个简短的序言,对调查原因、目的、填写方法、注意事项等,向调查对象作一一说明。有时,为了掌握调查对象的答卷与其自身各要素的联系,还要求调查对象填写文化程度、年龄、性别、职业、民族等基本情况,为减少或消除调查对象的顾虑,多数情况下问卷不要求填写姓名。问卷的设计要紧紧围绕主题,切中要害,不能滥出题目。所提问题要准确、清晰,具有科学性,便于调查者回答,不可模棱两可。答案时间应设计在半小时左右为宜。这种方法不需要调查员身体力行,能以低廉的费用完成大量的调查,调查成本低,调查范围大,被调查者有比较充裕的时间回忆和思考问题,也可以避免受调查人员的态度、情绪变化的影响。但这种方法的回收率比较低,即使所抽选的样本能完全代表总体,但根据实际回收的调查表汇总的结果有可能产生很大的误差,而且为了尽量提高回收率,提问只能限于一些便于回答的内容;被调查者水平不一,理解能力有高有低,有时误解调查意图,导致错误的回答。这种方法也不能完全保证回答是由被抽中的调查对象本人作出的。

3. 电话调查

通过电话向被调查者提出有关内容的调查,并要求被调查者用电话回答所提问题的方法。这种方法多用在新广告面市时,要了解消费者对其的最初印象,其他方法都没有打电话快捷,新广告面市不及时了解情况,时间一长就会淡薄,为尽快收集到反馈意见,最方便的方法就是电话调查,这种方法获得反馈意见快、节省时间、回答率比较高。在电话调查时,注意问题要简练,时间要短。这种方法缺点是问题不能深入探讨。

(五)实验方法

这是在给定的条件下,通过实验对比,对广告活动中某些现象的变量之间出现因果关系,对这些因果关系进行测量分析的一种方法。这种方法的优点主要是调查人员可以有控制地分析观察某些市场变量之间是否存在着因果关系;获得的结果比较准确,可以排除主观估计的偏差。缺点是:这种方法受场所影响比较大,实验室要求的条件比较苛刻,实验时间比较长,成本比较高,难度大,稍有疏忽就会脱离现实。此法适宜于广告效果的事前测定、消费者购买动机的研究。常见的实验方法有实验室实验、销售区域试验、模拟实验、购买动机实验等。

第三章 广告策划

广告是市场经济的产物,市场经济愈发展,广告业也愈发展。广告业愈发展,广告策划在广告中的地位愈突出,其重要性愈显著。广告活动是一种复杂的动态活动,有其发展、变化的规律。广告策划是现代广告活动科学化、规范化的标志之一。

第一节 广告策划的界定、特征和意义

一、广告策划的界定

策划即筹划、谋划,就是对各种活动拿主意、想办法,判定行动方案。广告策划是指广告人根据广告主的营销计划和广告目标,在市场调查的基础上,科学、合理地判定与市场情况、产品状态、消费者群体相适应的经济有效的广告整体活动的运筹规划,是对广告活动全过程的预先考虑和结果设想。它在广告活动的最初阶段首先出现,并且贯穿于广告活动的始终,对广告活动起指导作用,是为解决广告活动中有可能出现的实际问题而采取的一种先计而后动的筹谋活动。

广告策划就是广告活动的谋略,它决不是随心所欲地玩弄手段,也不是一种权宜之计,而是审时度势,高瞻远瞩,从战略的眼光出发的,长远的,全局的谋划。例如40年代美国民众普遍不懂摄影或不喜爱摄影。为了占领美国市场,日本照相机行业进行了周密的策划。他们在美国首先展开"摄影可以增加生活情趣"这一广告主题的广泛宣传。接着兴办各种摄影速成班,使很多美国人成为摄影迷,同时物色了美国最大的进口商代理经销,在广告与速成班的推动下,日本相机不仅取代了德国相机,而且

大大扩展了市场，如今一个美国家庭拥有三、四部名贵的日本相机已十分普遍。如果没有老谋深算的战略眼光和策划思想，是不会利用广告宣传和创办训练班的手段达到刺激与培养消费需求的目的。所以，正确的市场战略是广告战略的基础，敏锐的战略眼光是制定有效的广告战略的前提。

二、广告策划的特征

1. 目的性

目的明确，这是人们从事任何工作都应首先解决的问题。广告策划和所有的工作一样，具有清晰、确定的目的性。它规定广告活动围绕广告目标展开。为了确保广告目标的实现，广告策划要把广告活动中的各个单元的功能有机的统一起来，投入适当的广告费用，设计创作出具有新意、有吸引力的广告作品，选择最适合的广告媒体，争取最恰当的时间和地点进行广告宣传，达到广告策划的目的。

2. 整体性

广告策划是超前的指导性活动，是对整个广告活动的筹谋。它从广告调研开始，根据市场需求和目标受众心理，确立广告目标，为完成广告活动的各项具体业务制定基本原则，进行整体性或全局性的预先设想和规划，对其各个单位之间的相互关系和相互作用进行协调，从而保持系统整体的最优状态。广告策划的每一活动都是按照一定序列组合而成的，具有层次结构的统一体，其构成的各要素之间是互相依存、互相联系、互相影响、互相制约的有机整体，具有系统化的整体功能，即整体大于其各个要素功能的总和。

3. 预见性

广告策划的预见性在于它能事先知道广告的效果和可能发生的问题。因为它是从实际出发，针对特定的消费群体，按事物发展的客观规律，运用广告学的科学原理制定出切合实际的计划，克服广告活动中的盲目性和无序性，使广告活动有条不紊地顺利进行下去，达到广告活动的预定目标。此外，对广告活动中可能遇到的问题和各种困难作出充分的估计，准备好解决问题和克服困难的措施、确保广告目标的实现。

4. 动态性

广告策划是一个不断发展变化的活动。随着经济的不断发展、生活水平的不断提高。消费结构的不断变化,消费者对产品的态度也不断变化、企业的生产与商品在市场中的位置也是不断变化,广告策划就必须顺乎这种不断变化的形势,而于一种不断变化、发展、适应、创新的动态之中。这是广告策划有生命力的表现。

三、广告策划的意义

广告策划是一种超前性的活动,在广告活动中具有指导地位和决定性意义。广告策划贯穿于广告活动的始终,涉及广告活动的各个方面,居于核心的重要地位,它使广告的市场调查、拟定广告计划、广告策略、广告创意、广告制作、广告传播、广告效果测定等项工作的开展以及所要运用的策略、所要达到的预定目标等有了系统而全面的规划,形成有序的运动,在广告活动中具有重大意义。

1. 广告策划使广告活动具有明确的目标

广告策划从广告人接受广告任务时就开始了。广告人要研究如何开展广告调研,掌握广告主的产品或劳务在市场中的位置、市场竞争情况,研究消费心理和消费动向,了解竞争对手的整体情况,媒体情况等等。在掌握足够信息的基础上科学地、有针对性地确定广告目标和对象。有了明确的目标,也就为以后的各项工作指明了方向。对广告活动进行通盘媒划,制定切实可行的广告传播计划,选择最适合的传播媒体,合理安排广告费,有计划地进行广告设计、创作,选择广告发布的最佳时间等,使广告活动有条理地进行,克服盲目性和混乱性。

2. 广告策划使广告创意和广告制作更好体现广告意图。

广告的创意和制作是美术等多方面艺术技能,技巧的综合表现,但它绝不是纯粹的艺术作品。它必须按照广告策划所规定的原则和策略进行活动,推出富有创意的广告作品,使消费者乐于接受广告所宣传的商品或劳务,沟通生产者与消费者,加快商品流通的速度,提高经济效益和社会效益,从而最大可能地体现出广告策划的意图和构思,为广告目标服务,为企业的营销目标服务。

3. 广告策划使广告活动更加经济、合理、科学,富有成效。

周密的广告策划,可以使广告宣传重点突出,用较少的广告费用支出取得较好的效果。广告活动是一种多类型、多层次、连续不断的活动。有了广告策划就可以使广告活动的各方面各步骤有机的结合起来。既作到了火力集中,击中要害,取得成效,又可避免人力、物力、财力的浪费。达到事半功倍的效果。如台湾广业建设公司为台湾"中国信托投资公司"所作的台北天母地区公寓多层住宅的房地产广告,就是准确把握重点成功策划的佳作。广业建设公司获得广告代理权后,立即对天母地区进行详细调查,发现天母公寓所在地较冷僻,公共汽车少,但住户增多后交通会好起来;商业网点少,住户增加后会繁荣起来;因房屋中间有花园,施工优良,房屋售价比同类均高;"中国信托"在金融业中信誉好;公寓所在地宁静,附近公园多;待售房中有半数为"中国信托"的7年贷款,半数可分8期支付。针对以上情况,广告代理经过多次研讨确定了广告策略:首先明确指出,这是金融业所兴建销售的房屋,房屋具有别墅环境和大厦水准;强调购房贷款多,自备款少;未来交通很方便,在住房观念上突出"天母福村"的福字,争取消费者好感,广告媒体以报纸、说明书和直邮为主。连续制作三则报纸广告。

第一则广告,配置一个很高的园角方菱形图案,以"福"字为底纹。再注上"福的消息"四个字,及"天母投资置产计划"八个小字。广告左边列一句标题"向银行买房子",右边用简单的文字,说明这是中国信托投资兴建的住宅。买银行盖的房子最有保障。

第二则广告中间仍配置福字图案。将"福的消息"四字,换成"福地"两字。广告标题改为"富贵花开荣华路",右边文字说明房屋所在地的重要,并配上位置图。

第三则广告中间仍是福字图案,将"福地"两字,改为"福音"。广告标题改为"50%专案贷款,23万在天母"。右边的文字说明贷款高,并配上位置图与房屋透视图。

三则广告相继刊出,"福的消息"、"福地"、"福音"福字图案的系列变化,给消费者留下了极好的印象,简洁有力的标题,击中消费者心理。直邮广告强调"一个由银行策划兴建的新社区诞生"。广告说明书印刷精美,印有房屋总图和各幢各户的平面图,使消费者一目了然。广告发布的第四天开始接受订购,仅订购三天即全部销售完,创造了售房的最佳成绩。随继发出第四则广告,内容是紧急鸣谢的谢启。广告仍列出消费者印象已深的福字图样,并在中间改列"谢"字。说明三天房屋全部售完,创下100%的销售佳绩。请期待第二期房屋推出。

这套成功的广告既说明了广告策划在广告的运作中的重要,又说明了成功的策划在于充分利用一切积极因素。如本广告即用了广告主的高声誉,取得消费者的信任。

第二节 广告策划的原则

广告策划是一项系统工程,它决定着广告的实际效果,又服务于企业的市场营销策略,因此对广告进行策划时,必须遵循市场经济的客观规律和广告活动的基本原则。

一、求实原则

实事求是,是一切工作都应遵循和坚持的基本原则,广告策划也不例外。广告的生命在于真实,尤其是社会主义广告要保证公众的利益,保证企业的利益,对真实的要求就更高。社会实践充分证明,不诚实的广告是不能持久起作用的,最后必然失去社会公众的信任和支持,损害企业的形象。承认和履行求实原则,要处理好两种情况:一是全面如实的介绍产品,即宣传产品和服务的特色、优点,同时也要如实地说明应注意和预防的事宜。给公众以全面认识,这样可以消除人们心态上的不必要戒心,产生亲近效应。二是处理好广告的真实和艺术表现的关系,真实是广告的内容,艺术是广告的形式,形式要为内容服务,内容是主导方面。艺术可以夸张,但一定是在忠于事实的基础上的夸张,是对内容的充分展示,不能无限夸大,更不能虚假。

二、信息原则

广告策划虽然是一种创造性思维活动,但它必须建立在掌握大量信息的基础之上。信息是进行广告策划的前提,是广告策划的依据。没有信息,广告划策就是纸上谈兵。广告策划是对各类与生产、劳务有关的信息进行加工处理,以最有效、最优化的方法,通过各种媒体传播给既定的接收对象。所以说,广告策划的每一步都离不开信息的收集、处理和应用。在广告策划过程中强调信息原则,是强调把握信息的快捷与准确,强调加工处理信息的科学与及时。

广告策划要遵循信息流动的规律。整个信息流动经历"输入——存贮——处理——加工——决策——输出"几个环节。这些环节在广告策划中互相依存、互相制约。在信息输入阶段,广告策划者必须建立多层次、多渠道、多角度、多类型的信息网络,注意多收集信息,以获取大量足够的有效信息;在信息存贮阶段,则要以严谨求实的态度,通过分析,对信息进行甄别筛选,闲置无效信息,浓缩有效信息;在处理阶段,加工优化与决策目标有关的信息;在输出阶段,则要注意信息输出的科学、准确及时地使用信息。总之,对于信息,要广泛收集,愈多愈好,但必须去粗取精,去伪存真,切实作好信息的加工处理工作。

三、法律道德原则

广告传播对人们的消费行为,社会生产经营活动、社会效果均有重大影响作用,广告发出的信息是代表企业向社会公众作出的一种承诺,因此,广告必须遵守法律道德原则。接受法律的制约和道德的束缚。广告策划要依法进行,广告内容不得违反国家政策、法令,不得有损我国各民族尊严,不得有反动、淫秽、丑恶、迷信内容,不得有诽谤性宣传,不得有违反国家保密规定的内容,广告不能妨碍交通、市容和风景区的优美。另外广告不能失实,不能欺骗消费者,要如实反映产品的质量、详细说明产品的性能、作用、使用方法、注意事项等等。若是药物在说明效能、使用范围的前提下,还应详细说明副作用和禁忌事项,决不能怕影响销量而不讲副作用和适用范围,一旦发现问题则要负法律责任。同时，广告作为一种文化现象，对社会的精神文明建设也会起到潜移默化的作用，广告策划应使广告内容健康、积极、向上、生动、进取。

四、系统原则

广告策划是一个由若干要素构成的有机系统。它在广告活动中居于核心地位，起统帅作用，它必须使广告活动中的广告调查、广告计划、广告制作、广告效果测定等各个环节的关系协调一致。从系统整体与部分之间的相互依赖、相互制约关系中进行系统综合分析，并注意其中每个因素的变化可能引起的其他因素的变化及产生的影响，进而制定最优方案，以实现决策目标。广告策划的系统原则具体表现在如下四个方面：

1. 协调好广告与产品的关系。

广告应该服从于产品，使广告与产品保持一致。广告高于产品，会导致虚假；广告低于产品，会导致过谦；广告背离产品，会导致离散。这些情况应尽量避免。

2. 协调好发布广告的各种媒体和手段之间的关系。

使广告的各媒体和手段组成一个完整的系统，互相配合，协调一致，组合有序，达到最佳的传播效果。

3. 协调好广告内容与表现形式之间的关系。

内容与形式应和谐一致，形式要服从内容，内容要通过一定的形式表现出来。内容和形式是同一个子系统，形式要随内容的变化而变化。形式是为展示内容而存在的，不能表现内容的形式在广告中是毫无意义的。

4. 协调好广告与外部环境之间的关系。

广告与外部环境是一个系统，广告要适应外部环境的要求，同时又要充分利用好外部环境中的有利因素，使目标消费者通过广告了解和认识商品，并能联想到赋予商品的意义和象征。

五、创新原则

广告没有，也不应该有固定的模式，每个具体的广告应有自己的鲜明特色，要给人耳目一新的感觉，不能简单化、公式化、不能套用他人的模式。应是富有新颖性、启发性，具有吸引力和感染力。为此必须在三个方面多作努力。一是广告的创意要新。要标新立异、独树一帜，确定的广告主题要能引起共鸣，给人以全新的感觉。二是广告的语言要新。语言既要有哲理，又不能死板枯燥，要富有蛊惑力、富有幽默感，又有人情味，使人看了上句急于看下句。三是广告表现手法要新。广告表现要具有新的艺术构思，要有创造性，大胆用新的格调、新的表现形式。

第 44 届戛纳国际广告节，有一则驱蚊剂的平面广告，画面正中是一株拦腰切断的大白菜，上面停着一只蚊子，广告右下角产品旁的广告标题说："蚊子不得不改变它们的饮食。"众所周知，蚊子乃吸血昆虫，如果驱蚊剂能使蚊子从吃荤（吸血）改为吃素，其驱蚊效果是巨大的，人们就不会再有受蚊叮之苦了。广告创意一改过去药水一喷蚊子死一片的表现手法。第 44 届戛纳国际广告节平面广告的最高荣誉——全场大奖为奔驰车广告夺得。这幅名为"刹车痕迹"的平面广告获得了评委的一致赞许。作品的画面是一辆泊在路边阴影下的银白色奔驰跑车，旁边的柏油路上明显可见多道刹车痕迹。整幅画面除了奔驰标志外只有三个字"新款 SLK"。读者从这幅看似静止的广告上，几乎可以听见过路车辆急刹车时轮胎的嘶鸣和过路的人们对奔驰车的惊叹，甚至，你能看见人们羡慕的眼神。作品创意单纯，构图简练，独到的无声胜有声的冲击力令人折服。彩图 1。

六、心理原则

广告策划不仅要掌握人们对商品的实用价值的要求，还要满足人们对商品的心理素质的要求，人们在接受广告时，总是遵循着一定的心理活动的规律。人们从接触广告到付诸购买行为的一般心理活动过程可以概括为注意、兴趣、欲望、记忆、行动。具体来说是诉诸感觉，引起注意；赋予特色，激发兴趣；确立信念，刺激欲望；创造印象，加深记忆；坚定信念，导致行动。但实际的心理反应过程要复杂得多，并且受众有很大的选择性和主动性。上述心理过程中，如果某一环节中断了，广告就难以达到预期的目的。如广告诉诸人们的视听觉，但人们并未注意它，就不会引起兴趣与欲望的心理活动。当然更不会导致购买行为了。

广告策划强调心理原则，就是强调运用心理原则，诱导人们顺利完成上述心理过程，取得广告的最佳效果。在广告策划时要准确地与心理原则相结合。

1. 注意广告信息与心理活动相结合

广告信息的事实部分是要满足人们对商品实用价值的认识；心理部分意在诱导人们顺利完成由引起注意到购买行动实现的心理过程。在策划广告时，要根据实际情况把两者灵活巧妙地结合起来。一般情况下，在新产品的导入阶段，由于消费者对其一无所知，广告信息应以全面介绍产品为主，包括产品的性能、使用方法、注意事项、价格等，以满足消费者对产品的求知要求。当产品出现众多竞争对手时，广告应侧重心理部分，宣传本企业与本产品的形象，给消费者造成强烈的心理刺激，而产品的概况则可少讲或不讲。

2. 广告策划要注意满足消费者心理需求

人们在购物时，除有对商品的基本需求外，还有特殊的需求，如追求名牌体现品位，购买高档产品达到保值目的等，广告策划时对其特殊心理要求应给以支持和发扬，而决不能损伤消费者心理，造成反感。否则，即使某商品或服务真正符合人们的实际需要，人们也会对其冷淡，甚之嗤之以鼻。如某单位新年在上海商城组织音乐会，其广告语是"上海的标志、典雅的标志、身份的标志",本来不少人想去听音乐会的,但看了商城前的一条大标语很反感,兴致索然。人们说,原来很想听音乐会的,一看标语使人感到,听音乐会成了附庸风雅的举动了,把听音乐会看成是为了表现身份,这是对热爱音乐的真情实感的亵渎。

七、效益原则

广告是企业的一种投入,是一个要花钱的"工程项目",是以获得最佳的经济效益为最终目的的。企业的广告投入应考虑广告目标策略的需要,同时又要从自身的实际投入能力出发加以考虑。因此在制定广告目标,拟定广告计划时,要从实际情况出发,从广告主的实际利益出发,进行认真的经济核算,最后结果应是产出大于投入,最终达到企业目标的要求。广告策划除要求企业的经济效益外,还要注意社会效益,体现出为社会大众服务的宗旨,还要正确引导消费,推出健康的生活观念和生活方式,提倡良好的社会风尚和人际关系,宣传高尚的思想情操和文化修养,总之,广告策划应使广告对于社会主义物质文明和精神文明建设都能产生积极推动作用。

第三节 广告策划的内容和程序

一、广告策划的内容

广告策划是一项系统工程,它力求通过广告活动,达到企业总体目标的宏观谋划过程,它的着眼点不是个别的、局部的、具体的、单项的广告活动或短期的广告行为,而是总体的广告目标及其广告活动的指导思想,因而它涉及广告活动的各个方面,这些方面互相依存、互相关联、互相影响、互相促进构成一个有机整体。

1. 广告目标策划

这是对广告活动所要达到的目标或标准的预先筹划。广告目标策划就是选择明确恰当的广告目标,为广告活动指明方向,确定衡量效果的标准。它是依据企业的营销目标而制定的,但它又不是直接扩大销售,而是为企业扩大销售创造条件,即引导消费，改变消费者的观念，提高企业的知名度，扩大产品的品牌效应，提高市场占有率。

确定广告目标的依据，是对企业外部环境和自身情况的全面了解。如企业面对的市场的情况是什么样的？企业和产品在市场上占有什么位置？以及企业和产品的发展前途怎样？在把握这些具体情况的基础上，制定出符合企业营销目标的，具体而明确的广告目标。广告总目标只能有一个，广告目标必须是可靠可行的，具有时间性和方向性、标准性。

在总目标的下面还可以制定出分目标，形成一个多层次的目标系统，在目标系统中，分目标往往是实现总目标的具体手段。广告目标是广告战略的核心，是制定各种广告策略和广告获得成功的基础。制定明确的广告目标对于整体的广告活动至关重要。

2．广告调查策划

广告调查是广告策划的基础，但是广告调查如何开展，从什么地方着手，调查什么，以什么方式进行调查等等，这是广告策划首先要考虑的，在广告策划的指导下进行的广告调查才能顺利完成任务，提供给策划时所需要的一切材料，避免人力、物力、财力的浪费。

3．广告对象策划

广告对象是广告信息的接受者。广告对象策划就是要通过对目标市场、消费者群体、社会环境等影响消费行为的诸因素的调查分析，了解广告对象是谁，广告对象的关心点是什么，从而把广告内容、广告主题与广告对象的心理活动，情感变化联系起来，制作出广告对象乐意接受的广告。

如1994年，罗威全球伙伴公司为全球雪碧设计广告时，雪碧市场正在萎缩，一批主要的年轻消费者转向新出品的饮料。另外，相当数量的消费者不能把雪碧与其他柠檬品的饮料分辨出来。罗威全球伙伴公司在纽约的分公司希望使雪碧重新成为年轻人的主流饮品，把销量推至最高。他们针对年轻人追求时尚的特点，把雪碧的形象定为一个"真正酷"（authentically cool）的品牌。在搜集整理详尽资料后得出的结果显示，年轻人把"酷"看成自主和独立的代名词。针对年轻人的特点，以轻松幽默的手法，利用"不顾形象，解渴至上，听从你的渴求"为标语，制作出一群年轻漂亮、活力充沛的年青人在沙滩冲浪、高声欢笑和尽情玩乐，他们每个人手持一罐罐色彩鲜艳的"Jooky"汽水和穿着印有"Jooky"图案标志的衣服，节日气氛浓厚的音乐充斥着整个环境，当画面变得越来越夸张时，每个人都表现得很开心，因为他们有"Jooky"。当镜头拉后，发现刚才沙滩上的派对是电视上的广告。而坐在电视前沙发上的两个年轻男士正在看这个"Jooky"广告，他们手里也拿着"Jooky"并兴奋的拉开手上的"Jooky"汽水罐，以为可以和电视上的场面一样开始他们的派对。但当他们拉开罐后，啥也没有发生！其中一个年轻人忽然明白了："啊，我的罐砸了"最后镜头跳出字幕"形象算什么！"系列片"一个赶时髦的地方"、"劲量"、"格兰特·希尔广告商"等都是以青年人为主角采用轻松幽默的手法表现"真正酷"。这个系列电视广告在36个国家通过各种不同媒介发布，获得空前的成功。1996年，美国的雪碧销量增加了17.6%，国际市场增加了13%，取代了健怡可乐，在美国汽水市场上占据第三位。由于它准确地把握了广告对象——年青人的心理、性格特点，有效地表达了广告主题。自1994年广告播出后，雪碧已为罗威全球伙伴广告公司赢得7个美国广告奖项。在纽约广告节中赢得了两个金奖，在各国际评奖中也取得优异成绩。

4. 广告定位策略

通过对产品在市场和消费者心目中的位置分析，在广告宣传中给产品或劳务树立一个恰当的形象，为产品确定一定的位置，创造消费者对产品的特有印象。广告定位的重点在于对可能顾客的想法施加影响。在消费者心中，营造对产品或企业的良好印象，也就是设法操纵消费者心中的想法，唤起或加强他原本已有的欲望或渴求，使消费者倾向于广告目的。商品的特性、企业的创新意识、消费者的需求和喜好，三者协调恰当就能正确地确定商品定位和广告定位。

定位理论是本世纪70年代初提出来的，对中外广告界有着深远地影响。商家认识到在现代商业活动中,产品种类繁多,市场竞争激烈,为树立独特的形象,在广告中必须运用定位方法确定产品在市场上所扮演的角色,给消费者一个鲜明独特的深刻印象,广告定位的内容十分丰富,有产品定位、质量定位、价格定位、商标定位、造型定位、色彩定位等。

5. 广告主题策划

广告主题是广告的灵魂,它是广告作品的中心思想,即广告内容的核心。为了达到预期的广告效果,必须在找出商品或企业中最重要的部分加以诉求发挥,以引起广告对象注意,刺激其兴趣和欲望,促成广告目标的实现。广告主题的好坏,诉求力的强弱,决定了消费者对广告主题思想的共鸣程度,从而也决定了广告效果的好坏。所以广告主题是广告创意和广告制作的基础。

广告主题是广告目标、信息个性、消费者心理需求三方面的有机结合。广告目标是广告主题的出发点,离开了广告目标,广告主题就会无的放矢,没有效果,所以广告目标实际也就是广告活动要达到的终点。信息个性是广告主题的基础和依据,没有信息个性,广告主题就会没有内容,广告也就没有自己的诉求。消费者是广告主题的对象,没有了对象,广告主题就无法表现,就调动不了消费者的心理力量,广告的目标就不能达到。

广告目标、信息个性、消费心理三者是紧密结合的,三者之间互相制约、互相促进。每种商品或劳务可传达的信息有多种,而且每种信息都有一定吸引力,正因为如此,有些企业家希望广告能把这些信息都传达出去,愈多愈好,错误地认为这样可以吸引众多消费者。事实证明,消费者不可能从一则广告中记得许多内容,一般情况下,消费者只能记得一个广告观念或一个诉求点,而且是其感兴趣的内容,其余的则会忘记。

成功的广告,从信息个性来说,应从广告目标出发,针对消费者的特点,选定广告的信息个性。广告的信息个性是要提供一种具有高度渗透力的观念,这种观念愈集中精辟,简明扼要,愈容易被消费者接受和记忆,愈容易与广告主题产生共鸣,使广告宣传获得成功。实践证明,观念明确、焦点集中的广告不但不会使消费者迷惑，相反会使消费者注意力更加集中，使广告销售主张聚集成为一个简明扼要的聚焦点，让消费者更容易接受和记忆。

  成功的广告，从消费者心理来说，广告主题必须是最能切中消费者心理需求的，是消费者内心深处的愿望，或是潜意识里的朦胧不清但时刻存在着的希冀，广告主题要恰到好处地、含蓄地把这种愿望和希冀表达出来，既不浅白露骨，失去美感，又能善意地指点，满足需求，给人以鼓舞，使美好的愿望永存，从而获得消费者的好感，引起消费者注意，加强记忆。这就要求制定的广告主题能深挖事物的本质，针对最本质的需求，集中广告的箭羽、射中红心。如女性对化妆品的需求不仅仅是"润泽皮肤"、"不紧绷"，更是"保持青春"、"增强自信"、"赢得别人的赞美"等等。不同的消费者对化妆品的需求点不同，广告的主题也就不同，正当花季的少女对青春充满自信，在广告中承诺某化妆品帮助她们"保持青春"和"充满自信"远不如"赢得别人的赞美"的承诺对她们更具吸引力。而对30多岁的职业女性则是"再现更加年轻的你"、"使你重现脱俗魅力"更受欢迎。因此，广告主题的确定必须要深入把握广告诉求对象的心理需求，用独特的新颖的方法表达出来，这样对广告的受众将会更具有吸引力。相反，广告主题与消费者的关心点不吻合，则不能达到广告的预期效果，如白酒以"永远的绿色"为主题，这不能不说是一种失策。因为在酒的消费者中，关心酒是不是绿色的并不多，而特别强调酒是绿色的，还会使消费者产生疑问，对酒的热情大大减弱。广告主题要使信息个性与消费者特点紧密结合，以达到预期的广告目标。

  6. 广告创意策划

  这是策划成败的关键，在广告主题确定之后，采用某种艺术形式和手法准确、充分、集中地表现广告主题。把广告主题所确定的抽象思想观念，用富有感染力和鼓动力的艺术形象表现出来。广告创意处于广告主题与广告制作中间，它是广告主题的具体化，形象化的表现，又是广告制作的指导，广告制作是广告创意的物质表现形式。

广告的创意必须服从整体广告策划的安排,广告创意如果脱离了广告策划的制约,片面追求创意的离奇,结果会出现不合情理,或者让人难以理解的创意,成功的创意应与广告主题保持一致。

7. 广告媒体策划

广告媒体又称广告媒介,是用来传播广告信息的一种物质技术手段。常见的有四大媒体:报纸、杂志、广播、电视。除此之外还有招贴、路牌、橱窗、霓虹灯等。广告媒体策划,就是选择恰当的、有效的且成本低,能达到预期效果的广告媒体传播广告信息。

不同的广告媒体,具有不同的传达性、吸引性和适应性,广告媒体策划就是要把握各类媒体的主要特征,了解其性质、地位、传播对象、覆盖面、发行量(频率)、技术水平、传播效果等等。最终制定出广告媒体方案。

8. 广告时机策划

广告时机策划,就是选择确定广告推出的具体时间、频率、先后次序、机会及总体的时间布局。把握广告推出的时间与机会,是广告获得最佳效益的重要因素。一般情况下,广告时机策划要服从于整个广告策划,要服从整个企业营销策划。如考虑产品的销售时令、产品的特点、视听谷峰情况、竞争对手的广告策略等。

9. 广告区域策划

根据产品的功能与用途、产品的使用条件与销售范围明确广告发布的地区及范围。当广告区域确定之后,就应对该地区的差别因素进行分析,如该地区的经济、人口、气候、人文习惯等情况,从而掌握当地经济发展状况、消费水平状况、人口密度、市场潜力的发展变化规律,选择能够直接深入到该地区的媒体;选择适合当地人文特点的广告表现策略,从而达到树立产品和企业形象,提高产品知名度,扩大市场,促进销售的目的。作到事半功倍的广告传播效果。

10. 广告预算策划

广告费用的投入是一种有效益的投资,究竟效益如何,关键在于广告预算策划。广告预算首先要测定广告主为达成广告目标,在一定时期内应投入的经费。计算方法有如下几种:销售百分比法;盈利百分比法;销售收益递增法;销售收益递减法;任意百分比法;竞争对策法;目标决策法;量力而行法。当广告费用确定之后,要对广告费用进行合理而科学的分配,如市场调研费、广告设计费、广告制作费、广告媒体租用费、服务费、促销和公关费等等。广告费用的分配必须保证重点投入以及对广告预算分配的控制。

二、广告策划的程序

1. 成立广告策划小组

广告策划是一项集体性活动,一个人不可能承缆广告策划的全部工作。广告公司接受企业委托,进行广告策划时,首先要成立广告策划小组具体负责广告策划工作。广告策划小组成员有:业务主管、策划人员、文稿撰写人员、美术设计人员、市场调查人员、媒体联络人员、共公关系人员等。

在广告策划小组内,业务主管、美术设计人员、策划人员是特别重要的。这三种人是广告策划小组的理想召集人。业务主管在广告代理业务中具有特殊的地位,一般由广告公司的业务部经理或总经理、副总经理、创作总监、策划部经理等担任。对外业务主管代表广告公司,对内业务主管又代表客户执行已核定的广告预算,监督一切广告活动的开展。业务主管的人材水平,是衡量一个广告公司策划能力的标志之一。策划员常由策划部的正副主管和业务骨干承担。当业务主管不能编拟广告计划书时,策划员要能协助业务主管统筹小组工作的全面情况,负责代为编拟广告计划。除了广播广告外,几乎所有的广告表现都离不开美术设计人员。广告策划的意图外化都要由美术设计人员来完成。广告文稿撰写人员专门负责广告的一切文字工作,包括广告文的标题、正文、新闻稿、解说词等。市场调查人员,能够进行市场调查并写出市场调查报告,提供给策划小组研究、使用。媒体联络人员熟悉每种媒体的刊播价格,了解每种媒体的长处和不足,并且能与媒体保持良好关系,能按照广告战略部署争取到所需要的广告版面或播出时间。公共关系人员能够为广告活动创造一个畅通、顺利的环境,获得各有关方面的支持和赞助。

2. 向具体工作部门下达任务

广告策划小组根据企业的要求,进行初步协商,向各有关部门如市场调查部、媒介部、策划部、设计部等初步下达任务,使各部门作好全面开展工作的前期准备工作。

3. 广告策划小组进行具体策划工作

在广告调查的基础上,开展广告研究和分析,剖析企业的优势、产品的特性和行销记录,分析市场营销资料、竞争状况和企业或产品的市场竞争力,找出存在的问题,并提出改进意见。对消费者的需求状况、消费特征和消费动机进行分析,找出消费者的需求热点和潜在需求,为企业改进产品和开展新产品提出咨询意见。分析市场环境策划、销售策略、广告策略、确定广告目标、产品定位、市场定位等具体事项。

4. 制定广告策划计划书

在完成广告调查、研究和分析,确定广告目标,形成广告策划方案之后,应将广告策划的一切结论编拟成完整的广告策划书。并将策划的结果和意图提供给广告主,广告主若不认可,还要重新研讨,直至认可。从广告策划的整个流程来看,广告策划并不是一种单向的运动,而是一种既注重广告主又针对消费者,既研究本产品又了解竞争产品;既环环递进又不断反馈、修正的双向运动。

广告策划书是广告策划的产物,是广告策划所决定的战略、策略、方法、部署、步骤的书面体现。编制广告策划书为的是给广告活动提供一个行动大纲,对复杂的广告活动的进程安排和行动予以协调。完整的广告策划书应包括如下内容:

①前言阐明广告目的和该套广告计划的任务和目标;②广告环境分析;③市场分析即企业经营情况分析、产品分析、市场分析;④广告目标;⑤诉求对象即对诉求对象的基本情况、消费习

惯、购买模式、爱好、社会地位以及分布地区和分布特点及其规律等情况一一掌握；⑥诉求地区即诉求地区与选择利用媒体有极大关系，因此，应该划分得比较详细、清晰；⑦广告策略即根据广告策划中所列重点，详细说明广告刊播、发布的一切细节；⑧广告预算分配；⑨广告效果预测及安排实施效果测定即说明这个策划方案如果获得广告主同意实施，将会达到前言所设定的目标。

5. 将广告策划书提交广告主审核

广告策划书是广告代理的行动纲领，但它能否实施，要经过广告主的认可，如果广告主不同意，还要进行修改、补充，直到广告主同意，方可实施。

6. 将广告策划书下达给各职能部门实施

实施阶段主要涉及两个部门。制作部门，将广告创意外化，制作成广告作品；另一个是媒介部门，依据策划书要求购买媒体的时间和空间，除此之外，广告策划小组负责监督具体的实施工作，及时修正不适的计划，并着手进行广告效果测定。

第四章 广告目标、计划和预算

广告活动是一个复杂的运动过程。要有效地发挥广告的作用,就必须对广告整体活动进行科学的管理,设计目标、制定计划是广告整体活动的第一步,而广告预算又直接影响着广告目标和整体广告活动的安排。

第一节 广告目标的制定

一、广告目标的含义

所谓广告目标是指企业在一个特定的时间内整体广告活动要达到的最终目的,是广告战略的核心,选择恰当的广告目标是广告活动获得成功和制定各种广告策略的基础。

广告目标和企业的广告目的不同。企业的广告目的,主要是配合企业营销活动,扩大销售。由于每一个企业所处的环境不同,因而所确定的具体广告目的也不同,但最终目的都是为了扩大销售。广告目标不同于广告目的。广告目标不仅包含着广告所要达到的目的,而且着重揭示广告活动的方向,是衡量广告效果的标准。对企业来说,广告不是直接的销售活动,而是为企业扩大销售创造一个良好的外部环境。是要通过一系列的广告传播活动,不断地刺激消费者,通过广告营造一种氛围,改变消费者的态度,增强消费者的信任,提高企业和产品的知名度,形成购买行动,扩大市场占有率。这种增加信念,改变消费观念,培育新的消费群体,提高企业和商品的信誉及知名度等,都可以成为广告目标。

广告目标不同于广告的功能和作用。广告本身最基本的功能是超越时间和空间传播信息，最基本的作用是传递信息，增进经济效益和社会效果，广告的功能和作用是广告本身所具有的，它不是广告目标。广告目标是使广告的功能和作用如何更好地、更充分地发挥和运用，从而达到理想的境地。

二、广告目标的特征

1. 整体性

广告目标即广告活动的整体目标，不是某一部分广告活动的要求和目的，但广告目标也不是各部分广告目的的相加，而是整体广告活动的战略指向。

2. 长期性

广告目标是广告活动的长期的、稳定的目标，不能随意改变。因此确定广告目标要从广告活动的长期性考虑，不能从一时一事来考虑。在广告活动中，有时会在一段时间内确定相应的短期目标，但短期目标必须服从长期目标，服从广告的整体战略。

3. 方向性

广告目标在广告活动中具有指导性作用，各个部分的广告活动都要围绕广告目标来进行，都是为实现广告目标服务的，它向一条红线贯穿于广告活动的始终，对广告活动起着制约作用。

4. 标准性

广告目标是检验、衡量广告效果的标准。通过企业销售量、市场占有率、消费者对产品和企业的态度，企业和产品在消费者当中的知名度、信誉度等都是检验广告目标实现情况的尺度。

三、广告目标的作用

1. 对广告决策起辅助参考作用

如企业决策时面对几个广告创意时，如何决定取舍？这就要参考已经确定的广告目标，来衡量每一个创意的可取性。面对众多媒体时的取舍，也要根据广告目标来决定。

2. 是广告效果测定和评估的依据

广告是否给企业带来了实际效益，对企业的营销活动是否有促进作用，广告目标是一个重要的参照标准。

3. 促使企业和广告公司内部各部门的互相沟通、协同作战。

广告目标制定了以后,各个职能部门的工作才能具体、明确。职责、任务的确定使部门之间左右联系、操作中前续后继的关系清楚,各部可以有条不紊的开展工作,从而形成一个有机整体,各部门为完成广告目标而协调一致、紧密配合、互相协作,共同努力地工作。

四、广告目标的分类

1. 按不同层次划分

广告目标可以分为总目标和分目标,总目标是从总体上,全局发展上制定的目标,它制约着广告发展的方向,规划着广告发展的步骤,分目标是总目标的具体化,是完成总目标的阶梯。

2. 按重要程度划分

广告目标可以分为主要目标和次要目标。主要目标是长期性的,贯串于广告活动的始终。它可以是总目标的具体化,也可以是总目标自身。次要目标可以是在实现主要目标过程中出现的要解决的目的问题,也可能是对主要目标的实现起辅助作用的目标。

3. 按时间长短划分。广告目标可以分为长期目标、中期目标和短期目标

一般来说,企业要树立良好的社会形象,生产出经得起考验的产品都要经过长期的努力,经受时间的考验,中期、短期目标是为达到长期目标而制定的阶段性目标,它对长期目标的实现起促进和保障作用。

4. 按地区划分

由于企业的市场战略的不同,在不同时期,每个企业的市场地理重点不同,因此,广告目标又可以分为国际性、全国性、区域性、地方性等不同目标。

5. 按内容划分

第一,以推销商品为广告目标。新产品上市产品处于导入期,这时广告应以介绍新产品功能、质量、价格等基本内容为主,以引起消费者的注意,形成对产品的好感和信任,产生购买行动。第二,以树立企业形象为广告目标,使大众对企业形象产

生认同，增强企业的信誉度，美誉度。第三，以改变消费者的消费观念，提高或培养消费者对本企业和本产品的好感度，使之从一种品牌转向另一种品牌的消费。

五、影响广告目标制定的因素

1. 企业经营战略的影响

不同的经营战略要求制定不同的广告目标，广告目标服从企业经营战略的统帅，为经营战略服务。广告目标是实现经营战略的组成部分，如经营战略为扩大市场份额，3年内达到市场占有率40%。为此广告目标可以制定为建立企业和品牌的形象，取得消费者的信任和好感。

2. 商品的供求状况及产品生命周期的影响

商品的供求情况不同，广告目标亦不同。当商品供不应求时，反映了消费者对商品的信任和好感，在这种情况下，广告目标应是进一步巩固企业与品牌形象，保持其在消费者心中的美誉度；同时，这也是开发系列新产品的绝好时机。当商品供过于求时，情况比较复杂，造成供大于求的原因有多种，有宏观方面的，有企业自身的，商品方面的、渠道方面的、促销方面的等等。在这种情况下，应先确定商品滞销的原因是什么，根据原因制定广告目标。通过广告宣传，缓解滞销。在供求平衡的时候，广告目标多以商品的促销为主。

在商品的不同周期，广告目标各不相同，在导入期和成长期，传播商品信息是主要的，同时利用广告给商品定位是这个时期广告的重要内容之一。定位是创立品牌的第一步，在同类产品或代替品繁多的情况下，消费者为什么选择某一种产品而不选择另一种产品，原因在于消费者更多地是在购买产品的个性，是满足他们对产品的亲切、喜爱的情感需求，而不是单纯的购买产品本身。所以，产品的区别不全在于产品本身，不全在于产品的功能上，产品的个性、品牌的特点致关重要，因而在产品的导入期、成长期进行产品定位对于产品的发展致关重要，产品定位是这个时期广告目标的重要内容之一。当产品进入成熟期，保证商品的位置不被夺走，保证已有的市场份额是广告的主要目标。进入衰退期,广告的力量虽不大了,但维持性的广告是必不可少的,对产品的销售起着补救的作用。

3.市场模式的影响

①在纯粹垄断市场模式中,一般是不用作广告的。如电、水,这是独家经营,而且没有什么产品可以代替。又如垄断了原料来源的企业:钢、铁、铅等,这类企业由于市场的特殊性,一般不做什么广告,即使作广告也多做公益性广告或提高企业美誉度的广告。

②在寡头垄断市场模式中,广告竞争手段呈多样化。所谓寡头垄断市场是指几个大企业几乎囊括了某种商品或劳务的全部生产和销售。在我国如电冰箱、电视、手表、计算机、汽车、照相机等产品均属于这一市场模式。在这种市场条件下,竞争十分激烈,任何一家的企业行为都会影响其他几家的发展,如四川长虹彩电的价格调整,对我国彩电市场产生了很大的冲击力,青岛海尔冰箱的质量上升,带动了我国电冰箱市场的发展。在这种寡头垄断市场模式下,企业间的竞争十分激烈,除了有价格竞争外,更多的采取非价格竞争,如提高产品的质量、性能、功能、服务等,如何针对竞争对手及消费者情况认真制定广告目标,对于企业来说至关重要,多数企业是围绕品牌定位来制定广告目标。

③垄断性竞争市场的影响。垄断性竞争是指在一个行业中有许多企业生产或销售同种商品,同种商品在质量、包装、牌号、销售条件等方面有一定差异,这些差异使生产者成为自己产品的垄断者,每个企业的产量或销量只占市场供给量中的一小部分,厂商可以自由进出行业。如食品、百货、餐馆、化妆品、鞋帽及各类中小型售店等均属于这一类。这一类市场中价格竞争对企业间影响不大,广告的作用突出表现为扩大市场占有率,维持老主顾,发掘潜在的顾客,提高企业或商品的知名度,加深消费者的熟悉感和认知则显得尤为重要。

4.广告对象的影响

广告对象的状况是影响广告目标确立的主要因素。

首先,确定广告对象。每一种商品都有它特定的具体对象,要为市场的全部消费者提供服务,这是不可能的,每个企业都只是以市场上的部分特定顾客为其服务对象。因此,企业应审时度势从广大的市场中寻找、辨认出对本企业产品最有需求,而本企业又能为之提供最有效服务的消费群体,以此作为自己的广告对象。其次,对广告对象的基本情况进行深入的调查分析,如消费对象的年龄、文化、收入、消费能力、消费习惯、消费心理、审美情趣、物质追求的标准点等一一进行详细的了解。结合本企业产品的优点和特性,从消费者立场出发,决定广告的诉求点,确定广告主题、制定出适合实际情况的广告目标。

第二节 广 告 计 划

一般的广告活动,必须经过计划、实施、测定三个阶段。而计划又是其中最重要的一环,它在整个广告活动中起着先导作用。

一、广告计划的概念及特点

广告计划是广告经营者和广告客户为使广告活动获得最佳广告效果而进行的规划、组织、控制活动的全过程。广告活动过程本质上是一种信息管理活动过程。任何广告活动都必须有完善的计划。

广告计划和广告策划不是一回事,它们之间虽有相似之处,有密切的联系,但它们之间有着明显的区别。首先,在实现广告目标中的作用不同。广告计划是实现广告目标的行动方案。是广告活动的规则与步骤;而广告策划的根本目的也是为了实现广告目标,但它侧重于决策,它是运用科学手段和方法对多个行动计划进行选择和决定。其次,表现的状态不同。广告计划是对广告策划前期成果的综合和提炼,一旦形成就成为指导广告行动的规划,具有相对稳定性,呈现为一种相对静止的状态;广告策划则不然,它是一个动态的过程,它要完成一系列决策,如确定广告目标、广告对象、广告主题、广告创意、广告策略、广告媒体的选择、广告评估等。同时广告策划的活动内容又是多元化的,如设定广告目标、寻找广告对象，实施广告策略，检验广告效果，它要涉及到广告活动的一切方面，并随着各项活动的深入，内容不断的充实，策划不断的完善。再次，形成的过程和地位不同。广告计划是在广告策划运作之后才产生的，它是广告策划所决定的战略、策略、方法、步骤的书面体现，它只是广告策划的主要任务之一。而广告策划是统筹全面的，是与广告活动同时进行的，广告策划的开始，就是广告活动的开始，广告策划与广告计划是大系统与子系统的关系，又是指挥与执行的关系。广告计划从属于广告策划，服从于策划的全局要求，是广告策划的具体化。

广告计划有狭义和广义之分。狭义的广告计划是指广告目标、广告对象、广告地区、广告时机等的安排和确定。广义的广告计划包括对广告调查、广告内容、广告表现、广告预算、广告媒介组合、广告效果预测等全部活动的安排和确定。

以广告的内容可分为以战略为主和以战术为主的广告计划。广告的战略计划一般是 2~5 年的长期计划。内容是开发新产品的一系列广告活动，包括行销过程的所有环节，如收集资料、预测销售、确立广告目标、创意制作、媒介传播、广告预算、实施策略、效果测定等。战略广告，随着时间的发展、市场的变化，可以不断调整。广告的战术计划一般是 6 个月到 1 年的短期计划。一般以媒体分配计划和广告表现计划为中心。

广告计划的特点在于：第一，广告计划是一个行动文件。一项广告计划的实施需要有各方面的协同配合。计划书就是把准备采用的步骤、时间安排写成一个行动文件。第二，广告计划是对某一广告目标及完成这一目标的一种解释。计划对企业及品牌面临的问题及机遇加以陈述；阐述各项指标及步骤的制定，解释怎样才能达到最终目标。第三，广告计划也是对企业实现经营战略的一种承诺。广告计划要准确地说明完成广告目标需要的费用，以及费用的具体安排和使用，可能带来的经济效益。这是广告计划的重要特点。第四，广告计划是广告活动必须遵守的行为准则和努力方向。广告计划一经制定，对广告活动就具有一定的约束性、规定性。虽然计划具有灵活性，但这种灵活只是在一定范围内的有责任的灵活。

二、撰写广告计划书

制定广告计划的方法很多，不同的广告公司对计划书的制定方法各有特色。一般说来，一份完整的广告计划书应有如下几个部分：

1. 广告内容摘要

开头应有一个简单摘要，以便企业领导及各部门人员能很快了解计划，在需要时翻阅有关详细内容。摘要应包括广告预算、主要目标、广告主题、广告创意策略、媒体选择及日程表与各种促销的配合等。在摘要中也可列出计划中有争论的问题，以便企业领导审阅时参考。

2. 市场分析

广告计划是在初步策划的基础上进行的，也就是在进行了充分的广告调查，并确定了广告目标的基础上撰写的。所以首先应把调查得到的广告主的市场情况进行分析。其中，产品、消费者、广告主现有市场占有率，竞争状况，过去广告的活动情况，使用的媒体情况等，都要详细写明。

3. 广告目标

结合广告主的要求，详细列出通过本计划期内的广告所达到的目标。广告目标的确定不宜以促销的具体数量或金额做为直接目标，这样做虽然可以获得广告主的认可，但最后检验广告效果时，未必十分明显。所以广告目标在广告计划内应以软性指标来设定，即通过媒体传播要创造或提高的知名度，提高受传者对产品或劳务的偏爱度、理解度等。

4. 广告对象

是指本广告信息传播的目标市场，即具有共同特性的消费者群。目标消费者的数目、人口统计中的主要因素（性别、年龄、家庭状况）以及心理状况等，还要说明确定该目标市场的原因。

5. 广告策略

为达到广告目标，应设定广告主题、广告创意、传播方式等,为广告主筛选应提供几套方案。方案太少无法选择,太多会出现无所适从的情况,一般以三套为宜。

6.确定传播媒体

广告媒体对于整个广告计划的实施以及广告费用的支出具有很大影响,因此对媒体的情况必须详细说明,经过筛选确定传播最适合的媒体。

7.广告预算

广告预算是广告能否顺利实施的保证,也是广告主最关心的问题,因此,应当详细列出各项预算及总预算的内容并予以说明。

8.广告评估

说明此次广告活动应怎样结合广告目标评估其效果,何时进行评估,采取哪些指标和方法,等等。

三、撰写广告计划书应注意的问题

1.简明扼要。要有鲜明和准确的结论表述,文字不能有异义;

2.少用代词。广告计划中不要用"我们","你们"之类的代词;

3.先写结论,然后简明论证;

4.说明论证资料来源;

5.既要全面完整,又要重点突出;

6.具有可操作性;

7.多听取广告主的意见;

第三节 广 告 预 算

在现代广告活动中,广告预算是整个广告计划的有机组成部分,进行广告策划及编制广告策划书等都要建立在广告费用预算的基础之上。否则,计划再完善,没有足够的费用,也无法实施。

一、广告费用预算的意义

在广告活动中所用的总费用称为广告费用。随着市场经济日益发展，市场竞争日益剧烈，广告规模日益增大，广告费的支出与日俱增。当今发达国家的广告费每年都在1000亿美元以上，可见规模之大，费用之巨。广告业形势预测家罗伯特·库恩和齐尼思环球媒介公司的估计，由于消费者对广告信任程度加强和经济的持续增长，广告费将持续增长。1996年由于奥运会直接增加广告费5亿美元，大选增加约10亿美元，美国的广告费增长率为7.6%。从全球来看，1996年广告收入达到了本世纪末的高峰。1997年虽不会如1996年增长的那样快，但仍保持持续增长的势头。美国的广告费将增长5.6%，达到1829亿美元。在北美、欧洲和亚太这三个最大的市场中，广告收入增长率亚太地区将表现出最快的速度：9.7%；欧洲为5.6%；北美为4.6%。在其他地区：拉丁美洲广告收入将增加11.8%。非洲、中东及世界其它地方的广告收入将增加14.1%。1997年全世界的广告收入将增加6.9%。随着市场经济的繁荣，我国广告业呈持续发展趋势，到1996年底，我国广告营业额突破300亿元人民币大关，达到366亿6372万元，较95年的273亿2690万元增长34.2%。是1991年的14.6倍。全国广告公司达到52871家，广告从业人员512087人，分别较上年增长10%和7.3%，广告经营额是近年来净增最高的一年，而广告经营单位与从业人员却是近年增长最低的一年。

从全国各省市自治区广告经营情况来看，广告营业额超亿元地区已达27个，其中北京、上海、广东、浙江、江苏、山东六地区超过20亿元，四川超过10亿元，辽宁、福建、湖北、天津、湖南、安徽、河北、河南8地区超过5亿元。以上15个地区广告营业额达到全国总营业额90%以上。北京、上海、广东遥遥领先。北京为90亿4709万元（包括直属公司）；上海为64亿2098万元；广东为40亿9538万元，各较上年增长52.5%、45.9%、5.6%。全国各地广告业全面腾飞，显示了我国经济改革又有了新的大发展。

还有一个可喜的现象是1996年专业广告公司与各大媒体，

均得到不同程度的发展。其中专业广告公司最为明显。与四大媒体相比较，营业额排名逐年上升。1993年至1996年连续4年位居榜首。广告营业额1996年为156亿7858万元，较1995年107亿1245万元增长近50亿元。专业公司达到25726家，从业人员达288675人，较上年增长13.4%和6.7%。电视广告营业额排名第二，1996年实际营业额为90亿7894万元，较上年的64亿9800万元增长25.8亿元。广告经营单位2625家，从业人员22955人，较上年增长13.5%和17.9%。报纸排行第三，保持了一定增长速度。1996年增长20%。1996年实际广告营业额为77亿6891万元，较上年64亿6768万元增长13亿余元。广告经营单位由2334家降为2231家。广告从业人员为19352人较上年18280人增长6.1%。广播广告营业额1996年增长18.3%。达到8亿7267万元，较上年7亿3769万元增长1.3亿元。名列第四。广告经营单位达990家，广告从业人员为7664人。杂志广告营业额排名第五，达5亿6096万元，较上年的3亿8229万增长1.9亿。增幅为46.7%。经营单位达到3825家，从业人员达到20520人。

其他的如民航、铁路、体育、文化等单位营业额达到27亿365万元，较上年的25亿2879万元增长6.99%，广告从业人员达到152921人。

随着市场经济的发展，我国广告业各方面都发生了深刻的变化，营业额数量的增长，说明广告事业的发展，为使广告业健康、长足的发展，广告经营单位和广告主都必须要认真审慎地对待广告费用，有计划地开展广告活动，合理编制广告预算，对我国广告事业的今后发展具有重大意义。

1. 正确地编制广告预算是企业广告活动得以顺利开展的保证

广告费用的使用要作到合理适度，减少偏差和错误，必须正确地编制广告预算，使广告费用在广告活动中的使用得到有效的控制，也可以使广告主对广告费用的去向和效果做到心中有数，保证广告目标的达成。

2. 广告经费的预算可以排斥人情广告等不正之风，促使广

告活动科学化、规律化

广告费用预算就是在广告活动之前事先制定出广告费用的使用方案，这样就可以堵住广告费流失的漏洞，避免无度使用，克服凭借熟人关系随便支用广告费的不正常现象。为了减少广告活动的盲目性，使广告活动按客观规律行事，就必须制定广告费用预算。

3．广告费预算是有效地评价广告效果的经济指标

广告费用预算是广告策划的内容之一，广告策划对广告费用的使用提出明确的目标，促使每项具体的广告活动达到理想的效果。评价广告效果的标准之一，就是比较每一项具体的广告活动所花费用与所取得的效果如何。

二、广告费用的性质

1．广告费是企业生产成本费之一

在生产过程中，生产、交换、分配、消费四者之间有着密切的关系，生产决定交换、分配、消费，而交换、分配、消费又反过来作用于生产，推动生产的发展。以货币为媒介的商品交换，即商品—货币—商品这种连续的交换就是流通。同时，在社会化大生产中，一种商品的交换往往引起一系列商品的交换，不同商品的交换常常交织在一起，"这全部过程就表现为商品流通"。流通决定于生产，没有生产就没有流通。同时流通又反作用于生产，商品流通的状况如何常常促进或影响生产的发展。广义的生产包括流通过程和促进流通的各种手段。后者的投资费用是属于企业生产成本的内容。为了使生产和流通联结得更为紧密，尽快把产品信息传递到流通领域，达到产品的销售目标，广告宣传就成为从生产到流通过程中起润滑和沟通作用的一个环节。广告费用实质上是企业生产过程中必要的投资，没有必要的广告预算的资金投入，企业的营销就无法达到最佳目标。

2．企业年度财务计划应包括广告费用

广告费用属于企业的销售成本，企业在制定年度财务计划时，就应列入广告费用，广告费用的支出须作到有目的、有计划的合理使用，应该专款专用，用于社会再生产过程的广告宣传

上。那种滥用广告宣传名义，赠送产品、实物、直接资助、滥支广告费用，甚至送人情，搞"回扣"等作法，是违反财经纪律的，必须予以杜绝。

3.广告费用应为企业带来良好的经济效益

广告费用作为生产成本之一是必要的投入，它也应和其他成本一样为企业带来良好的经济效益。广告的最终目的是为了促进销售。由于销售扩大，达到了一定的数量，产品生产的越多，单位产品的成本就越低。这说明，由于广告费的投入刺激了产品的生产，使企业可以不增加产品的成本，就能达到增产的目的。可见，广告费作为一种投资方式，如果计划得好，就会给企业带来意想不到的盈利。

三、广告预算的制定

制定广告预算时，首先要确定广告费用的开支范围，一般情况下，广告费用应由四个方面组成：第一，传播媒介的支出，这是广告费中比重最大的一项开支，约占80%以上。第二，广告设计制作费。不同媒体广告的设计制作费是不同的，电视广告制作费要远远高于广播广告和报纸广告。以电视广告为例，模特、乐队的酬金、布景、灯光、场地的开支，制作人员的设计导播制作费等，都属于制作费的范围。这部分费用，越来越受到广告主的重视。第三，广告人员的行政费用。这部分费用包括广告人员的工资、办公、出差、管理等经费。第四，广告调查研究费用，包括市场调查、消费者调查、产品调查、广告策划、广告效果测定、购买统计部门和调研机构的资料所支付的费用。

除以上四种费用以外，企业中还有一些支出项目较难确定其归属范围，例如样品、参加展览会开支及销货人员所花费用等，可列入销售费用，也可列入广告费用，这要看各个企业自己的行事准则。

还有一部分费用，虽不作为广告费预算，但在企业财政经费中必须要留出的一部分费用，即广告活动的机动经费，主要用于公共关系，或应付意外情况，如市场出现波动时，要临时采取一些应急措施，这部分费用主要根据实际情况支付，具体数量依据以往经验来订。机动费用不参加广告经费预算，由广告部门负责人或企业的营销工作负责人掌握。机动费的使用要控制，不能在一年中的最初几个月用完，要考虑到全年的需要。

广告经费预算金额的方式主要有：

1. 目标达成法。

根据企业的市场战略和销售目标，具体确立广告的目标，再根据广告目标要求所需采取的广告策略，制定出广告计划，再进行广告预算。

2. 销售百分比法

按一定限期内的销售额的一定比率计算出广告费总额。这是参照以往的销售记录（上一年的销售总额或者数年来的平均销售总额）乘以一个百分比而决定的。或者用预测的销售量代替以往的销售记录工作为广告费用预算的基础。具体的百分比以产品、市场环境、营销战略等的实际情况而定。国外一般企业以销售收入的3%或5%作广告费用，这种预算方法较常用，而且简便，其优点：第一，使企业的销售额和广告预算之间有一定程度的稳定百分比，计算较为精确；第二，促使管理者考虑到每一笔广告费与销售收入之间的关系，有利于较长远的发展计划。不足之处：首先，不符合逻辑，因果倒置，把销售额当作广告的原因，而不是结果，从而忽略了广告对销售的主动促进作用。遇到较好的宣传机会时，会因广告费的限制而失去良机。其次，由于销售额每年可能有变动，不利于广告预算的长期计划。再次，所有的商品都取同一的百分率，当某一种产品由于某种特殊需要而作广告时则无能为力。所以，运用此种方法时，百分率不能定得太死，要把各种因素结合起来考虑，使广告预算在不同的市场和不同情况下留有余地，带有一定的灵活性。

3. 竞争对策法

参照竞争对手的广告宣传情况，以及广告费用支出情况，然后确定与竞争者保持相当数量的广告预算。其主导思想是为了保持市场竞争中的均势，使自己在竞争中不亚于自己的对手。这种确定广告预算的方法，一般是在同一市场上只有二、三家竞争对手的情况下才适用。这种做法使竞争者彼此看齐,把广告作为竞争的利器实行针锋相对的宣传策略。但由于竞争企业之间的资源、声誉、市场机会、销售目标各不相同,使用相同的广告预算并不一定合理、有效。

4．销售单位法

以每件商品摊分的广告费来计算,方法简便、多卖多拨广告费。公式：

$$\text{广告预算} = \frac{\text{上年广告费}}{\text{上年产品销售件数}} \times \text{本年产品计划销售件数}$$

如福建漳州香料厂生产的水仙牌风油精,投产试销后的第五年,产量便高达 3200 万瓶,占全国风油精总产量的 80％。该厂运用广告开路起了很大作用,决定每增销一瓶风油精就增加一分钱广告费。每单位商品摊分的广告费,可以依靠实际需要进行调整,这一方法,有利于掌握各种商品的广告开支及变化规律。

5．任意支出法

广告主凭主观感觉和经验而制定的广告费用预算方法。实际工作经验对广告主和广告管理人员十分重要,许多广告决策人员就是凭着以往的经验,根据市场环境可能的变化,主观地制定出广告费预算,或者对上年度的广告费用任意增减,作为广告费用预算。这种方法缺乏科学根据和理论依据,但由于使用这种方法的人经验丰富,是商场上的熟手,眼光敏锐,因而也能制定出富有成熟的广告费预算。

6．支出可能法

这也是一种缺乏科学依据的方法。它的做法是,企业在进行下年度整体预算时,统筹一下能剩下多少钱就做多少钱的广告,这是最不明智的一种做法。

7．量力而行法

这是按照企业财力情况来决定广告预算的多少,也就是以企业的财力来做广告,这种做法的指导思想是,认为广告不仅可以促成眼前的销售,还可以为产品创造良好的商誉,进而促进未来的销售机会。这样,广告往往被看作是一种投资,而不是一种耗费。采用这种方法作广告，一般是对广告效果无法衡量的情况下采用的，比较适用于资金和财力较少的中小企业。

8. 广告收益递增法

这是一种动态的计算广告费的方法，是按照企业销额的增加比例而增加广告费用投入比例的一种方法。这种方法是浮动定比率法的一种形式。随着企业营销目标的实施，产品销售额的增加，广告费的投入也会增大，二者采用比照递增的方式。这种方法使用方便，易于把握。作法是，企业的广告费用按照企业的销售额度的增加而增加。企业在采用此种计算方法时，首先要对市场产品的供求关系进行详尽的调查。一般而言，只有当商品处于销售的上升阶段，也就是产品供不应求时，使用此法是比较合适的。

9. 销售收益递减法

与前一种方法恰好相对照。由于销售收益会呈现时差性变化的特点，所以此种方法也称为销售收益时差递减法。一般是在市场的产品需求量处于饱合状态时，就要运用销售收益递减法加以确定广告费的投入。即在市场处于饱合状态，产品的广告费用支出限制在最佳销售额度以下。例如，当广告费用支出 5 元时，销售额可达到 400 元，当广告费用增加到 15 元时，销售额增加到 800 元，如果广告费从 10 元增加到 20 元时，产品的销售额则以缓慢的速度增长，而且产品的需求量很快走到了饱和点，在这样的情况下，即使再增加广告费用的支出，也很难促进销售的增长。因此，最好采取广告收益递减法，把广告支出限定在 15 元的额度内是广告费用投入量的最佳选择。

第五章 广告定位

在社会财富增加，同类产品和代替品增多，消费者选购商品的自由度加大时，如何使消费者认牌购买，这就需要在市场营销中给产品定位，相应地进行广告定位。使消费者通过广告看到本产品与其他产品的区别，找到购买本产品而不买其他产品的理由。这就是广告定位要深入研究的问题。

第一节 广告定位理论概述

一、广告定位理论的由来

广告作为一种信息传递形式，在商品刚一出现时就产生了。早期的广告，其功能和形态都十分简单，仅仅止于"告知"而已。从19世纪开始广告和大众传播媒介结合在一起，广泛地运用于商业活动，大大扩展了广告的功能和价值。本世纪中叶，营销学、传播学这两门新学科形成，很快被引入广告实践中。从而使广告战略和广告技巧置于科学化的基础上，极大的增强了广告活动的有效性。接着经过大卫·奥格威、克劳德·霍普金斯、雷蒙·罗必凯等广告大师在理论和实务方面富有创造性的开拓，把广告学的构架和体系建立得更加坚实和完善了。

广告定位是广告理论发展长河中的一个新阶段，从其发展演变来看，大致可以分为三个阶段。

1. 产品至上阶段，"独具特点的销售主题"理论

大约在本世纪50年代，随着这个时期第三次科技革命的深入，企业重视研究和开发，技术不断创新，新产品竞相上市，二战中生产军用战品的企业，这时已转向生产民用品，社会产品供

应量增加,物质丰富,供大于求,不仅产量剧增,而且花色品种日新月异,竞争激烈,这个时期的市场营销观念从产品观念转变为推销观念,认为消费者不会因自身的需求与愿望主动地购买商品,必须经由推销的刺激才能采取购买行动,广告人和广告主都认为广告要把注意力集中于产品的特点和产品能给消费者带来的利益上,这一时期关于产品的最著名的理论是美国的罗瑟·瑞夫斯(Rossev Reeves)提出的"独特的销售主题"(Unique Selling Proposition)理论。这个主题有三层含义:①每一则广告都应向消费者提出一种建议、一种忠告或者一种承诺,即购买该产品会得到什么样的利益。②该建议是竞争对手无法提出或未曾提出的。在各种各样的广告诉求中,它独具特色。③广告中的建议应该对消费者具有极大的吸引力,以吸引新的消费者购买你的产品。这一理论反映出了广告创作中的重要规律,为广告业的同行所认同。并为广告创作带来实际效果,为企业的发展创造了有利条件。例如,美国联邦快递公司在广告中宣称自己公司的特点是"今日的邮件,明日上午保证送到"。这在当时是独一无二的。由于在广告中突出了公司的独到之处,促使联邦快递公司面对实力强大的竞争对手很快脱颖而出,成为当时美国最成功的企业之一。USP(独特的销售主题)的做法更适合科技产品的宣传。因为科技产品的技术特色不象日常生活用品那样容易被效仿,因此比较容易突出特点。一次成像相机的发明者美国宝丽莱公司,曾经为其产品拍过一个动人的电视广告片。它所表现的独特主题是"一次成像照相机可以做到其他相机做不到的事情。"电视片是讲一个小男孩想和父亲去产房看望刚刚出生的妹妹,但医院规定,除了产妇的丈夫外,其他人一律不得进入产房。于是,父亲带着宝丽莱相机进了产房。回来时他已经拿出了婴儿的照片,使小哥哥的愿望得到了满足。这时电视片响起了画外音:"为了那些不能共度重大时刻的人",点明了广告的主题。这则广告,由于突出了产品与众不同的特点,同时具有浓郁的人情味,极大地推动了产品销售。

但是随着经济的发展,越来越多的商品之间的差异日益缩小,而某些差异对消费者来说并没有很大意义。因此,这种理论的实践意义逐步减少,新理论开始出现。

不过这种理论的实践意义目前并没有完全消失。因为,首先,对于经济不发达、消费水平不高的国家与地区,这种方法仍非常有效。在这些地区,购买经常是犹豫不决的,一次购买往往要收集大量有关的商品信息进行比较。其次,对于理性购买来说,这种方法也是有效的。再次,即使在发达国家,有很多商品仍需用这种方法来确定主题。但是,从根本上看,这种理论与方法是以"推销观念"为基础的,具有较大局限性。今天借鉴这种方法时应进行修正。

2. 形象至上阶段"品牌形象"理论

60年代以后,推销观念向市场营销观念转变时期。由于"买方市场"的形成,任何一种商品的畅销都会很快导致大量企业蜂拥同一市场。商品之间的差异变得不那么重要或根本无法区分。一个企业要在这种市场条件下生存和发展,只靠自己商品的特点已远远不够了,而企业的声誉和形象显得越来越重要。于是企业形象系统理论(Corporate Identity System)在这个时期开始发展起来。成功的企业通过各种广告宣传和促销手段,不断提高企业声誉,开创名牌产品,使消费者根据企业的"名声"与"印象"来选购商品。这个时期具有代表性的人物,被称为"形象时代建筑大师"的奥格威(David Ogilvy)提出了一个著名观点:"每一广告都是对品牌印象的长期投资",并在实践中获得一定的成功。

以上两个阶段的共同特点是:确定广告主题基本上是从商品本身或企业本身出发。即"从里向外"考虑问题。从这个角度看,它们与营销观念的发展是一致的。随着市场经济的发展它们的不适应性和局限性明显地表现出来了,作为一种思想不可取,但作为一种方法仍是可以借鉴的。

3. 定位至上阶段,产品定位理论

本世纪70年代开始,以美国艾·里斯和杰·特劳特合著的《广告攻心战略——品牌定位》的问世为代表的"定位时代"。随着经济的迅速发展，许多企业提出"哪里有消费者需要，哪里就有我们的机会。"企业的主要目标已不是单纯地追求销售量的短期增长，而是从长期观点出发，力求占领市场，抓住顾客，企业的一切计划与策略以顾客为中心；满足消费者的需要与愿望是企业的责任；在满足需求的基础上，实现长期的合理利润。在这种营销观念的指导下形成了"消费者主权论"（Consumer Sokeveignty）的市场营销观念的理论基础。明确指出，决定生产什么产品的主动权不在生产者手里，也不在政府那里，而是在消费者手里。一切营销活动都要围绕消费者需要这个中心来进行。近年来，对消费者"需要"又有了进一步的思考。不是停留在消费者的目前需要，而是从消费者长远需要进行周密的考虑。要求企业必须走到消费者的前面，按照消费规律去为消费者设计生活，引导消费和"创造"消费。对消费需求、消费心理、消费行为进行了深入而广泛的研究，其成果成为广告发展的重要理论依据。于是广告定位理论被提出来。定位理论认为，广告设计只强调商品的性能特点，顾客的利益或企业的形象，已不足以吸引消费者。广告要使商品在消费者心目中确定一个位置，把进入潜在顾客的心智作为广告的首要目的。广告定位要建立在对消费者心理研究的基础上，而不是建立在商品之间差异的研究上。即所谓"从外向里"的研究。使传统的仅从商品本身出发而转向了从消费者出发。一个公司或一种商品必须在其潜在顾客的心智中创造一个位置，把进入潜在顾客的心智作为首要之图。艾·里斯举例说，15世纪时是哥伦布发现了美洲，但他为寻找黄金而守口如瓶。但比哥伦布晚五年的亚美利高·维斯浦奇来到新大陆，完全与亚洲区分开，导致了地理上的革命。同时他广泛的写出他的各种发现与理论。其中一封信在25年间翻译成四十种不同的语言。在他逝世前，亚班牙颁赐他"卡斯帝利"的公民权，并给他重要的政治地位。因而导致欧洲相信亚美利高·维斯浦奇发现美洲，其后并以其命名。而哥伦布到了晚年贫困交加，抑郁而死。商场上的成功有同样的道理，要最早进入人的心智，把产品定位在潜在顾客的心中。

二、广告定位的含义

艾·里斯认为,"定位是你对未来的潜在顾客心智所下的功夫。也就是把产品定位在你未来潜在顾客的心中"。[1] 也就是说,广告定位要解决的最重要的问题是回答,怎样才能使一部分消费者买我们所生产的商品,而不是其他同类商品或替代品。

每一个人在购买商品时都有他的"理由",比如,好看、方便、适用、便宜、牌子响、款式新颖、结实耐用、喜欢这个颜色、喜欢这个名字、讨口彩等等。有的理由甚至很复杂。毫无疑问,这些不同的理由都只对购买者个人有价值。这些不同的理由反映了不同消费者所特有的个性和世界观,反映了他对市场的看法和"预测",反映了个人的不同经历,不同心理轨迹,也反映了社会政治、经济、文化、风俗习惯、社会心理对他的影响。

每一个购买理由都有一定的代表性,都代表着一个消费者群体。这个购买理由就是该商品的市场位置,这就是广告的主题。"购买理由"不同于"消费理由"。"购买理由"比"消费理由"要复杂得多。购买理由毫无疑问应包含有消费的目的,但它不象消费理由那样直接、清晰。早晨买早点,生理和心理需求都很简单,这种需求也很容易得到满足,这种需要就是消费理由。但早晨的早点有许多种,为什么买这一种,而不买那一种,这种"购买理由"可以有很多,如价格、口味、方便、消费环境、商业刺激等。影响购买的因素有很多,这些因素有时会导致与需求无关的购买。比如大家排队买某种商品,这个队有时会越排越长,认为大家都买的东西一定好,所以我也买,买后有什么用,当时却很难说,这是由"从众心理"决定的。

广告的根本目的是促进销售,广告就应重点研究人们的"购买理由"进而确定广告定位。所谓广告定位,就是在广告活动中,通过突出商品符合消费者心理需求的鲜明特征,最早进入潜在消费者心智,确立位置,树立购买该商品的稳固印象。

---

[1] 艾·里斯、杰·特劳特:《广告攻心战略——品牌定位》第2页。

三、广告定位理论的意义

1. 正确的广告定位是成功广告的基础和前提

市场经济飞快发展,新科学技术不断涌现,为顾客着想,为方便生活,美化生活的新产品层出不穷,这时仅靠品牌或企业形象已难保持辉煌的广告业绩,要想在信息传播过多的社会中使广告独树一帜,取得成功,给消费者留下深刻印象,必须进行广告定位。

2. 正确的广告定位有利于产品识别,巩固产品定位

在我国消费水平还不高的情况下,强调商品区别的广告仍然有重要意义,进而对产品定位起重要的促进作用。如劳力士手表一直以名人来彰显它的性能与持久性,50年来一直维持了它的表中极品的地位。又如有些名牌产品如"茅台酒"、"雀巢咖啡"、"白猫清洁剂"等在广告定位上已获得很难被推翻、极稳定的位置。

3. 正确的广告定位是引导购买行为的关键

消费者购买什么产品都有自己充分的理由,广告定位就是把消费者的理由充分展示,肯定消费者的"理由"是正确的。通过广告给以充分的肯定,从而增强消费者购买的信心,起到促销作用。

4. 正确的广告定位为广告创作提供了原始素材,为广告评估创造了有利条件

广告定位确定了,广告创作就有了方向,而且有了原始资料——消费者购买该产品的原始想法,这样创作就能准确地表达消费者的意愿,成为消费者乐意接受的广告优秀作品。从而评估也就有了科学、准确的标准。

第二节 影响广告定位的因素

广告定位是否取得成功关键在于对消费者心理的调查了解,对消费者购买理由的认识程度。影响消费者不同心理状态的形成和不同购买理由的产生,主要有外部和内部两方面的原因促成

的。

一、影响广告定位的外部原因

1. 社会产品结构的变化

消费品的存在是刺激人们形成不同消费行为，产生不同购买理由的外部条件，如果社会上不存在某种消费品，人们无论怎样富有想象力也难以产生购买理由，难以形成消费欲望。这就是说，一旦物质生产出现了新产品，产品结构发生了变化，必然有新的购买理由出现，以取代旧的消费心理。现实生活中，人们有时会超过物质生产发展的水平去追求某些心目中所向往的消费品，（正是有了这种向往才使生产不断发展）但是这与现实的购买理由不同，这只是一种消费遐想。研究、把握这种消费遐想是很重要的，它有利于产品与人们的消费欲望取得一致，有利于产品定位。

2. 社会消费行为的影响

正常情况下每个消费者都有自己的消费目标，消费方式，这是由每个人的社会物质条件、经历和地位所决定的，但是当他发现客观条件与之相似的人，其消费品种及结构比自己具有明显的优点，反映了消费的科学性、合理性时，就会引起消费者购买动机的变化，这种影响对强烈追求消费的人来说表现得尤为明显。这实际上是从众心理、攀比心理的影响。

3. 民族、风俗习惯、地理环境及气候、宗教信仰等发生的影响

这些因素对人们的消费心理具有巨大的制约作用，对同样的消费品会产生不同的反应，甚至会产生截然相反的反应。如宗教信仰不同，饮食习惯的巨大差异。生活环境不同，城市人和农村人对消费品具有不同的审美要求，城市人多喜爱素雅、简洁的服装款式，农村人喜爱鲜艳、繁丽的服装款式，另外，据调查在服装的选购上存在着地区差异，东部地区品牌意识最强，"档次高"是促进购买的因素，中部地区的城市居民对"价格便宜"和"结实耐穿"最为重视，对服装的"档次"要求最低，对"时髦"也不太感兴趣；从性别来看也存在差异，男士对服装的"品牌"意

识更为强烈，而对时髦因素并不热情，男士更愿穿出品味，保持穿着笔挺、英气逼人的传统形象，女士则对服装的款式要求更高，要"穿上好看"，"能体现个性"，更喜欢时髦的服装。年龄差异也影响对服装的不同需求，一般来说，20～29岁的消费者把"合体舒适"放在第一位，"价格便宜"放在第二位，30～39岁的消费者由于正处在事业走向成熟的阶段，因而考虑高档次和品牌的因素相对较多，40～49岁的消费者则把"结实耐穿"放在前面考虑，50岁以上的消费者也将"结实耐穿"放在考虑的前列，把"品牌"因素排在最后。❶ 这些差异直接影响着服装市场的定位。

在风俗习惯上人们也存在很大差异，这种差异直接影响人们的消费状况。风俗习惯是社会发展中长期沿袭下来的礼节、习惯的总和。国际市场，不同地域，不同民族都有不同的文化背景、习俗和宗教信仰，因而人们的消费行为也就不同。企业应主动迎合不同的习俗进行产品定位，力争成为消费者接纳的产品。前几年，河南杜康酒厂开拓日本市场时，就从尊重民俗出发，取得了成功。日本人素有喜欢龟的习俗，河南杜康把酒瓶做成龟的模样，突出长寿吉祥的象征，从而在日本市场掀起了杜康酒的热潮，一时间人们纷纷争购。

4. 商家采用的不同销售推广手段对人们的消费心理，消费行为也会产生不同的影响。

厂家和经销商采取多种形式对人们进行商品知识和消费知识的教育，积极引导消费，潜移默化地引导人们消费观念的改变，这必然引起人们购买理由的变化，扩大消费范围，增加对某些商品的消费欲望。

二、影响广告定位的内部原因

消费者的心理变化是引起消费行为变化的内部原因，与外部环境的影响相比较，它是变化的根据，在广告定位时，要注意研究消费者的心理变化、触发和诱导消费者购买理由形成的原因，

---

❶ 此调查摘于《中国经营报》的"市场调查"版。1998年1月13日第8版。

并促使理由实现。

1. 消费者的爱美心理

爱美,人之常情。只要有意识,有社会生活就必然有爱美之心。这种爱美的心理会在日常生活中、各种社会活动中充分展示出来。购物时,有的人喜爱艳丽的包装,有的人喜爱淡雅的包装,人们都喜欢把自己的居室装饰的美观舒适,出门的用车要漂亮,服装要整洁挺括,甚至华贵亮丽,这一切都是爱美的表现,这种爱美实际上是人们的一种自我表现,是人们自我价值的追求,也是人的生理快感在社会生活中的展现,也是人的生命力、社会性的表现形式之一。这是研究消费心理进行广告定位时,首先要考虑的前提条件。

2. 消费者的年龄层次

人们在幼儿、少年、青年、壮年、老年等不同阶段,消费欲望是有较大差别的。在幼儿期,随着意识的出现,消费心理开始形成的时候,往往带有任意性的特点,主要围绕吃、穿、玩(具)等方面的需求进行,而且变化多端。反之,在老年期,消费则呈现比较缓慢和稳定的特点,消费构成的重点转到吃的方面,对穿、用、文化等方面的需求欲望明显下降,具有收缩趋势。在青年期,消费欲望最强烈,消费热情最高,消费活动最为复杂,最为多变。就吃、穿、用、娱乐、文化等消费构成而言,其增长速度、比例和数量都是最快最大的。这除了青年生理发育成长的原因外,也由于青年人一般具有奋发向上,求新好奇等心理特征和精神需求。在壮年时期,消费活动则兼有青年和老年的特点,趋于平稳,开始注意消费的比例,讲究消费结构的科学性,力争自己的消费水平扎扎实实地提高。

3. 消费者的个性心理特征对广告定位的影响

消费者的个性心理特征可以从气质、性格、能力三方面来看。

基本气质类型有四种:①胆汁质类型的消费者,神精活动呈强而不平衡型。在购物活动中,情绪兴奋性较高、满意或不满意的情绪仅应较强烈,易于冲动,对广告或他人介绍推荐反应迅速，对商品的态度一旦形成或购买目标一旦选定，则不易改变，购买迅速。②多血质型的消费者，神精活动强而平衡灵活。在购买活动中对广告等外界商品信息反应灵敏迅速，接受也较快，容易接受新产品，情绪也容易受外界感染，较容易随环境的改变，而改变自己已形成的对某商品的态度或某一购买决定。购物随意性较大。③粘液质类型的消费者，神经活动强而平衡，但不灵活。此类消费者对外界的信息反应缓慢，沉着冷静，谨慎仔细，不易受外界信息如广告的影响，情绪不易受外界感染，一旦对某一商品有了好感，可能会一贯购买。④抑郁质类型消费者，其神经活动类型为弱型。这类消费者对外界刺激的反应较迟缓，情绪低沉，善于觉察一些易被他人忽略的细节，易多疑，因而对这类消费者作广告，要有很高的刺激强度，而且要细致入微。不同气质的人消费习惯不同，购买模式也有差异，受广告影响的情况也不一样，因此广告定位要因人而异，因时而异。

　　性格对消费习惯也有影响。性格是指生活过程中形成的，对现实稳固的态度以及与之相适应的成为习惯的行为方式。在消费活动上，从对待现实的态度看：有的消费者生活俭朴，选购商品以求实为主；有的消费者奢侈挥霍，只注重求荣的动机，不计较价格高低等。从消费者的认识过程来看，有的主动观察，主动接受广告的信息，有的则是被动接受，有的充分了解商品的各种性能功用，有的粗枝大叶，有的深思熟虑，有的充满幻想等。从消费者的感情过程看，有的情绪持续稳定，对某商品有了好感则持久不变，有的则情绪易变，有的易于冲动，买到自己满意的商品就喜形于色，有的则不露声色，善于抑制，有的容易对新商品发生兴趣，有的则保守等。从消费的意志过程看：有的目标明确，决策果断，说买就买，有的目标模糊，左顾右盼，犹豫不决等。

　　总之，在消费活动中，心理活动易受外界感染，感情冲动，行为反应外露的消费者的性格多为外倾型，而不易受外界影响的，态度谨慎保守，情绪平稳，深思熟虑的消费者多是内倾性格类型。

　　能力对消费习惯的影响，表现在消费者是否能够顺利地完成某项消费活动，它直接影响着购买的效率。通常分为一般能力（如注意能力、观察能力、记忆能力、想象能力、思维能力、决策能力等）和特殊能力（如视听能力、鉴别能力等）消费者在各类能力上的差异直接影响他们接受广告的效果和购买活动。

综上所述，消费者的气质、性质、能力三者互相影响，互相制约，同一性格的消费者其气质类型、能力高低可以不同，气质在性格形成与发展的动态与速度上有影响作用，反之，性格对气质也有改造作用。总之，三者是共同作用的，在消费活动中，体现了每个消费者的与众不同。同时也反映了对待广告不同的态度与接受广告的不同方式。

4. 购买模式和习惯对广告定位的影响

购买模式和习惯主要包括消费者在何时、何地、如何购物。这是消费者作出购买决定后进入实际购买活动的过程。消费者在何时购买，主要是指购买商品时间方面的习惯。如一周中，哪些天购买人数最多，或每天哪段时间顾客较为拥挤，每年哪些节日对哪些商品购买最为集中等。实际上，在人们的日常生活中，并不是对每天的消费水平都作出同样的规定，消费同样的数量或质量的消费品，而是根据不同的日期来确定消费对象和范围。我们可以根据消费的不同情况划为重点日期和非重点日期两个方面来进行分析。重点日期是指本民族规定或形成的传统节日，或是消费者本身有纪念意义的日子与休息日等。一般是重点消费日里的消费水平高于非重点消费日。如要求吃得比较丰盛，穿的整洁、美观，住所要装扮一下等等。针对这些特点，广告宣传要不失时机的开展攻势，争取最佳效果。

消费者如何购买，主要体现在购买过程中。在购物时，消费者一般要询问商品的性能、价格、型号、质量、优缺点、使用年限等情况，并希望通过挑选、对比达到择优的目的。对于不称心的商品，往往要求允许退货；对一些日用必需品，有连续消费的要求；对于某些商品有保障安全的要求；对于商品和劳务都有购买方便的要求等。

5. 消费者的消费行为的影响

根据消费者的消费习惯，可以把消费者的消费行为分为六种类型，根据六种类型的不同表现，有针对性的进行广告定位。

①习惯性。这类消费者对某一商品或商店比较熟悉，并有信任感，往往根据自己过去的使用习惯而购买，在购买时比较迅速、果断。

②价格型。这类购买者购物时，特别重视价格。价格型有两种：一种是以价廉实用为主，不管什么商品，甚至不管对自己是否有用，只要听到折价或廉价，就设法购买。另一种恰好相反，购物时以高价为主，认为价高就是好东西，一分钱一分货，甚至还认为价高的商品必能反映出人们的社会地位。商品中的高、中、低档次的区分，从一定意义上是适应了这些不同的要求。

③冲动型。这类购物者容易以直观感受为主，受商品的外观、厂牌、流行时尚、购物氛围的影响，容易受广告及其它形式商品宣传的影响，交易较迅速形成。

④情感型。购物时容易受感情影响，富于想象力和联想力。比如，有些购物者通过商品的命名、商标、厂牌等联想自己的愿望，或表达某种感情等。

⑤保守型。这类消费者一般年龄偏大，购物时追求老牌子，认为老牌子质量过硬，习惯于老款式。认为老款式的用具使用起来方便，老式样的服装穿起来自然，传统食品吃起来合口味。对新东西持怀疑态度。

⑥新客型。这类消费者是新的购物者，或者对商店不熟悉，或者对商品不熟悉，购物行为不稳定。

消费行为是复杂多变的，不同消费者呈现出不同的购物特点，但仍有规律可寻，仍有广告的切入点可抓，针对不同的对象进行不同的广告定位。

第三节　广告定位的实施策略

美国广告学者艾·里斯曾经说过："在传播的丛林沼泽中唯一能取得高度效果的希望，是集中火力于狭窄的目标，实行市场区隔,一言蔽之,就是'定位'"。可见,定位的主要含义是确立产品在市场中的最佳位置。具体来说,是根据消费者对某种产品属性的重视程度,寻找产品、市场、企业满足这种重视的独特之处,并加以宣染和扩大,给产品创造、培养一定的特色,确立具有竞争力、差别化的市场地位,为自己的产品树立独特的市场形象,以满足消费者的某种需求和偏好,从而达到销售的目的。

从客观事物和思想观念来划分,广告定位可分为实体定位和观念定位也称为心理定位。

一、实体定位

从产品本身的特点进行分析,具体说有以下一些定位方法。

1. 产品的差异定位

强调本产品与其它产品的差异,向消费者传达这种差异,使消费者对产品、产品的特点、产品的形象产生固定的联想,使其他产品无法攻击。如"高露洁"牙膏的定位是"双氟加钙"、"独有钻石型刷头",突出了本产品和其他产品的差异。

2. 产品的特异功效定位

广告突出产品的特异功效,使该产品在同类产品中有明显区别。增强选择性需求。比如同是牙膏,广州的洁银突出防治牙周炎。上海防酸牙膏强调防酸、防蛀、脱敏、止痛。上海联合利华的新产品皓清牙膏强调清新的口气。又如中美合资成都通联药业有限公司推出的"维格尔套餐"广告,自称为"高考套餐"。所谓"高考套餐"是经卫生部批准的保健食品,自称"套餐",是暗喻象生活中的套餐。一样荤素汤饭具全,具有丰富的营养。"高考"是指这种保健食品是专为参加高考年龄层次的青年人准备的。"高考套餐"巧妙地运用了产品的定位策略。现在中国的保健品市场几乎被瓜分殆尽。从功效看,"人参蜂王浆"是传统的营养滋补品,"太阳神"维持人体内部平衡,"昂立1号"清除体内垃圾;从消费对象看,"娃哈哈"儿童市场独占鳌头,"乐百氏"在加紧渗透,"延生护宝液"占居了中老年市场,"中华鳖精"男女老少皆宜。只有年轻人的市场还没有被某一品牌独占,而是处于一种诸品牌混战状态。"维格尔"保健品只有杀入处于混战状态的年轻人市场。年轻人市场的一个重要变化是，随着中国经济的发展，对国民素质的要求也不断提高，参加高考的人数逐年增加，对于年轻人来说，高考是人生道路上的一件大事，为了保证精力充沛地投入高考，家长们舍得为孩子花钱，于是一个科学鲜明的消费者定位诞生了。

从产品的功效来看，完全是针对参加高考复习阶段的年轻人的需要。如针对这个时期的学生的学习任务重，长时间高强度的脑力劳动，容易出现"脑疲劳"症状，"维格尔套餐"则强调它从深海鱼类中提取超级鱼肝油，及美国的优质大量加工卵磷脂，具有明显活化脑细胞，提高大脑功能，增强记忆力的作用；针对学生面对来自各方面的压力，产生焦虑、恐惧、疲惫不堪、抗病能力下降的情况，"维格尔套餐"为他们组合了浓缩蜂王浆和西洋参精，不仅能显著提高机体的抗疲能力，增强耐力和耐缺氧能力，而且还具有优异的免疫调节作用。针对住宿生伙食差、营养不良的情况，"维格尔套餐"中加入了维生素 B、均衡人体营养，补充多种营养素。最后，还针对考生在高考前由于思想紧张易造成失眠症状，"高考套餐"中的"维格尔眠纳多宁片"（褪黑素）促进人体快速入眠，增加睡眠深度，提高睡眠质量。从这几个方面，"高考套餐"强调了该产品与同类保健品的差异性，从而展示了产品的"特色"，学生们感到产品是为他们而准备的，面对公司无微不至的关怀，学生们备感亲切，容易产生购买欲望。

3. 产品的价格与品质定位

以产品的价格作为广告定位的出发点，可以采取"高价位定位"和"低价位定位"。高价位给人以高品质的联想。而低价位则容易使人认为更实惠；品质定位是强调产品的质量上乘，采用"高品质定位"。价格和品质相结合，又可以衍生出"优质优价定位"和"优质低价定位"。

4. 以产品的使用时机定位

突出消费者使用产品的特定环境和条件，如天热吃冷饮，运动过后大量出汗要补充水份，"解体渴"，麦斯威尔咖啡突出在休闲时享受的定位"尽情享受悠闲一刻"。

5. 以企业能提供的服务定位

产品在质量、功能等方面与竞争对手没有明显的优势,但在售前和售后可以提供良好的服务,企业可以用优质服务作为广告定位。

6. 以生产技术和工艺定位

企业在生产技术和工艺上有明显的优势,可以在定位中突出这些优势,取得消费者的信任和好感。

7. 以产品的历史定位

对于传统产品消费者总是认为历史悠久的产品是更好的产品,因此可以把产品的悠久历史作为广告定位,以吸引消费者,增强产品的美誉度。如"古越龙山"、"沈永和"牌绍兴黄酒强调它有"600年历史,300年老厂,拥有百年陈酿"。

8. 及时抓住产品的转轨时机开发新产品

如1986年香港成衣业察觉到面料由丝、棉转麻的趋势,就加强麻质成衣的设计、制造能力,大力开拓海外市场,当各国厂商随后而起,欧美当局先后实行配额限制时,香港成衣业不仅拥有了较强的竞争力,还因为已占有较多的市场份额而多得配额。

二、观念定位

观念定位亦称心理定位,即选定怎样的具体方式,传递什么事实或信息才能与消费者沟通,实现在消费者心中的定位。

1. 第一个进入消费者心中,建立领导地位

"第一"是最容易进入心智的途径,因为这时的心智是一片空白的天真,一个还没有被别人品牌所擦亮的心智。"最大"也有同样的效用,争取"最先"、"最大",就可以成为领导者,争取到"第一"就是成功,在心理的战斗上,胜算往往是进入潜在顾客心智中的第一个人,第一种产品。第一位单独驾驶飞机横越北大西洋的人是谁?林白。第二位是谁?就不那么容易回答了。世界第一高峰喜马拉雅山的珠穆朗玛峰,事实是如此,它在人们心目中也是如此。世界第二高峰的名字就不太为人知晓。又如传播业中的领导者RCA,是具有上百亿美元的庞大公司,1969年它想在电脑业上展示威力,对IBM作了面对面的撕杀,为在电

脑上占有强有力的地位，采取了比以往包括彩电在内的任何生意的投资都多的做法，可是1971年9日即二年后，还是以2亿5千万美元的损失而败下阵来，奇异电器公司在经过多年对电脑经营无利可图之后，也承认失败。IBM在电脑主机业占有70%以上的市场，是电脑业的第一，它最先进入消费者心智，地位已经确立。又如IBM比施乐（XOROX）大得多，并拥有骇人的科技、人力和财力，然而IBM上市一系列复印机与施乐竞争，结果施乐仍拥有数倍于IBM的复印机市场。

领导者地位在消费者心目中确立后，其他竞争者只有面临其他策略选择。

2. 加强和提高自己在消费者心目中现有的定位

"第一"的位置已被占据，其他竞争者只能退居其次，第二的位置总比"第三"、"第四"要好得多。有资料表明，在一些产品类别中，第一、二、三位品牌的销售比例为5:3:1或10:4:1。很显然，第二品牌的销售量比第三品牌高出许多，比其后的品牌当然会高出更多。所以，第一的位置被占据后，企业就应努力加强和提高自己在消费者心目中现有的定位，努力获取第二的位置，并为以后争取"第一"创造机会。

3. 寻找空隙

当市场的领导者地位已经确定，为了求得自己的一席之地，抄袭领导者，模仿领导，这种方法永远只能在后边爬行，根本不能压制对方。有效的作法是在潜在顾客心智中寻找一个空位，就是"寻找空隙"。

寻找空隙，最有效的方法是反其道而行之。如果每人都往东走，你往西走以便找你所要的空隙，哥伦布所使用的策略——违背常人的思考，结果发现了新大陆，广告活动中也可采用这种方法。

①大小的空隙

多年来底特律的汽车制造者都强调"更长、更低"，每一年的汽车款式都变得更具流线型、更好看。进口的福斯金龟车，是既小又短又丑陋。如用传统的方法去推销金龟车，会尽量避开其弱点而竭力去宣传其各种优点。这样既没有新鲜感，又不会引起消费者注意。金龟车没有这样做，而是反其道而行之："想想还是小的好。"这个广告片语立即发生两种作用：其一，说明金龟车的定位—小；其二，对潜在顾客所认为的"要想更好则体积必然要更大"的看法，表示不以为然，形成一种观念上的冲击力。当时，市场上并不是没有小型车，金龟子上市之前就已经有小型车了，但没有一种小型车从"小"的观念上占据消费者的心智，金龟车看到了这个空隙，紧紧抓住，一举获胜。

②高价位的空隙

有些品牌，几乎完全是用高价位观念作为全部产品信息的基础，像"世界上最贵的香水只有快乐牌"（Joy）；"为什么你应该投资于伯爵表（Piaget）它是世界上最贵的表"。高价位不仅对象汽车、香水及手表等奢侈品有其效果，即使对象牛奶及爆米花等普通食品也同样有效。

但是，贪婪常使定位的想法陷于混淆，定高价位并非唯一致富之道。成功的关键在于最先建立高价位的位置，并且有一个有确实可信的产品质量，更要在消费者能够接受的高价位品牌类别之内，否则高价位会成为驱使你潜在顾客走开的鞭子。

③低价位的空隙

不采取高价位，而以相反的方向，也会成为有利可图的策略。低价位的空隙是超级市场探索的重要内容。低价位产品可以达到薄利多销的效果，使销售额遥遥领先。

④性别空隙

万宝路牌（Marlboro）香烟在美国是建立香烟男性位置的第一个全国性品牌，在10年间其销售排名由第5位上升到第1位。

有时反性别之道而行，也会出现意想不到的奇异效果。香水是属于女性世界的，但并不是说越女性化越能取得成功。以男性名字命名的露华浓的"查理"香水就打败了充满诗情画意的"梦仙"香水一统天下的局面。

⑤年龄的空隙

根据年龄的差异，制定不同的销售方法，如药磁鞋是老年用的药物鞋。丑小鸭魔力功能鞋寻找到少年儿童正是身体的生长期,是增长知识用脑积极的时期,于是针对少年的生长发育,健脑益智、明目保健的需要,把药磁鞋定位在"有助于你增长、明目、益智"上,吸引了青少年及其家长。

4.发挥名称的威力

名称是把品牌吊在潜在消费者心中的产品阶梯的挂钩。一个名称,能够告诉顾客,产品能给他的主要利益是什么,要能打动人心,一个没有震撼力的、不知所云的名称,是不能切进人的心智的。如果有人强迫你喝一杯双氢氧水,你肯定会异常反感,加以拒绝,如果给你的就是一杯平常的水,你的心情可能会非常好。两者在口味上没有不同,差异是发生在头脑里。一个良好的名称是获得长期成功的最佳保证。加勒比海的诸岛长期以来无人去游玩,后改名为天堂岛引得大批游客前往观光。

在命名时应注意的事项,第一是不应"超越界限"以致于名称与产品密不可分,而使其成为一般的名称,成为此类产品全体的通称,而非为某一品牌的商标名称。如在美国"美乐厂出的淡啤酒",后来又出现了舒立滋淡啤酒,柯尔淡啤酒,百威淡啤酒以及许多其他名牌的淡啤酒。"美乐"丧失了独家使用"淡"作为啤酒商标的权利。又如我国的"斜桥榨菜",本来很有名,口味很好,质量上乘,深受上海地区的民众喜爱,但好景不长,人们发现斜桥榨菜变味了,制作质量下降了,原来斜桥人看生产榨菜能赚钱纷纷投入,至使伪劣产品出现,追其原因,榨菜的最初名命有问题,斜桥是地名,凡是斜桥人生产的榨菜都可称为斜桥榨菜,好端端的一个品牌失去了效用。第二是名称的内涵要清晰。如含义不清晰的名称,会因脱离时代而给竞争者留出空隙来。美国有份杂志名称为《老爷》,早年《老爷》杂志,对都市社交场合游手好闲的浪荡公子而言,是一个了不起的名称。当初这些纨袴子弟惯用的签名就是"约翰·史密斯老爷"。然而,《老爷》杂志遇到《花花公子》杂志,就失去了领先的地位。任何人都知道"花花公子"是什么,以及他们这些人的兴趣所在。可是老爷又是何许人?老爷们的兴趣又何在?

5. 用多品牌战胜对手

每一个品牌都有其潜在消费者，都于其潜在消费者心中独自占据一个处所。时代的变迁，新产品的时来时往，很难改变一个产品已经在消费者心中确立的位置。新产品怎么上市呢，沿用老产品的名称，固然可以省去一部分广告宣传费，但新产品必然和老产品产生内在的联系，这时若其中一个沿用老名称的新产品出了问题，就会波及系列产品，所以这是一种冒险的做法，目前我们国家许多家电产品习惯于用一个品牌，如春兰系列产品，海尔系列产品，这种做法实际是不明智的，会出现一荣具荣，一毁具毁的情况。面对这种情况，可以采用多品牌方法，使产品的品牌与公司的名称分离。美国"宝洁"公司的产品都不用自己公司的名字，它谨慎的给每项产品定位，因而产品在人们的心智中都占有一个适当的位置。如汰渍牌洗衣粉使衣服洁白。喝采牌洗衣粉使衣服"比洁白更白"，勇猛牌洗衣粉洗得衣服"光亮鲜艳"。而棕榄公司在品牌线上，多用公司自己的名字，如棕榄快乐刮刮胡膏、棕榄洗碗精、棕榄皂等。相比之下，"宝洁"拥有较少的品牌，但营业额比"棕榄"多两倍，获利则比"棕榄"多达五倍。

6. "高级俱乐部"策略

当市场的第一、第二、第三等位置都已被占据，市场空位已不复存在，而整个产品类别市场相当广泛时，公司可使用"高级俱乐部"策略，如"全国500家大型企业之一"，"全国综合实力排名前50强"等概念。这种概念对消费者很具有吸引力，"高级俱乐部"成员很容易进入消费者选购的范围。

7. 产品使用者定位

这种方法是明确指出产品的使用者，并借助产品使用者代表进行劝说，吸引目标消费者从而占有市场。如杭州的"娃哈哈"在品牌上突出了消费对象是娃娃，而且广告宣传上又用娃娃进行"现身说法"："喝了娃哈哈吃饭就是香"。还有"乐百氏"用小孩问："今天你喝了没有？"这种作法使消费者感到亲切自然，容易实现厂商与目标消费者的自然沟通，实现定位。

8. 重新为竞争定位

艾·里斯在《广告攻心战略——品牌定位》中，特别谈到了"重新为竞争定位"的问题，他指出，在每类产品都过多过剩的环境中，一个公司怎样才能打通侵入人心的途径呢？根本的办法是重新为竞争定位。这不仅是广告策略，更是一种营销策略。

重新为竞争定位，就是把竞争者在消费者心智中的位置打破，创造一个新的次序，也就是说，把一个旧产品或者旧观念从消费者心中搬出去，然后搬进一个新的产品或观念。

哥白尼说："地球是圆的"。而民众说："不，不对，地球是方的。"为了让民众信服"地球是圆的"，科学家们首先证明地球不是方的。论据是在海上的水手们若发现有船接近他们，最先能看到的是来船的桅杆，继之是船帆，最后才是船身。如果地球是方的，他们应该同时看到整条船才对。旧观念打破，然后，科学家们再艰苦地树立"地球是圆的"这一新观念。由于涉及到新、旧观念的巨大冲突，树立一个新观念常常极为艰难。重新为竞争定位也一样艰难，但厂家为了产品能够站立、发展，必须这样做。

泰利诺（Tylenol）为了进入市场建立品牌，必须打破原有市场的定位，它把目标直接指向市场上镇痛剂强手的阿斯匹林。其广告说："有千百万人是不应当使用阿斯匹林的。如果你容易反胃……或者有溃疡……或者你患有气喘、过敏或因缺乏铁质而贫血，你在使用阿斯匹林前就有必要先向你的医生求教"，"阿斯匹林能侵蚀血壁，引发气喘或过敏反应，并能导致隐蔽性的微量胃肠出血。很幸运有了泰利诺……。"结果，泰利诺止痛药销售起飞了，成了首屈一指的名牌止痛药。

可见，是后起的产品为了在竞争中取胜，寻找竞争对手在定位上的弱点，并以事实向消费者传达这些弱点，引起消费者对竞争对手已有定位的怀疑，从而认同自己的产品比竞争对手的产品优越，迫使对手放弃在消费者心中原有的位置。

这种方法由于是揭竞争对手的不足之处，而这一点恰恰是消费者不曾注意到的问题，一经揭出，很容易使消费者意识到问题的严重性，动摇消费者对它的信任，转而信任挑战者。使挑战者达到预期的效果。这种方法在国外有的允许使用，有的则被认为是不道德的，不允许使用。我国的《广告法》第十二条中明确规定："广告不得贬低其他生产经营者的商品和服务。"也就是说，我国明确规定不得使用比较广告。这里仅作为国外广告的一种情况加以介绍。

9. 比附定位

这种定位方法是借助有名气的竞争对手的声誉来引起消费者对自己的关注、同情和支持，以便在市场竞争中占有一席之地。大多数企业的商品定位都是采用正向定位，即在广告中突出本商品在同类商品中的优越性。而比附定位则反其道而行之，在广告中却突出市场上名气大的商品或企业的优越性，并表示本产品不如它好，甘居第二，并要迎头赶上，这样作主要是想借名气响的商品或企业来证实自己企业的长处，借光彩照人的商品或企业来照亮自己，从而使自己也居于明显的位置。这种作法最成功的范例是美国的艾飞斯（Avis）出租汽车公司。在美国，赫兹（Hertz）出租汽车公司位居第一，"商品位置"牢固，不可正面展开攻势。连续赔了13年，经过反思，艾飞斯把自己的广告定位："在租车业中，艾飞斯不过是第二位，那么为什么还租用我们的车？我们更加努力呀！"艾飞斯不正面与赫兹起冲突，承认自己是第二，从自以后艾飞斯开始有了赢利。第一年赚了120万美元，第二年260万美元，第三年500万美元。艾飞斯之所以能有如此快的发展，赚到这么多的钱，许多行销人员都误解为是这家公司更加努力工作，其实不然，艾飞斯之所以成功是因为他把自己与赫兹公司联系起来了，借名企业之光照亮自己。并且适应了广大消费者同情弱者的自然心理，故意强调自己不如人，达不到第一，甘居第二。结果获得成功，成为仅次于赫兹公司的第二大公司。

汉森计算机公司也采用比附法，汉森的广告语是："汉森仅次于'IBM'"把自己与IBM联系起来，而且语气诚恳、扎实，获得了消费者的好感，取得良好的广告效果。

10. 非可乐策略

这种方法是，从观念上把商品市场加以区分。这是七喜汽水的作法。在七喜汽水未成为名牌汽水之前，美国饮料市场为可口可乐、百事可乐、荣冠可乐三大可乐占据。其中，可口可乐占绝对优势，三家之比为10∶4∶1，市场竞争异常激烈。七喜要打进饮料市场，自知不能与可口可乐抗衡，因为消费者心中已深印可口可乐牌子。口渴时，消费者会不由自主地购买可口可乐，对于许多消费者来说，喝可口可乐已成习惯，它是清凉饮料的代名词。为了打破这种局面，七喜汽水公司制定了非可乐策略，在广告中截然地把饮料区分为可乐型与非可乐型两种，开展了大规模的、有名的非可乐型饮料广告，从而使这种区分在消费者心中生根。七喜汽水成为非可乐饮料市场中首屈一指的名牌饮料。

三、消费者需求定位

1. 以消费者的生活需求定位

消费者的生活习惯是和他们的地域环境，物资资源紧密相关的，川湘之地气候潮湿，人们则多爱吃辣椒，北方盛产小麦，北方人多食面食；南方盛产水稻，南方人爱吃大米。企业家必须留心消费者已经形成的生活习惯，关注促成生活习惯形成的原因，从消费者的根本需求进行定位则会射中消费者的企望而获成功。海尔集团发现，在西南市场上，因洗衣机管道堵塞要求维修的比较多，经了解，原来是那里盛产红薯，一些农村用户图快捷、省事，用洗衣机洗红薯，了解到这一情况，海尔没有责怪用户，他们说："用户永远是对的"。针对用户对洗衣机的这一使用习惯，他们索性研制出一种过滤网，并设计了一种加粗的排水管，专门用在销往西南地区市场的洗衣机上，受到这一地区消费者的热烈欢迎。

2. 根据消费者的生活环境定位

各地的经济发展情况不同，生活水平不同，人们的各方面的需求也就不同，针对上海经济发展较快，白领阶层人数的增加，东方出版中心针对这一情况创办了《大都市》这一精美杂志，由于读者对象明确，内容适合"白领"的需要，杂志一上市就销售一空。

90年代中期,上海居民家里安装空调的越来越多,一度出现电风扇的滞销,是消费者不需要电风扇了吗?一了解,不是,虽有了空调,仍然需要电风扇作为驱热的补充,人们需要搬动灵活,风力柔和的电风扇,了解这一情况,厂家马上组织生产,于是一批模拟自然风的"鸿运"电扇产生,深受上海消费者的欢迎。

另外,在北京很好销的冰箱在上海却不受欢迎,原因之一是上海家庭住宅面积小,二是上海人喜欢精致小巧的家电产品,而北方型冰箱占地面积大,显得笨重。于是海尔集团专门为上海市场设计了一种瘦长型冰箱,于是"小王子"诞生了,立即轰动上海市场。

3. 根据消费者的精神需求定位

当社会物质财富丰富起来,人们的温饱已经解决时,精神生活的需求则上升到重要地位,墨子说:"食必常饱,然后求美;衣必常暖,然后求丽;居必常安,然后求乐"。墨子的原意是要说明发展生产的重要,但它也说明了当人们有吃有穿,得到休息以后,就会追求精神享受。中国虎公司推出的"中国虎"羊绒衬衫的广告考虑,保暖是所有冬令服装的共性,羊毛衫、羽绒服、呢大衣都有保暖功能,羊绒衬衫还用保暖功能进行宣传就很难打动消费者,从保暖性能来看,羊绒衬衫主要特点在于它的轻薄,能满足部分求美消费者既要保暖又要好看的需求,这正是进入消费者心智的切入点,于是"告别臃肿,潇洒过冬"的说辞产生了,它使追求美的俊男靓女怦然心动,经不住诱惑而慷慨解囊。

江苏康博集团的"波司登"羽绒服1997年冬在北京举行的第三届全国名优羽绒制品博展会上,刚一露面就引起轰动,在北京,"波司登"连续三年销量第一,之所以能取得如此成功,是由于"康博"始终以满足消费者需求为发展目标。1997年冬装的设计提高羽绒填充比例,由原来的70%提到80%,同时,根据可能再次出现暖冬的预测,推出部分超薄高含绒量的运动式羽绒服和大摆连衣裙式羽绒服,使波司登羽绒服超越了传统的防寒服概念,变成冬、春、秋三季都可以穿着的时装,适应了消费者防寒求美的需要。这样,波司登品牌羽绒服受到各地的好评,年产量增加一倍以上。

广告定位就是要用各种方法打进消费者心智,在消费者心中稳固地树立起产品或劳务、企业的形象,从而占领广阔的市场。

第六章 广告媒体策略

广告媒体是广告信息和广告创意的物化形象的载体,广告信息和广告创意只有通过媒体才能传递,广告媒体的使用直接关系到信息传播的影响范围和准确程度,也影响到策划创意的广告形象的渲染力,影响力。巧妙地运用媒体,周密地策划媒体策略,这是广告整体运作的一个重要组成部分,媒体策略直接影响到广告的效果,影响广告的成败。

第一节 广告媒体的概念及其基本功能

一、广告媒体的概念

媒体也称媒介,所谓媒体是指传输信息的工具。广告媒体即广告媒介物,凡是能在广告主与广告对象之间起媒体作用的物质技术手段都称为媒体,是用来传导广告主所要发布的经济信息,并引导消费者接收经济信息和激发购买行为。广告媒体是广告主与广告对象之间经济信息传播的物质技术手段,是沟通广告主与消费者的信息桥梁。

广告媒体的范围和种类随着人类社会的发展和科学技术的不断进步而日益扩大和增多。它包括古代的原始媒体,如叫卖声、鼓声、招牌、幌子、烽火等,也包括现代具有高科技水平的媒体,如飞艇广告、激光广告、烟雾广告等。作为广告媒体的物质手段随着经济、社会的发展会越来越多。目前广告媒体已有数百种,常用的有:电视、广播、报纸、杂志、电影、电子显示大屏幕、电动广告牌、扩音机、幻灯、激光、卫星、录像、光导纤维、电话、传真机、通讯网、直邮广告、分发广告、交通用具、画册、样本、列车时刻表、票证、标签、商品目录、说明书、明信片、挂历、橱窗、路牌、服装、霓虹灯、海报、招贴、旗帜、气球、飞机、飞艇、模型、礼品、标志物、人物、包装物、POP（售点）建筑物、运动会、运动服、运动队、展览会等等。

二、广告媒体的基本功能

1. 传达性

广告媒体首先要适时地、准确地传递广告信息，广告者才能根据广告计划来安排广告发布的时间，如实地传导广告内容，使人们能看到，读到或听到。因此，传达性是广告媒体的最基本的功能。

2. 吸引性

广告媒体要接触到一定数量和范围的群众，拥有一定数量的读者或视听者，具有一定的吸引力，能引起人们阅读、收看、收听的兴趣。

3. 适应性

广告媒体应具有机动性、灵活性，以便适应广告者的不同目的要求。比如广告者对广告信息的发播范围、人数多少、地区远近、对象阶层、时间长短、速度快慢等等都有不同要求，对此，广告媒体应具有不同适应性，以便广告者能具体选择应用。

不同的广告媒体应有不同的属性，因而有不同的传达性、吸引性和适应性。如报纸广告能读不能听，但便于记忆和理解，具有保存性；电视广告能看能听，生动活泼，但不便于记忆和存查。因此，广告者要依据实际需要来选用媒体。

三、广告媒体的类型

1. 租用媒体和自用媒体

租用媒体，系其他部门经营的媒体，广告者使用时要支付费用，如报纸、杂志、电视、电台、交通等广告媒体。

自用媒体，是广告者自己设立的广告媒体，如招牌、霓虹灯、商场陈设、橱窗陈设、说明书、传单等等，可以自主使用的媒体。

2. 混合媒体和专用媒体

混合媒体，不是单一刊登广告用的媒体，广告只是这些媒体发布的内容之一。租用媒体多数是混和媒体，如四大媒体：报纸、杂志、广播、电视等。混合媒体具有传播面广、传播迅速、覆盖面宽、拥有广泛的视、听、读者群，具有一定的知名度和可信性，影响力大，但由于媒体传播的内容广泛，对广告的传播有一定的干扰性。这类媒体适合于在大领域里的推销策略作大规模的广告宣传，有助于开拓产品市场，提高产品及企业的知名度。但广告费用比较大。

专用媒体，是只登广告的媒体，多为自用媒体，这类广告能突出广告内容，引人注意，但不存在一个广泛的视、听、读者群，一般不具流动性，因而传播面不如租用媒体，广告对象也不易选择，如路牌、大电子显示屏幕、霓虹灯、飞艇等等。

3．一般媒体和分类媒体

一般媒体是指非专业性媒体。如向全国发行的报纸、杂志、书籍、邮寄品、覆盖面达到全国的电台、电视台等。这类媒体都拥有一批广泛的视、听、读者群，读者不分职业、性别、年龄、没有专业限制，威信高，知名度大的优点。因而此类媒体宜登有广泛使用者的产品或服务类的广告，取其具有普遍性的优点。使用时应注意，此类媒体费用一般偏高。针对性欠佳，但对扩大知名度有一定作用。

分类媒体是一般媒体分离出来的专业性媒体，它的传播内容有特定的对象，如"青年报"主要针对青年读者，"中国妇女"主要为妇女服务，"大都市"针对都市白领阶层，"哲学研究"针对的是哲学工作者和爱好者，在这类媒体上登广告，对象明确，这有利于刊登特定产品或服务的广告，一般都会取得较好的广告效果。

4．长期媒体和暂用媒体、瞬时媒体

长期媒体是指那些具有较长使用时期的媒体，如霓虹灯广告、路牌广告等。还有能伴随产品进入流通或经销售进入用户或最终消费者甚至家庭的媒体。如产品有消费包装、专用运输包装、产品说明书、产品自身上的厂牌和商标、专业性杂志或书刊等。长期性广告媒体一般具有使消费者主动或被动的保留、收藏和使用价值,因而具有相当潜在的极大的重复宣传的功能。这要求此类广告媒体自身的广告设计必须根据产品特征,或注重美观,或注重耐损,或注重实用,或注入其文献般的留存价值,或使其艺术品般的耐人玩味。

暂用性媒体指在一般时期内使用的媒体,如报纸、杂志、传单、橱窗、POP广告等,人们对在短期内广告媒体发布的广告信息有较充裕的时间细细阅读,品味广告内容,增强记忆,同时,由于暂时性广告媒体可以较长地作用于人的视觉,因而在某种程度上可对产品作较详细的介绍和较复杂的说明。

瞬时性媒体是指那些传播广告信息的时间暂短快捷的媒体,如电视、广播、电影等。这类媒体特点决定了信息传播的转瞬即逝,不易记忆,因而在运用这类媒体时首先要力求表现形式上别出心裁,引人注意。其次要注重诉求重点的明确单一,切忌信息繁杂,避免事倍功半。再有,在一段时间内要连续发布广告,做周期性的反复传播才能达到较为理想的广告效果,否则容易前功尽弃,浪费钱财,犯媒体选择失策的错误。

第二节 大众传播媒体

一、报纸

1. 历史与现状

在大众传媒中,报纸发展的历史最为悠久,其对社会大众的影响力量亦最宏大,由于与社会公众关系密切,因而报纸广告的效果也极佳。报纸作为现代社会的主要信息载体,历久不衰,至今仍执大众传播之牛耳。计算机技术和一体化网络的发展,也未能撼动它的王者地位,只是出现了新的形象——电子报纸。

报纸的产生历史悠久,西方报业,德国居首,世界第一张日报诞生于德国。1660年,《莱比锡新闻》创刊,最初为周刊,后改为日报。在德国之后,西方社会各国的日报或地方报相继问世。1666年,《伦敦报》正式开创了报纸广告专栏,极大地扩大了报纸广告的影响。广告内容广泛，有推销茶叶、咖啡、巧克力、房产、成药、拍卖物品、书刊等。美国1704年4月24日在《波士顿新闻通讯》创刊号上，刊登一则向广告商推荐报纸的广告，这是美国第一分刊登广告的报纸。被称为美国广告业之父的本杰明·富兰克林创办了《宾夕法尼亚日报》，在创刊号的第一版上，用艺术手法刊登了一则推销肥皂的广告，富兰克兰作了一个巨大的广告标题，取代了新闻的重要版面，在标题的四周留有相当的空白，十分引人注目，开创了报纸广告应用艺术手法的先例。由于广告的作用，《宾夕法尼亚日报》成为当时发行量最大的报纸。到了现代，报纸上的广告已占有很大的比例，在美国一般报纸以60%的版面刊登广告，美国三大报纸《纽约时报》、《华盛顿邮报》、《洛杉矶时报》的广告版面均占到70%左右，《底特律新闻报》则占到75%。1965年7月17日《纽约时报》有946版，重3.4公斤，创下世纪记录，此份报纸的成本约2美元，但零售价仅85美分，比白纸还便宜，而广告价格之贵却闻名世界。美国新闻界人士深为感叹："广告是报纸的血液。"没有广告报纸难行。在西方社会，报纸媒体成了大多数国家最主要的广告媒体。

我国的报纸历史久远，可以追溯到汉代的《邸报》。邸报只是官方互通消息，后来由于社会对新闻的需要，开始对外发行。《邸报》的内容大多是政令、手谕或一般地方政事等。这种最初的报纸一直发展到唐朝，唐玄宗开元年间中央政府每日都要发布政府公报，当时叫"条报"。从西汉到清邸报始终不脱"公报"的形态。到了近代，中国报刊业迅速发展，19世纪后期，在政治上很有影响的知识分子创办了政论报纸《时务报》、《时务日报》、《清议报》、《政论报》、《京报》、《日闻报》等。从此中国报业有了长足的发展。

1979年改革开放以来，我国也出现了一个蓬勃发展的势头，报纸朝着多层次、多样化的方向发展。据1995年统计，全国已有兼营广告业务的报社2334家，全年广告营业额达64.67亿元，占全国广告经营额的24%。从世界来看，广播、电视的出现使报纸媒体的主导地位受到严峻的挑战，报纸的广告收入已开始低于电视。然而，作为四大媒体之一的报纸媒体，因其自身具备的其他媒体难以代替的优秀属性，目前仍是世界上公认的最主要的广告媒体。根据1997年11月18日《中国经营报》刊登的"城市居民媒体接收状况调查"来看，城市居民业余生活主要内容有42.7%的居民主要是看报纸，仅次于电视。在众多的报纸中最受欢迎的报纸是本市晚报，次受欢迎的报纸是本市日报。《人民日报》由于其特殊的地位和作用，使其成为庄重、严谨、真实、准确、信誉好的最理想的全国性报纸广告媒体。

2．报纸媒体的优势和劣势

①优势

a．传播面广，传播迅速。报纸发行量大、触及面广，有些报纸甚至发行到海外。同时，报纸可以互相传阅，所以看报的实际人数大大超过报纸发行数。再有，报纸一般都有自己的发行网和发行对象，因而投递迅速准确。新闻报道的快速，带动了广告信息的传播速度，保证了广告宣传的时间性。

b．报纸版面大，广告活动空间大，可以刊登全页整版广告。凡是要向消费者作详细介绍的广告，利用报纸广告极为有利，而且可以造成大声势。

c．报纸广告便于查找和保存，无阅读时间限制。

d．有权威性的报纸可增强消费者对其广告内容的信任感。提高广告效果。

e．报纸广告的编排、制作和截稿日期比较灵活，所以对广告的拟定日程、预定计划的自由度比较大，而且对广告的改稿、换稿、投稿都比较方便。

f．报纸费用较低。首先是报纸售价低，人人买得起，阅读面宽。其次是报纸广告费用相对较低，发行量越大，分摊在每张报纸上的广告费用就越低。

g．选择性强。报纸是定期刊物，广告主可以制定相应的媒体实施策略，既可以集中时间发布，也可以周期性均衡发布；既可以发布单则广告，也可以发布系列广告。

h．劝导性能突出。报纸版面由文字构成，文字可以有很强的表现力，可以用多种方案的表现引人注目，又可以用文图并茂的方式刺激人的感官吸引消费者。

②劣势：

a．时效性短，日报一般被保留3天，周刊一般被保留5天，过期的报纸容易被人弃置一旁，所刊登的广告的寿命也就受到影响。

b．报纸广告易被忽略。由于报纸主要是报道新闻，读者经常随意跳读所感兴趣的内容。广告的注目率低，广告效果打了折扣，造成浪费。

c．不能传播商品的动态和声音。缺乏立体感和色泽感。报纸纸张不如杂志的纸张好，因而图象不如杂志广告精美。报纸不能自由用彩色印刷。

d．广告不易突出，在一份报纸上，易受同一份或同一版面其他广告的干扰。

e．不能在短期内刊登大量稿子。

由于报纸有悠久的历史，在人们心中形成它独有的权威性，对国家、对政府的信任转化为对报纸的信任；加之报纸的商业化、广告化不是很严重，因而读者觉得报纸的"污染"相对比较轻，比较"纯洁"；再有，报纸是有形的实实在在，读者既能看在眼里，又能拿在手中，感到心里踏实，信赖感油然而生。报纸的这些特点对商家和企业都是极为有利的。美国悦马石油公司曾购买《华盛顿邮报》的一个版面，经常发表文章。文章不谈公司的产品，而是专门讲公共政策，这样久而久之就在人们心目中树立起一个关心国家和公众利益的良好形象。另外一些优秀的新产品和周到出色的服务，报纸的积极报道，毫无疑问也会起到良好的宣传作用。对报纸的运用要注意其选择性，选择最适合的报刊和刊登时间，达到事半功倍的效果。

二、杂志

杂志广告，作为广告家族中的一员，自有自己的特点和魅力。杂志广告是放在杂志的封面、封底、封二、封三上，也有放在中间的，居于杂志的显赫位置，杂志广告多为彩色画面，很吸引人。一本杂志在手首先映入读者眼帘的是五彩缤纷、赏心悦目的广告画面，人们会一口气把四封的广告看完，再翻阅目录和正文。杂志广告有其他媒体不可比拟的优越性。

1. 杂志广告的优势

①针对性强，读者群相对稳定

杂志种类繁多，从内容上可分为综合性、专业性和生活性杂志，细分又有政治、军事、文化、教育、生活、娱乐等等多种，杂志可按发行地区、出版周期、专业特点、读者年龄、性别、层次等标准进行划分。每种杂志都有相对稳定的读者群，这有利于广告主把握住特定的主要消费者群，使广告能较集中地针对重点诉求对象，产生较高的广告效益。对广告设计者来说，也能较好地针对待定诉求对象的需求心理进行创意设计，增强广告的效力。

②时效长

杂志本身的可读性，使其对读者有长时间的吸引性，阅读时间长，而且重读机会多，好的杂志不光为人借读、传阅，还会长期保存，从而扩大和深化了广告的传播效果。

1990年有一位国外企业家，在他搞经济研究的儿子的书桌上放着一本1985年出版的大陆杂志，从其封面广告上发现了一种生产特殊建筑材料的厂家，引起他购买这种生产特殊建筑材料的兴趣，于是依据广告来到这个企业订货，使这个企业大受其益。这个企业的负责人幽默地说："杂志广告是永久的红娘，闺中若干载，不忘牵红绳。她虽然产生不了电视广告的瞬间的轰动效应，却有扎实的长劲和无穷的后劲"。

③发行区域广，覆盖面宽

杂志多为全国发行，发行量大，而且便于携带，外出公干、旅游带本杂志以解旅途的烦闷是常见的事，这又扩大了杂志的传播面，通过对读者群和发行量的综合评估，其广告预期效力相对易于准确把握，这有利于广告主的选择。

④印刷精美

同报纸相比，杂志用纸质量高，印刷设施条件优良，因而广告制作和印刷质量也远远高于报纸，由于印制精美，产品形象会更加逼真，给读者带来视觉上美的享受，给人真实、信赖之感，形成记忆和印象。

⑤编排突出，版面整洁

杂志广告篇幅小，容量有限，对排版要求较高，版面编排较考究，不象报纸广告那样繁杂，故每则广告都较突出醒目，易于识别和引起注意，同时，杂志广告可利用的篇幅多，广告主和广告设计者，选择性较灵活。此外，广告还可以采用一折、双折、三折、跨页、多页以及跟附于文章后等制作编排方法，从而增大了广告面积和广告量。

2．杂志广告的劣势

①出版周期长

杂志的出版周期大都在一个月以上，因而时效性的广告不宜在杂志上刊登。而且杂志媒体的定稿和截稿时间比较严格，不便对多变的市场行情调整广告策略。

②声势小，影响面窄

杂志广告的针对性强，是优势，同时也带来负效应：影响面窄，易于丧失另一些潜在的消费群。对适用面广的商品或服务，这种负效应更为明显。因此，广告主在选择某种杂志时，应明了自己的广告目标，并充分地了解该杂志的读者情况，以免错选杂志而造成广告投资的浪费。

三、广播

广播是四大传播媒体之一，它是一种声音媒体，是广告主经常选用的一种传播媒体，它通过无线电系统，把广告信息变成各种声音，如语言、音乐、音响、实况等，传送给听众。

广播广告在本世纪20年代诞生于美国，很快在世界各国发展起来，我国最早的广播广告于1926年在上海开始播出。二战以前，电讯媒体以广播电台为主。二战以后，电视出现，广播作为电讯媒体的主体地位被取代，但广播以其不可替代的独特功能，依然跻身于四大媒体之列。特别是60年代中期又出现了半导体收音机，而后又出现立体声收录两用机，汽车内收音机，广播从此不再受时空和地域的限制，成为最方便和普及性极强的传播媒体。据调查，城市居民仍习惯于收听早新闻，新闻节目的各地经常收听率都在40％以上，其中东部大城市经常收听率高达51.9％。还有相当一部分人不仅听新闻，还收听天气预报、歌曲、综艺节目等。我国目前拥有300多座广播电台，共500多发射台和转播台，其中中央台的第一、第二套综合性节目面向全国，覆盖面达全国收听地区的90％以上。

广播广告采用电声音频技术，按时传播声音节目，专门诉诸听众的听觉器官，由此派生出如下的广播广告特点：

1. 优势

①传播迅速

利用电波传播信息，每秒钟行程30万公里。另外，口播的特点使信息的传播程序简化，它以播音员的陈述为主，收到信息，即写即播，完成最快，适宜发布时效性极强的广告。

②传播范围广，受众广泛

从空间上看，不论城市、还是农村，不论陆地、还是海洋，室内还是室外，只要是电波所及的地方，都能收到信息，覆盖面大于电视。

从时间上看，广播是全天候式地播出，早、中、晚都有，能适应听众的各种作息时间。

从受众来看，不论男女老幼，不问行业职别，不分文化程度高低，也不管休闲或劳作与否，凡是听力正常的人都可以收听广播广告。盲人和开车司机与电视无缘，但他们都可以与广播广告为伴。

③用费低廉，制作简单

广播广告同其它媒体广告相比，广告制作简便、投入的人力少、耗费低，不需场景和道具，能节省大量的资金，同时，广播广告单位播放时间内的信息容量大，收费标准比较低，一般企业都能承受，是一种经济实惠的媒体广告。

④亲切感人

广播广告是声音的艺术,声音本身就带有很强的感情色彩,人的喜、怒、哀、乐都能通过声音表达出来,而语言则是人的情感的集中表现。语言的说词能弥补无视形象的缺陷。运用语言,通过绘声绘色的描述,可以造成由听到视的联觉,从而达到创造视觉形象的作用。

在广播广告中,伴随人的声音(语言)的是音响。音响可以增强广告的逼真性和可信度。音响对广播广告有着更重要的作用,直接关系到广播广告的成功与失败。既有娓娓动听的话语起主导作用,又有真实可信的音响陪衬,二者完美的结合,更能给人以亲切动听的感觉。它的现场感受极强。

2. 劣势

①有声无形

无法使听众看到商品,形象诉求力差,易让人感到空洞,特别是外观极为重要的商品,如服装、家具等,没有形象的诉求,不易使消费者产生立即购买的冲动。

②转瞬即逝

大部分广播广告都时间很短,吐字较快,未等听清或领会便很快过去。不易记忆,必须作大量广告才能有印象。

③不易查存

由于广播广告只有语言形象,没有具体图象和文字出现,广播里某些不易记忆的内容,如电话号码、地址等,当时若没听清,过后则很难查找。

在广播广告中要注意,电视是家庭媒体,广播则一般是针对单个收听者的,它是个人媒体。为此,广播必须不断重复以确保记忆。为了加深印象,使人听过不忘,必须有新奇别致的音响效果。

四、电视

1. 电视广告的历史与现状

四大媒体中电视的发展历史最短。1936年11月2日英国出现了世界上最早的电视台,标志着世界电视事业发展的新阶段,几十年间,电视事业迅速发展,尤其在50年代美国发明了彩色电视以后,这种集声音、画面和音乐于一体的传播媒介显示出极大的优越性,在以后的广告业中一跃成为最大的广告媒介之一。在美国电视广告成为美国广告活动中最重要的一部分,它几乎进到了美国每一个家庭,美国广播公司(ABC)、全国广播公司(NBC)、哥伦比亚广播公司(CBS)三大广播电视网,控制着全国的广播电视网络,大量的电视广告每天从早到晚充斥在各种节目中。一般地说,电视节目每隔10分钟,就会被2分钟左右的广告打断。

电视媒体在中国的发展历史相对更短。1958年才在北京创办了中国第一座电视台,然而发展亦是非常迅速,1973年开始试播彩色电视至今,电视观众的人数及收视率均居世界首位。我国从1979年2月开始播出电视广告,现在电视广告的营业额已上升到所有广告媒体之首。中央电视台是全国最大的国家电视台,第一套节目覆盖面积达87%,第二套节目覆盖面积达78%。

电视作为一种大众传播媒体,如今已在世界绝大多数国家普及。电视作为传播广告的首要媒体,同样具有独特的优势和劣势。

2. 电视广告的优势

①传播面广,影响巨大

由于电视的普及,加之我国多为阖家看一台电视,有利于全家一起讨论广告商品,发表见解,促成购买。1996年12月至1997年1月,国家统计局所属北京美兰德信息公司在全国30个省的71个城市对15600户居民就媒体接触特点进行了入户调查。本次调查显示,除了生存所必须的活动外,媒体接收是广大城市居民业余生活中最主要的活动内容。其中83.5%的被访问者选择"收看电视",提及率居第一位。平均收视时间为2小时8分钟,占城市居民余业文体、娱乐、学习、阅读总时间的80%。❶

②声形兼备

电视既能听又能看,观众可以看到具有表情、动作变化的动

---

❶ 《中国经营报》 1997年11月18日 第12版。

态画面，生动活泼，别开生面。电视可以展示实物，也可以进行文字说明，还可以作实用演示，介绍使用方法，宣传使用效果，并利用各种艺术手段作辅助，更有利于人们对产品的了解，尤其在突出商品诉求重点方面，是任何其他媒体难以匹敌的。

③威望高

我国的电视台，特别是中央电视台在人民群众中享有很高的声望。电视所传播的广告信息总是得到大多数人的信任。

④能达到不打算收看广告者

电视广告一般都是插在各类电视节目中播出，如新闻、天气预报、电视剧、各类专栏等，人们看电视会不由自主的看各类插播广告，获得新的商品和劳务信息。满足消费者的需要，达到商家和企业推销产品的目的。

⑤能有效的利用演员和名人推销

电视广告适合于聘请各类艺术演员和名人参与广告片的拍摄，一方面，演员有很好的表演能力，有很强的感染力，艺术的表演和艺术的夸张，都较容易取得消费者的认同，获得消费者的好感，形成较大的感召力，从而加深记忆和促成购买行动。名人在社会有很强的影响力，广告请名人可以增强说服力，人们出于对名人的信任，转而信任商品或厂家，会毫不怀疑地去购买有关的商品，这是其他媒体很难做到的。

3. 劣势

①制作费用高

首先，电视广告的制作费用高，演员、编导、道具、场景安排等都要大笔的花销。再有，电视媒体的租用费昂贵、电视媒体的租用费是以时间的长短和次数来计算的，每秒钟的时间都值千金，这使得电视广告在播放次数和对内容的详细解释上都受到了限制，不能曲尽人意。

②视听者不稳定

随着电视频道的不断增加，广告作得不精彩，观众就会转换频道，尤其在遥控电视普及的情况下，换频道已不费举手之劳，因而电视广告的收视率会大大低于看电视的收视率。

③播出的时间限制较多

电视台的广告时间有限,由于黄金时间更是紧张,供不应求,企业不能随心所欲的要求播出的时间,播出时间不能满足,消费者的针对性也就很难保证,甚至难以弄清视听者的属性。

④不能传递较多的信息

播出时间限制比较大,企业不能在几秒钟的有限时间内把与商品或劳务有关的内容都播出,只能播出最具特色的部分,消费者对商品或劳务作进一步的了解有一定难度。

第三节 其他广告媒体

随着科学技术的发展,出现了种类繁多的广告媒体。

一、户外广告

户外广告是设在户外,使行人了解商品名称和企业名称的广告物。

户外广告是都市的门面,对于现代城市人来说,最多的城市景观是广告。户外广告成为一个城市经济发达与否的外在表现,当地的广告主无不想在人群密集的地方,繁华的街道设立户外广告,因而闹市区就成为户外广告集中的地方,争奇斗艳,充分显示自己,给都市增添了无数耀眼靓丽的景观。户外广告包括招贴广告牌、涂饰、霓虹灯等,它有如下特点:

1. 位置优越,醒目诱人

户外广告是一种地区性、城市化的广告媒体,多设立在繁华闹市,日夜不停地向行人传播广告信息,由于其多集中于商业网点,因而广告宣传易与购买行为相结合,在可见的距离内吸引人们的注意,使人们在短时间内理解广告内容并有效地记忆。

2. 保留时间长,效率长

户外广告的设置时间长,尽管户外广告的观者远不如报纸多,但因其留存时间长、位置固定以及人口的大量流动,因此长期的效率甚至会超过报纸。

3. 无法详细,不能产生即时效应

户外广告是使过往行人有意无意地观看，从而在不知不觉中对企业和品牌产生印象，但由于户外广告所处的特殊环境和自身条件的限制使它们不易为观者提供仔细浏览的机会，户外广告力求简单明了的表现手法，使其传递的信息有限，说服力较差，不能产生即时的促销作用。

4. 限制条件较多

户外广告的设置有较严格的法规和规定的限制，要通过有关部门的批准方可设置。另外，户外广告还涉及到广告所在地段或建筑物的所有权或使用权的问题，在实际操作过程中对这一系列问题都要妥善处理。

二、POP广告

POP广告全称：Point Of Purchase Advertising，即"售点广告"，又称"店头广告"。POP广告是促销活动的关键一环，国外更有人把它称作五大媒体之一。

1. POP广告的种类

POP广告是在商品进行销售和购买活动的场所所做的广告，属销售现场媒体广告。人们的许多购买行为是由POP广告的引导发生的，因而POP广告又是系列广告的终极。

POP广告是在销售现场作的，现场媒体是一种综合性的媒体形式，从内容上可分为室内和室外两种：

①销售现场的室内媒体。主要是货架陈列广告、柜台广告、模特儿广告、四周墙上广告、圆柱广告、空中悬挂广告等。

②销售现场的室外媒体。销售现场如商店、百货公司、超级市场、门前和周围环境的一切广告形式。如广告牌、灯箱、霓虹灯、电子显示广告牌、招贴画、商店招牌、门联、门面装饰、橱窗等。在美、日等发达国家，销售现场的室外广告更多地运用了电子广告来吸引消费者的注意力。每当夜幕降临，电子广告五光十色，对消费者具有相当大的诱导作用。一项调查表明，购物者计划购买的商品，只占全部销售额的28%，而在销售现场由潜在的购买意识转成购买行动则占全部销售额的72%。

2. POP广告的特点

①基本上都是自用媒体,因而广告没有时间限制,持续功效强。

②提醒消费者认牌购买。消费者来到商店直接面对诸种商品,如何选购,POP广告就象一个忠于职守,坚持不懈的无声推销员,促使人们认牌购买。

③POP广告对某些产品的特殊表现形式和真实度是其他媒体难以比拟的。当消费者真切地看到眼前的产品时,加上周围的购买环境和购买气氛,完全有可能改变原来的购物计划和购物习惯,而决定立即购买。

④简单易懂。实物的陈列一目了解,花色品种、款式特征、不同品牌的不同风格一一展现在公众面前,人们马上可以进行比较,这对产品差异性不大的商品来说尤为重要。而且这种简单易懂的比较适合于各阶层的人士。

⑤加强对商店差异化的认识。对商店来说,POP广告就是它的"脸面",能够引起消费者对商店差异化的认识,使消费者认店购买。

⑥美化环境,令人赏心悦目。POP广告的环境布置或铺张豪华,或烘托名贵,或浓重的文化氛围,或舒适典雅,形成都市的景观之一。

3.POP广告应注意

①统一和谐。商店与厂家协调一致,POP广告虽是在商店作广告,但要使广告与商店气氛及商品的其他形式的广告相统一。其次,室内和室外的广告分布和布置要保持平衡一致,室外广告要简洁醒目,诉求重点突出,有特色,室内广告要细致、稳重、直率。创造一个内外一致,统一和谐的购物气氛。

②层次分明,重点突出。焦点广告虽是"寸土必争"之地,但也不能到处充斥着POP广告,广告要适量,有层次,要考虑到销售场地的大小,商品的性质、顾客的物质需求、心理需求,有的放矢地表现最能打动顾客的广告内容。

③保持常新、精美。POP广告并非商店的节目点缀,越热闹越好,而是商店的一部分,要突出商店的形象,要经常清洗或换

新,保持精致美观。

三、DM——直邮广告

DM 是英文 Direct Mail 的缩写,是直接邮寄的意识。消费者收到邮局送来的印刷精美的折页、样本、贺卡、购物优惠卡等,其内容是关于旅游、餐馆、饭店、航空、超市等方面的广告宣传品,这就是 DM——直接邮寄广告。

邮寄广告分为一次性邮寄和数次性邮寄两类,这主要是根据邮寄的目的和产品(服务)的性质而定。

1. DM——直邮广告的功能

①针对性强。根据预算选择诉求对象。如打入中国的国外服装商,就把牡丹卡的持有者作为邮寄广告对象。

②收件人有种被人尊重的优越感,具有"私交"的性质,又可产生亲切感。

③反馈信息快而准确,极易掌握成交情况,有利于产品广告策略的制定和修改。

④在同类商品的竞争中,不易被对手察觉。

⑤形式灵活,不受篇幅限制,内容可自由掌握。

2. 邮寄广告需注意的事项

①消除接收者的戒心。针对性强,推销产品的功利性就非常明显,接收者往往会产生戒心,因而广告词要写得诚恳、亲切,推销手段要灵活,给消费者提供全面服务,如保退保换而且不问理由,货款收到立即发货等。

②邮寄可先在小范围内进行,有了反馈信息后再做决定。

四、交通广告

交通广告就是运用交通工具火车、汽车、电车、地铁、客轮、客机等及车站、码头、港口等的建筑物,交通要道口上宣传设制的广告。

交通广告可分为车内广告、车外广告、车站广告等三种。车内广告费用比较低廉,阅读时间相对较长,可做旅游和购物指南类的广告。车外广告大都在公共汽车和出租轿车上。公共汽车的两侧和车后都可做广告,车后面积虽小,但从行人视觉习惯上来说，比两侧广告的视觉停留时间长些。出租车外广告，大都做在轿车顶盖上，在夜时，灯箱照明，颇为醒目。车站、码头的广告与户外广告基本相似。

交通广告流动性大，接触的人多，广告的对象分布广泛，阅读时间长，费用低廉，适合各类不同企业的要求。

五、包装广告

包装广告是与商品最贴进的广告。随着超市的发展，包装广告，特别是日用消费品的包装广告越来越被人重视。

包装广告与其他广告相比有很显著的特点：

1. 与商品紧密结合。优质产品用优质包装，更可产生双重印证的效果，形成良性循环。

2. 增强购买。良好、醒目的包装刺激人的购买欲，消费者在购物时对外包装的花色，图案是很专注的，尤其对内包装的无毒，清洁有更高的要求。

3. 包装是无声的推销员。有些特殊商品，如男士专用品、女士的专用品。或有些商品根本不适宜，也不能做广告的就依靠商品的包装来刺激消费者。

4. 可以重复使用。商品的一些外包装在商品用完之后还可移做他用。尤其是一些硬包装用料考究，有很好的审美价值，可以为消费者长期保存。

5. 识别作用。商品的外包装一般是固定的，如色彩的固定、外型的固定，这有利于消费者对商品的记忆，培养消费者的购买习惯。

六、招贴广告

凡是在街头指定的广告牌上或在销售地点及其他公共场所张贴的印刷广告、海报等都可称为招贴广告。招贴广告历史悠久，至今仍有其他广告媒体无法代替的优点。招贴广告大都以图画为主，设计精美，有很强的视觉冲击力，给人以美的享受和美的熏陶。另外，招贴广告张贴方便，启动灵活，可在短时间内造成很大的冲击力。

七、充气放大模拟广告

这是一种全新的广告形式。它用坚韧的尼龙或维尼龙布合成,质牢体轻,装拆运送方便,且备有自动充气装置。充气成型后,该装置会为模拟品不断进行补气,以保持形状。

充气模拟广告种类繁多。有人物、动物、产品、包装器物、招牌、卡通等。

充气媒体的特点:大而逼真,视觉效果极好;搬动、拆装方便,活动性强;水、陆、空皆可使用,适应性强;深受儿童喜爱,尤其是人物和动物模型夸张风趣,使人产生童话般的幻觉,这是一种游乐性质的广告媒体,适合作儿童用品、饮料和旅游广告。

八、空中广告

通过空中媒体传播可视性广告信息。

1. 气球广告,将大幅广告标语或广告画幅,用特制的大型气球升入高空,达到一定高度用绳索固定在地面上,制作简便,气氛热烈,适用于展览馆、体育场、广场、大型的户外活动。

2. 飞艇广告。从气球广告发展而来,可以游动,体型庞大,能收到大区域的注视效果。

3. 空中吊篮广告。用热空气产生动力,带动巨型球伞升空。伞下垂吊巨型产品模型。广告效果与飞艇相同。

4. 飞机广告。飞机在高空飞行,尾部喷出各色化学烟雾形成文字或图案,新奇别致,造成令人惊叹的效果和万众瞩目的景观。

5. 激光广告。利用电脑程序设计,将地面激光射向天上的云层,利用云层的反射,打出文字图案,仿佛是天上的霓虹灯。

空中广告注目范围广大,效果强烈,印象深刻。缺陷是受天时地利的影响,广告效应的重复性差,出现频率不能固定,费用昂贵,不易普及。

九、名人广告

请社会名人作广告,如著名的企业家、体育名星、著名的文艺工作者等。

如克莱斯勒公司请原克莱斯勒汽车公司董事长李·艾柯卡为

克莱斯勒公司作广告,从1981年起,在7年的时间里共拍摄了46部广告片,深受消费者的喜爱,极大地推动了克莱斯勒汽车的销售。请社会名流作广告,不能强人所难,要维护社会名流的形象。

又如体育明星。请体育明星作广告,实质是借助明星展示品牌,是以体育名星的身体为广告媒体,由于暴露频次和清晰度不一样,不同位置的费用也不同,广告效果也不同。如八运会的获奖运动员,上台领奖都穿"李宁牌"运动装,辽宁中长跑运动员的黑色运动服上都有一个耐克的标志。阿迪达斯公司与网球巨星伦德尔于1986年签订合同,在10年内参加所有比赛均使用阿迪达斯公司的产品,穿阿迪达斯公司提供的全套服装,拿着阿迪达斯特制的球拍。观众在注意运动比赛的同时也就看到了广告,起到了宣传效果。缺陷是体育明星广告是依赖于观众的无意的注意,而激烈的比赛,往往使人忽略了广告的存在,或者即使注意到了广告,也很快被比赛激起的热情、兴奋和冲动所抑制冲淡,甚至遗忘,因此在做体育明星广告时,应考虑到这些影响。

文艺演员能对文艺爱好者产生巨大的权威效应和模仿效应,尤其是对一些"追星族"来说,影响更大。明星广告说服力来自消费者对明星的崇拜或喜爱,但消费者若发现广告内容与事实不符,这对明星和商品来说都是一个惨剧。如美国超级歌星迈克尔·杰克逊是百事可乐广告中年轻一代的象征,却被人发现迈克尔·杰克逊根本不喝汽水,引起一场轩然大波。文艺演员广告会出现"记住了明星,忘记了商品"。的副作用。要避免这种情况的出现,就要加强对商品的诉求,尽量突出商品形象,明确商品的广告表述,不能让明星主宰广告的视觉中心。明星的表演要适度,不能冲淡消费者对商品的印象,在广告宣传中要明确明星是配角,商品是主角。

广告媒体的种类繁多,范围广泛,凡是能起到传播作用的都可以成为广告媒体。在选择广告媒体时,要深刻理解各种媒体的特性,以求达到最完美最适当的广告形式。

第四节　广告媒体的选择策略

一、选择的必要性

1. 商品和市场的特点决定媒体的选择

商品的种类繁多，同质商品日益增多，市场的繁荣、丰富，某一商品要进入市场，为消费者接受，站稳脚跟进而继续发展都必须做广告，进行大量的宣传，这需要选择适合该商品和市场发展的媒体作广告。选择什么媒体是由商品的特点和市场的状况决定的。

2. 媒体种类的繁多，不同的宣传手段决定媒体的不同选择

为充分发挥广告的效果，必须认真研究各类媒体的作用和特点，科学系统地做好优化选择。随着科学技术手段的发展，市场的复杂多变，人们活动内容的丰富和接触的广泛，媒体的类型、形式、种类日益繁多，广告主所要进行的劝说方式也更复杂，因此，广告媒体的选择，不能再凭经验进行，必须对媒体进行一系列的研究和分析，对媒体的特点进行充分地了解，找出适合广告主的企业广告目标要求的媒体，使得广告信息通过这一媒体渠道，可以传递到广告主的目标市场、目标消费者和用户那里。

3. 广告运动的要求

媒体的选择要符合广告运动的要求，使广告的宣传更具有针对性，为此要对商品的质量、包装、价格、商标、流通等推销条件进行市场调查分析。掌握商品特性和消费者需求后制定广告媒体策略，选择适宜的媒体。如日本电通公司为了在日本推销中国绍兴酒，派人专程到中国绍兴酒厂进行实地访问，又在日本多次召开消费者座谈会，通过调查得知，日本30岁至50岁的男人最喜欢喝绍兴酒，而中国的桂花陈酿酒最受20岁至30岁的日本妇女欢迎。据此调查他们选择了适当的电视、报纸、杂志媒体作广告宣传，使绍兴酒的销量大增。

广告媒体的选择必须符合商品的特点，依据广告运动的规律，确定广告信息与消费者接触的方式，实现最低投入，达到最

佳的广告信息传播。这就要对媒体本身进行全面的调查分析。

二、广告媒体的重要评价指标

1. 权威性

这是衡量广告媒体本身带给广告的影响力大大的指标。广告媒体的权威性是指媒体本身对广告受众的影响力。如一块大的广告牌比一块小的广告牌影响力大；黄金时间播出的广告比平时播出的广告影响力大；知名度高、受各界人士重视的杂志比一般的娱乐性杂志权威性高。此外，权威性的衡量也是相对的，对某一类广告主来讲是权威性高的媒体，对另一类广告主来讲权威性可能并不高。衡量标准主要看媒体的受众情况。对媒体的受众来说，符合目标消费者要求的媒体具有权威性；对于非目标消费者来说，则不具有权威性。《哲学研究》上刊登的广告对哲学工作者来说则具有权威性，而对于其他消费者来说则不具有权威性。再有覆盖面宽的媒体，权威性亦高。一般来说，受众面广，权威性越高的媒体，收费标准越高，如中央电视台的广告收费标准远远超过地方电视台，全国性的大报比各省市的报纸广告收费要高。

2. 覆盖率

任何一种广告媒体都将在一定的地区范围内发挥影响，超出这一地域范围，影响将明显地减少甚至消失。广告媒体的主要发生影响的地域范围，叫做这一媒介的覆盖域。

广告主或者广告公司在选择媒介时，首先要考虑的就是这一媒介的覆盖域有多大，在什么位置。因为广告媒体的覆盖域直接关系到营销计划所针对的目标市场，广告媒体的覆盖域与目标市场正好吻合，这可以使产品销售对象接收到广告信息，达到促销的目的，这是最理想的选择。广告媒体的覆盖域与目标市场完全不一致，这是媒体选择上的最大失误；覆盖域大于目标市场，则会造成浪费；覆盖域小于目标市场则会造成不足，还要采用其他的广告媒体或广告手段加以配合，这实际上也是一种浪费。

3. 到达率

一则广告在一具体媒体上推出后，只能有一部分受众接收到。到达率就是用来衡量某一特定媒体广告受讯群体占群体总额的百分率。到达率的计算有两个特点：一是到达人数不可重复计算，一个人可能多次接触到同一广告，但是也只能算做一个到达者，而不是多个到达者；其二是到达率是对覆盖域中所有人数而言的，并非只对有可能接受到广告媒体的人数而言。所以到达率并不能准确表征，在某种具体媒介上推出的广告，到底有多少受众能接收到该广告信息。但这一指标反映了广告媒体经过一段时间后，最终可能触及到多少人的这一重要特点。

4. 毛感点

各项广告推出后触及广告人数占总人数比例之和。这一指标表征的是广告在媒体上所能达到的总效果。对于使用多种媒体进行广告的，可采用此指标去衡量其总数效果。

如在某电视上推出的广告，两次各获得 20% 的接收比例，在电台广播节目上推出此广告，三次分别获得 15% 的总接收比例，于是这则广告的毛感点是：

$$2 \times 20\% + 3 \times 15\% = 0.85$$

毛感点虽是一个百分比的形式，但经过累加后可以超过 1 的数字。毛感点可以明确说明每则广告的效果，又可以将不同广告的效果以及同一广告的不同推出效果加起来，也就是说，毛感点是可以重复记数的，一个人接收到同一广告 10 次，这 10 次接收效果都应列入毛感点的计算当中。毛感点能比较清楚地反映出在某媒体上推出广告的总效果，所以是一个很有价值的评价指标。

5. 重复率

用来测定每一个接收到广告信息的人平均可以重复接收此广告的次数。其计算公式为：

$$重复率 = \frac{毛感点}{到达率}$$

重复率的测定，一是细分媒介效果，研究广告产生影响的可能性；二是借此研究媒介的使用方法，制订广告推出时间，安排能使系列广告获得最佳效果的综合方案。

6. 效益

这是选用何种媒体的一个重要的经济指标。经济指标的量度是以广告目标的实现为出发点，比较购买某一媒体的时间、空间所花的费用。

媒体成本不是单看媒体费用的绝对值，而是与覆盖面及听众、观众的数量联系起来考查。比如广告若在印刷媒介报纸上发布广告，首先应考虑报纸的发行量，发行量大、覆盖域大，平均到达目标消费者身上所花费的广告费相对就少。按成本原则选择媒体，通常最简捷的办法是"千人成本法"，也称为 C.P.M 法，公式为：

$$C.P.M = \frac{广告费}{受众人数} \times 1000$$

例如，甲、乙两份性质类同的杂志，对同一广告，收费不同分别为5万元和3万元，前者发行量为1000万，后者为500万。

计算如下：

$$甲：C、P、M = \frac{50,000}{10,000,000} \times 1,000 = 5（元）$$

$$乙：C、P、M = \frac{30,000}{5,000,000} \times 1,000 = 6（元）$$

结论：甲、乙千人成本分别为5元和6元。显然，成本绝对值小的甲可作优先选择。

C.P.M法是反映媒体费用与覆盖域及受众间比例关系的较好方法。利用该法可以比较四大媒体的经济效益。为媒体的选择提供依据。

三、广告媒体的综合运用

广告媒体种类繁多，各种媒体的作用和效果各不相同，媒体的综合运用就是指在同一广告计划中使用两种或两种以上不同的媒体，从而达到单一媒体无法达到或不易达到的效果。

1. 全面利用

全面利用各种媒体的特性，以不同的表现手法去实现共同的广告目标。也就是对广告媒体进行良好的协调使总体效用大于个体效用之和。这实际上是在更深层次上全面利用各种媒体的特性，通过不同方面的努力达到最佳广告效果。

如柯尼卡品牌的形成过程就是对媒体综合利用的结果。生产柯尼卡产品的公司原名"小西六照像工业股份有限公司",它有众多的品牌分布于不同产品,如"樱花"彩色胶卷,"优美"复印机等。为树立企业形象,扩大产品和品牌的知名度,该公司采用如下做法:品牌整合,1987年夏,"小西六"更名为"柯尼卡","樱花"、"优美"等品牌停产;运用POP广告,在日本许多零售店前设立人形POP广告,把樱花彩色胶卷更名为柯尼卡的消息告诉大众;在大众传媒上大作广告;利用空中广告,斥巨资在空中施放一艘飞艇,在其腹部书写"Konika"大字。使促消费者认知品牌后迅速产生购买行动;赠送产品扩大影响,柯尼卡公司还向东京、大阪等众多大城市赠送彩色胶卷,即有街头赠送,又有家庭派送。从此,柯尼卡成为照像机、彩色胶卷、吊像带、复印机等多种产品的统一品牌,知名度大增。

2. 分步推进

利用广告宣传的不同时机,运用不同的媒体组合,在第一种媒体达到最佳效果之后,再以较便宜的价格运用其他媒体达到进一步的效果,充分利用不同媒体所固有的特点,创作诉求重点和表现手法不一样的广告,达到最佳的广告效果。比如野马汽车的宣传攻势。

1964年,福特汽车公司的新产品——"野马"轿车在一年内销出36万部,创下了美国汽车史上的奇迹。野马汽车的成功,是与汤姆逊广告公司作的一套分步推进的媒体组合广告系列活动,形成的强大宣传攻势分不开:

第一步,利用媒体进行宣传,取得轰动效应。邀请各大报纸的编辑到迪尔伯恩,借给他们每人一辆野马车参加从纽约到迪尔伯恩的野马车赛,同时邀请100名记者作现场采访。这次活动被数百家报纸杂志作了报道,实现以告知为目的的广告宣传效果。

第二步,提高产品知名度。野马车上市前一天,在2600家报纸上刊登整版广告。画面是奔驰中的白色野马车,主题是"真想不到",副题是"售价2368美元"。这次以提高产品知名度为主的广告攻势,为扩大市场占有率打下了基础。

第三步，扩大宣传，进一步提高知名度。野马上市后，在各大电视网播放广告。其内容是一个渴望成为赛车手或喷气机驾驶员的年轻人正驾驶野马车飞驰。通过大众传媒的传播，野马车的知名度进一步提高，几乎达到了家喻户晓的程度。

第四步，竖立广告牌，唤起注意，保持影响。选择最显眼的停车场竖立巨大的广告牌，上写"野马栏"，唤起消费者的注意，提醒他们去买野马汽车。

第五步，炒热野马车。在全美最繁忙的15个空港和200家假日饭店展览野马车，以实物激发消费者的购买欲望，使野马车"热上加热"。

第六步，宣传售后服务，直接促销。向几百万小汽车车主寄送宣传品，表示公司竭诚服务的决心，达到直接促销的目的。随着强大的宣传攻势的展开和推进，野马车迅速轰动全国，风行一时。

野马车的成功广告，说明分步推进的媒体组合广告活动应当有层次地展开，并且保证组合的时间选择，一是广告媒体的选择要与产品的推出相协调；二是各媒体在时间上要互相吻合，宣传攻势的展开错落有致，此起彼伏，连绵不断。

3. 同步出击

同步出击的媒体组合并不是指在同一时刻推出众多媒体展开宣传攻势，而是指在较短的时段内集中多种媒体进行广告宣传。具有如下特点：

①规模大、风险大

同步出击的媒体组合是一次广告活动，其规模大，动用的广告媒体较多，是在同一个时间段内各类广告媒体同时进行宣传活动，形成"地毯式轰炸"效应。由于规模大、动用的广告媒体多，无论是策划、组织、实施都很复杂，加之时间紧促，难以根据反馈修正计划，因此，运用同步出击的媒体组合风险性相对较大。由此同步出击媒体组合需要有详细的计划、高效力行的组织、充分完善的准备和默契协调的配合。不仅要有媒体之间、活动之间的配合，还要有生产和宣传、企业和广告公司的配合。否则，便会造成生产能力跟不上或无法提供足够实物广告等困境。如"英菲尼蒂"轿车广告拍得很好，有田野中金黄的稻草堆和清波涟涟的池塘，镜头的感染力很强，很引人注意，甚至广告停播一年之后，人们对它仍有较深的印象，然而，广告播出数月后，居然没有展示一辆新车，消费者欲购无门，优美的广告没有发挥作用，无疑是巨大的浪费。

②效果大但需要后继力支撑

在短时间内动用各种媒体同时出击，形成高密度的、集中的宣传攻势，极有效地促成人们的冲动性购买，掀起不小的购买热潮，使销售量急剧上升。但是，这股热潮也容易消散，因此在同步出击的媒体组合运用之后，需要做适当的后续性工作，以维持一定的销售量，否则，将对企业造成极大的冲击。

③适合于生活常用品的广告

同步出击的媒体组合适合于常用品的广告，不适合于高档品。高档品的购买较少有冲动性的发生，一般都是决策时间长，理性考虑多，因此，需要一种持续的诉求，而这是同步出击的媒体组合难以达到的。但是对于非高档生活常用品，购买不需要长期准备和策划，在广告宣传热潮的冲击下，较容易形成购买热潮，这对于开拓生活常用品市场极为有力，虽然在短时间内广告投入量大、成本较高，但见效很快，效果极佳。

④主次分明

企业在进行广告宣传时可运用多种媒体类型，但应有主次之分，即以主要媒体、重点媒体寻求突破或立足点，然后逐步扩展广告媒体，辅助主要媒体加大宣传力度。

每个企业应有适合自己产品与企业的"拳头"广告媒体。如百威啤酒的主要广告对象是25岁至35岁的男性，为有效地达到这部分消费者，百威把媒体重点放在杂志上，专攻年轻人市场，并推出特别精致的充满激情的海报加以配合。广告竭力强化品牌的知名度，突出表现美国最佳啤酒的高品质。它利用杂志和海报的精美印刷，将百威啤酒融于北美的壮观气氛中，辽阔的大地、翻腾的海洋和浩淼的荒漠，给观众以奇特撼人的视觉效果，引发内心的激情，令人回味无穷。百威利用杂志和海报广告在日本市场站住之后，逐渐扩大媒体，开始更多地运用报纸、电视等，从而确立了以杂志为核心的媒体组合。

分清主次的媒体组合不仅被应用在单个产品和品牌的宣传中，而且许多企业已形成了适合自己产品的特定的"拳头媒体"。生产日用品、化妆品的宝洁公司的消费对象是个人和家庭，因此，电视和妇女杂志便成为该公司的主要媒体。

随着市场的变化，现代科技的发展，媒体组合的主次关系，并不是一成不变的，如电视的出现取代了报纸、杂志的主导地位，而如今计算机网络的发展，信息通道在全球范围内的形成，也可能迅速改变广告媒体组合的主次关系。再有，企业目标的变化，广告商品的不同，商品生命周期的不同，也会改变媒体组合主次关系。

第七章 广告创意与设计

广告创意与设计是广告整体活动中的重要环节。广告创意是广告的灵魂和生命；而广告设计则是把广告创意具体化、形象化的表现手段。二者直接关系到广告的成功与否，是广告学研究的重点内容之一。

第一节 广告创意

一、广告创意的内涵

美国广告大师大卫·奥格威说："要吸引消费者的注意，同时让他们来买你的产品，非要有很好的点子不可，除非你的广告有很好的点子，不然它就象快被黑夜吞噬的船只。"奥格威所说的点子就是创意。

从字面上看创意的意思是创新、创造、创作。"创"具有初次做、第一次、首先的含义；"意"有意念、意识、意境、意图、意想等众多含义。从广义来看，创意贯穿于广告策划的全过程，灵活多样的调查手段是创意，获取准确资料的调查方案的设计是创意，准确恰当的定位是创意，新颖别致的表现是创意，突破常规的媒体运用也是创意，整体的广告活动一刻也离不开创意。从窄意来看，广告创意就是指广告人通过构思来创造广告作品的艺术形象，也就是广告人对广告创作对象，进行想象、加工、组合、创造，使商品本身所具有的内在美，如良好的性能、品格、包装、服务等升华为消费者都能感受到的艺术形象的创造性的劳动。

因此，创意在广告活动中至关重要，创意是广告的灵魂。只有有创意的广告才能受人瞩目，令人回味，增强吸引力，增加商品的价值，推动商品的销售。

二、广告创意的原则

1. 准确性原则

广告创意应该忠实地反映商品或劳务的实际情况，创新不是虚构，不能把低劣的产品或劳务说成是优质产品和周到的服务。对产品的评价要恰如其分，不能信口开河，夸大其词。

2. 新颖性原则

广告的借鉴、学习、继承都是应该发扬的，但这决不是照搬，广告必须要有自己独自的表现，要有创新，雷同的广告是不能吸引人的。创意的新颖性要求广告的立意要新颖，语言要有新意，画面要生动、别致。

3. 简洁性原则

无论是广告语言，还是广告画面都应遵循简洁原则。言简才能意赅，深刻的语言耐人回味，给人留下深刻的印象，形成记忆。画面并不是越复杂越好，与主题无关的内容都应从画面上剔除，使人一目了然，准确地抓住广告信息，达到过目不忘的效果。

4. 特色性原则

广告是面向全社会，甚至全球的事业，因此真正好的广告应该是为公众接受和理解的，这一方面要有全人类共同理解的文化内涵；另一方面还要有能给人们带来地方特色，增加新意。有新意、有特色才能吸引人。在首届中国国际广告研讨会上，美国奥美广告公司亚太地区总裁韦乐放了很多亚洲照抄西方的广告录像，认为不成功的广告都是受西方价值观念的影响。他说，西方是以基督教为主，相信公司；亚洲是儒、佛、道教为主，基本家庭。在广告的传播上要重视中国的价值观念与传统文化的影响。特色性原则在广告传播中居于重要地位，没有自己特色的广告是没有生命力的广告。

三、广告创意的准备工作

广告创意的产生要经过前期的积累才有可能产生。经验、资料积累的越丰富，创意的点子越精彩，水平越高。这种积累一方面靠工作经验，另一方面靠市场调查，而市场调查更重要，市场调查的资料越丰富，内容越完整，广告创意的底蕴越深厚，形象越饱满。

通过市场调查才能实现准确定位，确定产品或劳务在消费者心目中的位置。定位确定，广告内容和广告风格以及由此形成的品牌形象也就确定了，这也就是创意的开始。可见获取资料对广告创意至关重要，广告创意主要依据三个方面的资料：

1. 一般性资料

指涉及产品或劳务的各个方面的资料，广告创意需要广告人具有各种知识的积累，天文、地理、风土人情、各种典故、中外历史、文学艺术等等，各种知识越丰富，创意会越精彩。只有见多识广才能增强对事物的理解力和判断力，推动创造力的发展，增加知识的积累，就要孜孜不倦的学习，注意观察各类事物，培养对各类事物的兴趣，知识的范围很广，只要平时稍加注意，就会受益无穷。

2. 特殊性资料

这是指产品或劳务本身的资料。广告创意人员应对将要进行宣传的产品进行全面的了解、认识，掌握产品的性能、特点、原料成份及生产流程等资料，并对这些资料进行深入探讨，这些资料是广告创意思考依据之一。

如大卫·奥格威认为一切成功的广告都是建立在对广告产品或劳务的充分认识和了解基础之上的，只有这样，广告才能有的放矢，真正发挥其作用。为此在一切广告形成之前，都必须进行周密的调查研究。经过广泛的调查，奥格威发现，当时欧洲的生活水平还不高，美国有半数以上的家庭年收入超过5000美元，而英国只有3%的家庭达到这个水平。过去，到美国旅游的欧洲人主要是商人和少数"大款"，一般欧洲旅游者则不敢问津，他们误以为花费太高。奥格威不想在广告中只说到美国旅游"比你预想要花的钱少得多"的空泛口号，而要找出一个确切的标准，在广告中直接说明到美国旅游的花销究竟是多少。为此，奥格威派出专人到各地进行实地考察,一一了解住宿、饮食、交通等各项费用到底需要多少钱。在确定纽约旅馆一间客房的合理的最低价格时,奥格威特地委托了一位撰稿员到旅馆核查床位情况,直到他亲眼看到花上6美元住一晚完全可以说得过去为止。经过反复核查计算,奥格威才将最后的费用写进了广告之中——去美国旅游,一周只需35英镑!当奥格威制作的这一广告出现在欧洲报纸上的时候,立即引起了空前的轰动。无数个电话打向美国旅行社设在伦敦、巴黎、法兰克福的办事处,渴望到美国旅游的欧洲人纷纷询问各种具体问题。在广告宣传开始8个月之后,从法国到美国旅游的人数增长了27%,英国为24%,德国为18%。奥格威从调查着手进行的广告创意,终于化作了巨大的成功。

3. 消费者资料

即消费者对产品或劳务的购买态度、习惯、心理、欲望等方面的资料。这些资料是进行创意思考的重要依据。任何创造都要符合消费的需要,否则广告就失去了意义。如作肉类广告,过去,卖肉的商贩凭经验,做肉的广告决不可使用红色,因为这是没有烧熟的肉的表现,会使人感到厌恶。但是,李奥·贝纳经过大量的调查研究之后发现,家庭主妇认为红色的肉是新鲜优质的表现,红色的肉会使她们放心,而不会产生不愉快。针对消费者的这种心理状态,李奥·贝纳一反习惯的作法,在红色的背景上拍摄鲜红的排骨肉和鲜红的猪排和红色的腊肠。李奥·贝纳作的全红肉食广告照片在当时取得了轰动效应,这些照片广告把肉食的新鲜质感表现得淋漓尽致,使人不由得产生品尝品尝的愿望,许多人指名要买广告中所介绍的产品。

四、广告创意的步骤

1. 调查阶段

广告人依据广告主的委托,对产品或劳务进行调查,搜集和了解有关广告客户综合资料及其产品或劳务的具体情况,如产品的质量、产品的流程、生产特点、产品的市场行情、竞争对手状况、消费者情况、消费者对产品的态度、目标消费者的基本概况、市场需求及价格情况、企业内外环境、当地的政策法规、民众的风俗习惯等。各类资料要尽量详尽，通过全方位了解、调查、为最佳创意的提出作准备。

2．分析阶段

对调查收集的资料和存在的问题进行综合分析，找出产品吸引消费者注意的特点，确定诉求的方向，从中找出创意的线索和课题。分析的重点问题主要有：广告商品与同类商品所具有的共同属性；商品性能与特点，如：适用性、耐久性、造型、使用上的难易等等；广告商品技术上的独到之处，设计思想的新颖性；商品的生命周期正处于哪一阶段等等。

3．酝酿阶段

为创意的提出做心理准备的阶段，广告人要大胆思考，充分运用其所具有的创造力、感知力、观察力和良好技巧，从平凡的生活细节中，开掘出激动人心的意蕴来，从而使创意产生深刻的认识价值和生活哲理，引人深思，触及人们的内心世界，给人留下深刻印象。

4．成型阶段

这是广告创作者经过深思熟虑的思考，博采众长的总结，产生妙语和意境的阶段。构思已成型，应进一步完善，深化和提炼。如爱迪达斯运动鞋的广告经过反复研究，最后形成与人生路联系起来的创意，广告主标题是"走过一半人生路还是爱迪达斯"，副标题："走过一半人生路年轻时候的一切都该过去了。而今，依然信实如妻者，还有爱迪达斯。"具体表现为一个老人一直穿用爱迪达斯运动鞋，以此证明爱迪达斯是值得长期信赖的产品，其信任度可与患难与共的结发之妻相比，这个比喻不仅充满了人生哲理的意味，而且间接而深刻地表达了爱迪达斯运动鞋是经过长时间考验的优质产品，实现了企业开拓中老年消费者市场的目的。

5．验证阶段

当构思获得主观的满意后，要通过客观事实来检验和考核前几个阶段中所获得的创意资料和取得的成果是否有用。要认真验证提出来的创意与广告目标是否吻合，是否符合诉求对象及要使用的媒体特点，与竞争的广告相比是否具有独特性，经过比较和实验，如果验证结果令人满意，就可以把创意方案交给广告主审批，取得认可以后，交给广告设计部门完成广告作品。

五、广告创意的心理活动

1. 广告创意的表象

表象是在知觉的基础上形成的关于事物的生动具体的形象。表象的形象是不稳定、易变动的，而且形象是不完整的，如想到一个人，会时而出现这个人的面孔，时而出现这个人的形体。表象的形象具有概括性，不是反映事物的个别特点，而是反映事物的大体轮廓和主要特点。

从表象产生的感觉部位来看可以分为视觉表象、听觉表象、运动表象；根据表象概括程度的不同，可以分为个别表象和一般表象；根据表象创造程度的不同，可以分为记忆表象和想象表象。

视觉表象是人们在视觉活动的基础上，在头脑中形成的关于事物的形状、大小、方位、颜色和空间等图象；听觉表象是人们在听觉活动的基础上，头脑中产生的各种声音形象；运动表象是和运动感觉相联系的，在人们头脑中产生的关于动作和动作系统的形象。视觉表象、听觉表象、运动表象构成广告创意的基本元素。

个别表象是人们头脑中浮现的某一具体事物的形象。如我们想起一个同学的形象，矮矮的个子，圆圆的脸，小小的鼻子等等。一般表象是在个别表象的基础上，产生的关于一类事物的共同的、主要特征的形象。如中国人、外国人；老人、孩子；男人、女人等的共同特征。对表象的这种不同程度的概括形成了广告创意的基本素材。如一种牙膏具有除黑牙锈的功能，广告创意时自然会在脑海里出现吸烟人的一口黑牙的形象。

记忆表象就是在记忆中保留的客观事物的形象，它是记忆的主要内容，它具有一定的概括性，不仅是事物形象的重现，而且是对客观事物的直接感知过渡到抽象思维的一个中间环节。广告创意要充分发掘已有的感性形象的记忆，对自己经历过的有趣的事物作绘声绘色的描绘和渲染，形成独具特色的广告创意。

想象表象是人们对记忆形象进行加工、改组后形成的新形象。这些形象是人们未经历过的，或者是世界上还不存在的，因而具有新颖性。想象表象在广告创意中得到充分运用，产生良好的效果。如天津市119消防器材经理部作的消防新产品的广告，一名消防队员手持水枪，为到西天取经的唐僧师徒四人喷灭了火焰山的熊熊烈火，师徒四人极开心地向消防队员致谢。这显然是想象出来的，但由于神话故事的家喻户晓，这个广告创意深得大家的赞许。

2. 广告创意的意象

意象是在表象的基础上形成的，渗透着创作主体的意念、心愿、情态的感性形象，意象源于生活，又高于生活。意象是现代广告的艺术细胞。广告创意是综合艺术，必须充分地运用意象理论创作具有创意的广告。具有创意的广告应有深刻的寓意，又有鲜明的形象。而且两者是十分含蓄地融为一体。广告创意的意象素材可分为两大类，一类是产品和市场；另一类是消费群体与消费心理相关的材料。这些材料是广告创意的源泉，没有这些材料意象就失去了根基变成了虚无飘渺的幻想了。

3. 广告创意的联想

世上的万事万物是普遍联系的，对这些普遍联系事物的认识，由一事物想到另一事物即联想。它是各种不同联系的事物在人的头脑中的反映，是事物之间内在联系的揭示。运用联想来创意广告，可分为：

①接近联想的广告。利用空间或时间上相接近的事物的联系来做广告。如著名的欧米茄手表一直在《世界时装之苑》上由世界著名模特辛迪·克劳馥作广告，辛迪·克劳馥戴着配以钻石表圈的18k黄金女装表，举手托面腮以示腕上的金表，"欧米茄——我的选择"旁配以辛迪·克劳馥的亲笔签名。1985年1月14日刊登于《市场》报的广告："'御食'——栗子面小窝窝头当年慈禧太后爱吃的点心"。"荣获94第五届亚太国际贸易博览会金奖——'柔美丝'毛鳞片护发膜液"从这些广告来看，是利用名

模、名人、名会的影响,使自己的产品攀高结贵,提高知名度,这种联想自然会提高人们对产品的信任度。

②类似联想的广告。用具有相似特点的事物来做广告。金霸王电池底部作成如大树横断面的年轮画案,广告语是"你应该看出我的寿命有多长了吧"。使人联想到金霸王电池使用寿命比一般电池长。某彩色笔广告:"书为山谷,笔为径"。又如,某电线电缆厂广告:"我们的使命是沟通"。英国旅游组织广告:"皇家结婚只一天,英国365天欢迎您。"以结婚的盛典做类比形成对英国旅游组织的好感。

③因果联想的广告。利用事物之间的因果关系联想所作的广告。英国伦敦地铁广告:"如果您无票,那么请您在伦敦治安法院前下车。"利用因果联想,幽默而礼貌地给冒险逃票者提出忠告。高夫化妆品公司环境保护公益广告:"不要乱抛垃圾,否则,你将不得不在垃圾里度假。""不要污染空气,否则,你将不得不戴着防毒面具上街。""不要污染水源,否则,一杯清洁水的价格将会令你咋舌。""不要滥捕杀野生动物,否则,将来孩子们只能在画册中看到它们。"利用事物之间的因果联想说明环境保护之重要,语言严肃庄重,明确不该做什么,并指出将来会发生的可能后果。用形象的生活细节内容说明危害,使人产生将来的恶果就发生在生活之中的联想,从而产生巨大的震撼,感到环保的迫切,产生极佳的广告效果。

④对比联想的广告。利用有对立关系的事物的联想来做广告,这是对不同对象对立关系的概括。如由白天想到黑夜,由慢想到快,由香想到臭等。有些药品、化妆品、保健品做使用前后的效果对比,百消丹服用前脸上有许多黑褐斑,服用后黑褐斑全消失;没有化妆之前皮肤粗糙而苍老,化妆之后容光焕发,靓丽照人;减肥前大腹便便,服用减肥药之后,身材苗条可人等等都是运用对比手法,通过对比,使消费者产生使用产品后效果的联想,从而加深印象,形成购买欲望和行动。

总之,联想形式,有助于广告创意向深度和广度发展。着力创造耐人寻味的联想意境,是获得成功创意的重要手段。

4. 广告创意的意境

意境是客观（生活、景物）与主观（思想、感情）相熔铸的产物。意境是情与景、意与境的统一。在意境的形成中，境是基础，境不仅是直接唤起情感的某种具体的景色，而且还有生活、事件，与生活相联系的景物，情感正是由特定的生活条件下的景物所引起的。脱离了境，情与意就无从产生，也无所寄托。意和情是消溶在境中，消溶在具体生活中，具体的形象中的。正如刘熙载在《艺概》中所说："山之精神写不出，以烟霞写之；春之精神写不出，以草树写之。故诗无气象，则精神亦无所寓矣。""境"虽是形成意境的基础，但在意境中起主导作用的仍是情、意。因为能唤起人们特定情感的景，是在特定情感支配下，经过提炼取舍所创造的"景"。艺术意境中的景浸透了艺术家的情感。在"意境"中艺术家的情、意对自然特征的选择、提炼起着潜在的指导作用。当然这种指导作用是以深厚的生活基础为前提的。

在广告创意中应充分利用意境中的意与境、情与景的这种辩证关系，为所要表达的广告内容创造一种吸引人，为人们乐于接受的一种意境。1915年在巴拿马世界博览会上，茅台酒首次参展，由于包装"土气"受到冷遇，有人失手打落一瓶茅台酒，浓郁的醇香四溢，芬芳扑鼻，多日不消，由此引起评委们的注意，因为茅台酒酒味醇正，确有过人之处，当即被评为国际金奖。有人以此加以创意："空杯尚留满室香"行文博雅清奇，隽永飘逸。"空杯尚留满室香"要真的呷上一口，不知会是什么酒味？意境魅力展现在我们面前。广告的创意就是尽量造景传情、造境传意。景秀情雅、境丽意美、境凄意惨。意境是一种具有浓郁感情与具体形象的艺术境界。也是广告创意所追求的一种高标准的要求。

六、广告创意的要点

1. 主题统帅广告创意

广告创意是为了表达广告主题而进行的创造性思维活动，主题是广告作品的灵魂。广告创意必须准确、简洁、鲜明、生动地表现主题。如《中国国情与国力》杂志的广告，主题鲜明、融形象,简明、生动、深刻于一体。画面中央的两个"禁止调头"、"禁止停车"的标志引人注目,使人产生疑问,多了悬念,引起兴趣,随视线下移,通向光明的"中国之路"出现在眼前(彩图2),广告主题鲜明的展示出来,使人产生许多联想,经过诸多风波和劫难的中国,好不容易走上了强国富民的改革路,老百姓的日子逐步好过了,因此,不能走回头路,也不能刹车。这是人民的希望,是历史的抉择。而广告右上方的"认清国情、发展之路,增强国力,希望之门",则把杂志的宗旨、主要内容、特点都推到了读者面前。整幅广告以最少的形象元素和文字符号表达了极为深邃的内涵,并引导读者产生想象,与国家和自己的命运相联系。

2. 创意要真实

广告创意要真实反映商品的品质,如果商品的品质不是上乘的,创意把商品吹得再好也不行,这种欺骗消费者的行为最终要在事实面前败露。1993年4、5月份,蒙尼坦奇妙换肤霜广告风靡全国,"不用打针、吃药,不用开刀动手术,使用一次到八次,就可以使皮肤由粗糙、灰暗、苍老变成细腻、光洁、富有光彩的弹性,具有'焕然一新'的奇效"。结果,一段时间后,全国各地都出现了投诉信件、电话不断,不少人用后,皮肤不但没有换好,反而出现红肿、斑点及皮肤变黑等现象,国家工商行政管理局不得不出面处理此事件,重罚了此类化妆品生产企业,而为其创意广告的人,名誉也受到了损失。

3. 文情并茂

创意应富有文采,动之以情,文采优美使人喜闻乐见,同时从情入手打动人心,易获成功,人们总是喜爱修辞美、语言切、意寓深的广告文案,白丽美容香皂的广告:"白丽美容香皂的奥秘所在:今年二十,明年十八"这则广告紧紧扣住人们都希望自己更年轻、更漂亮的心态,虽不直言商品的功效,但迎合了人们希望青春永驻,容颜不老的心理。而且"今年二十,明年十八"朗朗上口。这则广告很快为广大受众所接受。

4. 标新立异

广告创意要有独特之处，或者立意新颖，用语巧妙，或者表现手法独特。广告创意要大胆想象，敢于采用新、奇、妙的表现手法。如 H·M 烟草公司"为运动家"牌香烟作了一个别出心裁的广告：在加拿大爱德蒙顿市闹市区，突然传出一阵凄楚的叫声："救救我，快把我从这里救出去吧！"人们顺声找去，只见一位美艳绝伦的女子被关在一家商店的橱窗里，她指着放在旁边的新产品"运动家"牌香烟，哭泣道："先生们，女士们，这些香烟不卖光的话，我是没法出去的，请帮帮忙，可怜可怜我吧！"人们被美女凄婉动人的声调所感动，本能的怜爱之心油然而生，纷纷驻足相协，慷慨解囊买烟，只想尽快救出被困的女子。一传十，十传百，新产品"运动家"香烟100万包，很快便告售罄。虽然在买香烟时大家心里都明白，这只是一种广告促销手段，但谁也不忍心去捅破它，而是愿去"解救"被困的美女，行回善，积回德，以获得心理平衡，而人们这样想，广告创意的目的也就达到了。

5. 意在言外

广告创意应是言犹尽而意无穷，创意不是把什么都说出来，而是把没有说出来的东西，通过意境让人们自己去体会。创意的表达，不在于讲了些什么，而在于没有讲出来什么，没有讲出来的恰恰是广告所要表达的最有意义的东西。大卫·奥格威在为新型罗尔斯—罗伊斯汽车作广告时的标题是"这部新型的罗尔斯—罗伊斯汽车以时速60英里开动时，最响的是它的电子钟"。这则广告虽然没提汽车的质量如何，而是暗示人们，汽车的性能太好了，高速行驶时，汽车的零部件毫无问题，而且无噪音。华商广告代理声宝冷气清净屋没有正面讲清净屋的效能，而是用了一个幼儿"小毒犯"的照片，"全台湾最年轻的吸毒者"（彩图3）暗喻不用声宝冷气清净屋的危害。人们看到这张照片马上会产生许多疑问，这么小的孩子怎会成为"吸毒犯"？怎么会中毒如此之深—面孔和嘴都黑了，它吸引了人们的注意，要仔细看个究竟，在进一步的探讨中明了其中深刻的含义。

6. 发扬想象力

要求广告创作人员，运用回忆、联想、类比等心理活动方法，在想象基础上发展创意，形成感人至深的广告文案，创造出新的、吸引人的形象，创造出具有深刻内涵的意境。泛太国际广告代理商为中华职棒作广告，它没有讲一句有关棒球的话，而人们却能体验到棒球活动的深刻内涵。广告以"大自然的声音"（彩图4）为题，"你有没有听过球棒击球的刹那所发出的声音？那绝不是"铿"！一声而已，后面蕴藏着的声音可多着：有轰雷闪电声，山崩地裂声，松风细雨声、流水潺潺声，血脉喷涌声，裁判嘶吼声，欢声雷动声，……只要你用心倾听。"它调动人的想象力，揭示棒球运动的内涵，棒球训练的艰苦，运动竞争的激烈犹如经受"山崩地裂""狂风暴雨"的考验，竞赛胜负给人造成的精神压力如"孤狼嗥月"，"投手心碎"。胜利的喜悦是欢声雷动。棒球给人的是震撼心灵的刺激，是地动山摇的壮美。想象是创意的主体，创意一定要新颖、奇特。平庸的广告将无人理睬。

七、广告创意的注意问题

1. 偏离主题

广告创意是为广告目标服务的，偏离广告主题就难以取得良好的广告效果。如在广袤的沙漠上作电冰箱的广告使人感到唐突不解。又如某口服液电视广告，以宏大的飞机场、客机、送客等场面出现，看得大家莫明其妙，最后出了一句××口服液，前面的大铺垫与××口服液有什么内在联系？谁也看不出来。甚至这样的广告片可以放在电视剧的开头、可以放在其他广告里，这种既无特色，又喧宾夺主的广告严重脱离主题，不但不能起到宣传产品的作用，而且还会引起人们的逆反心理。

2. 单纯追求艺术

广告的表现需要艺术手段，广告所创造的意境应是表现广告主题的艺术效果，通过这种意境把广告的中心思想和基本观念展现给广告对象，而不是单纯让人们去欣赏其艺术美。不表现广告主题，而只强调广告艺术的构思，对广告来说是毫无意义的。广告创意必须依据广告对象的理解水平进行艺术创作，为艺术而艺术，脱离了广告对象的实际情况，故作高深的艺术追求这是不足取的。

3. 肤浅雷同

广告创意克服单纯的艺术追求，但也要克服肤浅雷同，没有新意的广告不会吸引人，广告创意不能模仿，也不能对他人的广告创意进行改良，广告创意要别具匠心，要勇于改变旧观念和旧的习惯做法，否则会丧失广告的产品对于消费者的吸引力。

4. 克服空话

广告提供给消费者的利益必须是真实的，不能只是空泛的表态，更不能只是空洞、模棱两可、花言巧语的承诺，如"新颖"、"领先"、"最低价"、"舒畅"、"带来好运气"、"带来温馨快乐"……。广告必须要有承诺，而且是具体的、有可监控操作的依据，空洞的华丽辞藻对消费者没有大吸引力，也是不足取的。

八、广告创意的思维方法

广告创意就是要进行创造性的思维，要有好点子，良好的思考方法。我们平时的思考方法经常是采用垂直思考法，即以现存的理论、知识和经验以及传统观念，从问题的正面深入分析研究的思考方法。这种思考的方法偏重于凭借旧经验、旧知识来产生创意，这种创意离不开旧的框框，往往是旧意识的重版、改良，很难形成新的独特的富有想象力的创意。英国心理学家戴勃诺博士提出了水平思考法。这种思考方法是在思考问题时，摆脱旧知识、旧经验的约束，打破常规，创造新观念。这就好比挖一个洞，垂直思考法，只会在原有的洞穴向深处挖，对一个问题只能深入钻研；而水平思考法，则在地上多挖几个洞，从多方面来观察一件事。垂直思考法与水平思考法应互相补充，但要革新思维，就必须运用水平思考法。水平思考法的基本原则是：摆脱已有经验与知识的束缚；从多方面思考，在广阔的思路中展开钻研；抓住转瞬即逝的偶然构思，深入发掘新的观念；同时不排斥垂直思考法，当运用水平思考法获得了满意的想法时，要运用垂直思考法，使这种想法更具体。

为了取得新颖的创意，创意人员更多地采用"头脑激荡法"

或称"动脑小组"工作，即由若干人组成创意小组，然后通过集体讨论，互相激发，产生好的创意。具体作法是，召开动脑会议的主席在会前一、二天发出召集书，写明开会地点、时间和问题要点，参加会议的人应有广告业务人员、艺术设计人员，并尽可能有男有女。开会时，每人都可以自由发表意见，不准驳斥或否定他人提议，但可以对别人提议的创意加以发挥，会议主持人将大家的想法分类，取其精华，选择较好的点子写出报告。头脑激荡法的原则有：会议中禁止批评，反驳须待会后；欢迎自由发表意见，创意越新奇越好；创意的量越多越好；可以改进他人的构想，加以联想、发挥，逐步完善、丰富，或者产生新的创意。

第二节　广告设计的基本问题

一、广告设计的性质

所谓设计是在有限的时空范围内，在特定的物质条件下，为满足人们某种特定的需要而进行的一种创造性的思维活动。

广告设计还是一种增强产品竞争力的创造性的艺术活动，它不仅增强产品的附加值，而且给人们的日常生活带来情趣，使人得到精神的满足，从而对商品或劳务或企业产生好感，形成购买行为。广告设计不同于一般艺术创作，它具有如下特点：

1. 广告设计的制约性

广告设计是艺术创作活动，但它同纯粹的艺术创作不同，艺术创作从始至终渗透着艺术家的主观情感，艺术作品是艺术家的主观情感的外化。而广告设计则不同，广告设计中，艺术家的才干不能随心所欲的发挥，广告设计艺术创作的全过程都要体现广告整体策划的意图。它必须通过点、线、面、色彩等可视、听的创造性活动，塑造出受众所喜爱的艺术形象，把广告意图准确地、富有感染力地表现出来。

在设计过程中，广告设计者不能将广告意图直截了当地告诉观众，强求他们接受这一产品，而是设法诱导人们接受这一产品的广告设计。广告设计的作品不是艺术品，应该是一个高质量的艺术设计。然而将广告设计当成纯艺术创作，则失去了广告的本质，影响广告的宣传作用不成其为广告；如果不能把广告当作艺术品，或者说不具有艺术性，那么广告的魅力就会大减，影响广告的吸引性，广告设计也是失败的。

2. 广告设计的原则性

准确、贴切地表达广告策划和创意的意图，是广告设计的基本要求，也是广告设计必须遵循的原则，即首先对产品要有深刻的认识，运用各种艺术语言和熟练的技巧，简洁有力、清晰明了的表达广告主题，给消费者留下深刻的印象，或者用含蓄、细腻的表现手法，自然、流畅地传达广告意图，使广告作品在众多的广告角逐中独树一帜，产生强烈的刺激和震撼，使消费者在对广告的欣赏中悟出广告的本意，产生愉悦的求购心理。

3. 广告设计的独创性

广告设计是一项创造性劳动。广告设计的作品，不但应该是精彩的，富有感染力的，还应是独特的、唯一的，产品需要有自身的特点，有特点的产品才有竞争的优势，才能使人在纷繁的广告世界中注意到你的广告，最终达到宣传的目的。为广告主和广告人树立起良好的形象和信誉。

二、广告设计的构思

1. 以广告策划为宗旨的整体构思

广告设计不是为设计而设计，更不是单纯追求表现，广告设计是为表达广告策划的意图，是广告策划的具体形象的展现。在设计中既要突出商品的特点，形成广告的号召力，又要符合消费者的心理需求。从心理学的研究来看，愈是具有整体形象性的东西，对人愈有意义，愈具有艺术性和吸引力，愈容易为人们所感知。因此，广告设计不应把全部注意力局限在具体商品本身，而应从与该商品有关的整体形象出发，时刻注意消费者心理变化，反映出信息个性特点，不断创新广告主题，使产品立于不败之地。在美国，牛仔裤的畅销不衰给了我们这方面的启示。

1850年美国人利维·斯特劳斯创制了牛仔裤，这是为淘金工人设计的一种抗磨损的工作服，采用西班牙牧童短裆瘦脚裤的款式,以美国西部传奇英雄人物"牛仔"的名字命名。裤子造型完全包体,用走明线缝制和钉金属亮片的办法增强裤子的耐用性。同时也起到了装饰的效果。淘金工人进城休假时,这种装束引起了市民的共鸣,开始在社会上流行。到本世纪60、70年代牛仔裤已风靡全世界。人们认为牛仔裤的款式以最简练的线条充分显露了人体美,满足了人类对自身美的欣赏欲望。牛仔裤的面料厚实、挺括、舒适、价廉的特点,表现为产品质量的高档而消费者又穿着随意,随便什么地方都可以坐靠,使消费者心理上获得解放。并适合社会各阶层的人们穿着,没有等级之分。牛仔裤有如此多的优点,但若长期没有新意,也会使人厌倦,走向衰退。为此,牛仔裤的经营者对此保持着高度的警惕,每当这个危险信号即将出现时,他们便以更新的面料,赋予牛仔裤新的生命力,并变动价格以吸引消费者。由普通坚固呢牛仔裤到水洗石磨面料的研制成功,后又相继推出印花劳动布、彩色条纹牛仔布、金银丝色织布、轧光涂层布、麂皮绒弹力水纹布、酸洗布等新面料,不断翻新着牛仔裤的面貌。除了在面料上下功夫外,还在款式上下功夫,在保持牛仔风格的基础上,进行符合当前社会思潮的变革。如裤子的口袋数目不断增加,有时多达6至8个,金属及闪光装饰物,也有所增加。广告主题随着牛仔裤这一古老的款式和现代技术的紧密结合而不断更新,满足消费者的心理需求,使牛仔服装在竞争中立于不败之地。

2. 依据认识规律进行动态构思

广告设计者在广告形成前有一个确定设计意向,然后开始设计活动的构思过程,这是一个动态的变化、发展的过程。

首先,敏锐地观察与广告设计有关的一切事物。不仅对与广告有关的事物作整体的外部观察,同时要作局部的内在的探索,把观察与构思的意图联系起来,尽量捕捉有设计价值的信息。

其次,对观察的资料进行分析、研究形成想象,同时提出多种设计方案进行选择,把构想与策划意图进行全面的比较分析,优选最理想的方案,使设计构思明确化、具体化,从而使完整的构思意图在具体形象中表达出来。

3. 语文构思

语言是广告传递信息的必要手段，语文包括语言和文字两类，印刷广告用文字，广播广告用语言，电视广告既用文字，也用语言。广告的语文部分，不管文字数多少，都要表现广告的主题，语文应以精炼、准确、明白和艺术的方式来表达广告主题。这是广告设计人员的真功夫所在。

4. 形象的确立

形象是展示主题的有效办法，俗语说，"百闻不如一见"，形象是提高视觉效果的重要手段。形象要具有引人注意的表现手法，这可以通过精彩的语言吸引受众的注意，用构图表现产品的属性、档次，迎合消费者的心理需求，组成丰富多彩的视觉信号。色彩是构图的重要组成部分，它在广告的形象表现上具有特殊作用，在形式美的构成要素中色彩是视觉神经反应最快的一种，它不仅能满足消费者的心理需求，而且能体现产品的属性，突出产品的特点，给人留下难忘的印象。形式美的声音、线条、色彩等要素在广告的形象中起着重要作用，在广告设计中要充分运用，使广告的形象更加突出，起到良好的宣传作用。

5. 衬托

衬托是广告主题的一种表现方法。以衬托来表现广告，以整体形象突出主题，强化广告感染力，提高广告的注意度、理解度、记忆度。

衬托只能起到陪衬主题的作用，不能喧宾夺主。衬托不能离开主题，也不能遮盖主题，否则便干扰了主题，转移了视听。如广告中的音乐的响度不应超过语言声响。使人听不清所讲的主题。

第三节　广告设计的构成和色彩

一、广告设计的构成

1. 标志

在市场营销活动中，消费者对企业的印象好坏是其成败的关键。消费者对企业印象的形成,是由企业的产品、规模、政策、服务等因素综合作用的结果。为了确定企业的特定形象,创造象征性的标志,用象征标志表示企业的特殊个性和信誉。确立企业及产品在市场上的特殊地位。

①标志的价值。在市场竞争激烈的今天,标志的应用范围更为广泛,它不仅是企业与商品的代表符号,而且是质量的保障,是沟通人与产品、企业与社会的最直观的中介之一。在名牌效应普遍受到重视的情况下,著名标志已成为一种至上的精神象征,是一种地位的炫耀,一种个人价值的体现,一种企业形象的展示,标志已成为一种世界性的语言和文明的象征。

当前世界驰名的标志身价高得惊人,"万宝路"标志价值310亿美元,相当于其每年营业额的2倍;"可口可乐"标志价值244亿美元,高于其年营业额近3倍。"百威"啤酒标志价值102亿美元,高于其年营业额近2倍。"百事可乐"标志价值96亿美元,相当于其年营业额近2倍。"雀巢速溶咖啡"标志价值85亿美元,高于其年营业额近2倍。

在外国名牌纷纷进入并占领我国市场的今天,北京名牌资产评估研究所,按照国际通常采用的品牌内在价值比较法进行量化,评出96年具有市场领导能力的一流品牌50个。其中前19名是:"红塔山"332亿元,"长虹"122.08亿元,"海尔"77.36亿元,"一汽"69.96亿元,"春兰"65.54亿元,"云烟"52.05亿元,KONKA42.38亿元,"九九九"36.24亿元,"五粮液"35.85亿元,"联想"35.74亿元,"青岛啤酒"33.42亿元,"TCL"32.50亿元,"嘉陵"27.30亿元,"贵州茅台"26.99亿元,"科龙"26.78亿元,"美的"26.54亿元,"小天鹅"23.38亿元,"古井贡"22.75亿元,"华北制药"22.56亿元。我国最有价值品牌的产品的产生,揭示了民族经济振兴的希望,我们应实施名牌战略,加速培育自己的名牌,这样中国经济才能真正走向世界❶。

---

❶ 《广告大观》1997年第6期第5页。

②标志与商标的作用。标志由于使用功效不同,分为企业标志和产品商标。一个企业只有一个企业标志,但可以有多个代表不同种类产品的商标。现在有许多成功的企业标志与产品商标是合而为一的,企业标志就是产品商标。标志与商标的作用如下:

A. 可以区别同类产品的不同企业与经营部门。消费者在商品的海洋里,只有根据不同的标志与商标,区别同类产品的不同品牌和不同生产厂家,以此进行比较与选择。标志与商标是经过工商部门认可的,因此,企业和品牌可以得到法律的保护。

B. 商标区别同类产品的不同质量。商标在产品上的使用时间越长,区别产品质量的作用就越大,在市场中的质量信誉也就越大,产品质量优异的商标如柯达胶卷,贵州茅台。由于商标具有区别产品质量的功效,所以有的厂家生产不同质量的同类产品就用不同的商标加以区别。如四川宜宾五粮液酒厂生产的"五粮液"、"尖庄"、"翠屏春"就代表了三种不同质量档次的酒。

C. 标志与商标可以美化产品,增强产品竞争力,方便消费者认牌购买。设计成功的标志和商标,可以增强产品的美感,提高产品的身价,促使消费者认牌购买。一个高品位的商标可以把产品的质量、价格、厂家都包括进去,吸引消费者注意,形成看牌购货比看价格购货更重要的情况。

D. 标志与商标也是一种商品广告,起着宣传企业及产品的作用。在商品交换过程中,标志与商品可以通过自己独特的品称,优美的图形,鲜明的色彩,代表企业的信誉,象征着特定的产品的质量和特色,吸引着消费者。

E. 标志和商标有利于促进对外贸易。没有商标的产品无法进入国际市场。即使进入国际市场,由于没有商标,也难以在市场上占据一定的位置,难以树立名牌的信誉,更得不到法律的保护。我国著名的"英雄"金笔,被日本商人抢先注册。其他经营我国"英雄"金笔的日本商社,每进口一支"英雄"金笔必须向注册商人缴纳40日元的费用,由此经销商利益受到损失,造成"英雄"金笔在日本丧失了市场。

③标志与商标的设计准则与表现手法。标志的本质是信息的

传播，其目的是服务于生产和社会活动，使信息的传递者与接受者对标志所载的信息达到一致的理解，认识事物的差异性和固有特征，便于信息接受者的记忆和识别。

标志要具有良好的传播效果，应具有吸引和感染人的力量，设计应具有艺术性和传递信息的实用功能，要求内涵要精炼，形态要简洁完美，为创造出独特的标志形象，在设计中应遵循如下原则：

第一，简明易辨认识别。标志的作用是使受众能很快的形成记忆，产生联想，因此首要的是容易辨认。这就要求在设计上，不论图形还是文字构成，不论是具体的，还是抽象的，均应与其他企业、机构或商品在视觉上有一目了然的区别，便于记忆。

第二，设计新颖独特，别具一格。造型新颖，构思巧妙，具有鲜明的形式美和时代感，以独特的视觉感受，给人以美的享受，形成良好的注意值和回忆度，使人过目不忘。

第三，别具匠心，突出个性品味。在设计造型上，手法独特，在图形含义和色彩上用抽象的手法，传达特定企业或产品的特点和格调，使受众在看到标志后能很快联想到相关的企业或产品。

第四，设计概括明快，具有良好的适应性。标志的设计是对具体事物的高度概括，它是用以少胜多的表现手法，如八运会的会标是燃烧着的火炬，而火焰简化为2个艺术的中文"八"字。简洁明快的会标表现了深刻的内涵。这种高度概括的标志可以缩小成为纪念胸针，放大可以用在建筑物墙面、广告标牌、货车车体、汽车车身上。标志的造型应适合于不同的媒体和场合，标志在使用上适合多种媒体，具有广泛性，在时间上具有永久性。

由于标志的概括性和简明性的要求，标志还具有了很强的符号性，为获得良好的传播效果，使抽象的符号具有吸引人和感染人的力量，在设计上要求既有传递信息的实用功能，又具有符合美感享受的心理功能。标志是高度艺术化的产物，就其艺术形式来说，表现手法有三：

第一，标志图形的艺术表现形式。标志使用的图形，包括各类事物的图形、几何图形、符号,记号等。如抽象人物或神话人物形象、各种动物、自然风景、花卉树木、各种物体形象,图形标志不受语言的限制,不论在什么国度或地区,设计的图形都能达到"看图"识"标"的效果。在设计中图形标志应形象生动,简捷明快、给人以美的享受。图形标志(商标)具有易于识别、便于记忆的特点。如大白兔奶糖以奔腾跳跃的大白兔作为商标,给人留下了生动可爱的深刻印象。双鹿电器以一只向前、一只昂首的两只可爱的鹿为标志。同济大学以数人共同努力划船奋勇前进的图形为学校的标志(图1),成功地表现了"同心砥砺,同窗求索,为振兴中华而读书;济困扶危,济世兴帮,为强国富民而奉献"❶的"同舟共济"所特有的深刻内涵。

图1

美国和平学院为表现该学院特有的内涵,在"和平"二字上下功夫,用为全世界认同的象征物鸽子和橄榄枝精心组合,再加上一圈文字,十分成功地表现维护和平的设计意念(图2)。

第二,文字的艺术表现形式。使用汉字、各兄弟民族文字及外国文字,汉字拼音、外国字母,以及各种字体,经过艺术加工而成。文字商标除文字的类型和文体外,还包括读音在内,字读

---

❶ 同济大学90周年,"吴启迪校长九十校庆祝词"。

图2

音相同，但字义不同，这类文字标志应少用，如"鸿果"与"红果"；"飞跃"与"飞月"等，以免在消费者心中造成误认。中国钟厂以磊起的三个5字为其标志，醒目独特。室内装饰用品商店（图3）从第一个字母"O"开始，横置一支象征爱情幸福美满的玫瑰花图形，花枝的水波线处理不仅产生优美的韵律感，而且恰到好处地取代了两个"E"字的中间横笔画，整个标志图形生动活泼富于美感，并且有轻松活泼浪漫的情趣，字体造型有很强的现代感和装饰意味，很能博得室内装饰用品的购买目标对象——年轻男女的好感与偏爱。

第三，文字与图形的艺术组合表现形式。这种组合在我国被广泛采用。它要求文字、图形组合协调，图文一致（图4）。文字点明图形之意，图形加深对文字的印象。如红心牌电熨斗，设计者把一个红心放在圈内，圈外注明"红心牌"，使人一目了然，圈内的红心形象加深了记忆。

图3

图 4（一）

图 4（二）

图4（三）

图4（四）

④标志的发展与更新。本世纪40年代以前，多数专家认为标志投入使用后，在社会意识中留下痕迹，企业也为之付出了大量的人力和财力，所以不应作实质性的改变。但是随着市场经济的发展，为了增强产品的市场竞争力，使产品能跟上时代前进的步伐，显示产品在不断地进行革新，同时也是适应经营决策上的需要，对原有的商标或企业标志进行更新就势在必行了。这种更新有快速更新和缓慢更新两种。

快速更新是断然舍弃旧商标或旧的企业标志，在短时间内把反映旧商标或标志的一切事务一律更新，如产品的商标、外包装，建筑物上的标志、招牌、交通工具的标志、信封、信笺、工作服等一律更新，使旧标志的痕迹完全消失，同时为新商标、新标志的启动投入大量的广告费，切断新旧商标之间的联系，给外界的印象是一个新产品的问世，一个新企业的诞生。采取这种行动的原因有多种，有的是为了给人以时代感，促进企业的进一步发展；有的是出于经营决策的需要，如快速消除旧产品的坏名声，投放改进的新产品；有的是为了提高产品价格，减少消费者的阻力，而另立新商标、新形象。无论何种原因，这种快速断然的舍弃旧商标或标志，需要有相当的魄力和果敢的精神以及相当的财力。

缓慢更新是在保持商标、标志原有图案的情况下，逐渐将商标或标志更新（图5）。开始更新的商标或标志与原来的商标或标志的造型很接近，用2、3年时间，逐步更新，或当旧标志的产品、包装及相关的办公用品等用完了，重印、重新制作（造）时，为更富时代感而采用一种新标志，这种办法花费小，即保持原有的信誉，又显示了产品的进步性。

这些标志的变化有如下特点：

A. 在表现手法上，由绘画处理向单纯、简洁的图案转化，适应了现代人清新、单纯的审美心理要求。

B. 在设计思想的表达上，用抽象的符号形式代替形象的表达形式，这样做可以引人注目、便于记忆，增强了标志的识别力量，强化了传达信息的功能。

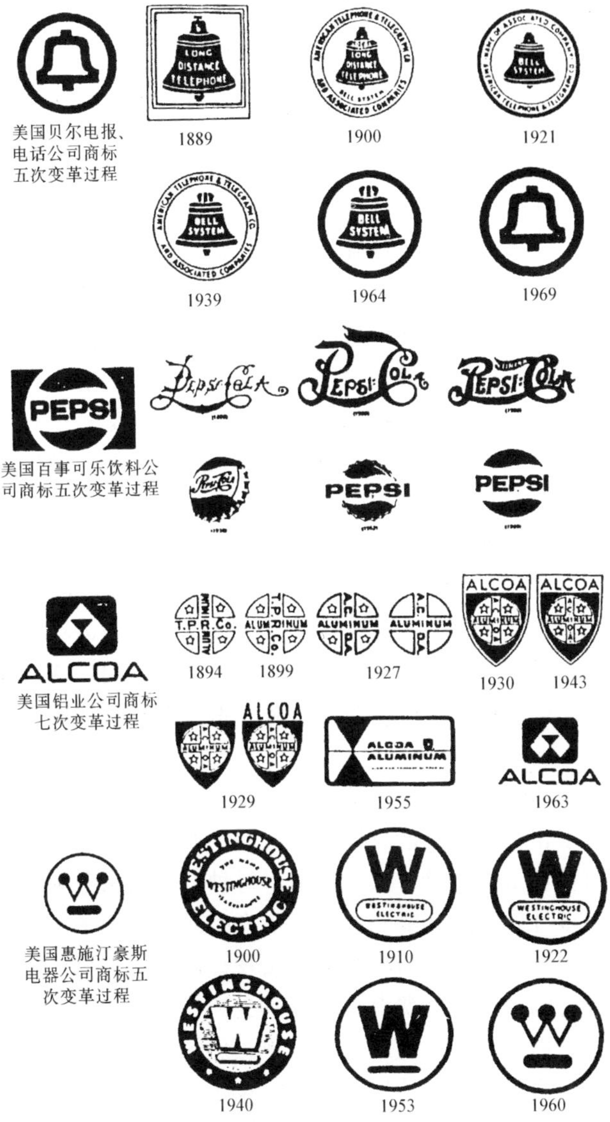

美国贝尔电报、
电话公司商标
五次变革过程
1889
1900
1921
1939
1964
1969
PEPSI
美国百事可乐饮料公
司商标五次变革过程
ALCOA
美国铝业公司商标
七次变革过程
1894
1899
1927
1930
1943
1929
1955
1963
美国惠施汀豪斯
电器公司商标五
次变革过程
1900
1910
1922
1940
1953
1960

图 5

C. 扩展了标志原有的内涵与表现力。标志原有的作用仅仅是介绍商品，演变后的标志提升为传达某种意念、代表了事物的某种发展趋势，形成广告化的传播效果。

D. 变化了的标志表现了更高的艺术性和感染力。在标志的设计上，更符合大众的审美心理。

2. 插图

广告设计的插图是指广告中除文字以外的图的部分，包括摄影的照片、绘画的插图、漫画或图表以及抽象的造型、记号等。

插图在广告设计中具有重要的作用。首先是传达产品或服务信息。在现代广告的设计领域里，优秀的广告插图画家，运用绘画的艺术形式，充分发挥视觉形象的感知功能，准确地表达广告信息。百闻不如一见，一幅好的广告插图能对视觉产生有利的刺激，增强对产品或服务的感性认识，增强对产品或服务的识别能力，使人们在不知不觉中接受广告所宣传的某种产品或服务的性质和功能，取得理想的说服效果。

其次，增强广告的被注意值。广告首先要能引起人们的注意，不能引起注意，广告的作用无从发挥，要取得成功实际上是不可能的。只有在造型和色彩上具有强大冲击力的广告才能引起消费者的注意，进而接受产品或服务，形成对产品或服务的潜在需求。

再次，插图能具体形象地展示产品，吸引目标消费者。插图与语言文字相比，绘画能具体生动地展示产品、服务或企业的形象，给消费者留下一目了然的印象。每种产品或服务都有多方面的特征和多种属性，从哪一面去展示产品或服务的本质特色，这要从目标消费者的心理需求和爱好出发，创造出与目标消费者需求相吻合的画面。使消费者深切地感受到广告中的产品或服务是为他（她）们生产的，这正是他（她）们的理想产品。

如美国西顿集团纽约广告为 coty 化妆品公司做的 coty 香水广告，延用女人与月亮之间传统的生理联系，以展示出女人神秘感的魅力。画面用一个身材修长的女性与月亮亲昵相拥，连月神都为之倾倒，任其玩弄于掌股之间，从而显示 coty 香水的巨大诱惑力。

　　插图的形式有绘画、漫画、图表三种,无论采用那种形式都应遵守下列准则:

　　①突出主题,满足消费者需求。画面的构成单纯集中,诉求目标明确,一幅广告的画面只能有一个主题。不能有多目标的诉求。广告主题的确定应以目标消费者的心理特点和审美意识为出发点,这样才能吸引消费者,获得消费者的认同,产生良好的促销效果。

　　②创意新颖,情趣多样。成功的创意是以其独特的思想内涵、独特的艺术魅力,展示产品或服务的新价值,把生活情趣升华为艺术情趣,使消费者感到心旷神怡,意味无穷,产生巨大的心理冲击,形成不可抗拒的诱导作用。如美国的 HMM 广告公司为地板生产商 Norwegian 公司作的地板广告(图10),画面是一只体积巨大的大象,大象四只黑脚穿着很显眼的黄色细高根皮鞋,站在地板上,妙趣横生。人们一眼就看出大象的高跟鞋后跟很细,但它居然没有把地板踩出窟窿,地板的质量就不言而喻了。

　　③真实可信,情理交融。广告插图的设计要做到情与理的有机统一。画面要注重感人,诱导消费者注意,接受产品或服务。继而以正确的消费观念去说服人,使消费者相信他们的选择是明智的,促进他们的购买行动。尤其是对一些贵重商品的购买总是比较慎重,一般不会发生冲动性购买。对这类商品的画面设计要注重以情作为诱导因素,以理作为说服因素,把理融于一定情的艺术形象之中。使消费者被画面形象所感动,进而相信画面所表达的概念是真实可信的,所以,广告插图的设计要灵活而准确的运用比喻、暗示的手法,创造一种特定的意境,把营销目的寓于其中,以鲜明的感情表达,唤起人们的潜意识。如苹果电脑以多种形象的组合引人注目,表现出一个多姿多彩的多媒体影音世界,使人对苹果电脑的功能感到真实可信,产生强烈的购买欲望和行动,达到广告主的营销目的。

　　④图文并茂相互呼应协调一致。广告插图是用艺术形象的方式将广告主题予以视觉的形象化。广告文案是用文字形式表述广

告主题，也就是说插图和文案都是为表述主题服务的。只是广告的主题不同，广告插图和文字的表现方式、主次地位也不同。为更好地表现主题，有时以广告插图为主，文字配合点明主题，有时以文字为主，插图配合。总之文字和插图是互相印证，互为一体的。

3. 文字设计

文字设计在广告设计中具有很重要的意义。如平面广告就是由插图和文字组成，而文字的构成要素设计的好坏，直接影响广告的效果。因此广告文字设计是增强广告文字视觉传达效果，提高文案诉求力，赋予广告版面审美价值的重要环节。

在文字设计中要赋予文字以鲜明的个性。在视觉上给人以美感。为此文字设计要表现出极强的创造力。不同的文字设计要把握不同的特点。

①活字设计。首先把握活字的大小、形态。中文活字从大到小以"号"区分，由初号到七号，逐级变化。设计者可按照需要选择不同的型号。中文的活字还有不同的书写体，主要有宋体、黑体、仿宋体、楷书四种。外文活字体主要有古罗马体（拉丁字母的古体字）、新罗马体（现代罗马体）、歌德体（用宽笔尖写成的六角型的黑体）、无饰线体（笔画粗细一样的黑线）、意大利体（斜体字）、草书体（自由书写的字体）根据字体的大小、黑白、形态的不同，在处理上达到和谐统一，保持基调一致，具有视觉上的整体感。其次在活字设计时应尽可能运用书法艺术，不同的书法艺术能给人不同的视觉感受，表达不同的审美内容。如用隶书书写的企业名称可以表达一种传统的权威感。用篆体字书写牌名，可以给人历史悠久的信赖感。形如龙飞凤舞、行云流水的草书给人一种高雅不凡的潇洒感，巧妙地运用不同的书法能增强广告的表现力和感染力。

②美术字体的设计。在广告设计中为表现广告主题，用一定的图型性的字体，不但能传达很好的视觉效果，而且有很高的审美价值。但在美术字体的设计中要注意造型精炼单纯，易读耐看，不能故弄玄虚，哗众取宠；字体的图形应与广告内容相一

致，准确表达内容的品格。恰到好处的美术字能给人留下深刻而清晰的视觉印象，产生独特的审美感受。

③标志文字的设计。标志文字是用两个以上的文字构成商标或标志符号，或把文字变成装饰图形。如青山湖休闲村用两个山字作为企业的标志，"八运会"用二个八字作为会标。这样的文字标志便于消费者理解企业或产品，由于标志能直接表现企业或产品的特殊品格，在造型上具有形式美的特点，便于消费者区别和记忆，受到广大消费者的欢迎。

④标题文字设计

标题是广告主题表达的重点，因此标题的文字设计至关重要，标题的字形必须符合广告标题的含义和广告产品的属性，作到形式与内容协调一致。标题的字体大小，字体形式，与版面要协调，色彩画面中标题的底色与文字的色彩，要形成较强的对比效果，这样才能有较强的视觉冲击力。

二、广告的色彩

1. 色彩的价值

色彩对人类的物质生活和精神生活有着重要的影响。对色彩美的感受是人类的一种天性，色彩给人以美的感受。在现代广告设计中，色彩占有极为重要的地位，色彩运用的优劣，能决定一件广告作品的成败。色彩在广告活动中的价值表现为以下几方面：

①色彩能有力地传达广告信息。色彩具有传播信息的功能，广告的色彩则有助于广告信息的传播，每种色彩所代表的含义，不是人们主观规定的，而是客观事物本身性质的反映。如麦子黄了，这是麦子成熟的标志，它告诉人们可以收割了。《黄帝内经》记载："五脏之气，故气见青如草兹者死，黄如枳实者死，黑如炲者死，赤如衃血者死，白如枯骨者死，此五色之见死也。

青如翠羽者生，赤如鸡冠者生，黄如蟹腹者生，白如豕膏者生，黑如乌羽者生，此五色之见生也。"这就是说，在古代，人们看面色来判断身体好坏、病情的轻重，五脏表现在脸上的气色，象死草一样的青黑色，是死征；象桔实一样的黄色，是死征；象黑煤一样的黑色，是死征；象败血一样的赤色，是死征。这是用五种色泽来判断死征。而脸若青得象翠鸟的羽毛，是生色；赤得象鸡冠，是生色；黄得象蟹腹，是生色；白得象膀脂，是生色；黑得象乌鸦羽毛，是生色。这是用五种色泽来判断是否有生气。这说明面色是人身体变化的客观反映，在这里，色彩传达的是健康与否的信息。

色彩还是一种视觉信息，是人眼接受外界色光的刺激而产生的一种感觉。色彩使人感情冲动，如有些色彩使人情绪稳定，有些色彩使人心情愉快，有些色彩则使人忧郁懊丧。广告要充分运用色彩传递信息，能引起人感情变化的特点，进一步发挥广告的宣传作用。

②色彩加强人们对广告内容的认知。由于色彩的不同，反映的思想内容亦不同，广告借助色彩的不同处理，创造出不同的广告形象，便于消费者认知，促使消费者对产品及企业的印象固定化。如表现广告作品的色彩多数喜欢用鲜艳，靓丽的色彩，使广告具有引人注目，打动人心的力量。

③色彩的情感作用，有利于加强心理攻势，刺激欲求，从而达到促销的目的。色彩可以诱发人们产生多种感情，表现多种情调。广告色彩应顺应广告媒体的环境特点，与之和谐统一，并符合广告主题的要求，美化和强化广告形象，产生引人入胜的魅力，使人步入美好的境界，从而激起一种购买的欲望。利用色彩给人带来的不同感觉，以宣传商品的形象，达到促销的目的。如在食品包装中充分利用视觉和味觉的通感，采用暖色调、淡红色、奶油色、桔黄色配合再点缀些翠绿色，这样就会增进人的食欲，对消费者产生诱惑力。广告在宣传时要充分注重表现情感因素，表现一定的思想、情绪或情调，为广告主题服务。

④色彩能真实反映客观事物，增强感染力，再现产品形象，生动具体的表现产品的特色，充分展示产品的内涵。如利用色彩表现产品质感的广告，若摄制的珍珠形象十分灰暗，毫无光泽，与玉米粒差不多大小，这无疑是失败的。表现丝绸——"纤维皇后"，采用美妙优雅的色调，展现丝绸的素质，会给人一种飘逸

柔美之感，对消费者产生极大的诱惑力。色彩要与商品本身的功能相一致，如食品不能用大面积的黑色包装。药品外包装的色彩选择要考虑药品的性能，治疗神经的、高血压的药，应少用或不用红色或其他强烈色彩；治疗忧郁症的则需要活泼、强烈、欢快的色调；治疗小儿黄胆病的药物最好是兰紫色的，因为这种色彩的光线对黄胆病有一定的辅助疗效。总之，广告的色彩要有助于真实反映广告产品的质地、品格，使消费者认识产品，达成购买。

2. 色彩构成的规律

色彩的变化对广告效果是至关重要的，把握色彩的变化规律、准确、灵活的运用它，可以提高广告的注意度，增强广告的感染力和征服力，色彩的变化规律可以归纳为对比和调和二类。

①对比。色彩的对比分为：色相对比、明度对比、纯度对比、情感对比、补色对比、同时对比、面积对比等7种。

色相对比，是色彩间纯色度最高、最普遍、最热烈的一种，赤、橙、黄、绿、青、蓝、紫是由于光的波长不同而形成的差别。光的波长差度大的，称为对比色的对比，差度小的称为同类色或类似色的对比。不同色相的对比，产生不同的效果，如对比色、黄、红、青之间的对比，给人以强烈的印象，鲜明爽快的感受。同类色的对比又可以给人带来温柔和典雅的色调。运用色相对比原理设计的作品。其色彩具有强烈的、原始的、诱惑力极强的效果。

明暗对比。因明度的差别而形成的对比，它是由照射光的强度大小不同而形成的。色彩的明暗对比：鲜艳的黄与鲜艳的红相比，黄色显得明亮，红色则显得深暗。明暗对比随程度不同可分为不同的三个层次，明暗差别大的称为明度强对比，光感强，形象清晰度高，视觉上不易出现误差。明暗差别小的称为明度弱对比，光感弱，形象含混不清，远看视觉效果不好，介于二者之间的为明度中对比。明度强对比可以给人以明快、爽朗、奋发的感觉，也产生严肃、生硬、冷峻、空洞、单调的效果。弱对比显得微弱，忧沉或深邃莫测；中对比则给人以安定、幽静、温柔的感觉。

纯度对比。因色彩的纯度的差别而形成的对比。这种对比一般指色彩的饱合度、鲜艳度、彩度的对比。它反映色质饱和程度的等级。比如同属红色，就有色度很强的红、冷峭的红、发白的红、发黑的红。颜色有清、浊之分，指的就是纯度。高纯度色的色相明确、醒目、视觉有兴趣，心理作用明显；低纯度色的色相含蓄、模糊、视觉兴趣小，容易使人感到单调乏味。纯度对比的特点是增强用色的鲜艳感。纯度对比越强，鲜艳色的色相越鲜明生动，增强配色的艳丽、生动、活泼和情感倾向。在纯度较高的颜色掺含白色、黑色、灰色等颜色会产生极不寻常的结果。如在纯度较高的颜色中掺入白色，可以使特性冷化。含白色的洋红出现蓝味；黄色调入白色变冷；紫色用白色淡化形成丁香紫，是一种舒适的淡紫色，给人以愉快、宁静的感觉。而黑色则是光亮度、美的质感的强有力的夺取者，它会离间光亮同色彩的亲密关系，以至使颜色失去反射光的性能。亮丽辉煌的黄色浸入黑色，可以使黄色暗然失色，令人望而生厌。紫色注入黑色后幽暗难忍。如在鲜艳的色调中引进适量的灰色，形成纯度对比，可出现活泼而又柔和的面貌，显得异常协调。但也会出现变暗，或颜色相等。但决不会出现比原色纯度更高，往往使色调走向中性，变得折衷而模糊。所以不少画家为保持色彩鲜明度，对灰色的混合使用十分谨慎，有的尽力杜绝。

情感对比。根据色彩的刺激，引发的心理作用。一个色彩情调的出现，使人有冷暖感、强弱感、进退感、轻重感，或者感到明快而兴奋，或者感到深沉而忧郁，有的觉得华美舒展，有的产生质朴而实在，情感随色泽的不同而不同。一般来说，红、橙、黄等属于暖色；蓝、白、绿属于冷色；黑、灰、绿、紫属于冷暖之间的中性色。冷色与暖色混以白色明度越高，色相越冷；反之，混以黑色明度降低，越增加暖感。色的明度对色的重量感及软硬感觉有很大影响，随明度增高，色的重量感减低而柔软度增大，相反明度降低，量感加重，硬度强化。色的宁静与兴奋感觉受色彩纯度的影响最大，与色相的明度的影响有明显的关系。通常冷色系列中越倾于蓝色调,越感到宁静,越靠近暖色系列的红调色相,越感到兴奋。总之,鲜艳明亮的色彩使人觉得明快,幽暗而浑浊的色彩使人感到深沉。

补色相比。在色轮上,直径相对的两个色相称为补色,它们之间形成的对比称为补色对比。比如红与绿,紫与黄,橙与蓝等(图6)。一对补色邻近排列时,彼此显示出各自的特点,它们之间相互对立又相互依存,彼此使对方保持最大程度的鲜明性,若混合一体,双方色貌同归于尽变为灰黑色。我们有时看红色时间长了,视线转移了会在眼前出现绿色的虚幻的残象,原先看到的和后来眼前出现的虚幻残象,正好是色彩的互补色,这是因为我们的眼睛不断要求全光谱的视觉生理所决定的,有补色关系的两种色彩,在眼睛内可以得到安定平衡状态。这种补色的生理平衡的满足在广告色彩的计设中要给予充分考虑,全版面的红色会出现视觉的补色。

图6

同时对比。当眼睛的视觉感受到一定色彩,即要求它的补色以维持平衡。若这种补色尚未出现,视神经便自动产生,将这种色在色觉上推向它的补色或相对色的地位,然而这种同时出现的色彩并非客观的实在,只是视觉在强度变化和兴奋刺激中活力反射的感应。如把中明度灰色放在鲜绿色旁边,灰色就呈现出带有红味的灰色调。又如在纺织印染品的橱窗布置，可借用色彩空间的同时对比，会产生意想不到的效果，背景色及各种面料色的对照，再加上彩色灯光的照射呼应，整个橱窗的产品产生了五彩缤纷、各放异彩的视觉效果。如果各取出同一个面料产品分辨，就会觉得没有那样鲜艳夺目，光彩耀人。同时对比决定了色彩学在广告设计中的实用价值。

面积对比。两种或两种以上色彩的色域分布多与少、大与小的对比。这是一种比例对比。它是因为不同色彩对视觉产生不同的影响力所至。如同样面积的鲜黄色和紫色，鲜黄色的力量要比紫色大三倍。为此，对于二个以上的色面需要准确处理。如法国国旗，原来红、白、蓝三色等分，旗帜挂出后，总觉得青色面积要宽些，测试得知蓝色的折射度比白、红两色要大。后来把旗帜三色的面积比例作了调整，蓝域：白域：红域为 30：33：37，这样使人感到三色面积是相等的了。

歌德为色调的明暗变化，研制出简明的数据比例，具有一定的参考价值。

歌德的颜色光亮度的数字比例如下：

黄：橙：红：紫：蓝：绿

9：8：6：3：4：6

每对互补色的平衡比例如下

黄：紫 = 9:3 = 3:1 = 3/4:1/4

橙：蓝 = 8:4 = 2:1 = 2/3:1/3

红：绿 = 6:6 = 1:1 = $\frac{1}{2}$: $\frac{1}{2}$

互补色的和谐相对色域如下：

黄：紫 = 1/4:3/4

橙：蓝 = 1/3:2/3

红：绿 = 1/2:1/2

原色和间色的和谐色域如下：

黄：橙：红：紫：蓝：绿

3：4：6：9：8：6

或者

黄:橙 = 3:4；黄:红 = 3:6；黄:紫 = 3:9；
黄:蓝 = 3:8；黄:红:蓝 = 3:6:8；
橙:紫:绿 = 4:9:6。

色域面积的比例准确和有效取决于每种色相最大纯度的状态，当纯度条件发生变化，色域的平衡则被打破。色域面积和光亮度是彼此相联、相互制约的因素，在制定色彩面积对比时要注意光亮度的影响。只有掌握色彩间的对立统一，才能达成色彩和谐，使色彩的有限性，焕发出无限的效果，给人们的视觉带来丰富的美感。

②调和。色彩的对比关系处于一种均衡、协调、统一的状态，是色彩的类似与对立的相互平衡的效果。同时也是色彩在对比前提下为达到和谐而进行的调整组合过程。色彩的调和主要是缩小色彩的对立和差异，缓和对立因素，增加同一性等。具体方法有如下几种：

A. 利用黑、白、灰三种无彩色颜色和光泽色解决过度刺激、不统一、不调和的色彩中。黑色是有分量的色彩，当构图失去平衡时可用它来调节。图案的高光或突出部分可用明度最高的白色来解决。在对比强烈的色彩中可以运用灰色，灰色运用适当，可以使画面色调显得雅致柔和，给人以静谧、安宁之感。银色与其他颜色配合容易起到和谐协调的艺术效果。

B. 增减对比色之间的面积使色彩的明度均衡或缩小色量的差距，从而达到调和。

C. 将对比色的秩序进行重新组合、排列，形成一种渐进的、等差的、和谐而有秩序的调和效果。如，大红与中绿是强烈的对比色，极不调合，但使二者都与柠檬黄混合，可以派生出朱红、橙红、橙黄、中黄、黄绿、草绿等色，把这些颜色依序置于大红与中绿中间，就出现了红到绿的色相系列，减弱了红与绿的对比刺激，而形成色相系列的谐和感。

3. 色彩的情感联想

色彩作为一种客观物质，刺激人们的感觉器官，能使人产生不同的感情反应,这种感情反映有的是心理作用的结果,有的是长期经验的积累,有的是对客观环境的联想。

①色彩的冷暖感。赤、橙给人以温暖感,绿使人感到凉爽,青、白使人感到冰冷。

②色彩的轻重感。明度越高的颜色使人感觉越轻,明度越低,使人感到色彩越重,如黄色使人感到轻柔,黑色使人感到沉重。

③色彩的硬软感。明度越高越软,明度越低越硬;中纯度色具有软感,高纯度及低纯度色则具有硬感;暖色系较软,冷色系较硬。

④色彩的节奏感。暖色调具有快节奏,冷色调具有慢节奏。节奏感还可以运用色相的渐变、浓淡的反复,渲染的重叠,表现出强烈的节奏。

⑤色彩的兴奋与沉静感。暖色系列鲜艳的色彩易使人兴奋,冷色系列及冷色中的深沉而浑浊的颜色呈现沉静感。

⑥色彩的语言象征性。红象象征热情、喜庆、幸福、革命、胜利;又象征警觉、危险、灾难。

黄色象征高贵、愉快、权势;又象征病态、轻薄。

蓝色象征天空的颜色,象征和平与安静、纯洁、理智;另一方面又有消极、冷谈、保守等意味。

绿色是植物的颜色,象征生命,希望、平静与安全,象征青春和大自然植物的生长。

紫色象征优美、高贵、尊严;另一方面又是孤单、神秘的含义。

黑色象征悲哀、严肃、死亡、恐惧。

白色象征纯洁、干净、朴素、高雅等。

第八章 广告文案的写作

广告文案是广告构成的重要部分，任何一则广告都要运用语言和文字来表现广告的主题的创意。然而要作到准确、简明、形象、动人的表现广告，必须经过一番艰辛的劳动才能实现。

第一节 广告文案概述

一、广告文案的概念

广告学的学者或广告公司从事文案撰写工作的人们，对"广告文案"的解释不一。有人认为，广告文案就是广告本身，包括广告的文字、绘画、排版等等；有人认为，广告文案是广告活动过程中的一切文字工作，包括广告策划文本、广告媒体计划书等；还有人认为，广告文案就是广告语。这些观点说明在不同情况下，人们对广告文案的理解不同。归纳广告界对广告文案的一般理解，严格来说，广告文案应为：直接面向受众传达广告信息的所有语言文字。具体来说，广告文案可以分为广义和狭义两种概念。

广义的广告文案也称为广告稿、广告拷贝、广告表现，包括广告作品的全部内容，如广告文字、绘画、照片及其布局等。狭义的广告文案是指直接向受众传达广告信息的全部语言、文字部分。包括广告标题、广告正文、广告语、广告随文等四个部分，不包括绘画、照片等。

二、广告文案的特点

广告文案是广告传播能否获得成功的关键，成功的广告文案应具有如下特点：

1. 目的性

广告文案的写作具有明确的目的性，在写作之前要明确广告主的目的要求，广告的目标，广告要达到的效果是什么？明确谁是广告文案的主角，是企业？是商品？是劳务？其特点和优势又是什么？明确广告文案的诉求对象是谁？他们的年龄层次、文化程度、兴趣爱好、心理需求、消费水平、消费方式是什么？广告的策略和主题是什么？要求广告的篇幅有多长？要写哪些信息？这些信息将如何表述？广告文案的风格是什么？等等。与广告文案有关的一切问题都要在写作之前搞清楚，根据要求，有的放矢的进行广告文案的撰写。

2. 真实性

所谓真实是指广告文案的内容必须是真实准确的。广告的目的可以归纳为：直接促进销售、树立企业形象、建立某种观念、解决实际问题。无论出于哪种目的，广告的内容必须真实。广告大师奥格威曾对广告的真实提出过许多看法，他说："广告必须提供事实，……切忌夸大和不实之词"，"绝对不能制作不愿意让自己的太太和儿子看的广告"，"诸位大概不会有欺骗自己家人的念头，当然也不能欺骗我的家人，己所不欲，勿施于人。"

企业不能为了追求利润而以虚假广告和不实的承诺诱使消费者上当。这样做最终受到惩罚的实际上是企业自己。另外，保证广告的真实性，也是广告公司的重要职责和广告人必备的职业道德。制作和发布虚假广告，不仅是对广告主不负责任，同时也是对消费者的不负责任，最终还要害了自己。

3. 适应性

广告是要给消费者看（听）的，广告信息能顺利地传达给消费者，使消费者接受广告内容，并付诸购买行动。这就要求广告信息适合消费者的需要，广告的表达方式、艺术手法符合消费者审美情趣。甚至广告播出的时间恰是目标消费者收看电视或收听广播的时间。总之整个广告运作，广告表现都能适应消费者，满足他们的物质和精神的需要，才能为消费者所认同、接受。

4. 艺术性

广告文案的写作要根据美学原理，采用丰富多彩的表达方式，以真、善、美的形象来表现广告的主题与创意，让人们通过文稿的艺术形象和生动的语言，获得丰富的内容，给人们以美的享受，加强广告文稿的感染力，提高广告文稿的效益。在艺术的表达上，提倡发挥创造力，调动文案撰写人员的综合、深透的能力，消除肤浅与表面化，能够拥有一种不凡的语言感。如怡彩染发霜是这样表现的：

标题　　　　怡彩只留美色不留染痕

正文　　典雅含蓄的如云黑发，闪动着你丝绸般柔滑光泽轻盈飘逸的棕色秀发，雾一样柔和地在风中飞扬，时尚色调演绎出都市丽人的卓而不群……怡彩让秀发散发浑然天成的迷人色泽，不留丝毫染发痕迹。

由内而外呈现的自然亮泽

怡彩取自优良有机材料的色素，通过温和细腻的霜剂深入头发皮质层内部与头发天然色素粒子紧密结合，不阻断表皮角质层的透明折射颜色由发丝深处显现，令秀发闪动自然晶莹的色泽。

丰富营养滋润

怡彩富含天然果腊和绵羊油成分，在色素进入头发的同时快速地营养滋润，令秀发健康闪亮，流动着富于生命力的色彩。

标语　　有生命力的色彩

5. 效益性

广告文案的功能表现在广告文案所要取得的心理效益、经济效益、社会效益。心理效益是指消费者对广告文案的认知反映，即对广告文案的注意、兴趣、欲望、记忆与行动的程序。经济效益表现为广告文案的促销效果。社会效益体现在广告文案对广大公众的精神文明建设的促进作用。

6. 规范性

广告文案的结构形式通常分为四个部分，标题、广告语、正文、随文。标题，广告文案的题目，它标明广告文案的中心内容或最能引起受众兴趣的信息，是对全文起统领作用的语言或文字。广告语，又称广告口号、广告标语，是广告人为加强受众对企业、产品或服务的印象，从长远销售利益出发，在广告传播过程中，一段时间内反复使用的特定宣传语句，其目的是向消费者宣传一个长期不变的观念，如太阳神集团的口号是"当太阳升起的时候，让我们的爱，天长地久。"著名广告大师威廉·伯恩巴克为"奥尔巴克百货公司"策划的广告，其口号是"做千百万的生意，赚几分钱的利润"。正文，广告文案的主体部分，广告信息是通过广告正文传递的。随文，又称附文，是广告文案的必要附加说明，主要告诉消费者如何购买。指出企业的名称、地址、电话、电挂、购买手续、银行帐号、经销部门等。是位于广告文案结尾处的语言、文字。

三、广告文案的作用

1. 借助文案，巧妙创意，引人注意

广告文案不同于文学作品，对于文学作品人们是出于爱好而自愿花时间去欣赏阅读的。在阅读中感悟人生，体验存在，寻找精神家园。遇到文中不满意的地方，为了满足精神的需求，也会原谅作者而执着的阅读下去。而广告文案则没有这样的幸运，一般受众不会自愿花时间去听、读广告文案。因此，广告文案必须具有特殊吸引力、感染力，能在一瞬间引起受众的注意，并且使他们从头读到尾。

2. 传达信息，诱发购买

这是广告文案的根本作用，广告信息的传播，是通过文案实现的。通过文案的各个组成部分，将有关商品和劳务的功能、特点、对消费者的承诺等信息分别传达给消费者，使消费者对该种商品或服务产生认识，形成兴趣和好感，进而促成人们的购买行动。

3. 塑造形象，表现特色

市场经济的发展，同类产品、同样的服务增多，有些企业已无多大的差别，但通过广告文案的渲染，则能在消费者心中形成完全不同的形象。不同的文案语言文字、不同的表达方式、不同的风格，会把消费者带进不同的意境之中，从而在消费者心中树立起不同的商品、劳务或企业的形象。

4. 诱导想象，点明主题

当我们面对一幅绘画时，可以充分发挥想象力，产生各种遐想。而广告作品中的文案则不容许人们产生各种遐想，它要利用广告的语言和文字对人们的想象力进行诱导，使人们面对图画所产生的想象与广告所要传达的信息相一致。从而要准确、有力地揭示广告主题。

如一则"汽车"电视广告，画面上是一辆翻山越岭长途跋涉的汽车，观众中有的认为，这是一辆节省油料的车，有的认为，这是一辆乘坐舒适的车；有的认为，这是一辆行驶平稳的车。而广告文案告诉受众，它是一辆"安全"的车，如果没有必要的字幕、画外音或人物对话等对画面涵义进行说明、限定，那么广告所要传达的信息和受众对画面的理解会有相当大的距离。

第二节 广告文案的写作艺术

一、广告文案的写作程序

1. 策划主题

明确广告主题，清楚广告主旨，这是撰写广告文案的首要问题。换言之，广告文案的撰写要有准确的针对性。即把问题细分，明确广告文案具体针对的问题是什么，如明确广告的受众是什么人，广告要说明什么问题，传达什么信息？等等。为此，首先要调查目标消费者的基本情况，包括目标地区消费者的人口总数，性别比例、年龄结构、文化程度、职业及收入情况，目标消费者的人数比例等，还有目标地区的社会风俗、政治经济状况等。

其次，对产品情况及市场供求现状进行调查。产品的生产技术问题、生产流程、产品的外观、体系、类别、功能、生命周期等等，都要一一了解，为的是从中找出文案写作的切入点。而对市场供求现状的调查，了解广告商品的现有市场容量，未来的潜在容量，广告商品的市场占有率等。这些信息有助于判断广告的发展方向和文案的撰写策略。

再次，对消费心理和消费行为的调查，是撰写广告文案重要的一环。影响人们消费的原因有多种，消费心理的变化也是多方面的，甚至很微妙。在购物时会因售货员的态度不好而拒绝购买你很需要的某样东西；也会因售货员的真诚服务，一句实实在在的话而买下你并不太需要的东西。有时你并不需要这种东西，可你买下了，只因它的色彩、或造型、或名称吸引了你。这种复杂的心理是由人的基本需要决定的。心理学家马斯洛指出，人的基本需要由低到高排列为七种：生理需要、安全需要、爱和归属的需要、自尊需要、审美需要、认知需要、自我实现的需要。七种需要是互相联系的，不同时期，不同情况需要不同，其中最占优势的需要支配着人的意识，驱动人的行为，其他相对弱势的需要则被抑制，甚至被遗忘、否定。在各种需要中，层次愈低的需要愈具有优先地位，当较低层次需要满足后就转向较高层次的需要。不同层次的需要及转化是消费心理变化的基本原因，它对广告文案的写作很重要。"喝××，解口渴、也解体温""香喷喷，好吃看得见"这是生理的需求，"只要青春不要痘"这是审美的需要，"一颗永留传"这是自我实现的需要。

人们的消费行为亦是复杂多变的。有的人习惯批量购买；有的人习惯于依据价格购买；有的人习惯于随大流购买。不同的消费行为可以分为习惯型、理智型、价格型、犹豫型等。

通过多方面、全方位的调查，目标消费者由模糊的人群，变成了形象具体的活生生的个人，于是广告的诉求点、主题即清晰的凸现出来。

2. 广告文稿的题材

广告主题确定的，就要进一步决定广告文案的题材。常见的题材有如下几种：

长寿。人类对健康和长寿一直都有很高的期望值，许多药物、食品、卫生用品、体育器材、旅游等广告，多数选用健康、长寿题材。康福麦乳精广告："早晨一杯，神清气爽；午后一杯，补身充饥;临睡一杯,安神酣畅。"

平安。人们希望保平安,这是人们基本需求中的一个层次,也是广告常用的题材。如家电不漏电、煤气不漏气、食品无污染、化妆品无毒、药品无副作用等,都可以成为广告颂安的题材。

饮食。食物满足人们生理上的需要,解决饥渴,补充营养,除维持生命以外,还要满足人们对食物色、香、味的要求,如审美、社交、旅游等讲求饮食环境的优雅、舒适;食物的清洁卫生,包装的精美,便于携带等等。前西德的苹果广告:"一天一个,健康快乐",表示该食品与健康的关系,语言简洁明朗、易于传诵。

社会。人的本质在于它的社会性,而社交是社会性的具体表现。亲友、邻里、同事等的交往,逢年过节、请客送礼、婚丧嫁娶等等都是广告的题材。美国西部食品联合公司糖果广告:"这也许是在圣诞佳节你所能馈赠远方亲友的唯一礼物了!"此则广告强调馈赠远方亲友,暗示该产品便于投寄的优点,符合了过圣诞节人们向远方亲友表示友爱的心理。

实惠。购物要求物有所值,获得实惠这是一种较普遍的购物心态。尤其是市场处于淡季时,追求经济实惠的心理则更加突出,表现经济利益的题材更能引起消费者的注意。美国奥尔巴赫公司的广告文案"百万的企业,毫厘的利润",强调企业让利给消费者。外国推销中国自行车的广告文案:"买一辆中国自行车,够您使用一辈子。"强调了中国自行车的经久耐用,迎合了使用者的消费心理。

舒适。追求生活条件的舒适,工作环境的舒适,这是人之常情。因此,日用品、劳动用品、饮食、旅游、娱乐等等,都可以舒适作为广告的题材。如某宾馆的广告词:"不要因为您身处异国而改变您的生活习惯。"舒儿纸尿布广告:"宝宝穿得开心,妈妈选得满意"。表达了该产品让婴儿舒适、卫生,是妈妈为"宝宝"的明智选择。

爱心。中华民族的美德,云山前列康的广告:"捧出一颗爱心，献给千万老人，这是云山制药厂的奉献。"广告尤其使老人感到温暖，产生好感，增强购买欲。

爱美。追求美丽这是人之天性。广告选用美作为题材，给人以美的感受，使人欣赏美，追求美。例如有关化妆品、滋补品、工艺品、金银首饰、时装、旅游等，多数突出美的主题。日本资生堂梦里娇化妆品广告："妆扮出中国女性优美的气质！金碧红粉映佳人"以中国女性的优美气质作感召，以佳人的艳丽为归宿，使消费者在想象中产生美的体验，形成古典美的意境。

自尊。自尊是人的一种需求，维护人的自尊、自爱这是人们乐于接受的广告题材，如勉励不甘落后、奋发图强，赞扬意志刚强、富有理智、处事乐观、冷静等。河南"西施兰"夏露广告："如果您意识到每周仅花几秒钟时间就能恢复您的自尊和自信，您就会觉得西施兰的珍贵了。"

关怀。人普遍都具有同情心，用关怀、安慰、友善的行为做广告题材，可以更好地争取人们对商品、企业和劳务的信任与支持。如某眼镜公司广告："车祸可怕！配一副好眼镜，过马路不担心"。该广告表达了对近视眼，老花眼患者的一片关怀之情，使他们为防止可怕后果而采取行动——配置眼镜。

历史。用传统的工艺、经验、风格、风尚、民族特色、地方独有的风貌等作广告的题材，强调历史的悠久，如中药、工艺品、食品、旅游等都较多的采用。养颜的滋补品强调它是宫廷秘方，工艺品强调它的传统技巧，旅游景点强调它是名胜古迹，历史久远。

方便。强调其产品使用的便利、快捷。如平时人们俗称的傻瓜照相机，方便面等。卡西欧电子琴广告："您只要用一个手指头，就能弹出美妙动听的乐曲。"台湾微波炉的广告："6:00下班回家，6:30享受热腾腾的晚餐。"这些广告皆是突出了产品的方便。

成才。选用勉励人们积极进取，奋发向上，在事业上为人类多做贡献的题材。太阳神口服液广告："您的孩子需要最真切的帮助和鼓励。太阳神愿与您一起帮助孩子走上成功路"。利用父母望子成龙的心理,真诚的祝愿,获得消费者的好感。某钢琴厂的广告:"学琴的孩子不会变坏"。针对孩子会学坏的社会问题,作出进取的许诺,吸引消费者。

3. 构思广告文

如何把明确了的广告主题用具有吸引力、形象、生动、准确的语言表达出来,这需要有巧妙的构思,具体说有:

①直觉思维法。即将广告文案所传达的信息用生动、具体的语言、文字表达出来。如上海防酸牙膏强调它的防酸作用,指明具有防酸、防蛀、脱敏、止痛等功效。然后进一步指出,防酸牙膏具有,"从中草药中提取的有效成份,经医药卫生部门鉴定:对牙齿酸蚀、牙龈萎缩、牙根暴露、牙齿磨损、遇冷、遇热、遇甜等牙本质过敏所引起之牙齿酸痛,具有特殊防治效果,经常使用效果尤为明显。对无牙病的人,亦有良好的保健作用。"又如"黑妹牙膏"的文案直接表述为"本品的特点是:国际香型,内含口洁素,其泡沫丰富,快白牙齿,不伤牙釉,早晚使用倍感清新、舒适爽口。"

②联想思维法。运用心理学的联想现象,使消费者接受广告文案宣传的产品。联想有很多种,接近联想、相似联想、对比联想等。

运用接近联想的广告。如挂壁扇广告:"壁挂电风扇不占空间,对淘气小孩最安全。"受众由照顾孩子安全,联想到壁挂电风扇孩子碰不到,不会出危险,同时又不占空间。

运用相似联想的广告。台湾牛仔裤的广告:"有如第二'皮扶'。"用与皮肤相似来说明牛仔裤的良好质量;又如新飞牌电冰箱广告:"谁能惩治腐败?"把政治腐败与食物腐败联系起来,巧妙地用人们对社会上腐败现象的憎恨,注意能惩治腐败的是谁的迫切心理,说冰箱能惩治腐败寓庄于谐。这是运用由一个意象联想到另一个与它相似的意象的心理活动,将广告信息用与之相似,更容易为消费者接受的意象表达出来,这种表达方式,既可以把抽象的思想与情绪具体化,又可以使枯燥、呆板的信息变得生动活泼,使人过目不忘。

运用对比联想的广告。这是由某一意象联想到与之对立的意象的心理活动。广告文案诱导消费者将广告信息与其相对立的意象进行对比，从而加深对广告信息的印象，如前西德西门子公司广告："本公司负责产品维修的人，是世界上最'孤独'的人。"维修的人"孤独"是由于没有人找他修车，这说明车的质量过硬。法国雷诺汽车广告："废品！只因汽车行李箱底部有一道轻轻的划痕。"用"废品"说明汽车的优异质量。

③迂回法。在广告宣传中，人们有时对广告会产生一种逆反心理，对广告所述产品的优点、功能，作用产生抵制情绪。撰写广告文案不直接宣传广告产品的优点、功能、作用等，而且迂回的手法制造一种氛围，使消费者不自觉地把个人的情绪、愿望、价值观投向广告产品，接受广告产品。美能达相机广告，"你只要考虑拍摄什么而不必考虑怎样拍摄。"它用平淡朴实的语言，含蓄地告诉消费者，这是全自动的照相机。妙在看似不经意地突出了产品的优点。三洋"可舒目"彩色电视广告，不直接讲电视机护眼装置的作用，而是把人们引入看电视对儿童眼睛有害的氛围中，发出"眼睛无罪，救救电视儿童的眼睛"的呼声。以此作为广告语，一下子就触及到人们的关心点——儿童的眼睛，这时电视机的护眼装置与儿童的眼睛联系在一起，表现出对儿童的一份爱心，给人留下美好印象。法国雪铁龙轿车的广告；"你猜，法国的'第一夫人'是谁？法国'第一夫人'与您同行。""第一夫人"是对总统夫人的美誉，广告利用"第一夫人"这个特殊的社会用语，既暗示了各国总统夫人都选择雪铁龙车做座车的信息，又利用了男人视轿车如妻子的奇特心理，给消费者以无法回绝的商业导向。又如法国某轿车广告："你可能不相信，三个轮子的轿车也能跑。"这则广告突出了轿车的这种近乎夸张到不可能的特性，把人们的好奇心引到"三个轮子的轿车也能跑"上来，促使消费者不自觉地产生各种奇妙的想法，达到广告的预期效果。

④情景描述法。即着眼于现实与想象的结合，把各种不同的未来和可能看作一个整体，用丰富的想象力和创造力，把某一事

物随时空的推移、受周围各种条件的影响而产生新的情景，生动鲜明地描绘出来，以达到正确预测的目的。形成新的广告氛围。如某茶馆的广告："四大皆空，坐片刻无分尔我/两头是路，吃一盏各自东西。"文案把茶馆描绘的栩栩如生，茶客对于店主来都是过往客人，为了生意不分厚薄，一张笑脸、一盏茶，进来的茶客稍坐片刻互相聊上几句，不分你我，吃完茶各自东西毫无牵挂。茶馆人来人往的热闹，只可坐不可留的情景形象的出现在受众面前，吸引消费者进去坐片刻吃盏茶。祛痱一滴灵的广告是："明天起来，您就会惊喜地发现：宝宝身上痱子消失得无影无踪。"以病情的好转，宝宝的健康，大人的喜悦说明药效的神速，从而突出产品的品质。

4. 文案的完稿

文案的完成不同于散文、诗歌、小说等文稿一挥而就，向读者展示灵感，表达某种意境、思想。广告文案完成后要认真检查，是否准确、全面的传达了广告信息。文稿的表达是否科学合理，措词是否妥贴、吸引人，有没有违犯撰写广告的戒律。经过多方面推敲，发现不足之处认真修改，然后定稿。

5. 广告文案的测定

广告文案写好以后，必须对其进行必要的检核与修改。检查文案是否为受众欢迎，接受它所传达的信息后，能否唤起受众购买产品或接受服务的欲望。这种检查在广告文案发布之前进行，通常称为事前测试。

事前测试可从两个方面进行：

①在广告主和广告公司的内部进行。首先检核基本要求是否达到，如广告文案是否包括全部广告要素在内；是否包括产品、服务的主要销售特色等。继之，对广告文案的质量进行检查，如广告文案的标题是否醒目、吸引人？第一段能否承上启下，引导广告正文？在广告文案结构的布局中品牌名称是否放在突出位置上引人注目。广告文案的语言是否通畅、准确？等等。在每一个问题后都附有"很好、好、一般、不好、很不好"五个等级，由参加测试的人根据自己的看法作出选择，最后对测试结果进行综

合分析，判定广告文案的优劣。如若是印刷广告，还应进行可读性测试。可读性测试有几种公式可以采用，其中最常用的是由佛莱齐推广使用的"佛莱齐公式"：(1)文案中所有语句的平均长度；(2)文案中所用词汇的音节的平均长度；(3)文案中人称文字占所有文字的比例；(4)在100字长的文案中人称语句占语句总数的比例。佛莱齐公式认为，最易读的广告文案每句为14个字、每100字有140个音节，10个涉及人称的文字，总计有43%的涉及人称的语句的方案。

②实地访问调查。这是对广告受众进行广告文案的测试。为了保证测试的效果，测试对象的受众最好用随机抽样的方法来确定。如果随机抽样有困难，也可以任意选定测试对象，如商场中的购物者、公园中的旅客等等。不管选择什么样的人群，都是为取得潜在消费者对广告文案的意见，以判定广告文案可能产生的传播效果和诉求效果。

对潜在消费者的测试有如下几种方法：

等级测试法。一则将发布的广告作品有几则文案备选，此法可以帮助广告公司评定其优势，决定取舍。具体作法是请选定的受众阅读被测试的几则广告文本，或收听被测试的文案录音。然后请他们按照事先给定的标准，对所有被测试的文案效果进行评定，分出等级，按好坏的顺序排列出来。评定文案效果的标准有多种，最常用的一种是"文案说服力"，经常使用的问题有："你认为下面这些广告哪一则最可能被你阅读？""哪一个标题会使你信服某产品的高品质？""哪一个广告在说服你购买方面最有效果？"等等。也可以同时向被测者询问对某则广告文案评价最高的原因。从而了解受众真正喜欢什么样的文案。

搭配测试法。将作为测试的文案和不是测试的文案搭配在一起，对被邀请的受众进行测试。具体作法是：将真伪文案混杂，请受众依据自己的意愿决定阅读时间，当受众交卷时，请他们回答下列问题：能回忆起哪些文案？能记住哪些内容？喜欢哪些文案？为什么喜欢这些文案？从中可以获知哪些文案最能引起受众的兴趣，哪些最容易吸引受众。搭配测试法的文案每次可有5～

10则，被测试的文案必须完整，以保证测试结果的公正、准确。

投射测试法。这是用来测试文案的某一部分（如标题）的方法。具体做法是：将被测试的文案去掉标题，同时提供包括原标题在内的多个标题，由参加测试的受众自由选择他们认为最适合的标题。以此测定文案的标题受欢迎的程度。

邮寄测试法。通过邮寄测试广告文案的方法。具体做法是：把广告文案印刷在杂志、明信片、纸张上，寄给杂志订户或目标消费者，一般时间以后，以通信方式询问收件者对广告文案的看法。

经过测试，被认同的文案，就可以进入实际应用的阶段。

二、广告文案的写作语言和修辞技巧

1. 广告文案的语言特性

广告文案的语言和其他语言，如文学创作、新闻报道等皆不同，它具有自己的创作特点：

①真实性。从根本上说广告的目的在于说服消费者购买广告所提供的商品或劳务。要说服消费者，必须从消费者的利益出发，诚实地向他们宣传，如实地介绍商品和劳务。为了杜绝虚假广告，1985年国务院办公厅《关于加强广告宣传管理的通知》的第二条指出："广告的内容必须真实、科学。保证广告的真实性，维护广告的信誉，是广告客户应负的社会责任和法律责任。每个广告客户都必须对自己的广告负责。凡是弄虚作假，包括盗用名牌产品的商标刊登广告，欺骗消费者的，都要追究责任，给予惩处。凡造成严重损失和后果的，要依法惩办……"1995年2月开始实施的《广告法》亦明确规定："广告不得含有虚假的内容，不得欺骗和误导消费者。"对宣传虚假广告的处罚亦作了明确的规定，"利用广告对商品或者服务作虚假宣传的，由广告监督管理机关责令广告主停止发布，并以等额广告费用在相应范围内公开更正消除影响，并处广告费用1倍以上5倍以下的罚款；对负有责任的广告经营者、广告发布者没收广告费用，并处广告费用1倍以上5倍以下的罚款；情节严重的，依法停止其广告业务。构成犯罪的，依法追究刑事责任。"对发布虚假广告的处罚

是,"发布虚假广告,欺骗和误导消费者,使购买商品或者接受服务的消费者的合法权益受到损害的,由广告主依法承担民事责任;广告经营者,广告发布者明知或者应知广告虚假仍设计、制作、发布的,应当依法承担连带责任。……"可见,广告的真实是广告文案首要的特征,强调广告文案要如实地介绍商品,决不能无中生有,画猫似虎。

②艺术性。广告文案要求真实,但不排斥艺术渲染。广告文案的撰写不能只是对商品、劳务、企业进行纯客观的描述,而是渗透创作者的主观意念,通过自己的感受去打动消费者,使消费者在轻松愉快的氛围中,饶有趣味的情绪中接受广告信息。艺术加工是以客观真实为基础的,是对商品、劳务、企业客观真实的艺术表现。

③创造性。在广告繁多的今天,广告文案作者时刻都面临着新的宣传对象,根据不同的广告对象寻找恰当的表现手法,使广告文案具有独树一帜,产生过目不忘的创作表现,为此广告文案的创作必须建立在对宣传内容的深入了解和认识的基础上,建立在对广告对象的心理状态准确把握的基础之上。只有这样才创作出深入人心的广告,达到促销的最终目的。创作不是胡思乱想,不是耍弄噱头,更不能做"离谱"广告,不能用怪诞的内容和手法来撩拨消费者,愚弄和误导消费者,给社会增添不安定的因素。南京宁恳食品有限公司在报上刊出广告,"凡看见广告者,均可于5月16日至18日下午2时至4时,到银都饭店二楼领取5瓶神州纯水果汁——无限量供应。"当时下午便招来许多人,送果汁的汽车一到,果汁立刻分送完。而且"看见广告者"愈聚愈多。人流如潮,下午3时,果汁已供应不上。在烈日下烤晒的人群,不满情绪上升,出现骚乱,有人冲上楼去,大有一触即发之势。厂家怕事态扩大难以收场,只好报警。在10名警察的维持下,才把围得水泄不通的道路清理出来,放行遭阻已久的各种车辆。经过紧急磋商,将发放地点改在清凉公园。据统计,厂家为此先后耗资15万元,发放果汁1200箱,但仍有很多人对没有领到果汁而不满,该厂还因扰乱治安、被罚款3000元。做广告

追求创意新颖，要有艺术性，要有幽默感，引人入胜，但决不能为追求轰动效应，而故弄玄虚，做"离谱"广告。

④情感性。广告文案要以真挚的情感打动消费者，以真诚的态度促进消费者的互通，互相理解，为此语言要恳切，言辞要谆谆。在广告文案中不能故作姿态，刻意雕琢，专门用一些华美词句希望引起消费者的注意，更不能用油腔滑调、轻浮的语言，因为这不但不会取得消费者的共鸣，还会引起消费者的反感，阻碍广告信息的传播。

⑤伦理性。广告在宣传过程中，起着传播文明、发展文明的客观作用，在对产品、劳务、企业的广告运作中，潜移默化的传播优秀的伦理道德观念，进而培养人们的艺术鉴赏能力、审美能力。太阳神广告："当太阳升起的时候，我们的爱天长地久！"广告语紧密配合太阳神的永恒旋律，突出太阳初升的瑰丽意象，强调爱的永恒，渲染了一种和谐的人间情怀。广告文案应起到传播美好追求、健康心灵的作用。"拥有健康，孩子才拥有一切！"（保健液）"崇尚完美的质量，追求长远的发展！"（营养品）"为了明天，为了孩子的成长！"（学习机）"伴随您走向世界！"（录像带）"请珍惜生命！"（营养液）"向生命极限的挑战！"（营养液）"母爱情深，给最爱的宝宝！"（保健饮料）等等。从而可见，广告文案在宣传精神文明、表达美好的伦理道德观念方面起着不可替代的重要作用。

2.广告文案的修辞技巧。修辞在文案中具有重要的作用，它直接影响广告信息的传播和思想的表达。修辞应注意如下几方面：

①准确通顺。广告文案的文字语言要进行认真的锤炼，广告文案的作者在对产品、劳务、企业要传达的信息完全把握之后，自然会形成一种思想、一种观念，但这并不等于表达这种思想、观念的文稿也已形成，还必须有遣词造句的功夫，要能用恰当的词汇，使思想和语言的表达相一致。避免词不达意的现象出现。

②情真意切。文案的语言修辞对消费者应有感染力，具有煽动性，使消费者的情感与广告内容联系起来。在广告文案中富有

情感的修辞,一种是用重章叠句、排比反复的方法,反复吟咏,一唱三叹,起到荡气回肠,饮醇自醉的效果。如孔府家酒电视广告文案:"千万里、千万里我一定要回到我的家。我的家,永生永世不能忘记。孔府家酒,叫人想家。"从消费者心理分析"千万里"、"我的家"的反复吟咏不是形式上的简单重复,而是造成强烈的刺激和深刻的感受。再加以千万里归来合家团圆的画面,回荡抒情,令人感动,产生购买欲望。再一种是运用激越情语,紧凑短句或洁语、反语等,形成猛烈的感情冲击。《女友》杂志社"走向市场"函授招生广告:"下海!下海!何处下海;"发财!发财!何以发财;乘新风,赶新潮,走向新世纪。"广告语充满力度,使人过目不忘,怦然心动。第三种是,柔润式抒情语言。这种语言具有细腻、柔婉,如滑滑细流,濛濛春雨;如幽兰暗香,游丝飘空,令人心旷神怡,感到格外亲切。如一则麦氏咖啡广告"朋友情谊,贵乎至诚相处,互相支持帮助,互助激励。啊,滴滴香浓,意犹未尽!麦氏咖啡,情浓味更浓!"用表现家庭欢乐、朋友情谊可贵的温馨气氛,衬托麦氏咖啡是温馨家庭的必需品。台湾父亲节经销精工表广告诗:

　　　　从来,只记得母亲纤细的手臂,
　　　　似乎,很少注意父亲严肃的脸庞。
　　　　父亲以他深厚宽广的爱,
　　　　终年为家园默默耕耘贡献。
　　　　雨来他遮,风来他挡,
　　　　如今,苗也成材,
　　　　正恣意地伸展它粗壮的枝干。
　　　　但曾否留意那日益垂老的园丁?
　　　　疲惫的眼神、两鬓的霜。
　　　　若能呼唤时光倒流,
　　　　唤回他灿烂的青春,
　　　　我愿,我愿呵……
　　　　向伟大的父亲致敬!

全诗感情真挚,人物形象突出,语句凝炼,音调和谐,用父亲和子女们的至情，唤起消费者的共鸣，从而进一步树立精工表品牌的知名度，赢得消费者的好感。

③恰当比喻。比喻可以使人产生联想，不妥或错误的比喻会使人产生错觉，严重影响广告宣传效果，恰当的比喻可以使人快速理解广告内容，浮想联翩加深对宣传内容的印象。《文化与生活》杂志的广告是："您如不订《文化与生活》，本刊将失去一个读者，而您将失去一个世界。"每份报刊杂志都能向人们展示一种生活的新天地。所以用世界比喻杂志，绝妙。失去读者与失去世界相比，当然失去世界损失更大，人们皆希望有所得，不愿有所失，不少读者是受了广告语的影响与该杂志结下了不解之缘。雷诺汽车广告："每秒吞食50m道路的威猛劲道。"用"吞食"一词，使人形象地感受到速度之快。更妙的是，把时速180km转换成每秒50m，使人直接地、感性地认识该汽车的速度、质量，一下子把消费者吸引住，印象极为深刻。纽约某托儿所广告："到我们这儿来吧，瓜一样甜、水仙花一样嫩的乖乖!"用孩子们喜欢的甜瓜和水仙花来比喻他们，极易产生亲近感。又如某豆腐店广告："老板肩挑日月，夫人手搏乾坤。"形象比喻了夫妻合力经营的效果，把老板日月挑水称"肩挑日月"，妻子每天推磨称为："手搏乾坤"，含蓄隽永，妙不可言。此联一经贴出，街市哗然。

④巧用动词。广告中形容词过多，往往有哗众取宠之嫌，为此，巧用动词可以使表意完善，避免失误。例如人们一般不说："高血压是对老人健康的一种威胁"，也不说，"高血压对老人健康有一种威胁作用"，而说，"高血压威胁着老年人的健康"。在这三个句子中，唯独第三句语气通达、主词明晰，利于积极传达。来味牌麦片的广告语："纽约正在把它吃光"该广告不是渲染麦片本身的质量，而是用动词"吃"，"吃光"在消费者心目中留下了这是风靡全纽约的食品的印象，在消费者心中唤起一种强烈的欲望：全纽约都在吃它，我为什么不试试？

⑤用谈话式的自然语调。这样可以贴近生活，使人感到自然、亲切、可信、容易记住。如雀巢咖啡："味道好极了!"乐百

氏奶:"乐百氏,今天你喝了没有?"娃哈哈:"喝了娃哈哈,吃饭就是香。"蓝天六必治牙膏:"牙好,胃口就好,身体倍儿棒,吃嘛嘛香。"大宝:"要想皮肤好,早晚用大宝","咱也要对得起这张脸。"

⑥妙用文言与白话。在广告语言中,白话文是主流语言,白话文通俗易懂,亲切自然,语义细密,但在白话中适当运用文言,扩大语义的涵盖量,具有幽远的雅致,又可为文章增加色彩。用白话也好,文言也好,关键在于达到传情达意,锁定目标。

⑦妙用调侃,增加幽默感。调侃在广告修辞中可以运用,但不能流气,文明、优雅的调侃可以增加广告的幽默感使人过目不忘,或在引人开怀大笑之后,留下深刻印象。法国某香水广告:"我只爱一个人,我只用一种香水。"凤凰防皱增白化妆品:"爸爸变叔叔,妈妈变阿姨。"幽默地说明了该化妆品的良好品质。瑞士裘皮大衣广告:"该大衣唯一的缺点是——将使您不得不忍痛扔掉以前购买的内衣。"以幽默的语气,滑稽地作出扼腕叹息之状,突出地暗示该广告产品具有不同凡响的高贵典雅气质,以致过去购买的衣服已无法与其搭配。"天仙牌电扇广告:"实不相瞒,天仙牌的名气是'吹'出来的。"它诙谐地道出了抽象的道理,表面上是贬意,但巧妙地与电风扇的功用紧密相连,在俗语中突出了电扇的不凡品质。

第三节 广告文案的构成元素的写作

一、广告标语

1. 广告标语的概念、作用、特点

广告标语又称为广告口号,也称广告语。《辞海》解释广告语是"为达到一定目的,实现某项任务而提出的,有鼓动作用的,简炼明确的语句。"广告语是广告文案的重要组成部分,它是从长远销售利益出发,为加强公众对企业、商品或服务的理解而牢记的一个确定的观念,这个观念在广告活动中长期反复使用，无形中成为人们购买商品或劳务时的选购依据。

广告标语的作用大致有如下几方面：

第一，广告语传达一种长期不变的观念，使广告活动呈现出连贯性和一致性，广告语贯穿广告活动的始终，传达关于企业、商品、服务的长期不变的观念，使同一企业、商品或服务在不同时期、不同目的的广告活动呈现出连贯性和一致性。如力士香皂用人们对明星的崇拜心理，请本世纪走红的所有美国女演员都作力士广告："力士香皂——国际著名影星的护肤秘密。""十个明星九个使用力士香皂。"这两则广告语在很长的时间内都是推销员最响亮的广告用语。

第二，加深公众对企业、商品或服务的记忆，起到持续的直接促销作用。广告语一般都朗朗上口，易懂、易记，加之广告语的长期复述，受众对广告语宣传的企业、商品、服务认识的加深，形成强烈地购买欲望，当购买行动完成后，自然会产生一种满足感。

第三，潜移默化地改变受众的消费观念。广告语长期、反复的宣传会对人们的思想产生潜移默化的影响。尤其是新产品的广告语常常包含新的消费观念。如中国历来没有以钻石做为结婚戒指的传统，这一方面是因为钻石价高，非一般收入者所能承受；另一方面，在于中国一般消费者都认为黄金和玉类宝石是恒久与坚贞的象征。世界最大的钻石生产商戴比尔斯90年代在中国大作："钻石恒久远，一颗永流传"的广告宣传，这实际上为中国的消费者带来了以钻石象征永恒的观念，改变了他们对首饰的传统观念。现在，许多生活在大城市的青年情侣已不再钟情于黄金饰品，转而将钻石作为对美满婚姻的永久纪念了。

第四，广告语对精神文明建设具有积极作用。有助于完善人生理想、价值观。为了得到消费者的认同，一些广告语努力吸收与消费者群体的人生理想和价值观的有关内容，进行高度概括，形成很典型的，具有很强的代表性和感染力的观念，对当代青年人的人生理想产生巨大影响，如杉杉集团企业形象的广告语："立马沧海，挑战未来。"广告语催人向上，积极奋发，深得消费者喜爱。如"风头浪尖，荣耀与共"（服装）"汇华贵、高雅于一身，集成功荣耀于一体！"（针织毛衫）等等。其次，广告语对消费者的审美情趣具有影响。广告语在宣传产品的过程中向人们传达了一种温馨、和谐的审美情趣，向人们说明什么是真正的美。如"年轻由爱心滋养"（化妆品）"霞飞创造你的自然美"（霞飞牌化妆品）"淡淡清香就是清洁的证明！"（香皂）等。再次，广告语对社会流行文化的形成具有促进作用。因为广告语能迅速深入社会文化，并且推动一种新的流行文化的形成，它本身也往往脱离对商品的依赖，被赋予新的生命，成为一个时期的"发烧语"。如雀巢咖啡的"味道好极了！"成为人们赞美一个好味道食品时的常用语。"杉杉西服，不要太潇洒"（西服）的"不要太……"成为人们赞美一样好物品、一件好事的口头语。

广告标语与一般的语言表达方式不同，具有如下特点：

第一，信息确定而且单一。广告语仅仅是一句口号，因此不能也不必负载全部的广告信息，它只需准确而响亮地表达一个概念或思想。

第二，语式短小精干。为了便于理解和记忆、传播，广告语的语言表达要思想明确，语言简洁、句式短小。

第三，语言通俗易懂。为使广大受众迅速认同和接受，并乐于传播，广告语的语言词汇必须是广大群众喜闻乐见的语句，容易记住的词汇。不能用生词、新词和难于辨认的文字。

第四，流行时间长，范围广。广告语一般在一个相当长的时间内不会改变，要连续使用。广大受众对广告语的认同是一个较长的时间过程，要有一个接触、认识、记忆、流传的发展过程，因此广告语一经播出，不应随意变动，要保持一定时期的稳定性。

2. 广告标语的类型

常见的广告标语有如下9种：

①颂扬式。以平稳的语气，自如的态度，直接陈述的方法，称道商品式劳务的特征和优点，从而加深消费者对其印象。如"哪里有华发，哪里就有快乐！"（华发牌音响）"海鸥表，计时之

宝！"（天津海鸥手表）"有了万家乐，家庭更快乐！"（万家乐电器）。

②号召式：充满信心，以鼓动的词句诱导消费者购买。如"要将牙病防，洁银帮你忙。"（洁银牙膏）；"太阳神，让生命尽显健康本色！"（太阳神牌口服液）；"金利来男人的世界！"（领带）。

③情感式。以丰富的想象，幽默、风趣的笔法，轻松愉快的语气强调商品或劳务的特征，激发消费者的联想，诱发购买欲，如"一针一线豹王情，针针线线豹王心！"（豹王牌皮装）；"中秋蜜意，比欧浓情，饮得高兴，心想事成！"（比欧牌电器）；"其实，男人更需要关怀。"（丽珠得乐）；"输入千言万语，打出一片深情"（四通公司产品）。

④标题式。广告标语与广告标题，合为一体，放在标题的位置，使广告标语一身兼二任。如"在出租汽车行业中，艾飞斯只是第二！"（艾飞斯出租车广告）。"人人求长寿，长寿505"（505神功元气袋）。"曙光先照新港城，诚聘贤士光日照"（山东省日照市招聘人才广告）。

⑤幽默式。以轻松、诙谐，翻倒式的语言表达广告语。这类广告语一般是语言风趣，引人发笑，但又意味深长，耐人寻味。如一则电冰箱的广告："把'新鲜'拉出来"即表达了电冰箱保鲜的作用，又说得"新鲜"有趣。"约会前，请擦皮鞋"（擦皮鞋广告）；"只要青春不要痘——遮不住的烦恼"（绵羊霜）；"如果您不进来吃，我俩都要挨饿！"（饭店）。把"请进来吃"反过来说成"不进来吃"，并直率说出顾客不上门，店家自己也挨饿的事实，令人忍俊不禁的同时，乐于让彼此都不挨饿。"和你嘴里的一切敌人作战。"（格里姆牌牙膏）不说牙膏具有爽口杀菌的功能，而用"和你嘴里的一切敌人作战"表示其功用，诙谐有趣。

⑥贬义褒用。用贬的形式，表现褒的内容，即寓褒于贬，使广告语别开生面。如一则牙刷的广告"一毛不拔"；电脑广告"这部电脑的缺点是不能为您冲咖啡。"言外之意电脑不做冲咖啡的小事，专做大事，以短托长。某臭豆腐广告"臭名远扬，香飘

万里。"以臭衬香，寓庄于谐，达到奇妙效果。

⑦俗语式。以通俗谚语、俗语表达广告信息。如"万家乐，乐万家"（广东"万家乐"热水器）"孩子孝，爸爸笑"（台湾菲利浦电须刀）"不打不相识"（佳友牌英文打字机）"中意冰箱，人人中意"（中意冰箱）巧妙运用了产品的牌号。"她工作，你休息"（凯歌牌全自动洗衣机）形象地突出了产品的全自动性能，通俗而易懂，便于传播。

⑧综合式。多种形式为一体的广告标语。如"家中一分子，个个都中意"（狮球牌花生油）这是把颂扬式与幽默式综合使用，从而使广告语寓意更加深刻。"为了孩子，为了未来，拥有文化，拥有明天。"（港、台、大陆明星希望工程巡回义演）这是把情感式与号召式混合应用，广告语充满了对孩子的爱，对未来的希望，以及对民族文化的责任感。"娱乐生活，家庭享受，高保真立体声陪伴你我共渡良宵!"（音响）赞扬与情感相结合。

⑨承诺式。用果敢的语言作出对受众的许诺。"连续工作一年，机体保持恒温"（电扇）"无霜＋省电＝上菱＝金奖＋A级"（冰箱）"生活多多，三点就够"（三点发胶）"伊思丽使我更美丽!"（伊思丽化妆品）其实广告都有承诺的意思，承诺式的广告语是指其承诺成份重些，明显些。

3. 广告语的写作技巧

①包含名称。广告标语是为宣传商品服务的，因此商品的名称应尽可能的包含在广告标语之中，以便使消费者随时读到、听到产品的名称，加深印象。如"何必再自艾自怨？为什么不试试自然饮!"（自然饮口服液）"肤尔健在手，皮肤病能除!"（肤尔健浴液）"桑塔纳为中国足球尽心尽力"（桑塔纳牌轿车）。

②"五易法"。广告语要求易读、易念、易听、易记、易反复。如"长城电扇，电扇长城!"（长城电扇）。"叩开名流之门，共渡锦绣人生"（上海精品商厦广告）。"东西南北中，好酒在张弓。"（张弓酒广告）"晶晶亮，透心凉!"（雪碧汽水）"康师傅方便面，好吃看得见。"（康师傅方便面）。

③激发想象。广告语要含义深刻，诱导人们的情感，提高人

们的审美情趣。如"现在从头发上洗刷掉岁月的痕迹了。"(台湾洗发精广告)用购买者使用后的满意心情，说明人到中老年，头发花白不用愁，既有沧桑感，又不失人间情怀。"全身肌肤，凡士林细意保护（上海凡士林特效润肤露广告）。广告语巧妙地突出了该产品周到细致温柔的服务意向，给顾客一份呵护，一片情，令人产生好感。"一经拥有，终生何求。"(飞亚达表广告)。充分展示拥有该表的消费者的超凡、满足的心情，从而引起人们的联想，引起购买欲望。"发光的不完全是黄金"(美国银制制造商广告)。金子到哪里都发光，尽人皆知，反其道，发光的不全是黄金，还有什么？令人深思，以此暗示该银器制品纯度高，能象黄金制品一样发光，以示质量上乘。"最女人的表"(风华女士精工表广告)。用女人来比喻手表，以说明手表的小巧、美丽，富于想象。同时，该广告语也体现了一种最纯粹的女人骄傲，给人留下深刻印象。"人生仿如表盘上的指针偶尔分离，但始终有相逢的一刻"(雅确表广告)以表盘上指针的分分合合现象，比喻人生的悲欢离合，深蓄人生哲理，又对人生充满美好的信心，思想深刻，发人深思，品格独具。

④短小俏劲。广告语应简短，不易过长，大约在8个字左右为宜。如"今年二十，明年十八"(白丽美容香皂)。"冬天里的一把火。"(美加净滋润唇膏)"柔美肌肤，由旁氏开始"(旁氏护肤霜系列产品广告)"新鲜的一天，从刷牙开始"(台湾牙膏广告)。"谁说人不能飞"(耐克运动鞋广告)"今日光辉，永留回忆"(柯尼卡胶卷广告)。

⑤有较强的节奏感、富韵律。如"不下则已，一下倾盆"(莫顿食盐广告)。"脏衣成堆不用慌，皆因洗衣有凤凰，品茶听歌曲未了，衣上竿头照阳光"(凤凰洗衣机广告)。"此时无霜胜有霜"(日本某电冰箱广告)。"天上彩虹，人间长虹"(长虹电视机广告)。"车到山前必有路，有路必有丰田车"(日本丰田汽车公司在中国的销售广告)。"杞人不忧天，幽兰洒人间"(幽兰牌味精广告)。

⑥阐明利益，激发兴趣。消费者总是希望物有所值，得到公

平的交换,广告则应尽力表达产品或劳务给人带来的利益,以实惠、效益吸引消费者。如"你简直不知道你的黄牙锈都到哪里去了"(白素丹牙膏广告)以夸张的语气,表达使用者的惊喜心情,突出了该产品的去污力强。"一举两失,蚊虫污垢齐消失。"(英国必扑牌电蚊香广告)巧妙反用"一举两得",表达了该产品的两种功能,风趣地说明了它的效益,给人留下好的印象。"吉普打火机每天使用,20年后唯一该更换的部件无非是它的铰链"。(吉普打火机广告)用一个老用户的口吻进行叙述,以具体的数字说明该打火机的质量优秀,经久耐用,树立了广告产品的美好形象,激发了消费者的兴趣。

此外,广告标语的撰写还可以运用巧妙的修辞和多种遣词造句的方法,使广告语写得具有号召力和说服力,达到吸引受众,促进销售的目的。

二、标题

1. 标题的概念、作用

广告标题是广告文案中最重要的部分,旨在传达最重要的或最能引起受众兴趣的信息,对全文起统领作用,是位于文案最前面的简短语句。

广告标题与广告标语都是广告文案的重要组成部分,都具有传递广告信息的突出功用,在写作上都要求艺术性、冲击力,二者都能独立存在,都为人们所重视。但二者毕竟是广告文案的两个独立元素,二者有着明显的区别。

首先,作用不同,职责不同。标题是广告文案的题目,旨在引起受众的注意,阅读正文。而广告标语是为了建立一种观念,指导受众选择、购买。

其次,位置不同。广告标题在广告文案之首,置于正文之前,承担着80%的信息传递使命。广告标语的位置比较自由,可以在文案之首充当标题,可以在正文中间,也可以在文案之尾,起点睛与总结的作用。在平面设置中,有时被放置于正文的两侧,起平衡视觉认知的作用。另外广告标语可以自由出入于文案,能在适当地方、场合独立出入。

再次，使用期限不同。广告标题只能一次性使用，广告标语可以多次性使用。广告标题必须与广告正文相联使用，广告标题的生命力存在于广告文案的整体中，离开正文则失去意义。而广告标语对于广告文案具有相对独立性，可以独立使用，根据需要在各类场合频繁使用。

最后，文字表述的差异。句型不同，广告标题与广告正文融为一体，内容是互相渗透的，广告标题可以以不完整的句型出现，如某商店的广告标题是"这里能使你享受到……"还有"你在这里很……"引诱消费者必须看下文才能知道所以然。而广告标语则不可以如此，广告标语是要独立自由地出现在消费者面前，因此语句必须完整，表达明确、完整的信息概念。另外，广告标语是独立使用的，不存在依靠上下文加深理解的可能性，只有靠自身的表述说明问题，因此语义、句型都必须完整。再有，句型的长短也有区别。在特殊情况下，标题可以出现长句，甚至以长文形态出现。而广告标语不允许出现长句，必须是语句简洁，思想明确、寓意深刻。

广告标题的作用表现在以下几方面：

第一，揭示内容、点明主题。广告标题位于广告文之首，首先面对受众。在信息如潮的今天，人们面对各种各样的文案、新闻报道，无暇一一详阅，只能借助于标题把握各类信息。标题是全部文案的缩影，肩负传达全部信息的使命，一般情况下，标题的被注意值在80%左右，十分突出显赫，为充分利用这一有利条件，标题都以高度概括的语言，突出最重要的广告信息，表现广告作品的宗旨，使受众从标题中了解广告的中心内容，成为受众阅读的向导。如：

热烈祝贺'97上海新世界第二届百货节隆重开幕

9月19~10月6日

迎八运　庆国庆　厦华彩电大联展

9月26~10月12日

第二，引起兴趣，诱读正文。据心理学家的研究，人们对某一对象能维持注意状态的平均时间是5秒钟，而头1、2秒是注意力最强的时候。同时调查表明,看广告先看标题比先看正文的人多5倍。可见,标题不"醒目",就不能引人注意,更谈不上维持注意和有兴趣阅读正文了。广告传播的目的不仅仅让受众阅读标题,而且要吸引受众阅读广告正文,不但吸引关心此类广告的消费者从速阅读,还要引起无具体目的的消费者阅读。如方太厨具的油烟机广告以"上海选不到合适的油烟机吗?"为题,引起人们的疑问,为解疑团必然要读正文。羽西化妆品的标题是"润白宣言——谁都可以变白",制造了一个非常吸引人的悬念,吸引人去了解如何可以变得健康润白,延缓肌肤衰老,通过正文阅读说服消费者达到促销的作用。

第三,形成记忆,促进购买。许多广告标题本身就有很强的鼓动性,有的就是口号,可以直接促使受众采取行动,从而引起促销的作用。有的标题能给浏览的人留下深刻的印象,形成记忆,成为购物的指导。如:

维他奶秋季大赏十周连连送
　　　　活动时间自9月8日~11月6日止
亚洲女鞋　金秋酬宾
蚬华微波炉　换季大赠送

都是直接鼓动受众采取行动的标题。

2. 标题的类型

①直接诉求标题。以简洁凝炼的文字表明广告的主要内容,开门见山地把广告文稿的主题与销售重点传达给消费者,使消费者马上明了诉求的重点所在。如"迎国庆模拟手机大展销"(上海市长途电信局)"款款爱心奉献莘莘学子——美式眼镜";"中秋月正明,送油表真情!"(金龙鱼);"上乐智家电有限公司诚聘人才,共创辉煌"。标题表述明白易懂,使人一目了然,便于记忆。

②间接性诉求标题。不直接点明广告主题和广告宗旨,而是用耐人寻味、发人深思的词句诱人转读正文和看广告图片。如"闻闻睡觉的味道"(舒眠乐——鼻吸剂)"体内热毒排不容缓"(隆力奇)"拷机新行情:两人一起买,绝对乐得跳起来!"(摩托

罗拉数字机）"哇！竟然可以一次洗2条床罩！"（好用牌日立全自动洗衣机）。此类标题多采用比喻、惯常用语，或富有哲理的语言，使人历久不忘。

③复合性诉求标题。以上两种标题的综合运用，是由引题、正题、副题三种标题所组成的标题群。在组合的形式中，有的是由上述三种标题组成，也有的是由其中两种标题组成，如引题与正题；正题与副题等，还有的由一道正题与两道副题组成。

复合题中的各种标题作用不同。引题又称眉题或肩题，交代背景，烘托气氛，引出正题。正题也叫主标题，它是用来点明广告主要事实，概括说明广告文稿的中心思想。副题又称副标题，一般用来对正题内容进行补充说明。

复合性诉求标题较之直接性标题或间接性标题，具有更加灵活、全面的优点，适用于内容较多，较复杂的广告文案。

含有引题、正题、副题的广告标题：

  引题 迎接十五周年庆典
  正题 98新款沙发家具闪亮登场
  副题 '96、'97款3~7折优惠酬宾（10天内）

又如：引题 四川特产，口味一流
    正题 天府花生
    副题 越剥越开心

含有引题、正题的广告标题
  引题 理想一体化速印机
  正题 只不过几分钟而已

又如：引题 乐事天然薯片
    正题 天然轻脆一口不过瘾

含有正题、副题的广告标题
  正题 我独自在家，但我仍在上课！
  副题 ——上海荷兰国际函授中心

又如：正题 科学配方，真正补钙
    副题 娃哈哈 AD钙奶

3．标题的表现形式

标题的创作是广告文案写作的首要任务。其形式多种多样,表现手法也是多姿多彩。

①宣事式。以精炼的词句把广告文案的主题或内容要点,直截了当地告知消费者。不渲染、不点缀。如"一日24小时的家务,声宝完全为您代劳"(声宝家电)。"第五届全国优秀广告作品展获奖广告作品集 VCD2.0 版现已发售。"

②新闻式。宣事式的一种,以新闻的语辞介绍新上市产品、企业的新措施等,目的在于引起大众关心而转读正文。如:

又有两家新型工厂正式投产

主要向中国以及海外提供高质量的产品(南京夏普电子有限公司、上海夏普电器有限公司的广告)

海尔整体厨房　隆重上市!

中国集家具、电器一体化的厨房(海尔广告)

热烈庆祝上海林内有限公司成立四周年(林内燃具广告)

③祈求式。用叮咛、希望、劝勉或命令等的语气敦促消费者采取购买行动。一般语调和缓、亲切,即使是命令式的也是中肯的告诫。如:"随时抢占第一时间,方能事事不输于人"(《广告导报》广告)。"把黑发留住"(太阳神植物防脱洗发水)。"请用百消丹"(保健药品)。

④赞扬式。用肯定、自豪、炫耀的语词直接说出企业、产品或服务的优点和名贵之处。广告信息应实事求是,准确无误,态度诚恳,切忌言过其实,故弄玄虚。如:

理想一体化速印机

只不过几分钟而已(一体化速印机广告)

记住这只鹰　真材实料有保证

鹰牌洋参(鹰牌洋参广告)

创新洁豪棒　洗衣洁又好("小洁豪"三星洗衣机)

⑤号召式。用鼓动、敦促的语言,推动消费者作出从速购买的决定。用语要热情、有力、简单、易记,使人容易按照号召的要求去做。如:"即买即住 999 大厦"(大柏树商住楼)。"佳能、佳能,最佳性能!"(佳能摄象机广告)。"横看、直看、都是索尼

最好看!"(索尼牌电视机广告)。"岁月留苍老,'黑马'葆青春!"(黑马牌化妆品广告)。

⑥提问式。用提问的方式引起消费者的注意,启发他们思考,引起兴趣,产生共鸣。如"贵庚如何?"(人寿保险广告)。"你能想象出长途电话另一端的情景吗?"(长途电话广告)。"为何要和别人一起慢吞吞地闲逛呢?"(加利福尼亚特快航空公司)。

⑦悬疑式。以提问的方式引起消费者思索,为了追根求源,不得不阅读广告正文。它要求设问一定能引起兴趣,而一时又难以做出答案的话作标题。如"拍结婚照不必花钱"(龙摄影)。"小孩长大了,这是衣服巧饰的结果?"(儿童西装)。"你喝的水还少点什么?!"(磁化杯广告)。"'丽珠'好在哪里?"(丽珠牌减肥药广告)。

⑧对比式。用比较的方法突出商品或劳务特色的广告文案标题。通过比较、衬托,使读者加深认识。这是一种宽泛的比较,不能指名对比。同时应注意,对比不能抬高自己,贬低别人。如:"唯一自动吸墨钢笔,不揿钮,不拔罩"(派克61型钢笔广告)"以前每片刮10人,次后刮13人,如今可刮200人"(吉利刀片广告)。"我们完美的服务总比别的饭店集团高出一筹"(海雅特饭店集团)。

⑨比喻式。运用某些有类似点的事物来比拟想要说的某一事物,以便表达得更加生动鲜明,达到吸引消费者,诱读正文的作用。如"第二时装!"(假发);"爱人的星期天——心中只有格兰蒙!"(格兰蒙化妆品广告);"千里马找伯乐,伯乐找千里马。您大胆来面试!"(中国平安保险公司招聘广告)。

⑩标语式。语言简洁,用易于传唱的修词表达内涵丰硕的文案标题。"中意冰箱,人人中意!"(中意牌冰箱广告);"'可口可乐'红色真好玩!"(可口可乐广告)。

⑪承诺式。向消费者做出某种承诺为广告标题。如:"无论一天、一个星期、一个月或更长的时间,这儿都是你的家"(布劳克饭店的广告)。"你在这里将得到青春与欢乐"(纽约多灵饭店的广告)。

⑫重复式。以相同的字、句、标点的重复传达广告信息。如:"痘,痘,痘,痘战痘的青春"(益生堂三蛇胆胶囊广告)。"情·情·情"(可口礼盒广告)。"新！新！新"(电器)。"三星骏马,优！快！新！"(汽车广告)。

⑬情感式。诉诸情感以摇荡心旌的修辞做标题。如:"在时光的流逝中,女人呼唤着爱;在时光的流逝中,男人呼唤着人生。"(日本星辰表广告)。"琵琶弹不尽,几番深情;秀发耐寻味,最是动心。"(台湾洗发乳、护发乳广告)。

⑭熟语式。以人们熟知并且互相流通的语辞做标题,使人感到亲切、易记。如:"有眼不识泰山"(旅游广告)。"桂林山水甲天下"(旅游广告)。

三、广告正文

1. 广告正文的概念和内容

广告正文是广告文案的主体,对广告主题进行集中、周密的叙说,同时也是对广告标题和广告标语的内涵及魅力的充分展示。

广告正文有如下内容:第一,阐释或证实广告标题和广告标语。如果标题对消费者作出了某种承诺,正文则要对承诺的内容进行具体阐述,对承诺的真实性和可信性进行证明。第二,正面说明商品、企业或服务的特点、功能、优势、用途、使用方法等,若是劳务服务,还应介绍服务的性质、内容。第三,对企业概况介绍,其中主要说明企业的特色,增强消费者对企业的信任度。第四,与同类产品、服务的比较,此比较是客观、真实、可信,具有说服力的。而且是有分寸、谨慎的比较,不能损伤同行的形象或声誉,造成不正当竞争。第五,有关广告或促销活动的特定的信息。如促销活动所采取的优惠、奖励、折扣等吸引消费者的措施。广告文的内容要从广告目的和广告诉求重点出发,不能要求广告文的内容大而全,要依据具体情况而决定取舍,以突出重点,射中红心。

2. 正文的类型

根据商品的不同周期,广告正文可分为三种类型:①全面型。新产品上市、新劳务出现、新企业诞生,为了让消费者全面了解、认识新产品或劳务,让全社会了解、认识新企业,广告正文要对产品、劳务、企业进行全面、详细的介绍,为消费者创造一个认识的机会。②重点型。当广大消费者对商品或劳务有了一定认识,企业也有了一定知名度,但商品、劳务有了新变化、新发展,企业有了新举措,广告对这些新变化和新举措进行重点宣传,只讲某一个侧面,或某一特点,而不必进行全面的宣传。有时为了加深印象而重点宣传某一方面。③提醒型。不是为传达关于商品、劳务、企业的具体信息,而是在一段时间内,要提醒受众注意或保持受众对本商品、劳务的热情,使商品、劳务、企业立于不败之地。

3. 正文的结构和写法

正文由三个部分组成:

①开端。又称引子、引言、开头。是紧接标题之后的一段文字。以解说标题中提到的事实或问题,而起到承上启下、衔接上下文的桥梁作用。这部分文字要精炼,为下面文字的铺开打好基础。

②主体。又称中间段,是正文的中心段和核心,篇幅较大,它要提供商品或服务信息的细节,及时地点明商品或服务的优点,满足消费者的欲望,如有同类产品并存,还应进一步说明本产品的过人之处。

③结尾。正文的结束部分,文字简短有力,使全文内容得以升华。如广告文:

(引题) 　　　　品质超众　再获殊荣
(正题) 　　春兰空调率先通过 ISO 9001 国际标准认证
(副题) 　　　　《消费时报》第十次产品质量市场
　　　　　　　评价揭晓:春兰空调再登榜首
(开端)　　1994 年 8 月,春兰空调率先通过由国际标准化组织颁布的 ISO 9001 国际标准认证。
(主体)　　ISO 9000 系列标由国际标准化组织颁布,目前已被 50 多个国家和地区所采用,被誉为企业进入国际市场的

"通行证"。ISO 9000 型系列标准分为 4 个标准：ISO 9001 标准～ISO 9004 标准。其中，ISO 9001 系列标准规定了从产品设计到售后服务的质量保证体系要求，是最为全面的标准。

  1995 年新春伊始，又传佳音：全国 48 家商场联袂推举公认，《消费时报》第十次产品质量市场评价揭晓：春兰系列空调再次荣获空调产品榜首。

结尾： 春兰人感谢广大消费者的信任与厚爱，在新的一年中，将再接再励，为用户提供更加精良的服务。

（春兰集团）

  第一段是对标题事实的确认，成为正文主体的引言。第二段运用背景材料，对标题和第一段提到的 ISO 系列标准进行说明和解释，以此证明产品质量的过硬和超众。第三段的内容与引题中的"再获殊荣"相呼应，增加了消息的厚度，使主题得以烘托。结尾在双喜临门的喜悦中向消费者致谢并作出承诺，以利于继续赢得消费者信赖，保持并扩大产品的市场占有率。

  4. 正文的写作方法

  ①说明式。以事实说服人的一种诉求方法。在表述上不加渲染，对产品或劳务的性质、形态、特征、功能、价格、品种等各方面情况都作客观、详细、全面的介绍。如：

（正题）   明通治伤风颗粒
（副题）   科学中药浓缩制剂

  独特的功效：本剂为中药"葛根汤"与不含比林系药物配制而成，最常用于急性感冒，对头痛、发热、鼻塞流清涕、恶寒而不能自热发汗，颈、肩、背等感觉肌肉强硬者，均有治疗效果。

  独特的包装：我国大陆目前只有三边封口包装，而该产品采用四边封口，这是正宗原厂产品的标志，更无法假冒。

  独特的优点：符合 GMP 标准，品质优良，服用安全而且范围广。

各医院药房、药店有售。

宣传批文：苏卫宣字（92）12—192号

（台湾明通化学制药股份有限公司）

本广告没有用多余的修饰和描绘，直接说明该药的性能、作用、本产品与其他产品的显著区别，最后进一步指出独特的优点。说明出售地点。表达看似刻板，但使人感到直朴可信，真诚实在没有诳语，这正是本广告的优势。

②论证式。以概念、判断、推理等逻辑思维方式，直接发表意见，传播商品、劳务、企业信息的广告文体，这类广告文不是以情打动人，是以理服人，唤起人们的理性思考来认识广告所传播的内容。如：

太阳神 SARGENT 沙金 ®
植物防脱洗发水

毛囊是头发赖以健康生长的环境，油脂分泌过多以及毛囊虚弱是脱发的主要原因。因此，要防止脱发，一，要增加头发毛细血管的血流量，使毛囊获得足够的营养，头发才能长的牢固，长的茁壮；二，要降低头皮油脂分泌所造成的污染，以提高头皮的健康。

我们运用先进仪器检测发现，脂溢性脱发患者的头皮毛细血管的血流量相比正常人的明显偏低。

使用太阳神沙金植物防脱洗发水 1～2 次即可明显减少脱发，施用 3～6 个月，头发明显增多，乌黑发亮，生长茁壮。使用本品毛细血管血流量增加，黑色素细胞得到足够营养，黑色素分泌功能增强，白发渐渐转为黑发。

首先指脱发和头发变白的原因是毛囊虚弱，缺乏营养，而该品可以促进血流量毛囊获得足够的营养，得出防脱的结论，以仪器测验为根据，增强了可信性和科学性，从而具有了说服力，使需要者产生了购买欲。

③证明式。借藉于有关权威的鉴定评语，荣誉称号，获奖情况，或各界知名人士、典型用户的见证或赞扬之辞，或者用典型

事例来证实广告真实确切、产品或劳务可靠有效的一种广告文。证明式广告多用于名牌产品的宣传。如：

　　　　重要时刻，都是选用派克笔

　　派克笔自1888年由佐治派克先生创制以来，凭藉卓越工艺及典雅设计，赢得举世推崇，并为历代国家元首、文豪巨贾所乐用，见证无数历史时刻。

　　19世纪末，柯南道尔爵士以他心爱的派克笔塑造了名闻世界的神探福尔摩斯，编写出不少引人入胜的侦探小说。

　　大文豪肖伯纳于1912年以派克笔写下舞台名剧《窈窕淑女》。

　　1945年，盟军总司令艾森豪威尔将军在法国以派克笔签署条约，结束在欧洲的二次大战。

　　1954年，富豪亨利嘉以派克笔签约，买下当时世界最高的帝国大厦。

　　1972年，美国总统历史性访华，以两支加入月球尘土制成的派克"75"型墨水笔馈赠当时中国领导人。

　　1984年，美国太空穿梭机发现号特别把雕刻过的派克"古典"笔送上太空以作测试。

　　1992年，美国总统与俄罗斯总统签署多项限武及合作协议，同样选用派克"世纪"笔。

　　用名人、元首、巨贾、文豪在重要的历史时刻使用派克笔，以此证明派克笔百年来的辉煌历史和卓越性能，从而极大地提高了产品的信誉和知名度。

　　④标语式。用极为简洁凝练的口号式语句进行宣传鼓动，在一定时期内反复使用，用以传播商品或劳务的信息。这类广告用词要新、奇，能简练地表达产品的特色。音韵和谐，易读易记，令人回味。如

　　　　白丽香皂
　　　　今年20，明年18……
　　　　上海制皂厂

这则广告,文字简洁、精练之至。
　　无论您在天南地北……
　　　　198　199
　　都将伴您漫游全国
　　(国脉公司推出的198、199全国寻呼网)
广告文可以做广告语使用,有很强的号召力。
　⑤抒情式。用抒情的语言抒发真挚的情怀,描述生动的形象,以赢得消费者从感情到行动的认同,招徕顾客。如:
　　　　上海万科房地产有限公司
　　如果每个人都让一步,
　　上车的秩序就不会混乱;
　　如果每个人都让一步;
　　社会环境就会井然有序。
　　不要忘记文明礼让的传统美德,
　　不要给下一代的心灵留下不良的印记。
　　人人礼让,就从自己的脚下做起,
　　明天我们将住在——
　　秩序井然,文明祥和的环境里。
又如:　　　　泰和新城
　　俗话说:家和万事兴,家,温馨祥和的名词。
　　何处安家?泰和新城是您安家圆梦之地。
　　精心营造的小区,绿草茵茵,
　　舒适的居住空间,凝聚着旺盛人气。
　　不敢说是最好的,
　　但可能是适合您的——家
　对犯错孩子的宽容,是对孩子身心健康的关怀,使人感到巨盛的真诚;温馨祥和的家是人们的追求,泰和新城营造的小区,满足了人们对家的渴望。抒情的手法能从精神、情感上获得人们的认同,消除心理障碍,从而达到广告主的广告目的。
　⑥诗歌体。将广告内容通过具有鲜明的节奏感、和谐的韵律和分行排列的语言形式表现出来。使诗歌的文学艺术价值与广告

的实用价值融为一体,既传达商品或劳务信息,又给消费者以美的艺术享受,由于诗句的优美和朗朗上口,听起来和谐悦耳,更使于记忆和传播。如:芳草牙膏电视广告的解说词:

春光明媚,处处有芳草;
洁齿爽口,人人爱芳草。
宝宝起得早,天天用芳草。
芳草牙膏,国内首创。
中草药复方,止血脱敏,
芳草有特效,使你健康,
生活更美好。

通畅和谐的语句,朗朗上口,生动形象,立体感强,有极强的感染力。

⑦故事体。用曲折、生动、连贯的故事情节传播商品和劳务的信息。如绵羊油的故事,绵羊油是一种护肤化妆品,1965年10月在台湾投入市场时登了系列广告,每则广告宣传一种功能,其中有一则这样的广告,画面是用线条画成一只手和几只绵羊。广告标题是:"很久以前,一双手,展开了一个美丽的传奇故事!"广告正文是:在很久很久以前,一个很遥远的地方,有一位很讲究美食的国王,在国王的御用厨房里,有一位烹饪技术高超的厨师。他所做的大餐小点受到国王的爱好。有一天。国王忽然发现餐点味道差了,将厨师叫来一问,原来厨师那双巧手忽然变得又红又肿,当然做不出好的餐点来。国王立即让御医替他医治,可惜无效,他不得不离去。他流浪到森林中的一个小村落,帮一位牧羊老人牧羊。他常常用手摸羊身上的毛,渐渐发觉手不痛了,后来他又帮牧羊人老人剪羊毛,手上的红肿亦渐渐消失了。他欣喜地发现自己的手痊愈了。于是他离开老牧羊人,再返回京城,正遇上皇家贴出告示,征求厨师。于是他蓄上胡须前往应征,所做的大餐小点,极获国王欣赏。厨师知道自己的手已恢复了过去的灵巧。被录用后,便剃了胡须,管家才发现他就是过去的大厨师。国王便召见他,问他的手是如何治好的,他想了想说,大概是用手不断整理羊毛,在无意中治愈的。根据这点线

索,国王让科学家们详细研究,结果发现羊毛中含有一种自然的油脂。这种油脂提炼出来,有治疗皮肤的功能。国王给它命名为兰丽,于是有了兰丽绵羊油。"

故事用通俗的语言,曲折的情景,围绕广告内容展开,增加了趣味性,美化了产品,加深了印象,形成了记忆,促进了消费者的购买行为。

⑧小品体。以一个相对完整的故事或生活片断来编织情节,融对话和表演于一体的艺术表演形式。一般多用在电视和广播上,以增强感染力和表现力,从而吸引消费者。如美国推销电话的广告(电视广告)电视画面:傍晚,一对老年夫妇正在餐厅里用餐,电话铃响,老妇起身去接电话,一会儿,老妇人回到餐桌。

老先生:谁的电话?
老妇人:是女儿打来的。
老先生:有什么事?
老妇人:没事。
老先生:没事?几千里地打来电话?
老妇人呜咽说:她说她爱我们。
(两位老人,相视无言,激动不已)
旁白:用电话传递你的爱吧!

以情感打动消费者,以现场示范,给人身临其境之感。从而增强对产品和劳务的认识、理解、记忆。

⑨童话体。多用卡通片来表现食品、玩具等,深受儿童的喜爱。童话是把现实与幻想巧妙地融合,传达广告信息,并给人以启迪和教育。如"奇宝太平梳打饼干"以七个小矮人的童话故事,说明奇宝太平梳打饼干以秘方特别烘制,口味清淡,格外松脆,"好的不平凡"。又如 m&m 巧克力糖用卡通片表现它"只溶在口不溶在手"的特色,很具感染力和吸引力,奇特的表演、造型深入人心。

除此之外,广告正文还有多种表现方式,如快板、相声、曲艺、散文、书信、图解等等。广告人神奇的智慧日益丰富着广告文的表现技巧。这有待我们进一步总结和挖掘。

四、随文

随文即广告文案的附属部分,又称附文,它是整体结构的有机组成部分,是广告文案中向受众传达企业名称、地址、购物或接受服务的方法。如商标、电话、电报、价格、银行、帐号、销售日期、联系人等。随文的写作一般创新不多,因为随文要传达的内容比较固定,它主要是说明在正文中难以融入的企业名称、标志、品牌等信息,其职责是确定而明确的。随文要绝对的准确,来不得半点含糊。随文一定在广告文的最后,位置不很显著,但必不可少。

第九章 广告美学

商品的造型、包装、装潢、宣传等都离不开美的塑造、美的创意。只有具备审美价值的广告，才能激起受众的美感，同时，广告还担负着培养和促进消费者的欣赏能力、提高审美趣味、薰陶审美情操和审美教育的责任。市场经济愈发达，消费水平愈高，广告的审美要求也愈高，广告与美学的结合也愈紧密，愈要按照美的规律去创造。

第一节 按照美的规律设计和制作广告

一、广告美的形象是广告内容和广告形式的统一

广告美作为能引起人们愉悦的具体可感的形象包含着广告内容美和广告形式美两个方面。黑格尔说："美的要素可分为两种：一种是内在的，即内容，另一种是外在的，即内容借以现出意蕴和特性的东西。"黑格尔这里讲的美的外在要素，"即内容借以现出意蕴和特性的东西"，❶ 就是指美的形式。广告的美就是广告的美的内容和美的形式的统一体。

1. 广告美的内容和美的形式是互相依赖的

世界上的任何事物都是内容和形式的辩证统一。广告也不例外，广告的内容是指构成广告的一切要素的总和。包括广告的各种内在矛盾，如广告主题、创意、制作、文稿等之间的矛盾，这些矛盾决定广告运作的特点和发展趋势，创意能否表达广告的主

---

❶ 黑格尔：《美学》第一卷，第23页。

题,制作能否体现创意的思想。这些环节和各部分的表现,决定了广告的成功与否,广告的内容及各部分之间的矛盾是广告得以存在的基础。广告的形式就是指广告内容的各组成部分结合起来的方式或者广告的具体表现形态。广告内容的存在是广告存在的基础。广告的内容和表现形式是互相依存,不可分割的。广告的美的内容和美的形式是互相依存、互相制约的。没有美的内容,也就没有美的形式;没有美的形式,美的内容也无从表现。这正如别林斯基说的:"如果形式是内容的表现,它必然和内容紧密地联系着,你要想把它从内容分出来,那就意味消灭了内容;反过来也一样,你要想把内容从形式分出来,那就等于消灭了形式。"❶ 广告恰是如此,只有创意没有制作,创意只能是纸上谈兵,无从体现;而没有创意的制作不能称其为制作,不能体现广告的主题和思想。所以广告的创意与制作不可分,广告的内容美与广告的形式美不可分,两者互相制约,互相依存,这完全服从美学的一般原理。

2. 广告的内容美是广告美的主导方面

美的内容和形式虽然是不可分离的,但在具体的审美对象中,两者的地位和作用又是有区别的。通常情况下,美的内容居于主导地位,它决定美的形式,而美的形式必须适合内容,为表现美的内容服务,在广告运作中同样要遵循这一原则。广告的表现形式要服从内容的需要。如一家广告公司为珠宝店设计了这样一个路牌画面:远方耸立着埃及金字塔,近处有一队骑骆驼的旅人缓缓走向沙漠深处,整个画面充满了异国情调,给人以神秘感,画面很有意境。但它没有把珠宝店的特色表现出来,看了广告没有意识到这是一家珠宝店的广告,没有向消费者传递商品信息,更谈不上促销,这自然不能算是好广告。而表现服装的广告,从表面上看造型、款式、色彩,千姿百态,变幻莫测,但背后是由人的审美心理支配的,是与社会的经济、政治、文化等有密切关系,服装广告因此要体现时代的特色。日本的一位纺织专

---

❶ 别林斯基:《别林斯基论文学》第 147 页。

家根据30年资料的分析,得出妇女裙长24年为一变化周期。一位美国服装专家认为,一个人如果穿上离时兴还有5年的服装,会被认为不道德;穿上离时兴还有3年的服装,会被认为招摇过市;穿上离时兴还有1年的服装,会被认为是大胆行为;而当年穿时兴服装,才会被认为十分完美。与此相反,如果一个人1年后才穿时兴服装,会被人认为土里土气;5年后还穿这种服装,会被认为非常保守;10年后还穿这种服装,则会招来耻笑;而30年后再穿这种服装,又会被认为新奇、有创新精神。表现服装的广告,就要参考这样的客观规律,认识和掌握人们审美情趣变化的规律,以及社会的经济、文化的变化、发展情况和这种变化在人们的审美情趣、思想观念上引起的震动、反映等。这种复杂的情况,构成了广告内容的基本元素。如90年代,人们的生活水平有了明显的提高,对生活品的需要不只是生理上果腹保暖,还有审美的需要,广告内容的设计则应从生活需要、审美需要多方面去考虑。当独生子女成为家庭结构的主要成员时,孩子在家庭占有了重要地位,父母都希望子女健康成长,早日成才。针对这种需求,各种儿童营养品娃哈哈、乐百氏奶等应运而生。广告应适应这种需要设定内容,依据内容的需要设计广告表现形式。

广告的内容美实际上就是广告的意蕴,广告的一切造型、色彩、线条、音调的运用,都是为了显示出一种内在的精神,表现一种思想,追求一种目的。广告的内容美在广告的运作中起着核心和灵魂的作用。北京的"大宝"化妆品揭示的是,这是一种大众化的化妆品,它适应各行业的劳动者,男女皆宜。蓝天六必治牙膏也是展示大众化的品格,所以它用北京的方言直接表现它的功效,给人以亲切、自然的感受。而SONY(索尼)J系列彩电则要表现它的高品味,为说明它的高品质的审美内容,用歌坛中的传说"Jacky"歌星张学友出台,配上彩电中的传说J系列,称之为"传说中的传说,给人脱俗、飘逸的神秘感。这都说明广告的形式是为广告的内容服务的,有了内容的需要,才有不同的表现形式产生,形式是为内容服务的。但形式的表现也不是完全被动的。

3. 广告形式美的能动作用

美的形式并不是消极被动的,它一方面从属于广告美的内容,但另一方面它又具有相对的独立性,广告的形式美对广告的内容美具有反作用。

①广告的形式对广告的内容的构成具有促进形成的作用,能帮助广告的内容充分的表现,增强广告内容美的感染力。从一般意义上讲,凡是适合美的内容的形式,就能很好地表现内容,使内容更美;凡是不适合美的内容的形式,它就会妨碍美的内容的表现,削弱美的感染力,甚至变美为丑。刘勰说:"盖睹物兴情。情以物兴,故义必明雅;物以情观,故词必巧丽。丽词雅义,符采相胜,如组织之品朱紫,画绘之著玄黄。"这就是说,作家要把睹物兴情在作品中表达出来,就要创造完美的艺术形式。好象一幅织锦,一幅绘画,材料、质地很好,但没有玄黄五色调配,依然不是美的艺术品。这表明,形式美对整个广告作品的完美起着重要作用。一则好的广告主题,应有好的表现形式。

②广告的形式美具有相对独立性。广告外在形态如和谐、比例、对称、平衡、节奏等因素,能唤起人们的美感。广告也和其他事物一样,广告的形式的相对独立性,表现在形式美具有相对的稳定性,在广告的形式和内容的矛盾运动中广告的内容比较活跃、易变,而广告的表现形式则比较稳定。这也和其他艺术表现形式有相同之处,如我国的京戏艺术已有两百年的历史,其剧目根据《京剧剧目初探》所载,达1300余个,而其曲调唱腔、表演程式等则变化很少,象蹒马、走边、吊毛、蹉步等舞蹈动作,可以表现各种内容,给人以美的享受。所以所谓相对独立性,就是一种形式可以表达多种内容,或同一内容也可以用多种形式表达出来。广告中的成功的表现形式如奥格威的"穿海赛威衬衫的人",奥格威说:"我把这个带眼罩的模特用于不同场景的广告中:他在卡内基大厅指挥纽约爱乐乐团、他演奏的双簧管、临摹戈雅的画、开拖拉机、击剑、驶游艇、购买雷诺阿的画等等,等

等"。❶ 在这里戴眼罩的人成为一种形式被普遍运用。又如中国的雕刻——镂花，可以表现在家俱上，也可以反映在各种食品的礼盒上，成为食品的高贵、精美、典雅的外包装，至使人们选购它时，不是为食物，而为外包装，这种相对稳定的镂花表现形式对包装广告的内容展示起了促进作用。武术是中国的传统文化，为中国人乃至世界广大观众所喜闻乐见。李连杰把刀舞得风车一般，飞跳踢腿把一个旷野中的英雄形象展示在人们面前，使步步高 VCD 赢得了广大受众的喜爱，使"世间自有公道，付出总有回报。说到不如做到，要做就做最好"的品牌形象，塑造得生动有力，深入人心。武术相对独立的表现形式，可以在不同的广告主题中展示出艺术魅力。

广告的形式美可以对产品的价值产生重大（甚至是决定性的）影响。在超市里，完全由顾客自由地挑选商品，商品的包装形式，色彩表现等就起了决定性作用，形象突出，包装不凡的商品就会首先跳入人们的视野范围，当家用卫生纸是一片蓝色、绿色包装时，"合家欢"以粉红色出现，在一片兰、绿中显得亮丽，引人注意。形式美在这里起了主导作用。在广告中，形式美的表现受到广告产品的制约，尽管如此，广告的形式美的表现仍然是广告人的思想、感情、性格结合起来形成的一种独特、鲜明的艺术表现形式，这种艺术形式是时代风格、民族风格、个人风格的一种综合反映。广告的内容美和形式美是一对矛盾，不同的广告人对这对矛盾的解决方式不同，也就表现出了广告的表现形式的复杂多样，从而造就了一个绚丽多彩的广告世界。

二、广告对现实美和艺术美的运用

美的形态有三种：自然美、社会美、艺术美。自然美和社会美又合称为现实美。

自然美的本质并不在于自然事物的自然属性，而是在于自然事物所具有的社会属性，即在于自然事物在人类社会生活中的客观意义，自然事物所体现的社会内容，所反映的人的本质力量。

---

❶ 大卫·奥格威：《一个广告人的自白》第106页。

它具有自然属性与社会属性相统一的特点；它对社会生活的美具有暗示、寓意和象征的作用。在表现形式上侧重于形式美，具有形式胜于内容的特点。广告在运作过程中充分运用自然美的这些特点，以表现广告的丰富内涵。养生堂的"农夫山泉"纯净水的电视广告，利用清澈的山涧流水，孩童直接饮用，表现"农夫山泉"的纯正，没有任何污染。新加坡·萨奇兄弟广告公司作的"虎牌啤酒"用四幅自然景观表现喝虎牌酒产生的巨大威力，第一幅是面对群蜂乱舞似的杂事的纠缠时，只要一品尝虎牌啤酒就什么事都不会干扰你了。第二幅是表现铺天盖地的龙卷风前，你也要品尝它。第三幅是面对火山爆发，浓烈的熔岩滚来，品尝虎牌啤酒也能带来不同寻常的愉悦享受；第四幅，巨大的猛象向你冲来，品尝虎牌啤酒，使你临危不惧。四幅画都是通过不寻常的自然景观，表现虎牌啤酒的极品性，表现"由特纯麦芽酿制而成的拥有芬芳的气味、极佳的口感、浓烈的感受"的虎牌啤酒的巨大威力，使你不能不动心，不能不产生品尝它的强烈愿望。彩图6、7、8、9。

社会美在广告中运用的更加普遍。社会美就是现实生活中社会事物的美，即社会的人、人的社会关系、人的社会实践活动及其所构成的事件、制度、风尚等等的美。它是现实美的主要内容。社会美的直接来源是人的社会实践，人在社会实践中的创造能力，这种创造能力表现出生产劳动的美，改造社会实践活动的美，幸福生活的美，优秀道德品质的美，远大理想、坚强意志、奋发向上、勇于进取的美，热爱祖国、为人民服务高尚精神的美。人体美也是社会美的一个重要组成部分。社会美在广告运作中得到广泛的应用。广告中表现的亲情、友谊、爱情、敬老爱幼、积极进取，劳动、学习、致富、美食、游戏、旅游、文艺等等都是社会美在广告中的具体表现。另外，在化妆品类、体育运动器材等广告所展示的人体美、形象美，也是社会美不可分割的一部分。如丽人广告公司为"真味糖"作的电视广告，录取通知书篇，表现一个劳动者的家庭，考大学的孩子得到了录取通知书，父与子喜悦万分，为庆祝这一重大喜事，他们买来了真味糖送与周围的邻居，共同庆贺。广告饱满的内涵使许多人看后感动万分，一位女大学生说，她看了这组广告激动地流出了眼泪，广告使她想起了自己获得录取通知书的激动心情，以及当时家里人的欢乐情景。真味糖电视广告表现的人间真情，深深地打动了消费者，进而促使他们记住真味糖，购买真味糖。又如儿童百服宁的系列电视篇，报纸、杂志的找人篇是送药篇的续篇，它表现的是人际之间的友爱、关怀，表现中华民族的受人滴水之恩当涌泉相报和施恩不图报的美好品德，高尚的思想境界，具有巨大的社会教育意义。社会美在广告中普遍运用，对全社会的精神文明建设有不可估量的积极作用。彩图10、11。

艺术美是美的集中表现，是真、善、美的统一。它是对客观现实的真实反映，并渗透着艺术家的主观情感。在广告创作过程中，一刻也离不开艺术美的表现，可以说没有艺术美，就不会有广告的宣传活动，每一幅广告都是广告人的艺术创作。

艺术美是对现实美的反映，它必须忠于现实生活，符合生活真实的要求，在广告的艺术创作中，要符合艺术真实的要求，真实是现实主义文艺的生命。艺术真实是以生活真实为基础的，但它并不是对生活真实的原样照抄，而是对生活真实的提炼，包括选择和加工，服从具体的艺术需要。京剧表演艺术家盖叫天演武松醉打蒋门神，注意观察生活中半醉人的神态，一天他看到一个刚从酒馆出来喝得半醉的人。盖老先生对其子说："你看他这个模样，一绺头发挂在额上笑得多快活，你说他醉吗，他似乎没有醉，心里还挺明白，你说他没醉吧，他倒有几分醉意，尽管他心里是明白的，那脚已经不听使唤，《打酒馆》中武松醉打蒋门神的神情和步子可以参考他。武松上快活林酒馆去打恶霸蒋门神，你说武松那时醉吧，他心里还很明白，他是借着酒意去寻岔子，找上门去打架的；你说他没有醉吧，他确实醉啦，那脚底下已经摇摇摆摆了。但是，武松的"摇摇摆摆"与众不同，他是一个有武功的人，要在摇摇摆摆中出步扎实"。广告的艺术创作就应遵循客观真实的原则，但又不是对客观事物一成不变的照搬，而是在真实基础上的提炼、加工。

这种提炼、加工使艺术美成为艺术家创造性劳动的产物，是艺术家把自己的思想、感情、意志以及审美理想贯注和渗透到艺术作品中去的过程。世界上的万事万物，都会引起艺术家的情感活动，然而，艺术家首先要使自己感动，然后才能使他人感动。同理，在广告的创意中，是广告人的思维、情感综合活动的过程，广告人自己应首先为广告的产品、服务、企业所感动，真正承认它是好产品、杰出的企业。正如奥格威穿海赛威衬衫，坐罗尔斯—罗伊斯汽车一样。广告人首先感动了自己，才能感动消费者。在广告创意中，表现广告主题的方法有许多种，作为一名广告人，为什么用此法而不用他法表现广告主题，一方面有客观原因，另一方面也有广告人的主观因素，即广告人的综合素质和独特风格所决定。

　　艺术美通过艺术形象反映现实生活，黑格尔说，"在艺术里，感性的东西是经过心灵化了，而心灵的东西，也借感性化而显现出来。"这就是说，艺术反映的现实是心灵化之后的现实，它不是现实世界的自然状态，因而，属于意识形态范畴的艺术美不同于自然美；同时，艺术作品中所体现出来的思想与情感，是"感性化"之后的思想情感，它不是精神世界的抽象形式。艺术用形象来反映现实生活，形象是艺术美的核心问题，没有形象就没有艺术，也就没有艺术美。广告的艺术创作，是广告人将广告主题"感性"外化的具体表现。广告作品不应是商品或劳务的拍照式的具体写照，而应是广告人艺术创作的艺术品。其具体的艺术形象要能够反映现实生活的本质和规律，它来自现实美，但应比现实美更典型，更有代表性，而且能超越时空的限制，使商品或劳务或企业的美凝固在广告作品之中。把商品、劳务或企业的艺术美表现得更加充分、生动、更有说服力，促使消费者的消费。

　　如一则宣传"帆"牌葡萄酒的广告，图中是一只横躺着的空酒瓶，瓶肚中有一只帆船模型，模型占满瓶体，一只手正欲用线把帆船模型拉出来，由于模型大于瓶口势必引起人们的猜测，帆船模型是怎样进入瓶体内部的？这种悬念式的手法，驱动消费者的好奇心与强烈的兴趣，此则广告既产生了引人入胜的艺术效果,又达到了记住商标形象的诉求目的。

三、广告的系统美和信息美

(一) 广告的系统美

1. 广告以系统存在

系统论是由美籍奥地利生物学家贝特朗菲创立于本世纪40年代的。系统论认为,世界是一个有规律运动的整体系统,整体是由部分构成的,整体制约着部分,整体的功能目标决定局部的功能目标,整体的功能不是各部分孤立时所具有的,也不是各部分功能的相加;整体大于各部分功能的总和。局部离开了整体系统,就失去了意义;部分的功能,离开了整体也就不能存在了。

系统的整体性还从系统层次的相关、有序上表现出来,大系统是由子系统构成的,而子系统在大系统内相互关联,互相制约,各子系统之间的关系越有序,系统整体功能越优良。

系统是以动态形式存在着,密切注意系统内外的变化,使之向最优化发展,付出小的代价,获得最大效益。

系统论理论对于我们认识和把握广告的审美活动很有帮助,它要求从审美客体的整体与部分,与环境的联系、作用中考察美的对象,找到审美的处理方法,即整体性方法。从审美的整体进行研究,审美客体的孤立的各部分不能反映整体的特征和规律;离开系统,部分就失去意义。审美的考察要从全局、整体出发。其次是综合性方法。系统的各部分有机的结合,形成审美创造的综合体——广告艺术作品,从广告的结构、组成、功能,联系等方面综合研究,从而获得对广告整体美的认识。最后是最佳化方法。根据广告创作的要求、目的、以及已具备的条件、资料,制定出广告创作的艺术构思、设计的最佳方案。

系统性是广告活动的固有属性,构成广告的基本要素,色、形、声要组成一个有机的统一体才能激起消费者的注意,产生兴趣,形成购买行动。脱离了整体,色、形、声的美就不可能产生应有的效果。在一则广告中,人们很难判断是哪一根线条、哪一个色彩、哪一种音响是美的。从表面上看,在一则广告中最吸引人的是主要的图象或文字,但离开了次要的图案、文字配合、烘托、陪衬、照应，主要的图象和文字也很难发挥作用。所以必须把图像或文字放在一个系统中，从整体的角度出发，从其在整体构成中的作用、相互关系，从整体形象的美来反映每个具体部分、构成元素（文字、图形、线条、色彩、声音）的美。

系统性对广告活动的制约还具体表现在广告美的创作过程中。首先要正确处理整体与部分之间的关系。一个系统，对于上一层次的系统来说是要素，对下一层次的系统是母系统。如在整个商业活动的母系统中，广告美是商业活动的一个要素，但它对于广告中局部的艺术形象的美，则又是母系统，局部的艺术形象的美，是整个广告美的一个要素。而表现局部美的线条、色彩，则是局部美的要素。可见，母系统、子系统、要素之间是一种辩证关系，母系统与子系统的划分是相对而言的，不是固定不变的。另一方面也揭示了，子系统是构成母系统的组成部分，子系统的表现，作用应从属于母系统的需要，是为母系统服务的。

广告美用系统论观点分析，要发挥广告的整体审美效果，在广告创作中就不能只注意局部的美，局部的美要从整体美的需要来展示。有的局部不一定美，但构成的整体系统却是美的。有时，不该突出的局部如果太美了，反而损害了整体，为了保证全局的美，必须把局部的美舍弃。广告的审美作用，不是图象和文字的相加，再精彩的文字、线条、色彩都要服从广告的整体形象系统的要求。组成广告的局部、细节不能离开整体形象，要为整体形象的美服务。局部的美，孤立起来看不一定是美的，但组合到系统中，就会显得美，也使系统显得美。如在美国的《商业周刊》杂志上，丰田汽车在其广告画上，出现了两辆很丑的汽车，这两辆很丑的汽车却引起了人们很大的兴趣，获得了人们的好感。根本原因是奇丑的汽车形象符合了广告整体的需要。在两辆丑汽车的下边标明，这是60年代早期产品。广告文补充说："这两部车是丰田第一次出口到美国的车，尊敬的美国客人根本不喜欢它们，讥笑他们，车无法卖出去，只好又运回了日本。回去后，根据美国顾客的意见，我们一次又一次地改进，一步一个脚印，终于有了今天的成就。为了报答这种恩情，我们把很大一部分资金投入美国,迄今为止,已在美国建立了许多汽车工厂,为促进美国汽车工业的技术发展和就业机会作了些贡献。"这则广告,正逢美国对日逆差恶化,反日情绪高涨之时,丰田主动采取低调战术的手法。一般低调的表现,在广告中不常用,因为低调容易引起消费者的误解。而丰田这时采用的低调恰到好处,低调满足了美国人的虚荣心,也展示了丰田奋斗的艰苦历程。广告的形式是低调的,但在整体的表现上并不等于广告诉求内容和产品是低调的,相反,在低调形式的反衬作用下,丰田的优秀品质更加突出。同时,丑的形象在整体广告活动中取得了好的效果,丑引起了强大注目效应,局部丑不但没有影响广告的效果,反而突出了广告整体系统的诚实与谦虚,博得了人们对企业的良好印象,增强了广告的说服力。相反,只强调局部美,忽略了广告整体与局部、母系统与子系统的关系,则不能达到广告目的。美国广告大师瑞夫斯说,一次在纽约的一辆公共汽车上,看到车厢外面一幅大海报,画面是一个很漂亮的金发女郎,他足足看了1分钟,可始终未注意到广告所宣传的商品是什么。后来才打听到这是一幅雪茄的广告。这幅广告的局部美破坏了广告宣传的整体效果,对于广告系统来说这是不美的。系统科学方法论的基本特征之一,就是以整体性为出发点,始终把对象看作一个由各要素组成、按规律形成的有机整体。整体的性质存在于各要素的相互联系、依赖、制约的关系中。把各要素孤立出来,分解开来,或机械相加,都不能反映整体的性质。所以在广告运作中,一个字、一个细节,离开了母系统就无所谓美与不美,部分、局部要服从整体的需要,体现系统、整体的美,才是真正的美。

2. 广告美和审美是一个系统

审美活动和美感是审美主体和审美客体两者结合的产物。"审美活动"是审美主体对审美客体进行审美的实践活动;"美感"是审美主体对"美"进行审美活动时产生的主观感情反应状态。所以无论是审美活动还是美感都离不开审美的主体和客体。作为审美客体的广告美必须具有美的客观性和社会性,即具有代表一定社会意义的具体形象。通过具体形象引起具有审美能力的消费者的欣赏。也就是说广告作为审美客体所发出的美的符号能为审美主体——消费者所接受，认同，从而产生美感。广告的美能给消费者以美的享受，引起消费者的审美情趣，自然也就会引起消费者的购买欲，促进销售。

审美活动还是一个不断变化、发展的动态系统。消费者在广告的审美活动中不是处于被动的地位，消费者在欣赏广告美时，要充分发挥体验、想象、再创造的能动作用，只有消费者积极能动地发挥创造性的审美活动，才能使广告的审美效果充分体现。另外，广告美在不同的时代、民族、阶级、国家、地区、文化修养、审美情趣的欣赏者中，会产生不同的审美效果，甚至相反的审美效果。因为同一广告和不同的消费者结合，形成不同的审美活动系统，与消费者呼应契合的广告内容也就不同了。如一件衣服，可能青年人看重的是它的款式，老年人看重的是它的实用性。对此，不能孤立地从广告本身或消费者的状态去寻找，而应扩大视野，开拓思路，从多种角度去寻找。同一消费者，在不同的时代背景、社会思潮、经济地位的审美系统中，对同一广告的审美效果也会有很多变化。就是同一审美主体和同一审美客体在此时此地系统中的审美效应，也不同于它们在另一时间、地点、思潮、趣味的系统中产生的审美效应。孤立、静止、片面的形而上学的观点，不能正确认识审美效应。在广告美学中，也需要运用"系统论"中的辩证的观点，即联系的、发展运动的、全面的观点。

3. 广告美创作的系统手法

《老子》第十一章说："三十幅，共一毂。当其无，有车之用，埏埴，以为器。当其无，有器之用。凿户牖以为室。当其无，有室之用，故有之以为利，无之以为用。"这是说，30根幅条汇集到一个车轮的毂上，就形成一个车轮。有了车毂中间虚空的地方，才能有器具的作用。开凿门窗，建造成房间。有了其间虚空的地方，才有房屋的作用。所以，"有"给人便利，"无"发挥了事物的作用。一个整体系统，是由"有"实体和"无"其间的虚空等部分组成的，若认为虚空部分是"无"，不予重视，只看重实体部分，这是不能发挥系统整体作用的。这如同把车轮中空的毂都改变成不空的实体，把门、窗中间虚空的部分都堵死，把杯、碗等器皿中空部分都填满，那么车、房、杯、碗则不存在了。可见，不易被人觉察的"无"和虚空的部分，实际上是构成系统整体的不可缺少的重要部分。在广告作品中"虚"和"无"的部分，似乎只是"空白"，但实际上，它们在构成整体系统中有着十分重要的作用。这如同画画，画笔处是画，无画处也是画，学画要学画实物实体，同时还要学怎样不画那些"不画处"。学开车不只会开车，还要会停车。绘画有人以为画得越多越好，其实画的东西位置安排不是地方，反而成为赘疣；相反，虚实安排配合恰当，没画的地方反倒成了"妙境"，因为它启发人的创造性的思维，展开想象的翅膀，可以感受到很多画不出的神妙的意境。神龙见首不见尾，隐在云雾虚空中，反倒启人联想，形成幻觉，比画出全龙以至须毛，更能传神，龙似乎也更长更大得多。广告设计也是如此，广告画面不能塞得太满。可是实际情况是很多广告中塞满了文字和图象，不懂得留出空白、虚实结合。这是常见的通病，尤其是房地产广告，房屋模型图、地理位置图、广告语、房产公司的承诺、售房说明、联络方法等等将一则广告版面塞得满满的，着墨处都一样深重，每个环节、每个部分都想引起消费者注重，反而互相牵制、互相抵消，失去了无重点。

相反，广告美也不能只要"虚"。若一味追求虚，也不可能启发审美者产生丰富的创造性联想。创造艺术必须学会"虚实相生"，学会怎样让"虚"、"实"相互依赖，"实"要启发人想象出"虚"处隐去的内容，让欣赏者见"一"知"十"。学会怎样在恰当的地方安排"虚"，使之与"实"相呼应，构成整体系统，激发欣赏者体会到完整意境、从而激起强烈持久美感的作用。"虚""实"构成审美对象是在系统中形成，离开了系统则不能单独产生作用。作为广告美的欣赏者，不仅会欣赏广告中写实的美，还应会欣赏广告中写虚的美。能从实写处得到启发，在写虚处展开创造性想象，体会到设计者没有写出的"画外音"、"言外意"。

把虚、实放在广告的整体系统中考察,体会它们在系统中的作用。

广告的审美创造和审美欣赏,都必须把广告作品作为一个系统去对待,对广告的任何一部分,都应从系统出发去考察,衡量它在系统中的意义和作用。不能就事论事,只看局部不见全局;只看实笔,不见"虚"笔,"戏笔"在系统中的作用。广告的系统美就是要求广告的设计者要从广告的全局系统去考虑广告的构成,每一部分的位置和分量的大小都要服从全局系统的需要。广告设计者要遵循系统论的创作原则,使广告更好地发挥审美感染作用。

(二)广告的信息美

1. 广告信息美的提出

信息论的奠基人是美国数学家申农。本世纪40年代他系统地研究了信源、信宿及编码问题,第一次提出了通讯的数学理论和通讯系统的模型。初步解决了信息及其传输和利用的一系列技术性问题。控制论的创始人美国科学家维纳也为信息论的发展作出了重要的贡献。他从统计观点出发,将消息看作是可测事件的时间序列,提出了将消息定量化的原则和方法,独立地得出了量度信息量的数学公式,把信息作为处理控制通讯系统的基本概念和方法,并运用到众多领域,为信息的应用开辟了广阔的前景。进入70年代,随着经济生活的进步以及文化教育和科学技术的迅猛发展,信息大量涌现,并成为重要的战略资源,再加上电子计算机的广泛应用和信息技术的进步,信息论得到了空前的发展。

信息论包括狭义信息论、一般信息论和广义信息论。狭义信息论指研究消息的信息量、信道容量以及消息的编码问题的理论和技术;一般信息论指除通信问题外,还研究噪声理论、信号滤波与预测、调制与信息处理等问题的理论和技术;广义信息论指研究与信息有关的各个方面和问题,如信息的产生、获取、变换、传输、存储、处理、显示、识别和利用等的理论和技术。狭义信息论和一般信息论都包括在广义信息论的范围之中。人们通常讲的信息论,多指广义信息论。

传统美学与信息论的结合,产生了作为广义信息论一个分支的现代美学理论——"信息论美学"。1952年至1958年间,信息论美学首先在法国发展起来。它的创始人亚伯拉罕·A·莫尔斯在1958年出版了《信息与审美感知》一书,集中阐述了自己的观点。信息论美学的另一个倡导者是德国的M·本泽,在他的努力下,信息论美学于1955~1962年间也在德国开展起来了。现在,世界上许多国家都建立了信息论美学研究中心,对美学的发展起了重大的推动作用。

一则广告推出后能否迅速引起无意受众的注意,起到"风暴头脑"的效果,这是广告实现自身功效的起点,也是广告形式美的出发点。所谓注意是人的一种普遍心理活动,是人的大脑皮质形成了优势兴奋中心,使人的意识集中于一定的客体或客体的特定方向,并排除其他的刺激,表现出人对客体或客体特定方向的指向性和选择性。为了引诱无意受众的注意,就要增强广告感性外观形式的新颖性和独创性,进而加强广告信息在受众头脑中的滞留时间,提高注意程度,将无意注意变成有意注意,并产生继续看下去的兴趣。如何做到这一点,正是信息论美学所要研究的问题。

2. 广告作品的信息量

莫尔斯认为:"所有的艺术作品——广而言之,艺术表现的任何形式,都可以被视为一种信息。它由发送者——一个有创造力的个人或小团体即艺术家,发送给来自一个特定社会文化团体的个别接收者。"推而广之,广告美也是一种信息。以此出发,研究信息的方法、步骤就可以用于研究艺术。

信息是可以测度或度量的。申农曾把信息定义为两次不定性之差。就是说,作为通讯内容的信息,是以消除通讯者的某种知识的不确定性为标志的,因而测度信息量的大小是以被消除的不定性来表示的,而不定性的大小,则可用概率函数来描述。假定某通讯者在未获得某一消息前的知识状态为 x,获得某一消息之后知识状态改变为 x',这里先后两次的知识状态之差就是通讯者所获得的信息量。表示信息量的单位是"比特",1比特的信息量,就是消除两个等概率的可能状态事件中全部不确定性所需要的信息。如某工程队投标,对能否中标有50%的把握(概率都是1/2,即等概率),当他们得知中标时,能否中标的不确定性全部被取消了,这个中标信息给工程队的信息量是1比特。同样,一则广告能给受众带来多少信息量,这是信息论美学着重研究的主要课题之一。如果受众在一个给定的时间单位中,只能理解广告作品的一个有限的量。那么,什么样的广告作品才能在有限的时间内最大限度地为人接受?遵从信息量的测度方法,就要尽量扩大 x',即扩大获得广告信息后的知识状态,即扩大信息量。为作到这一点,广告必须适应个体接收者,广告作品中信息自身或信息之间的组合必须达到最优化。"最优化"就是广告作品的"可理解性"与"新颖性"之间的辩证反比关系。一则广告作品,它的信息量越大,其新颖的量就越大;而它的理想的量就越小;理想量越小,越不容易被人所接受。因此,广告作品若是全新的,就意味着完全不可理解;但若是完全可以理解、认识的,就意味着完全是陈旧的,毫无新颖之处,即信息量等于零。也就是说,人们对全不知、全不懂的信息,拒斥不接受;人们对全知全懂的信息,也会不予理睬。从一定意义上来看,广告人应遵循最优化的要求来创造艺术作品,即在新颖性与可理解性之间的辩证关系中,寻找一个最佳结合点。也就是广告受众可以接受广告的最佳信息量的关节点。

3. 审美信息量的最佳结合点

一般来说,信息可以分为技术信息即语法信息和语义信息两种。前者指的是信息的物质属性;后者指的是信息的实际内容。莫尔斯通过艺术作品的分析进一步指出,在语义信息上还有一层"审美信息"即所谓的"言外之意"、"象外之象"。就是说,同一语义信息在不同情况下,可以产生不同的审美信息。这里说的不同情况,就是指信息自身的组合方式;组合得越优化,审美信息量就越大。

根据信息论美学基本原理,在设计制作广告的形式美时,要巧妙地将各种信息符号元素进行最佳组合,使其具有适度的新颖性和独创性。在"新颖性"和"可理解性"之间寻找一个最佳结合点,既要新颖别致,又不能光怪陆离使人不得要领。这就要把握好"不即不离"的审美距离,美学家朱光潜在《文艺心理学》中指出,"创造和欣赏的成功与否,就看能否把'距离的矛盾'安排妥当,'距离'太远了,结果是不可了解;'距离太近',结果又不免让实用的动机压倒美感,'不即不离'是艺术的最好的理想。"广告的"新颖性"和"可理解性"之间的"不即不离"是广告形式美的符号元素最佳结合点,受众面对既可理解,又有一定新意的广告,就会对广告的形式美进行"再创造"与"再评价",从而使广告的外在表现形式在语义信息上"叠加"出不同程度的"审美信息",即"象外之象"或"言外之意"。广告的形式美利用这种内在的审美品质,不但能通过新颖性和独创性来吸引无意受众的注意,而且能进一步使受众通过对由信息符号元素的最佳组合"叠加"出来的审美信息的欣赏,将无意注意逐步变为有意注意,还能调动想象进行"再创造"与"再评价",通过这一心理活动增强受众对广告的兴趣,加强对广告的记忆。

荣获美国《商业周刊》1991年度最佳广告之一的尼康照相机广告,就是充分运用了"再创造"和"再评价"的做法增强了广告效果。该广告只用4块添黑的方块。每块方块上各有一组文字说明,分别暗示读者们错过了一些十分有趣的图像。如有一组文字是这样的:"一位美国总统正在拎起爱犬的耳朵。"黑方块下面的广告语是这样说的:"如果你能在脑子里将它勾划出来的话,大概是采用尼康相机把它拍摄下来的。"相机广告不但没有一帧照片,而且是4块黑方块,这必然引起人们的疑惑不解,在好奇心的驱使下,不得不去阅读广告正文,正文揭示被人们错过的十分有趣的图像又全是观念性的"意象",迫使受众通过调动自己的记忆和想象,对"意象"进行"再创造"和"再评价"。受众就是在这样的审美过程中,愉悦地接受了"审美信息",尼康的形象也就在受众的心目中得到了塑造,熠熠生辉。

4. 信息论与广告美的有机结合

①广告美注意信息特点　信息的基本特性在广告美中被充分运用。第一，可识别性。信息可以通过器官或各种探测仪器加以识别。只有通过识别，信息才能起作用，这是信息的最本质特征。而广告的基本特征恰恰也是它的可识别性。每则广告所传达的信息各不相同、即使是同一产品的多则广告，每则广告也都是从不同的角度表达某种独特的思想内涵。如"爱立信——人际关系"的广告，5则电视系列篇，都是讲的电信沟通，但表现的生活侧面各不相同。父子篇——沟通就是关怀；健康篇——沟通就是分担；"Teccher"篇——沟通就是感激；"Lore"篇——沟通就是爱；代沟篇——沟通就是理解。

第二，可传递性。信息通过一定通道和载体进行传递，从而形成信息联系。广告则是通过各种媒体将广告内容传递到社会，传递给广告对象。

第三，可变换性。信息可以从一种形态变换为另外一种形态，通过变换的形态传递内容相同的信息，如同一信息可以用语言，也可以变换成文字传递。广告也同样，同一则广告用电视表现出来，又可以在报纸、杂志上印成连续的图画，由动态转化为静态。

第四，可储存性。信息可以依附于一定的物质载体而储存起来，如人脑的记忆、计算机的存贮器、录音录象等。广告的形式美、内容美都可以用类似的方法储存起来。

第五，可扩散性。信息可随时间的推移而不断扩散，随着信息传递渠道的多样化和传递工具的现代化，信息扩散的速度将起来越快，范围将越来越广。广告是信息的一种，毫无疑问它也具有可扩散性，广告美也具有可扩散性。

第六，可压缩性。通过人们的加工整理、分析、归纳、抽象、概括等思维活动，信息可以精炼和浓缩。广告亦可压缩，如60秒广告可以压缩为20秒、5秒。

第七，可替代性。信息成为一种能交换和创造价值的知识，它的价值可以和资本、劳力、物质资料等互相替代。广告形式美和内容美的基本内涵可以用不同方法表现，最终转化为消费者的行动，促进销售。即广告的信息、广告美已被受众接收，并转化为具体成果。

第八，可分享性。信息不会因知道的人多，分享的人多而有所失，信息与实物不同，实物分享必有所失。广告的内容、广告美，知道得人越多越好，它不仅是分享，而且希望大众都知晓。

第九，可扩充性。信息将随物质世界和人类社会的发展而不断扩充，广告的形式美，信息美要广为流传，并且随着时代的前进，同一产品的广告不能一成不变，它必须随时代、地区的不同而不断更新、充实。

②广告美的听觉信息和视觉信息。在信息社会中，视觉信息比听觉信息具有更重要的地位和作用。在日常交换的信息中，据有关材料统计，视觉信息占总信息的60~80%。视觉信息的准确性高于听觉信息。视觉信息比听觉信息丰富、形象。此外听觉信息的传递速度还受语言速度的限制，与日益增长的信息的传递、存储和处理不相适应。因此，信息社会中，人们都集中力量发展以视觉通信为主的技术。广告信息的传播中，对视觉信息和听觉信息都应充分利用。由于视觉信息比听觉信息具有不可否认的优越性，因此在广告美的传达中应着力于视觉美的表现。在广告美的传达上要充分利用信息论的成果，提高广告美的理论和实践水平。

第二节　广告的形式美

一、研究形式美的重要意义

研究形式美是广告人自身发展的需要。广告人的水平决定广告作品的质量，研究形式美，提高美学修养对现代广告人来说是至关重要的。广告人不仅要懂得做广告的技术，还要清楚为什么这样做的道理和原则。脱离实际的美学理论是空洞的理论；没有正确美学理论指导的广告实践，则是盲目的实践。有时"就事论事"、"照猫画虎"也能做广告，但要做出高品位的、优秀的广告都是不可能的。优秀的广告作品是各种广告技术的有机结合，是对各种广告理论和技术在广告整体活动中的娴熟运用。而这种运用必须以深厚的艺术修养和扎实的美学理论为基础。脱离了艺术修养和美学理论的指导,广告技术的运用就缺乏了底气,失去了根基,不能游刃有余地创作出上乘的广告作品。

研究形式美是提高广告艺术的需要。在市场经济发达、同质产品增多的情况下,有好的商品,还要有好的广告宣传,这样才能为人知晓,打开销路。为此商家和企业呼唤好的广告。好广告不但要实事求是,诚实可信,而且应该有艺术性,有审美价值,有优美的艺术形式,给人以美感和愉悦。平面广告讲究好的色彩、灵活而准确的线条、优美的形态、巧妙的构图;电视广告除具有平面表现技巧外,广播广告和电视广告还要有恰到好处的音响,美妙的旋律、鲜明的节奏不但给人牢固的好印象,还给人愉悦的美好感受,产生强烈的购买需求。

研究形式美是广告创意的需要。广告创意要求奇、妙、美。创意拒绝平庸、乏味、公式、概念化的表现形式,要求有优美的艺术性、独特的表现手法,耐人寻味和咀嚼的审美价值,使人乐于欣赏。达到这种高难度的要求,在造型上应有独道之处,能够灵活、巧妙地运用形式美的表现手法,如版面的安排,字体的大小,色彩的调和配置,虚实疏密的合理安排,这一切都是形式美的体现。形式美基本功的训练和把握,对广告创意来说是必不可少的课题。

总之,商品吸引消费者去购买,广告宣传必须适应消费者随时代变化和不断流行的审美心理的要求。不仅要实用,而且要优美,在外观造型上,在色彩、形态、式样、光泽、明洁度、平整度、精度、手感、装饰、外包装等方面都能给人美感,符合形式美的要求。

二、广告中形式美的构成因素和规律

1. 广告的形式美的构成因素

广告中的色彩、形体、线条、声音等形式美的构成因素,有其相对独立的审美意义。

①色彩美。色彩已在第七章的第二节讲过,此处不再赘述。

②线条美和形体美。线条美和形体美是广告中必不可少的。从美学理论看,线条美和形体美是视觉器官感知的形式美。现实世界的一切现象形态都是由一定的线条和形态构成的。线条是形体的基础,形体是由各种不同的线条构成的。但是线条的美比色彩美抽象,尽管如此,在日常生活中,我们还是能感受到线条美的存在。现实中许多物体的美不在于色彩而在于它的轮廓所构成的线条,如花瓶、酒瓶、人的身材等。线条有直线、曲线和折线的区别,它们各有不同的审美特性。

不同的线条,情感不同。粗而短的线条显得扎实、稳重,细而长的线条显得秀美,直线显得刚劲,曲线显得柔和。横向线条能带来一种和平、宁静的效果。斜线能表现一种激烈运动和不稳定的感觉,金字塔形的线条能造成稳定、庄重与安全的感觉。英国画家威廉·荷加斯认为最美的线条是蛇形线、波浪式的曲线。美国的帕克说:"水平的线传达一种恬静的情感;垂直的线条表示庄严、高贵与向往;扭曲的线条表示冲突与激烈,而弯曲的线条则带有柔软、肉感与鲜嫩的性质"。各种线条有规则的组合,可以表现的客观世界。毕达哥拉斯认为,圆形、球形是最美的;裴西洛认为,人们最喜欢的是长方形,如门、窗、书等几乎都是长方形的。而长方形中最美的是合乎"黄金分割律"的,即短边和长边的比例等于长边与长、短之和的比例,具体比例为1:1.618。实际应用上,最简单的方法是按照裴波纳奇数列2,3,5,8,13……21得出2:3,3:5,5:8,8:13等比值作为近似值。不同的形体唤起不同的感觉。

美的线条,美的形体是构成艺术作品的重要因素,中国的书法更是以线条为主的点、线、面相组合的表情艺术,点、横、竖、撇、捺、提、钩、折是汉字的基本笔划,也是书法艺术的主要线条,在广告艺术中,线条的应用极为普遍,广告运用线条,线条构成的文字、图案表达深刻的广告主题。

又如"把公款吃喝的钱省下来用于教育"圆圈表示盘子,横在上的勺子成为一条横杠,对称的边上是一个正方形代表校园,一个向上的箭头,箭头里有一枝铅笔,铅笔两侧是孩子的呼声:

"我要读书"四个字。圆和方，横和直立对称和谐地表现了"我要读书"的强烈愿望，对用公款吃喝的人进行了有力的鞭策。彩图12。

用汉字的线条组合，体现广告主题，是广告艺术常用的手法。如"贫"字"分，分开、分出；欠，钱币、钱财""……分的人多了，财富就少了……"以此表示"控制人口增长，实行计划生育"是基本国策的道理，形象具体，简单易懂。彩图13。

③声音美。声音是由物体振动而发生的波，通过听觉所产生的印象。声音感是一种最原始的感觉。声音可以分为自然发生的声音和音乐的声音。

自然发生的声音是自然而然出现的。如雷鸣、虎啸、猿啼、莺啭、人喊、马嘶、虫吟等声音现象构成了复杂多样的自然音响。这种自然音响在一定条件下可以成为审美对象。如"喓喓草虫"，"呦呦鹿鸣"，"伐木丁丁，鸟鸣嘤嘤"这些都是《诗经》中以自然音响美为起兴的诗句。和谐的声响和优美的韵律，唤起了人的诗情画意，激发了审美感受，寄托了审美情趣。由此说明广告在传播信息时，可以有针对性地运用风声、鸟唱、鹿鸣等音响为基础，赋与广告情感、音响美。

音乐的声音是按照美的规律创造的，它以人声和乐器声作为材料，在时间过程中进行，其主要因素是节奏、旋律、和声等。在音乐中声音的审美特性表现在：

音乐的声音具有表情性，是人的感情对象化的结果。如《乐记》中说："乐者，音之所由生也；其本在人心之感于物也。是故其哀心感者，其声噍以杀；其乐心感者，其声啴以缓，其喜心感者，其声发以散；其怒心感者，其声粗以厉；其敬心感者，其声直以廉；其爱心感者，其声和以柔；六者非性也，感于物而后动。"古代希腊人也从他们当时流行的七种乐调中，分析出情绪表现的差别，E调表现安定，D调热烈，C调和蔼，B调哀怨，A调发扬，G调浮燥，F调谣荡。

声音有色彩感，即所谓"着色的听觉"。这是由听觉引起人生理上的通感发生视觉作用，产生色彩效果。听音乐由于声音的不同会产生明亮、暗淡的光感。奥特曼在实验人对声音的色彩感觉时,发现有些人听高音产生白色感觉,中音产生灰色感觉,低音产生黑色感觉。

声音能使审美主体产生联想和想象。音乐没有外界的个性化的对应物,这给人们的审美联想开拓了广阔天地。如音乐可以使人想起高山流水、万马奔腾、战火纷飞等。白居易在《琵琶行》中所描述的"大珠小珠落玉盘","间关莺语花底滑,幽咽泉流水下滩","银瓶乍破水浆迸,铁骑突出刀枪鸣"等等都是描写音乐所唤起的联想。

广告应充分全面地利用音乐在声音传播中的特点,用广告歌表现广告主题与广告创意,广告的语言文字重复多了,人们会厌烦导致对广告产生一种抗拒心理,但广告歌旋律优美,歌词又富有人情味,易被人接受,听到会唱的老歌曲,好象遇到老朋友一样,使人倍感亲切。同时利用音乐声音特有的表情性、色彩感,使音乐的旋律对人的神经进行刺激,感染人的情绪,煽起人们对某种商品的购买欲望。

广告歌在创作上应注意歌曲要通俗易懂,易听、易学、易记,歌词应给人以强烈的印象,形成鲜明的个性,使人一听到其韵律就会联想到某一种商品或企业。不同的商品应有不同的音乐旋律,如适合少女用的化妆品的音乐要选适应青春少女柔和可亲、充满活力的曲调。儿童食品或玩具应具有童谣儿歌的性质,悦耳动听,易于传播,使街头巷尾都能听到孩子的歌声,进而影响到大人,成为群众性的广告。

2. 形式美的规律

①整齐一律。这是指外表特征的一致性,也就是同一色彩、线条、形状、声音等的不断重复。这是最简单的形式美。黑格尔说:"整齐一律一般是外表的一致性,说得更明确一点,是同一形状的一致的重复。"❶ 如在线条中,直线是最整齐一律的,因为它始终只朝一个方向走。立方体也是整齐一律的,因为无论在

---

❶ 黑格尔:《美学》第一卷,第173页。

那一方面，它都有同样大的面积，同样长的线和同样大的角度。如仪仗队的统一衣饰、统一动作，表现出整齐一律的美。在线条的表现上，不仅直线有整齐一律的美，变化了的直线——曲线也必须有内在的统一和一律。缺乏统一的变化，会显得杂乱，失去严肃、庄严感。所以，社区建设，青年组织的各项活动，都是以整齐划一为广告的表现形式。广告的"构图"把很多分散的因素布置和结合成有顺序整齐的系统整体。结构、形状符合用途与材料的一致，同时又有造型的统一、美观，造型的变化要和谐成比例，有节奏、有韵律。

②平衡对称。整齐一律的形式美法则，虽然应用比较广泛，但它有一个显著弱点，就是没有变化，显得单调乏味，形式美不能停留在这种固定的一致性里面，而要把一致性与不一致性结合起来。即由形式外表上的一致性发展到与不一致性相结合，如不同的颜色、线条、形状、声音的交替重复，从而形成既有变化，又有稳定均衡的美。黑格尔说："一致性与不一致性相结合，差异闯进这种单纯的同一里来破坏它，于是就产生平衡对称。"

对称，是指美的事物在外在形式上，以一条线为中轴而分为相等的两个部分。有左、右对称和上下对称，以左右对称的形式占多数。一片树叶，中间以主脉为轴，向两旁伸延出许多支脉，造成大体上的对称。花瓣是对称的、动物的脚、腿是对称的，人的耳、眼、手、足也是对称的。由于对称能给人以平衡、稳定、庄严的感受，所以建筑的对称形式最多，不论东方建筑，还是西方建筑，特别是宗教建设，差不多都用对称形式。对称有三种：镜面的对称，即两部分形状分布相等，两个相等的剖面，叫做对称面。轴对称，以中轴为中心，两则对等。螺旋对称，以一个固定角速度绕固定轴作直线或平面旋转运动，同时沿轴线做平面移动达到的。

对称虽有整齐、平稳、庄重的审美效果，但呆板，因此，有些广告，采用不对称的构图，使各部分形象有机地组配在一起，构成完美、和谐的整体达到平衡。

平衡，是指美的事物的各个部分在数量和程度上大体均等，两边则不等。它比对称进一步，打破"对称"的单调刻板，带来更为灵活的差异特点。古典派绘画严格讲求平衡对称、稳定感，因而陷于呆板，只有那些表面上不平衡对称，而暗合平衡对称、稳定原则的艺术，才是最好的绘画，即"不平衡中的平衡"，"不对称中的对称"，也有人叫"代替平衡"。美国心理学家朴孚曾研究过 1000 幅名画后，发现每幅画都含有"代替平衡"的原则。绘画通过体积、情趣、注意力的方向、线的方向、远景等 5 要素实现平衡。在形式美的构成中，平衡是核心。广告的设计应遵循绘画要求的平衡原则，以色彩的轻重达到平衡，或以文字的布局达到平衡，或者以局部的调整来达到整体的平衡。画面要灵活、巧妙，在不平衡中求得平衡。广告构图应有奇险，主要表现为不平衡，即形态的不平衡、空间的不平衡、色彩的不平衡，这三方面只要突出一方面的不平衡，就会有险意，就会产生较强烈的形式感，呈现出强烈的不平衡、对比的奇险。这是对设计平衡的突破。实际上广告的平面设计，并不是要画面绝对的平衡、对称，而是要求各部分形象有机地组配在一起，达到均衡。均衡是通过对比调和实现的。

③对比调和。对比是把两个具有显著差异的事物互相结合、对照，以增强企业形象的鲜明性。世上一切事物都包含着矛盾和差异，对比就是事物的矛盾性和差异性的表现。有了对比才有多样性。比如色彩中的黑与白、红与绿、蓝与橙；线条的直与曲、粗与细，形体的大和小；声音的强与弱、高和低等都是对比。写汉字要有曲有直、有缓有急、有疏有密、有繁有简、有柔有刚，这也是对比。如绘画中的二棵树，一般总是一高一低，一俯一仰，一曲一直，一左一右，一前一后，一粗一细，一平头一锐角，这样才有比较，有变化，给人以整体性的立体感，而不致于呆滞、刻板。第五届全国广告节的全场大奖《舒眠乐》画面是两只蓝色的方枕头，一皱一平的对比表示失眠的痛苦和平静睡眠的舒畅。一目了然，加深对"舒眠乐"的良好印象。

调和就是把两个比较接近和类似的东西互相结合，在变化中保持一致。使人感到融合与协调。与对比不同，调和不是突出矛盾，而是趋向统一。例如红与橙、橙与黄、黄与绿、绿与蓝、蓝与青都是相邻近的色彩。而同一色中的深浅，浓淡等有层次的变化，也是调和。调和不仅存在于色彩之中，也存在于声音、形体之中，存在于各类艺术形式之中，广告亦不例外，各种表现形式都是调和的运用。

④多样的统一。广告美的各种形式因素在总体组合上的规律，是广告形式美的最基本、最普遍的规律。多样的统一也叫和谐。所谓多样，就是组成广告美的各要素，各个部分，在形式上具有相互区别的多样性；所谓"统一"，就是组成广告美的各个部分之间的相互联系和在形式上的某些共同性。黑格尔指出："和谐是从质上见出差异面的一种关系，而且是这些差异面的一种整体，它是在事物本质中找到它的根据的。""各因素之中的这种协调一致就是和谐。和谐一方面见出本质上的差异面的整体，另一方面也消除了这些差异面的纯然对立，因此，它们的互相依存和内在联系就显现为它们的统一。"❶ 所以，和谐就是对立的统一，多样的统一。只有多样而无统一，那是杂乱；只有统一而无多样，那是单调。作为多样统一的和谐，是形式美的最高要求。比如颜色的配置讲"补色"，补色是两种色光相合即生白色感觉，如红色和青色，蓝色和黄色都是补色。补色配在一起就和谐，因为两色差异的对立已消除，使差异得到中和而协调一致，否则就刺眼不协调。所以绘画着色皆讲补色原理。画家往往于青色山水的背景上面加上穿红衫的妇女，色调便顿显生气。还有，黄金分割是美的形式，因为它表现"寓多样于统一"这个基本规律。它一方面是整齐统一的，因为两边是相等的；另一方面它又是变化多样的，因为相邻两边有长短的分别。长边比短边长的形体很多，而黄金分割的长边却恰到好处，没有太过与不及的缺点，所以最能引起美感。再有，在声音方面，黑格尔说："基音、第三音和第五音就是声音的这种本质上的差异面，它们结合成一整体，就在差异面中见出协调。"一个房间布置得如果很零乱，

---

❶ 黑格尔：《美学》第一卷，第 180~181 页。

会使人们感到不美,反过来说,很整齐但缺乏变化,也不美,会使人感到机械、呆板。要使房间的布置达到美,就既要有变化,又要有统一,要把两者结合起来。房地产的广告的平面设计,有的人总想充分利用所有版面,因而造成画堆砌得拥挤不堪,主题不突出,诉求点不明确,失去了宣传作用。

　　广告美的关键,是达到多样统一的和谐。就是说,广告的各种形容、描写手段、表现技巧,要互相协调、有机地结合在一起,以表现产品或劳务或企业的真实面貌。绘画艺术表现的多样统一,很值得广告创意和制作的借鉴。如达·芬奇的名画《最后的晚餐》就是多样统一的典范。画面是耶稣在逾越节的晚餐桌上,与他的十二个门徒共进晚餐。他坐在桌的中间位置上,突然对门徒说:"我实在告诉你们,你们中间有一个人要出卖我!"这话立即引起强烈反应。画家在画面上以耶稣为中心,把十二个门徒分成四组,左、右、中右、中左各有三人,各组之间,又自然地由人身的倾向和手臂的穿插互相连结,在统一中有变化,变化中有统一。每组自成一个小的中心,其中每人的形象与性格又都不一样:有的似乎在诧疑地问:"是真的吗?"有的急于想知道出卖者是何人,有的虔诚地向耶稣表示自己的忠诚;有的则在窃窃私议如何对付无耻的叛卖者;而叛徒犹大也混杂其间,手握钱袋,脸上露出奸诈惊慌的神色。画面人物姿态尽管变化很大,但却不是彼此孤立游离的,感情是彼此联系的,他们的神态都集中于耶稣身上,统一于耶稣悲痛地宣告有人出卖他之后全场的惊异气氛中。我国五代南唐的画家顾闳中的《韩熙载夜宴图》也体现了多样统一的形式美。在这幅纵28.7cm,横335.5cm的画卷中,共画了46个不同的人物形象。全画共分五段,第一段描写韩熙载及诸客宴饮,听李家明的妹妹演奏琵琶;第二段描写韩熙载亲自击鼓,歌伎王屋山应拍而舞的画面;第三段描写诸客散后,韩熙载同诸女伎休息;第四段描写韩熙载换衣后,坐听诸女伎奏管乐;第五段描写韩熙载的亲近客人同诸女伎调笑言情。每幅画都表现出多样性统一的形式美。如听琵琶一段画面的统一性集中于韩熙载和宾客们凝神倾听琵琶演奏的一刹那,众人注目于李家明妹妹弹琵琶的手,洗耳啼听那华美的乐音。而画家又于这统一性中,生动地描绘出韩熙载和宾客们欣赏琵琶演奏时的各种不同的姿态和情态:韩熙载松弛垂手,凝神贯注,宾客中有的或双手交叉、侧耳细听,或合掌欲鼓,暗自赞绝,而侍女们则心旷神怡……这便是统一中见出多样性。然而各异的神态又都集中于琵琶演奏。全场雅雀无声,乐音悠然飘荡,使人仿佛真的听到那挑弹抢拨琵琶的优美旋律之中。总之,整个画面显得整一而不单调,多样而不散乱,画家在构图上巧妙地运用多样统一的形式美随处可见。广告的运作,无论是平面构图,还是电视广告片,都应巧妙地运用多样性统一的原则,尤其要借鉴绘画艺术表现多样性统一的手法,这样才能很好地突出广告主题,达到广告效果。

第三节 广告的创意美

一、超前意识

广告在美的创意上要勇于大胆的想象,美是人的本质力量的对象化,是人性的高贵的表现。作为艺术境界中的自然景物,不仅是自然本身一些固有属性的简单再现,而是某种社会生活条件下,所形成的人的精神状态或性格特征的一种象征,是"自然的人化"。中国古代画论中所说的凡画山水,最要得山水的性情,就是强调的"自然的人化"。人在认识自然,认识客观世界的同时,也就把自然、客观世界作为他的改造对象,人在充分利用自身的想象力改造自然的活动中实现"精神变物质"的梦想。广告就应宣传和促进这种梦想的发展,鼓动其实现,为人们的今天排忧解难,为人们展示更加美好的明天。日本传说中的"三宝":镜子、珠宝、短剑先是由电视、洗衣机、电冰箱所代替,而接着又被汽车、彩电、空调所代替;而今在广告宣传中展现的"三宝"却是日本广大消费者所渴求的夏季别墅、电烤炉和集中供暖系统。广告为人们展示着美好的未来。当人们漫步在上海延安西路美丽园附近,蓦见上海第一座立体式实物广告:半辆全真的桑塔纳汽车耸立在广告牌上。人们面对这一直观、逼真的广告,愈来愈多的人悄然萌发"轿车梦"。鉴于此,有些广告的题头语,干脆就用"这不是梦"!四个醒目的大字,广告就是要创造这种梦想成真的意境,这是广告真正的艺术魅力所在。人们想要永葆青春,于是有了消皱、增白保养皮肤的化妆品广告;人们想要身体健康又苗条,于是有了宣传,又示范的"健美骑士"广告,广告要永远有这种"造梦",激发人想往的超前意识,才能闪烁着令人神往的意境美。

广告美超前意识的核心是"美"和"用"的有机结合。"用"是物质生活的要求,"美"则是智慧促进生产发展的动力。人从能制造工具的那天起,就把人体美与工具的实用紧密地结合在一起了。最原始的石头磨成的斧、刀、锥形体的对称均衡适用,表现出在功能条件下产生了美的法则。同时人体美的因素也在工具的功能中得到体现,如与人体发生直接关系的各种工具器具的大小形状都反映了的美的因素——对称、均衡、比例、韵律等。工具的美以实用为基础,美与功能紧密地结合。如用动物、植物的形态装饰起来的陶器的盖、嘴、耳、把等不但没有影响功能,反而突出了功能部位的作用,壶的把做成竹子状,罐的提手作成动物的耳状,既美观又实用。功能和装饰、用和美在彩陶上达到了高度的统一。随着社会的发展,美与用的矛盾渐渐显露出来,工艺美术的产品中出现美而不实用,或实用而不美的现象,如雕琢着龙凤花草的桌椅,纹样的安排、精美的透雕相当美观,但不实用,锐角不平,有损皮肤;靠背高低刺人,没有达到"工艺人学"的要求,还有出口的金银首饰中,耳环、戒子往往只注意造型的精巧,而忽略了功能效果,使用时易划破脸和手指,因此造成商家退货,国内又没有市场,只好回炉,造成浪费,黄金回炉消耗百分之六,这是只求美,不顾功能的结果。相反也有只求功能不顾美观的情况。过去出口人工睫毛(化妆品)不注意包装装潢的美,用牛皮纸包裹(每打12支),而且价格低廉,这样精致的化妆品竟使人感觉不到它的美。后来改进包装,采用塑料有机玻璃小盒,内用丝绒衬底,外压浮雕图案,每盒只放一对睫毛,显得非常别致美观,价格提高了几倍,而且更为畅销了。还有只管实用，不管造型的情况，一种猫形茶壶，姿态别扭，打开壶盖就等于斩了头，使人感到不舒服、恶心，失去了感觉上的平衡，在视觉上心理上产生一种变态的形象，无美可言。美和实用是一对矛盾，要把握它们之间的辩证关系，在工具、器皿上美与实用要有一定限度，两者都不可超越限度，否则就不美也无用。在复合型装潢效用造型中，有一种香皂盒，设计者在盒底安上刷子，盖边作成梳子，目的是为使用者方便，结果既不能刷，也不能梳，而且由于盖边锯齿形盖不严，香气散发了，盒底放不稳，成了废物，不仅无利，反而有害，盒形不仅不美，反而成了畸形，这是一味追求功能的反效果。

在科学进步，材料革新，工艺发达的今天，生产与艺术，美与用的矛盾开始转化，不仅工艺的精巧性相当高，而且非常适用，达到美与用的统一，如汽车、手表等不仅造型装潢美，而且舒服、适用，符合人们生理及心理上的要求。所以广告的超前意识应充分体现美与用的统一，既要传达产品功能的齐全、实用，又要传达工艺的精湛，美与用的一致。提倡科学水平的发达和文化艺术的提高、普及，使艺术品和生活用品的距离越来越缩短，使精美的设计，为广大群众的生活服务。

二、情感沟通

广告的基本目的不是供人欣赏，而是广告主通过可控制的宣传形式，对产品服务和观念进行非个体性的传播。为达到这一预期目的，广告必须重视分析、掌握广告受众心理发展过程各阶段的心理特征，使广告能引起受众的注意，唤起受众的兴趣，加深受众的记忆，激发受众的欲望，促成受众的行为。这就必须实现广告主和受众之间的良好沟通。从广告美学上讲，最行之有效的沟通就是情感上的沟通。使广告成为广告主与公众情感交流的心理兴奋点和物质中介。

情感是由客观事物引起的。但是客观事物本身并不直接决定情感，它对情感的决定作用是以"需要"为中介的。凡是符合人的需要的客观事物，就会引起肯定的情感，如高兴、满意、欣慰、幸福等。凡是不符合需要或妨碍需要满足的客观事物就会引起否定的情感,如悲痛、愤怒、不满、苦恼、气愤等。与人的需要没有直接关系的客观事物,对人既无益也无害,则不引起情感。情感的内容显露了一个人对现实的突出的、典型的态度,是一个人本质的心理特征。情感因素占主导地位时,就会使人激动,振奋或反感、抵触,从而对人的态度和行为发生迅速作用和强烈响应。如果广告能满足公众的需要,尤其满足公众情感上的需要,就能促使他们产生肯定的愉悦的内心知觉体验,对广告宣传的信息持接受的态度;反之,就会产生否定的内心知觉体验,持拒绝、排斥的态度。所以广告与受众的沟通是通过受众情感体验来实现和完成的。于是,"以情沟通"就成了广告最终目的实现的桥梁。

对刺激情境的认知决定情感的性质。人们在认识外界的各种对象时,由于主体已有的知识经验不同,知识结构不同,对刺激情境会作出不同的判断,符合主体需要的会引起积极的情绪和情感,不符合的会引起消积的情绪和情感。如我们在荒郊野外看见老虎,会引起恐惧的情绪,而在马戏团的表演时,有很多老虎出来,我们也不会恐惧,不但不会恐惧,反而看老虎表演很高兴。这是主体对刺激情境的判断和评估不同,前者是老虎会伤人、危险;后者是老虎不会伤人,很有趣。所以,对刺激情境的认识是情感产生的直接原因。在广告的活动中应创造一种易于使消费者接受的氛围,电视广告、报纸广告、杂志广告、交通广告、路牌广告、气模、霓虹灯等众多广告形式一齐上马,形成强大的宣传攻势。这对消费者的情绪和情感都会产生巨大的冲击,促使消费者的情感形成对广告宣传的认同,接受广告的内容。

利用广告的艺术形式达到与消费者的沟通。白居易曾言明"感人心者,莫先乎情"。艺术的最本质特征就是直接诉诸情感。客观现实的美是艺术的无限源泉,它激发艺术家不可遏止的审美激情;艺术作品的艺术性是艺术家对现实美的反映,它渗透了艺术家的主观情感,从这个意义上说,艺术就是情感的展示,广告的根本目的不是为了艺术,追求的不是审美价值,它注重的是广告的功利——效益。但为了实现其效益,它必须是艺术,注重与公众在情感上的沟通，给人以温馨之感。这就要在"功利性"和"艺术性"之间寻找一个最佳结合点，这个最佳结合点就是广告主与消费者的情感沟通。通过广告艺术形象的展示，调动消费者情感的归属，使消费者的情感寄寓在广告艺术形象的审美激情之中，打开消费者心灵之门，激发起他们强烈的购买欲望，不言而喻，产品也就会大大畅销。

三、直观自身

美的事物引起人们的喜悦离不开一定的感情形式，但是这种喜悦的根源并不在于感性形式本身，而是由于美的事物包含了人类的最珍贵的特性——实践中的自由创造。所谓自由创造就是按照人类认识到的客观必然性去改造世界，以实现人类的目的和要求的物质活动。自由创造是合目的性和规律性的统一。二者在生产实践基础上统一起来，人们在生产劳动实践中，不仅从眼前局部的利益确定自己活动的目的、计划，而且能从长远的整体利益考虑自己的目的计划。所以在生产过程中人类是作为一种自由创造的主体而出现的。人类在生产劳动中是按照预先的目的、计划去积极地改造自然界，使自然界适合人类要求，使荒野的自然成为"人化自然"，在生产物上打上人的意志的烙印，表现着人的目的、和人改造自然的创造力量。马克思说："在劳动者方面曾以动物的形式表现出来的东西，现在在产品方面作为静的属性，以存在的形式表现出来。"所以，商品静的存在形态，即它的特征、状貌是人在生产劳动中改造自然的创造力量的具体表现，也是人的本质力量的对象化。人们从生产出的商品中直接观察到自身的力量，看到了作为自由创造的人自身的力量、才能、智慧，也就是马克思所说的"在他所创造的世界中直观自身。"正是人能在自己创造的对象中"直观自身"，看到人类的自由创造，看到人类的目的、理想，与人类的力量、智慧和才能的实现，因而在对象中感到自由创造的珍贵，从而引起喜悦。当对象以表现创造活动内容的感性形式特征而引起人的无比喜悦时，这个对象就是美的。所以美最初是从人类改造自然的生产劳动中产生的。因而广告美是随着社会实践的发展而不断发展。广告展示商品所蕴含的人类劳动的伟大创造力，展示人类的智慧和才能，受到人们的欢迎和喜爱。

广告作为一种社会现象，是文化和社会活动的一部分，是人类智慧的结晶，在其活动中忠实地反映了一个国家、一个民族的文化。从文化的层次看，有内蕴深隐和外露浅显之分。

外露浅显的，是指物态的广告文化，有直露的特性，属于非本质的因素，是表层部分。亚深层部分，是表现一定的民族心态、习俗、认知、思维方式、行为方式等，表层部分和亚深层部分经过提炼概括出来的种种文化观念，诸如人生价值取向、伦理道德心态、精神情操状态、社会风貌时尚、审美情趣习惯等等。这是相对稳定的、本质的因素，它根植于特定的社会氛围的土壤，是历史积累的结果。

广告深层的文化观念，是商品的附加值，广大消费者可以从植入广告的深厚的文化内蕴中观照人生，从而获得直观自身的愉悦。人们可以从"彩虹电视独家赞助柯受良飞越黄河"的广告运作中看到广告深层文化观念的威力。

由广东华视广告有限公司策划的"彩虹电视独家赞助柯受良飞越黄河"被称为"历史性的飞跃"。经过中央电视台的现场直播，全国各大报刊的报导，吸引了亿万观众的注意。这种注意一方面有中央电视台现场直播的宣传，全国各大报刊的报导，及各种媒体的炒做。另一方面，也是更重要的方面，是柯受良要飞越中华民族的母亲河——黄河这一壮举所引起的。这是人类历史上第一次驾车飞越黄河，它的意义已超出彩虹电视赞助的广告范围，人们通过柯受良的飞越关注的是人自身的伟大力量，人类战胜自我，征服自然的潜能的发挥，它在人们内心深处引起的激荡远远超过广告本身。它表现了英雄人物的冒险精神，大无畏的英雄气概。它成了振奋民族精神，向世人展示东方巨龙腾飞的极佳载体。这也是中华民族所特有的文化内涵，所以当1997年6月1日中午，亚洲飞人柯受良从壶口瀑布驾车飞越黄河时，举国上下，电视机前，亿万人争相共睹这一盛况。收视率之高为中央电视台此时段罕有。同时，随柯受良飞越黄河的成功，彩虹股票，次日涨停3板。市场调查显示，彩虹电视的知名度飙升36%，绝大多数观众对彩虹电视独家赞助柯受良飞越黄河表示赞许，彩虹电视的销量在短短几周内迅速攀升。这既是广告宣传的成功，更是广告所表现的深厚文化内涵的成功。

广告要有震动人心的"内蕴美"，首先要以心理学为基础，美学为指导，注重人们与物质产品需求相关的精神需求，审时度势地把握人们在一定文化背景和历史条件下所形成的共同审美心理；同时，更要注重不同目标公众的特殊的审美心理，把握住影响和制约着他们由特定审美情趣、审美习惯所形成的特定心理定势。现代消费者感性观念诉求的人愈来愈多，众多消费者，已从"物"的消费转变为"感受"的消费。因此，广告诉求要相应地向感性的观念倾斜，及时捕捉住社会生活中各种观念的转变，将其视觉化，使内蕴在广告深层的文化"心语"与广告受众心理相容，产生顺意的趋同感悟和直观自身本质力量的审美愉悦。如爱立信手提电话机的电视广告即是广告深层文化的成功表现。电视广告由张曼玉和王敏得演绎，使爱立信手提电话机"一切尽在掌握"有了更加深刻的含义。它通过邂逅篇和结婚篇表现了现代人应有自我肯定、自我关注，只有这样才能把握自己命运的观念。即使在结婚的临界点，也应正视自己的真实情感。王敏得在最后时刻依然执着、坚定、自信轻握手提电话，对张曼玉呼唤，张曼玉接过电话遥远的回忆刹那间涌上心间，凸现了心底的渴望和期待，于是为了感情抛弃一切，自信而坚定的奔向王敏得，虽然这里有背叛的因素，但它却表现了，人们更加渴望地老天荒、同时怕被别人遗忘、怕被别人忽视，于是将可以"随时随地传信息"的现代通信工具——爱立信手提电话机视若珍宝，都也同时使人迷失在转瞬即逝的电波信息之中，但是这"一切尽在掌握"之中。广告语"一切尽在掌握"成了双关语。运用广告铺陈动人情怀，把人类深层的心理需求，附加在产品之上，在销售产品的同时满足消费者直观自身的情感需求，不仅是高档消费品的销售良方，也是现代时尚的一个侧面。

四、创造意境

广告的超前意识创造的意境美，情感沟通创造的温馨美，表现人的自我创造能力的内蕴美决定着广告的自身品位。从广告美学的层次来看可以分为三类。

以商品为中心的广告。这类广告是以招徕顾客，直截推销商品为目的，内容多数是单纯地表现产品的性能、功用，广告的美学品位不高，画面雷同，用语老套，如"产品上乘，实行三包"、"与众不同""×优，产品一流"等。表现手法直白陈旧，如药物广告则是一个身穿白大褂的医生，手持药盒向观众独白，或者一个病家在那里说："确实好多了。"这种广告容易造成人们的逆反心理——"王婆卖瓜"。这是广告的初级阶段，它反映了厂商的小生产者的狭窄眼光，形成短期行为。在生产发展，商品日益丰富的情况下，这种广告市场越来越少。

以消费者为中心的广告。这类广告强调从不同层次的消费者需求及接受心理出发，开展广告宣传，注意广告的整体效应与长远效应，在传播商品、服务信息的同时，更加注意广大受众的审美心理需求，使广告具有审美的特质、营造一种愉快、温馨的氛围，或者通过艺术的灌输与渗透，达到与消费者情感的沟通，使消费者在审美情感的打动下，或者艺术欣赏中不知不觉地接受了广告的宣传，认同广告宣传的产品，自然而然地购买该产品，从而达到促销的目的。

有的外国广告，善于发现产品本身的感觉印象、情感、意味和性格，发掘商品与生俱来的戏剧性。然后令商品戏剧化的成为广告里的英雄。李奥·贝纳说："广告人最重要的任务是把它（戏剧性）发掘出来并加以利用"，"找出关于商品能够使人发生兴趣的魔力"。产品的"戏剧性"要通过适切的语言感觉和意味表现出来，在受众心中产生一种"兴趣的魔力"留下难以磨灭的印象。这种"魔力"就是广告美的创造。这种创造不仅可以从产品中发掘戏剧性，还可以通过改变产品意象的形态，改变产品的日常用途，或赋予产品某种新颖有趣的用途，或创造产品与环境，产品与人的新的关联，创造出产品意象的戏剧性。如里维斯50/牛仔衣广告，将牛仔衣折叠成相扑运动短裤的形态，穿在一相扑手身上（图 9-3-①）。荷兰 GOLDTOWN 男式服装广告，将衣服折成头饰的模样，套在几位女模特的头上（图 9-3-②）。从而创造出产品意象的戏剧性。美国的 Dryazide 提高血压药，有降低压和保持体内钾元素的功能，而香蕉含有丰富的钾元素，以 Dryazide 可替代香蕉的作用。广告将产品与香蕉皮结合创造出一个新的具象，充分展示本产品所具有的戏剧性。

无论是国内还是国外，在以消费者为中心的广告中，都是要把广告商品的实用性和审美性结合起来，使两者浑然一体，对产品的视觉效果和功能进行扬弃，把产品的特性进行艺术渲染，构成广告的主要内容。满足消费者物质和精神上的需求，使购物成为一种"享受"；物质享受是产品的功能所决定的；精神享受是产品的无形资产，即产品的品牌、购物环境的优雅、愉悦，良好服务带来的愉快、人的高贵、自尊的满足等所决定。

以树立企业形象美为中心的广告。这是一种新型的广告，这种广告在宣传中不提及产品，不直接介绍产品，旨在树立企业形象，以增进公众对企业的了解，扩大企业的知名度和美誉度，以达到"完全的倾销"的营销目的。

经济的快速发展，工业水平的不断提高，企业的生产能力趋向同质化；消费者生活水平增长，文化素质提高，审美要求提高，购物行为日趋复杂，而且对产品质量和售后服务的要求日益提高。在这种情况下，仍依原来的经营策略和广告策略去运作；不仅缺乏竞争力，还有可能造成人力、物力的浪费。迫于这种压力，广告的宣传转向树立企业形象。形象、信誉、品牌本身不具有物质属性的价值和使用价值，但在营销中它可以转化为良好的市场效应。从这个意义上看，企业形象就是一种最重要的无形资本，同情资本，形象资本。一个企业有了知名度，有了良好形象，销售效益会事半功倍，客户会慕名上门，消费者会争相购买其产品，营业额自然会相应地提高；一个具有良好形象的企业，能够取得金融机构的好感，容易募集资金，在证券市场上其股票的价格也势必上扬，吸引更多的资金，增强股东的信心；同时，不但投资机会增加，失败风险减少，而且还能吸引有创新、有前途企业的合作。所以万宝路集团总裁马克思韦说："名牌就是企业发展的最大资产。企业的牌子如同储蓄的户头，当你不断用产品累计其价值，便可尽享其利息。"以大量不断的同情资本塑造出来的万宝路企业形象，不仅给万宝路集团带来每年30亿美元的收入，而且据美国《广告周刊》的保守估计，"万宝路"这块金字招牌，至少价值300亿美元。

塑造企业完美形象的广告，是企业迅速打入消费者心扉，占有消费者的捷径。这类广告在内容上要寻求广大受众的关注焦点和价值取向，以其丰富独特的文化内蕴和审美价值打动消费者，使人感到亲切、温馨；在形式上，要以清新高雅、鲜明隽永的方式吸引消费者自觉介入。总之塑造企业完美形象的广告应有较高的文化含量，文化附加值愈高，它的辐射能力越强。它应是经济效应与审美效应的最佳结合，以企业的完美形象征服消费者。

第十章 广告效果测定

为了促进商品的销售,广告主投入了大量的广告费用,因此,需要根据其投入和产出来评价广告的效益或效果。测定广告效果,评价广告效果,是广告活动的重要组成部分,是检验广告活动成败的重要手段,它对企业今后广告活动的开展有重要意义。

第一节 广告效果测定概述

一、广告效果测定的含义

所谓广告效果,是指广告通过广告媒体传播之后所产生的影响。测定则是对这种影响的考查。这种影响可以分为三个方面:对消费者的心理影响——广告的心理效果;对企业经营的影响——广告的销售效果,这是广告主最关心的问题;对社会的影响——广告的社会效果。

广告的心理效果,是指广告在消费者心理上反应的程度,也就是影响和改变消费者心理,最终形成消费者的购买行为。除此之外,广告还可以创造消费,引导消费,在新产品或新的劳务项目初上世时,广告需以全新的观念诉诸于消费者,采取多次示范,反复说明等方法使诉求对象接受新的消费观念和知识,唤起他们的初级需要的意念,从而达到打开市场的目的。在同质产品或劳务竞争激烈,但还存在潜在市场的情况下,广告则可采用进入消费者心智的"定位"方法重塑产品或劳务形象,刺激消费者的选择性需要,使诉求对象对已知产品形成新的需求意念,创造"名牌效应"刺激消费者潜在的需求。

广告的销售效果，是指广告促进商品或劳务销售和利润增长的程度。广告宣传切忌平庸，它应准确抓住产品的特点，优于同类产品之处、与众不同的商标等有力因素加大宣传的力度，以引起目标消费者的注意，激发其购买欲望，达到认牌购买的目的。于是，广告成为企业间强有力的竞争手段。同时，它也是企业自律的外在压力，促进企业不断提高产品质量，增强生产能力，改善经营管理，最终提高经济效益。再有，广告的宣传作用刺激了消费，消费者提高了消费的量和质，对产品和劳务提出了高要求，迫使企业改进生产技术，加快生产出适应社会高要求的相当数量的产品，由此，消费促进了生产的发展。广告象一根红线牵制着生产和消费，使生产和消费互相作用，互相推动，形成良性循环最终达到经济的繁荣。

广告的社会效果。广告除有促进物质文明发展的作用外，还有对整个社会的间接的，不可低估的潜移默化的影响，实现了推动精神文明建设的社会效果。向社会传播具有真实性、思想性、艺术性的广告作品，有助于提高人们的审美水平，起到陶冶情操，增加科学知识，提高文化水准、增强艺术修养的作用。相反，质量低劣、宣传失真、低级趣味、误导消费的广告，不仅会把广告主、广告经营及媒介单位自己逼入绝境，而且会成为寄生于社会机体上的肿瘤，降低整个社会精神文明建设的水准。

海外广告学者和经济学家范斯东说："以广告创造需求和改变需求来说，它对社会的基本影响，乃是促进人们追求享受的意愿，它的主要功能是说服消费者去购买。工商人士都承认，广告不是提供资料，而是造成说服力量，因此，他们才花钱做广告。倘若消费者因广告而产生欲望，而这种欲望又能演变为有效需求，那么市场被打开了，工商业者获得利益，经济得到繁荣，整个国家也就得到发展"。

二、测定广告效果的作用

广告宣传是企业在现代市场上开展的一项重要促销活动，是企业的一项投资行为，它的产出情况直接关系着企业的命运，企业是宏观经济运行的基本细胞，是社会财富的主要创造者，因此，企业的命运实质上也是经济整体的命运，广告效果与国民经济的整体运行有着密切的联系，为使广告健康发展，使广告的运行取得更好的经济效益，必须对广告效果进行测定。

1. 测定广告效果促进整体广告活动的健康发展

人们进行的广告活动是一项有计划、有目的的活动，当整个广告活动完成之后，必须对整体广告活动进行总结。总结经验教训，以利今后广告活动的开展。检验广告计划、广告活动合理与否，广告活动中每个环节配合的是否默契。成功的经验是什么，值得注意的问题或教训有哪些？

例如，今年夏初东北的一种饮料"小雨点"进京的整体广告活动。5月10日一则"紧急寻找小雨点"的启事在京城几家媒体相继播发，一下子拨动了北京人的心，也引起众多媒体的关注，把人们的注意力调动起来。一周之后，5月17日揭开了谜底，继之，"六一"儿童节又在北京游乐园进行"小雨点寻宝大行动"，具有冒险、神奇力量的"寻宝"活动不但吸引了儿童，而且吸引了儿童的父母，媒体转播使活动更有吸引力，获奖的小学生抱着奖品——电脑，高兴地说："我喜欢小雨点"，寻宝刚完，"小雨点闯太空"，卡通漫画与世人见面，获得小朋友的热烈欢迎，同时15秒和30秒的电视广告片全面投放，电视广告片里的小孩高声喊："我要我的小雨点"，喝了小雨点升到云霄外，发现了一个天外天的神奇世界。到此"小雨点"广告运动告一段落。总结整体广告活动，人们评论这是一次成功的整体活动。广告活动的帷幕一拉开就把消费者牢牢吸引，出奇制胜，一炮打响，一环扣一环，紧锣密鼓，不到一个月，仅仅花了42万元，小雨点饮料就打进了北京市场。测定广告取得成功的原因是整体策划的指导思想科学，各个环节的密切配合。广告活动一开始就明确指出，在有1500多万人口的北京城要建立一个饮料品牌，没有600~1500万是作不到的，要用40万元左右进京没有冒险和出奇制胜的绝招是不行的，面对消费者接触媒体越来越多的同时，每一媒体接触的消费者却越来越少的情况，决定了消费者对所接受信息的要求：与众不同、简洁明了、持续而统一，发布的广告信息要能一下子抓住消费者的视线和心情,于是巧妙地运用人们的友爱、同情之心,制定了"小雨点"广告的整体活动计划,取得了可喜的成功。

2. 测定广告效果是企业进行广告决策的依据

当广告活动告一段落以后,必须正确评价广告效果,检查广告目标与企业目标、目标市场、营销目标相互吻合的程度,以便正确地把握下一阶段的广告促销活动。如果对广告活动成效胸中无数,就使企业经营决策者盲目行动,就会误入歧途。

著名的秦池集团公司,正是靠正确的广告效果测定,大胆决策,使企业的发展上了一个新台阶。1995年底,中央电视台以招标的形式拍卖新闻联播后的黄金广告时段,秦池集团公司通过详细的调查研究,运用科学的方法进行了事先测定,最后以6666万元买断了这一广告时间。广告测定证明他们的决策是对的。1996年一季度,秦池酒的销售额由原来平均一季度600多万元上升到创记录的8400多元,秦池酒也步入了中国名酒的行列。

3. 测定广告效果改进广告的设计与制作

通过广告测定,收集消费者对广告作品的接受程度,鉴定广告主题是否突出,广告形象是否具有艺术感染力,广告文案是否简洁、鲜明、生动,广告创意是否感人,是否符合消费者心理需求,是否收到良好的心理效果等。广告测定为未来的广告活动提供参考,有助于改进和完善广告的设计与制作,使广告的内容与表现形式结合的更加完美,诉求更加有力。

4. 测定广告效果促进广告主与广告人的密切合作,提高广告主做广告的信心。

广告效果测定,能较客观地肯定广告所取得的效益,也可以找到除广告宣传因素外影响企业产品销售的原因,如产品的款式、包装、质量、价格等问题。企业可以据此调整生产经营结构,改善经营管理,开发新产品,实现经营目标,取得良好的经济效果,提高广告主做广告的信心。

三、测定广告效果的特点

1. 时间推移性

由于时间、地点、经济条件等因素的限制,消费者接受广告影响的程度是不同的。从接受广告——产生需求——实施购物的过程来看,有时是连贯的和即效性的,而有些时候则是间断的、迟效性的,具有滞后的特点,因而会出现广告生效时间的推移,所以不能仅从短期内的销售效果上去判断广告效果。

2. 累积效果性

这是指广告的反复出现,每次都在加深消费者对广告产品或劳务的印象。因此,广告效果是多种媒介反复进行广告宣传的综合效果,某一次的单一效果很难测定。

3. 间接效果性

消费者的购买行为不是直接受广告宣传产生的,而是经受广告直接影响的人向其极力推荐的结果。这种效果是间接产生的。

4. 效果的两重性

广告不仅具有促进产品或劳务销售的功能,而且在市场不景气或产品进入衰退期阶段后,广告还具有减缓销售量下降的作用。评估广告的促销效果时,有时可以从促销效果上考查,有时则应从减缓销售量下降上去考查。

四、测定广告效果的原则

根据测定广告效果的特点,在进行广告效果测定时,应坚持如下原则:

1. 针对性原则

广告效果的测定,不应泛泛进行,广告宣传产生的影响是多方面的,效果也会在多方面、多层次上表现出来。因此,在测定广告效果时应有明确的方向和目标。例如,测定的内容是经济效益还是社会效益;是短期效益还是长期效益;短期效益中是企业销售效果还是消费心理效果;如果是心理效果,还应测定是态度效果还是知识效果,而知识效果又有媒体受众对产品品牌的认知效果和产品功能特性的认知效果之分,等等。所以广告效果的测定必须事先选定目标,然后确定相应的方法与手段,这样测定的结果才是真实的、科学的、准确的。

2. 可靠性原则

广告效果测定只有科学、真实，才能形成可靠的测定结果。可靠的结果是企业进行决策、提高经营效益的前提条件。在广告效果测定过程中，抽取的调查样本有典型性，有代表性；采用的测定指标、标准方法以及被测试样本要有相对稳定性。调查表格的设计要合理，汇总分析的方法要科学、先进；考虑的影响因素要全面；测试要多次进行，反复验证。这样才能取得可靠的测定结果。

3. 综合性原则

影响广告测定结果的因素有多种，既有可控因素，又有不可控因素。可控因素是广告主能够改变的，如广告预算，媒体的选择，广告播出的时间、广告播放的频率等。不可控因素，是指广告主无法控制的一些宏观因素，如国家的有关法规、消费者的风俗习惯、文化水平等。对于不可控因素，在测定广告效果时，要充分预测它们对本企业广告活动的影响程度，做到心中有数。除了要对影响因素进行综合性分析外，还要考虑到媒体使用的并列性以及广告播放时间的交叉等。坚持综合性原则，才能排除片面的干扰，取得客观的测定结果。如北京某传播公司和某大学社会调查研究中心在1997年8月对电影贴片广告进行的一项调查，对其结果进行分析，就充分地考虑到各方面的影响，如对调查对象的性别、年龄、文化程度广告播出的时间（场次）媒介的特点、媒介所在地（电影院所在地）的环境，是文化区还是商业区等等因素进行全面综合分析，得出："若不顾电影、电视媒介二者之间媒介特性，受众群体限制等方面差异，完全沿袭电视广告表现形式，最终劳而无获的只能是厂商或广告商"的忠告。通过对电影观众对广告好感率的调查，得出"贴片广告作为一种广告形式，同其它产品广告的发布情况相似，在确定媒介策略时存在一个媒体选择的问题。""发布贴片广告……不该忽视影剧院的地理位置，周边社会及人文环境"。从对不同电影片的不同观众的年龄档次，文化层次进行分析，得出贴片广告还应注意选择"搭载"的影片，"搭载"须因影片、产品、广告定位等因素来综合考虑，不能盲目"搭载"更不能不问对象地"拉郎配"。

通过对调查结果的科学、综合地分析，才能得出准确的结论。对广告主和广告商的广告活动起到参谋的作用。

4. 经常性原则

由于广告效果在时间上有滞后性、积累性、复合性以及间接性的特点，广告效果测定不能一次完成了的，而是以前几个时期反复进行的广告活动的效果累积。广告活动是连续性的，有时间积累的过程。再有，消费者的购买行为往往是多种广告媒体所进行同一广告活动的组合效果。所以测定广告效果时一定要坚持经常性原则，定期或不定期地进行测定。

5. 经济性原则

广告效果的测定要从企业的经济实力出发，制定测定费用的额度，充分利用有限的资源为企业多办事，办好事，在选择样本数量、测定模式、地点、方法以及相关指标等，既要有利于测定工作的开展，又要从企业的经济实力出发，不要给企业造成经济负担或资源的浪费。为此，要作好测定预算工作，要用较少的成本投入，取得较高的广告效果测定成果，以提高企业的经济效益，增强企业的经营实力。

6. 相关性原则

广告效果测定的内容必须与所追求的目标相关，不可作空泛或无关的测定工作。如果广告的目的在于推出一项新产品或是改进的产品，测定内容应主要针对广告的心理效果，即消费者对品牌的印象。如果广告的目的在于已有市场上增加销售，则应将测定重点放在广告是否促进了消费者的购买行为上。而如果广告的目的在于和同类产品竞争，扩大市场份额，则广告测定的内容应着重于消费者对产品的信任感如何，等等。总之，广告测定的内容及指标设计都应当以解决问题为目标，而不应当为了迎合测定而把问题加以改变或简单化。

五、测定广告效果的程序

1. 确定具体问题

广告效果的测定不是漫无边际，而应该预先决定研究某一问题。从哪些方面着手研究，广告效果的测定一般说来包括如下一些问题：①消费者是否接触了广告？②消费者是否了解了广告的内容？③消费者是否记住了广告的内容？④消费者是否对广告的产品发生了兴趣？⑤消费者是否对广告的产品实施购买行为？广告效果测定人员要把企业最关心的广告活动中的问题，作为自己测定的重点，设立正式的测定课题。

2．搜集有关资料

首先，确定广告效果测定人员，派定负责人，制定测定计划，该计划应包括课题进行步骤、调查范围与内容、人员组织、质量要求、完成时间、费用等。

其次，搜集有关资料。按照测定课题的要求搜集有关资料。确定搜集资料的范围、采用的方法。

3．整理、分析和解释搜集到的资料。本着实事求是的原则，从现实材料中得出客观的结论。

4．撰写测定报告

测定报告是测定工作的书面总结。它包括：本次广告效果测定的问题及范围；效果测定所采用的方法、时间、地点；各种指标的数量关系；测定结果与原计划的比较；经验总结与问题分析；解决问题的措施与今后的展望等。

测定报告要作到文字简洁流畅，逻辑关系严密，层次清楚，结构紧凑，数字真实可靠，说明问题要实事求是，对于问题的分析要深入浅出，有论点、有论据、有分析、有说服力。

第二节　广告销售效果测定

一、广告销售效果测定的含义

所谓广告销售效果测定，是测定在投入一定广告费及广告刊播之后，所引起的产品销售额及利润变化状况。

销售量的增加和减少是各种销售手段综合作用的结果，所以，以销售量的增减变化来衡量广告效果的大小是不准确、不客观的。但是这种广告效果测定比较简单直截，具有一目了然的效果。所以，深受广告主欢迎，广告销售效果测定运用较普遍。

二、广告销售效果测定的方法

（一）统计法。运用有关统计原理和运算方法，推算广告费与商品销售的比率，以测定广告的销售效果，具体方法有4种：

1. 广告费比率法

这是指一定时期内广告费在商品销售额中所占的比率。其计算公式如下：

$$广告费比率 = \frac{本期广告费用总额}{本期广告后销售总额} \times 100\%$$

例如某企业某年某季广告费2万元，某商品销售100万元，计算得出广告费比率为2%，以上一季广告费比率2.5%，下降0.5%。广告费比率愈小，广告效果愈大。

2. 广告效益法

$$\frac{单元费用}{销售增加额} = \frac{本期广告后销售总额 - 上期广告后销售总额}{本期广告费总额}$$

如某企业第四季度广告费总额为0.4万元，销售总额为100万元，第三季度的销售总额为90万元，则单位费用销售增加额为25元，即每元广告效益为25元。广告效益值越大，则效果越好。

3. 广告效果比率法

$$广告效果比率 = \frac{销售额增加率}{广告费增加率} \times 100\%$$

某企业为了配合旺季销售，第四季度的广告费增加率为45.6%，而该季销售额增加率为11.4%，由此得出广告效果比率为25%。广告效果比率法证明，广告费增加率越小，则广告效果比率越大，广告效果越好。

4. 市场占有率法

$$市场占有率 = \frac{本企业产品销售量}{同行业同类产品的销售总量} \times 100\%$$

$$市场占有率提高率 = \frac{单位广告费销售增加量}{同行业同类产品销售总量} \times 100\%$$

实践证明，广告费用的增加会促使销售额的增加，但不是绝对的，产品若进入衰退期，广告费增加，销售额不会有大的变化，只是起延缓衰退的作用，这是产品的生命周期所决定的。

（二）市场实验法

这是通过有计划地进行实地广告试验来考察广告效果的方法，因而又称为现实销售效果测定法。

1. 费用比较法。对不同现场投放不同的广告费，以测定不同现场的销售差异，从而找到销售效果与广告费之间关系的一种方法。其目的是确定广告费的投入规模。

如事先选定几个城市，城市的条件要相近，在同一时间发布广告，但几个城市的广告费投入不同。如果有三个各方面条件相近的地区，一个实验区为标准投资区，另外二个实验区，一个高出标准区50%，一个低于标准区50%。最后比较广告销售效果的差异，从而确定最有利的广告费投入规模。

2. 区域比较法。选择二个条件相类似的地区，一个地区安排广告，另一地区不安排广告，通过比较两个地区销售额的变化来检测广告销售效量的方法。

3. 媒体组合法。选定几个条件类似的地区，在不同地区安排不同媒体组合的广告，以测定广告销售效果的方法。测试的目的是对媒体组合方案选优，并确定最佳规模的广告费投入。

4. 分割接触法。在条件相同的两个地区，用同样媒体发布不同的广告，然后测定广告销售效果的方法。其目的是对广告文体进行比较，达到选优的目的。

5. 促销法。选两个情况相似的地区，其中一个地区只发布广告而停止其他任何促销活动，另一个地区既发布广告又进行其他促销活动，然后通过比较两地区销售量的变化来测定广告的销售效果。该方法可以用于测定广告在整个促销组合中的销售效果，也可以用于测定不同促销组合的销售效果。

第三节　广告心理效果测定

一、广告心理效果测定的内容

心理效果又称接触效果或传播效果。目的是为了解广告在知晓度、认识和偏好方面产生的效果。

1. 广告知晓度的测定

新产品上市通过广告宣传一段时间后，就应进行知晓度的测定，对知晓度进行量化，看有多少人对产品"知名"或"了解"。当产品处于成长期、成熟期或衰退期时，广告的诉求点则在于产品的功能和特性等信息的传谕。知晓度和了解度是测定产品导入期广告效果的有效指标及内容。

广告知晓度的计算公式：

$$某则广告的知晓度 = \frac{被调查者中知道某则广告的人数}{被调查者总人数} \times 100\%$$

具体方法有4种：①是非式提问法。如"您可知晓贝克电子计算器？"是____、否____。是非题易于处理和制表，但在直接答案之外，得不到其他任何信息和资料。②开放式提问法。调查的问题事先不列出答案，由受测者根据自己所知情况随意回答。如"您知道贝克电子计算器是如何出售的吗？"这种提问法可获得较多的信息和资料，但不易整理、归纳。③核对式提问法。这种方法是把多个回答项目提示给受测者，使其在回答时根据自身情况选择其中一项或数项。如"下列农产品哪些是黄岩地区出产的？"

生梨____、苹果____、桔子____、荔枝____。这种方法把答案限定在一定范围内，易于获得答案和进行归纳分析。④等级评分式提问法。把要测定的与某广告相关的问题分为几个等级，由受测者分别选择，然后进行整理，以取得有用资料。如"与您使用的其他计算器相比较，您认为贝克计算器怎样？"

好____、大致与____牌相同、不如____牌、较差____。

上述方法均可用信函或面访的方式进行，易于获得答案，易于整理制表。

2. 广告回忆的测定

借助一定的方法，评估媒体受众能够重述或复制出其所接触广告内容的一种方法。"回忆"通常被用来确定消费者记忆广告的程度。主要方法有无辅助回忆和辅助回忆法二种。

①无辅助回忆法。不提供任何有助于回答问题的信息,而是让媒体受众独立地对某则广告进行回忆。调查人员只如实记录回忆情况。如"请您想想在过去几周中有哪些品牌的空调机刊播了广告?"②辅助回忆法。在调查时,调查人员适当地给被调查者某种线索,以帮助其记忆。如提示产品的商标、品牌或广告的色彩、标题、图案等。如问:"您记得最近看过或听过巴黎欧莱雅化妆品的任何广告吗?""是哪家化妆品公司在上海外滩矗立起了以巩俐为形象的广告牌?"在辅助回忆中给出的提示或线索越具体,有效性越低。

无辅助回忆法和辅助回忆法都是用来测定广告的回忆效果,然而,一般来说,无辅助回忆法更具效力。这是因为受测者是自然记忆起某广告的,这说明某广告在受测者心中已经形成了较长时间的持续印象。

测定回忆的优点,是能测出广告活动的某方面的状况。受测者对某则广告或广告中的某一部分回忆较多,或较少,从中可以找出信息传播的规律,以利今后广告的运作。

回忆测定不能成为广告效果测定的主要依据。因为回忆与购买行为并不直接相连,某人记住了一则广告信息,但购买决策的作出,可能不是这一广告信息作用的结果。还有,由于广告的长时间的相似活动,受测者有可能把以前的广告信息置于本次广告活动环境中,为此对其准确性要细分。

3. 喜欢与态度改变测定

这是测定心理效果的第三个指标,是指消费者从实际使用中知道某品牌并对其持肯定的态度。在实际操作中"喜欢与态度改变"常常和"知晓度测定"相互渗透,要使它们严格分离出来有一定困难,这造成了对"喜欢与态度改变"测定的复杂化。

在测定"喜欢与态度改变"时,应首先判定广告是否对消费者心理状况或对其态度改变发生了影响,如果发生了这类影响,说明消费者已离开了"知名与了解"的阶段,即对某产品形成了肯定的意见。但喜欢并不意味着消费者将购买某产品,它仅意味着存在肯定的感觉或印象。

测定"喜欢与态度改变"比"知名"或"回忆"重要，因为"喜欢与态度改变"是向购买行动迈出的重要一步。测定"喜欢与态度改变"可用下面三种方法进行：①直接提问法。如"您认为'健美骑士'运动器材的功能是否与电视广告上说的相符？"相符____、基本相符____、不相符____。此法可以测出消费者对产品及广告的态度，得出对产品和广告有利或者不利的判断，但消费者的感觉情况测不出。②评分法。如"您在使用'健美骑士'时的感觉怎样？"极快乐____、一般化（和别的运动器材差不多）____、不舒服____。③核对表法。如"您在购买'健美骑士'时，下列各项哪些最为重要？"价格____、功能____、存放方便____、购买方便，送货上门____、产品质量上乘____。这些问题消费者易于回答，也易于整理。

4. 偏好状况的测定

测定消费者在一些竞争产品中，较固定地购买某品牌产品的心理特征。偏好在一定时期内是相对稳定的。广告通过突出感人的诉求点，培养消费者的品牌偏好。对企业来说这是至关重要的。因为偏好一旦形成，在较长时期内将会产生一系列的重复购买行为。

二、广告心理效果测定的方法

广告心理效果测定，根据时间的不同可分为事前测定、进行中的测定和事后测定3种类型。

1. 事前测定方法

广告作品尚未正式投放市场之前，进行各种测验或邀请有关专家、消费者团体进行现场观摩，审查广告作品存在的问题，或在实验室运用专门的仪器工具来测定人们的心理反应，并对广告作品可能获得的成效进行评价，这是广告作品心理效果的事前测定方法。根据测定中产生的问题，可以及时调整已确定的广告策略，改进广告制作，提高广告作品的成功率。心理效果事前测定常用的方法有如下几种：

①专家意见综合法。该方法是在广告文稿设计完成之后，邀请有关广告专家、心理学家和推销专家进行评价，多方面、多层

次地对广告文案及媒体组合方式将会产生的效果作出预测，而后综合所有专家的意见，作为预测效果的基础。运用此法事前要给专家提供一些必须的资料，包括设计的广告方案、广告产品的特点、广告主生产经营活动的现状及背景资料等，以便专家们对广告设计方案提出自己的见解。

这种方法是事前测定中的一种比较简便的方法。但要注意所聘请的专家应能代表不同的广告创意趋势，以确保所提意见的全面性和权威性。一般说来，聘请的专家人数以 10~15 人为宜，少了不能全面反映问题，多了费时较多，造成浪费。

②评比法。此法是把供选择的广告展露给一组消费者，并请他们对这些广告进行评比打分。这种评比法用于评估消费者对广告的注意力、认识、情绪和行动等方面的强度。这种测定方法虽不够完善，但也能说明一定问题，得分高的是较为有效的。

如常见的广告评分表格为：

广 告 评 分 表

问题	得分
本广告吸引读者注意力的能力如何？	_____ (20)
本广告使读者往下继续阅读的能力如何？	_____ (20)
本广告主要的信息或利益的鲜明度如何？	_____ (20)
本广告特有的诉求效能如何？	_____ (20)
本广告设计激起实际购买行动的强度如何？	_____ (20)

```
0        20        40        60        80        100
         差       中等       一般       好       优秀
```

③消费者组合测定法

组织一批消费者，观看或收听一组广告，时间不限，然后要求他们回忆所看（或听）到的全部广告以及内容，主持可给予帮助或不给予帮助。消费者的回忆水平表明广告的突出性以及信息被了解或记忆的程度。给消费者测试的广告，必须是完整的广告，以便消费者能作出系统的评估。消费者测试法一次可以测试 5~10 则广告。

在消费者测试中多数提出下列问题：

"您对哪一则广告最感兴趣？"

"哪一个标题吸引您想继续读下去？"

"这些广告的文字和构图，您认为还有什么要改进的地方？"

"哪一则广告宣传的产品使您信服是高质量的产品？"

"看了广告，您有没有想进一步了解产品的要求或购买的欲望？"等等。

④仪器测定法

A．视向测验（eye camera test）。人们的视线一般总是停在关心与有兴趣的地方，越关注、越感兴趣，则视线驻留时间就越长。眼睛活动瞬间摄影机（eye camera）是记录看广告的人对所看广告的文图各部位的视线顺序以及时间长短的装置。

根据测知的视线移动图和注目各部时间的比例，可以预知：广告文案中文字直写与横写的易读性如何，从而适当地安排文字排列；设计者的意图是否被人理解，有无被人忽视或不留意的部分，如果有，则必须加以调整；消费者（被测试者）是否注意到广告画面中最突出的或最吸引人的部分，被测者的反映与设计者的原意是否符合，如果不符，则立即改正。

这种测验器也有不少缺点：首先，视线运动是根据眼球运动移动的，但不能确保眼球移动与视线运动完全一致；还有，注目时间的长短，并不能完全说明消费者的兴趣大小。有些一目了然的事物，注视的时间自然短，费解的文图，往往要花较多的时间去琢磨；再有，测验费用昂贵，而被测试的消费者又不一定具有典型性和代表性。

B．皮肤测试法。用皮肤反射测验器（galvanic skin reflex）来测量人的心理感受。此法的理论根据是：人在受到诸如兴奋、感动、紧张等感情起伏的冲击后，人体的出汗情况会随之发生变化。根据出汗情况的变化，测定其感情的反应。

皮肤测试法多数用于电视广告效果的测定，其次是用于广播广告。根据测试的结果，得知广告什么地方最能激起消费者感情起伏，以此检查作者的原意是否符合消费者的心理活动，不符合则应修正。

皮肤测试法的缺陷：首先，每个人的生理，心理情况不同，情绪反映有快、慢之别，每个人的汗分泌情况也不同，这些都应事先逐个加以测定，再按实际情况认定，工序复杂、费时。其次，每个人情绪波动，内心冲动的情况不同，而且引起冲动的原因也不一样，有的来自音响，有的来自画面，有的来自色彩，有的来自表演，有的来自广告语，或者是上述因素的综合影响。情绪的波动有积极的、好的；亦有消极的、坏的。因此，应有辅助方法进行全面分析，才能得出准确的结论。

C. 瞬间显示测试法。使用瞬间显示器（tachistoseope）用不同的速度，暴露和照明来测定受测者对广告的大标题、图样、文案、企业名称的知觉情况。判定广告要素的适当位置，并将艺术效果量化、区分为艺术效果和广告效果，以便在二者中进行调整和取舍。艺术效果要服从于广告效果。通过此种方法，还可以测试文案的易读程度，品牌的识别程度，以使设计具有最佳的完整结构，达到一目了然的广告效果。

D. 瞳孔计测验法。在明暗不同的情况下，人的瞳孔会发生变化，在明亮光线的刺激下会缩小，在黑暗中会扩大。对感兴趣的事物凝视的越长久，瞳孔亦会张大，瞳孔计测验法就是依据这一生理变化，用瞳孔扩大装置（tne pupil dilation elerice）测定受测者双眼瞳孔的扩张情况，以此确定其对某一广告的兴趣情况。但对所取得的测试结果也不能过分地轻信，因为瞳孔放大的生理反应，到底包含多少广告刺激作用很难确定。加之受测的自身状况不同，对广告的反映也会不一样，情感变化也会不同。因此，此种方法只能成为广告效果的重要参考。

随着科学的发展，用仪器进行广告测试的方法和手段也越来越多，对于这些方法可以有选择性的使用，在运用时既要重视取得的结果，又要看到其局限性，这样取得的结果才是客观、真实的。

2. 心理效果的事中测定

事中测定是在广告已开始刊播后进行的。由于这时消费者已经在日常生活中直接了解广告，对广告的反映比较真实，因此，结论也就更加准确可靠，常用的广告效果事中测定法有这样几种：

①市场试验法。先选定几个已经刊播广告的地区，在该地区进行试验。具体方法是：

A. 注意分。在声称看过这则广告的消费者中进行。

$$注意分 = \frac{被调查者中看过某则广告的人数}{被调查者总人数} \times 100\%$$

B. 领悟和联想分。计算能正确地把广告内容复述出来的人数。其公式如下：

$$领悟和联想分 = \frac{被调查者中能准确叙述广告内容的人数}{被调查者总人数} \times 100\%$$

C. 阅读分。测定读过广告文案的人数占读者的比例。其公式如下：

$$阅读分 = \frac{被调查者中知晓广告大部分内容的人数}{被调查总人数} \times 100\%$$

②追踪调查。广告刊播后，对消费者进行的一系列访问，其目的是确定广告活动已达成的暴露和效果的程度。由于广告一般都具有迟效性，所以追踪调查不能一次完成。

例如，假设3月1日"碧浪"（ARIEL）洗衣粉开始进行一项新的广告活动，该活动到11月1日止。于是定于4月1日与6月1日进行电话追踪调查。

4月1日选择有代表性样本对消费者作随机电话访问。询问问题为：

a. 您曾看过或听过洗衣粉类别的任何广告吗？

（得到肯定回答，再提下一个问题）

b. 是什么品牌的洗衣粉广告？

（得到肯定回答，再提下一个问题）

c. 在什么媒介上看到或听到的这个广告？

d. 广告上说了些什么？

e. 您平常买什么品牌的洗衣粉？

从这种初步追踪调查可以评估出正在进行的广告是否对潜在

顾客缺少暴露，对广告信息有没有误解或误认等，以引起注意。

到 6 月 1 日进行第二次随机电话访问，询问同样的问题。在样本是可比的前提下，对两次调查结果进行比较或研究，找出可能发生的任何改变。此外，还可以了解到，第一次调查所发现的问题，在采取措施改正后，是否已得到相应解决。

追踪调查一般可以在广告活动 2 个月的正常间隔中的任何时间进行，对不同产品或不同情况，追踪调查的时间可以作相应调查。

追踪调查可以有不同方式，既可以采用电话方式，也可以采用信函的方式，还可以采用消费者日记和家中食品室查核等方法进行。

3. 心理效果的事后测定

事后测定可以全面、准确地对已做广告的宣传效果进行评价。衡量本次广告促销活动的业绩，以及评价企业广告策略的得失，积累经验，总结教训，以指导今后的广告策划，具体测定方法有：

①要点采分法。具体作法是请消费者给已经刊播的广告稿打分，以此来测定其对各个广告原稿的印象程度。打分表如下：

广告心理效果打分表

打分项目	评价的主要依据	该项满分	打分
吸引力	吸引注意力的程度（声音与色彩）	20	
认知性	对广告销售重点的认识程度	20	
说服力	广告引起的兴趣如何	20	
	对广告商品（或服务）的好感程度	10	
行动力	由广告引起的立即购买行为	20	
	由广告唤起的购买欲望	20	
传播力	由广告标题的创造性而引起的传播程度	20	
综合力	广告的整体效果	20	

评价档次：0　30　60　90　120　150
　　　　　 差　中等　一般　好　优秀

②雪林测定法

该方法是由美国的雪林调查公司（Scnwevin Research Corporation）根据节目分析法的原理，于1964年发明的测定某则广告表演节目和电视广告片社会心理效果的一种方法。具体操作方法有两种：

A. 节目效果测定。请若干名有代表性的观众到剧场，调查主持人说明测验方法及评分标准以后，请观众按个人意见对进行测验的广告节目表演评分。评分标准是：a. 有趣；b. 一般；c. 无趣等。评分完毕后，请观众进一步说明喜爱或厌恶该节目的哪一部分，并说明理由，或征询观众对节目改进的意见、建议。调查者对这些意见或建议进行统计、汇总，以作为今后设计或制作广告节目的重要依据。

B. 广告效果测定。请若干有代表性的视听众到剧场或摄影棚，未看影片之前，请入场者按持票号码，选择自己喜爱的商品，在供选择的商品中，既有将在广告片中放映播出的商品品牌，也有主要竞争对手的商品品牌，广告片播完以后，请测试对象再一次作出选择，如果此次对所测验的广告商品品牌选择度高，即应归功于广告的心理效果。测验完成后，通常将媒体受众选择的商品赠送给他们。如果产品单位价值高，则要赠送给测试者另外一些礼品。

③基本电视广告测验法。此方法是日本电通广告公司，为评价和判断电视广告的优劣和进行电视广告测验的标准化作业而研究设计的。基本电视广告测验的方法是：邀集约100名测验对象，集中在实验室观看电视广告影片，利用集体反映测定机，记录测试对象观看影片后所反映的心理活动变化，隔壁的电子计算机立即统计出结果，并输出过去的统计资料加以对比分析。测验的项目主要有：a. 趣味反映，测定受众对每一画面感兴趣的程度；b. 对电视广告片的回忆。让受众自由回答所能回忆起的广告片中的产品品牌、企业名称，画面内容及广告标语等；c. 对内容的理解。让受众自由回答对广告内容的领悟程度；d. 广告作品诊断。让受众自由指出本广告片的特色，并提出修改意见；

e. 效果评定。用问卷的形式,测试本广告片对观众的一般影响;
f. 购买欲望。让测试者说出有无购买本广告介绍的产品的欲望;
g. 影片的观感,对本广告片的综合评价。进行基本电视广告测验的必备条件:符合要求的测试场地与设备,相应的预算测试费用;符合预定诉求对象的被测者以及为解释资料所确定的客观评价标准。

这种测验法的优点是客观、全面,能真正的反映受众的心理活动状况,取得的资料可信度高;不足之处是操作技术性强,所需成本费用大,因此推行有一定的局限性。

第四节 广告社会效果测定

一、广告社会效果的测定原则

1. 真实性原则

广告是社会文化的重要组成部分,随市场经济的发展,广告成了一种无孔不入,无时不在的文化艺术形式。形式必须服从内容。广告的内容必须客观真实地反映产品、服务、企业形象等各种信息,要全面真实地介绍产品,既要说明产品的优点、功能、价格等同时也应如实地说明产品的不足之处和应注意的问题等。在广告宣传中不能搞形式主义,华而不实的作法,只报喜,不报忧。

2. 社会道德原则

广告的画面、语言、文字、音乐、人物形象要给人以精神的提高、满足,对人的精神文明建设起促进作用,对人的思想道德、高尚的情操、尊老爱幼的良好风俗等起着潜移默化的影响。在广告中不能有低级庸俗、黄色的内容和不健康的情调,更不能有宣扬暴力、迷信、腐朽落后的东西。在广告中要尊重妇女,作到男女平等。

3. 社会规范原则

广告宣传要符合社会规范,如语言规律,文字书写等。广告语、正文、标题等都要按照标准的用语方式进行,不能滥用谐音，妄改成语，不遵守遣词造句的规律，破坏汉语的严密性，汉字要规范书写，自选简化汉字要从广告的文案中取缔、消灭。

4. 民族性原则

广告创作与表现必须继承民族文化，尊重民族感情，讲求民族风格，对国外先进、合理的艺术表演风格与创作手法要大胆的学习和借鉴，但不能盲目模仿和照搬，应把外国的表演技巧，诉求方式与我们的民族性相结合，形成具有中华民族特色的广告表现方法。在创作和表现上力求风格明快，文字言简意赅，一语中的，切忌朦胧晦涩，使用不易理解和不易接受的表现手法，从而造成人力、财力、物力的浪费。

二、广告社会效果的测定方法

广告社会效果是指广告刊播以后对社会产生的影响。如是否有利于改革开放和建立完善的社会主义市场经济体制，是否为社会公众，为消费者服务。是否有利于培养良好的社会风气，是否有利于树立正确的消费观念，等等。广告的社会效果涉及到社会伦理道德、风俗习惯、宗教信仰等，意识形态领域的内容。这些内容很难用准确的量化指标对其进行衡量，所以只能用定性的方法分析广告事前、事中、事后的社会效果。

具体作法，是请专家对有关的广告文案、图形、色彩、创意等表现手法进行评价。还可以从社会文化观念、伦理道德、风俗习惯等角度进行评价，以确保广告刊播后能获得正面社会效果。

广告社会效果评估的主要依据是《中华人民共和国广告法》、《广告管理条例》、《广告审查标准》、《广告管理条例施行细则》、《国际广告法规条例》此外还有一些社会规范等。

第十一章 广告的组织与管理

广告业在国民经济中,是一个重要的信息行业,它在整个社会的经济生活中将发挥越来越重要的作用。只有对广告活动进行科学的组织与管理,才能有利于广告事业更好地发展。

第一节 广告组织

一、广告组织概述

广告组织是广告行为的主体,一切广告活动都是由一定的广告组织承担完成的。所谓广告组织是指从事广告经营或其他广告活动的经济组织或社会团体。为了使广告活动能够有序、协调地进行,必须要有一定的机构和人员来组织、协调。

广告公司的产生是社会生产力发展到一定阶段必然的产物。自从美国人帕尔莫于1841年在费城开办世界上第一家专业广告公司以来,随着社会生产力的发展,广告公司的数量逐渐增加,服务水平也有了一定的提高。到本世纪,专业广告公司迅速发展,不但数量增加,服务领域也不断扩大。70、80年代,企业走向世界已形成潮流。如通用汽车公司、福特汽车公司、宝洁公司等,从多国公司变成在全球范围经营和销售的跨国公司。广告公司伴随着企业国际化进程而走向世界。如1984年,美国DDB广告公司承接了11个国家刊播大众汽车的广告。DDB驻这11个国家的分公司在按总部要求完成这项业务的同时,还承担着当地许多的广告业务。在80年代的兼并风中,美国不少广告公司与其他国家的广告公司合并或加盟广告公司大集团,从而变得更加国际化。例如智威·汤普逊公司和奥美广告公司加入WPP集团。

1991年世界最大的4个巨型广告集团公司已经形成，它们是WPP集团、英特帕布立克集团公司、萨奇集团和奥姆尼康集团。跨国巨型广告集团形成，有利于广告公司节省经营费用，也便于避免同行业客户的业务冲突，以获取更大的利润。巨型集团还有条件对媒体版面进行集中购买，掌握主动权。

世界经济一体化发展的趋势。大的跨国公司往往愿意选择有全球经济能力的跨国广告集团代理广告业务，以利于集中调控。如可口可乐公司多年来一直将麦卡恩·埃里克森广告公司作为全球代理。飞利浦·莫里斯近40年来，一直把李奥·贝纳广告公司作为唯一的全球广告代理。雀巢公司与6家大广告公司协作，它们是奥美、麦卡恩·埃里克森、智威·汤普逊、林特斯·帕布里西斯、BBDO广告公司。汉柯尔公司有4家广告代理公司：TBWA、BBDO、HDM和劳尔国际广告公司。广告业务集中化的结果，使越来越多的广告开支集中到大型跨国广告公司的手中。

在西方发达国家衡量广告公司经营的一个重要尺度是老客户是否流失，新客户能否争取到。长达几十年的合作关系，一向是广告公司和企业界极为珍视的。但在越来越激烈的生存竞争面前，广告公司稍有不慎，就难以充分地将广告信息完全传播出去，而广告刊登以后抓不着消费者，客户自然对广告公司的能力就会产生怀疑，他们只要发现有一点不利的迹象，或是某个电视广告效果不如人意，或是刊登在报纸、杂志上的广告没能引起注意，这些客户就会毫不顾念几十年的长期合作关系，重新寻找新的广告公司。客户总是希望广告公司能使它的营业额持续上升，盈利增加。

从国内来看，广告公司的发展还面临着不少的困难。由于现代广告业的发展在我国时间不长，广大消费者对广告的认识和理解有了一定提高，但还不完善；广大广告主的广告意识还不深刻，甚至个别企业主还不太愿意承认广告在市场营销中的作用，错误地认为广告可做，可不做，报有"酒香不怕巷子深"的偏见，或者初尝即止，没有看到广告活动是企业经营活动的一个重要组成部分。广告主的不成熟还表现在广告代理制还未得到全面的推行，障碍重重。第三方面在广告公司自身的发展还是处于年青时代，广告创作的水平还有待提高，广告公司的规模和能力都不能适应市场经济发展的需要，还应在市场经济的大潮中不断磨练，增长才干，积累经验，逐步成熟和完善起来。从社会大环境来说，应为广告公司的发展创造一个良好的外部环境，完善各种法规，使广告活动规范化，克服广告公司在"夹缝"里求生存的现象。为广告公司的发展创造良好的客观环境。

二、广告组织的类型

1. 专业广告公司

专业广告公司又称广告代理公司，是专门从事广告经营和制作的商业性劳务服务类企业。致力于创造性的广告宣传活动。包括广告公司、广告代理商和广告制作部门。

①专业广告公司的分类

A. 全面服务型广告公司。这类公司为客户提供全面、系统的服务。包括从市场调研到策划、创意、制作、发布等广告活动全过程的工作。其规模较大，实力雄厚、功能齐全、拥有各类专业人员，专门承担企业的广告业务。

B. 部分服务性广告公司。这是部分功能的专业组织，只能承担一项或几项广告活动，经营面比较窄。如只负责广告的设计、制作、刊播等，而不承担或只进行简单地广告调查与策划。有的广告公司只承担广告设计制作任务。而不进行广告的策划与发布。还有的只负责广告主与广告媒介之间的联系工作，而不承担广告设计制作的任务等。部分服务性广告公司，只能满足企业广告部门某些局部需要。

C. 广告代理商。这是介于广告主与广告媒体之间的广告经纪人或经纪性组织，广告代理商不承担广告设计、制作和刊播的任务。

D. 广告制作机构。这一般是指美术社、装潢社、摄影社、印刷公司等部门。他们只负责广告的设计、创作、制作，而不负责广告的策划和发布，只收取制作费。

②专业广告公司的机构设置

专业广告公司可分为部门型广告公司和分组型广告公司。两种类型公司在内部组织和机构设置上各有特色。

A. 部门型广告公司的机构设置。部门型广告公司一般包括：客户部、市场部、创作部、媒体部、管理部5大部分。

客户部。亦称客户服务部，是直接与接触、联系的专职业务部门。负责接洽客户，协调广告主与广告公司的关系。对内代表广告客户的利益，对外代表广告公司的利益，是广告公司与客户联系的纽带。当客户要求广告公司为其提供服务时，首先由客户部进行接洽，了解客户的意图，衡量客户要求的可操作性。通过协商，代表公司与客户签订广告合同。根据客户提供的有关产品营销情况，市场情况，广告预算、市场规划与目标等资料，客户部进行整理之后，会同其他有关部门进行策划，制定出初步的广告计划、订出工作日程，经广告主同意后，交各部门协作进行。在广告计划实施过程中，客户部还负责与广告客户保持密切的联系，及时进行信息交流和反馈，并负责对广告的设计、创意、制作、刊播等过程进行监督。对广告主提供的一切资料负责保管，并严守商业秘密。

市场部，即广告调研部。其工作是根据广告活动的要求，开展目标市场调查，为广告主和广告公司进行广告策划，制定广告计划提供有关的市场环境和市场潜力的背景资料，并就有关市场问题提供咨询意见和建议，为广告的科学运作提供客观依据。这要求广告调研人员具有丰富的专业知识和技能，并要了解广告产品的各项基本性能，能把握市场的变化趋势和熟悉市场调查程序，具有市场预测能力及一定水平的文字写作能力。

创作部。包括文案、美工、摄影、制作、合成等部门。主要负责广告的设计、创作和制作。文案组负责广告文案的设计、创作和撰写，文案撰写人员应具有创造性思维能力，有较强的语言表达力和较高的写作水平，能用精练、准确的语言表达广告创意，传达广告信息。美工摄影人员的任务是通过画面表现广告主题，传达广告信息，画面应富有情趣，具有艺术性，能激发受众的联想，增强广告的记忆效果。广告的制作合成人员的任务是完成广告文案与广告画面的设计合成，这是由文案人员和广告画面创作人员共同承担的任务，有时，则是由专职人员负责的。

媒体部。负责制定广告媒体策略、广告媒体的选择、与有关媒体部门的接洽联系、监督广告成品的刊播、向媒体支付刊播费用等。这些工作要求媒体部门的工作人员有丰富的媒体知识，熟悉各种媒体的特性和有关部门的情况，并与媒体保持良好的关系。在广告运作中，不仅要制定广告媒体策略，而且要为广告计划和广告预算的制定提出具体意见。在广告的实施过程中，与广告媒体保持经常性联系，对其实施进程进行监督。

管理部，包括人事、后勤、财务、行政等具体部门。它应为广告公司的正常运作提供各种服务。要能协调好各部门之间的关系，使广告公司的整体效益提高，整体利益得到体现，健全广告公司的运作规则，使广告公司健康发展。

B. 分组型广告公司的机构设置。这种机构设置不同于部门型。它是按照广告公司内部业务的需要，按工作流程，分成若干专业性小组，这些专业小组具有相对独立性。公司内部设立联络人员、媒体人员、创作人员、制作人员等。各小组单独与客户联系，并制定广告计划、制作广告作品、选择广告媒体等。这种机构设置形式适用于大规模、专业水平较高的广告公司，其业务重点是广告活动的策划、方案的制定以及内外业务的协调等。

专业广告公司的机构设置模式：

③专业广告公司的作用

第一，有利于推行广告代理制。专业广告公司人才齐全，设备先进，能够完成整体广告的策划运作，广告作品质量高，广告效果明显，具有其他类型的广告公司难以比拟的优点，有条件、有能力执行广告代理制。同时专业广告公司对广告主接受代理制有积极地促进作用。目前多数广告主广告战略意识还不够强，没有全方位的广告策划意识。有时广告主为了做一两个广告直接找到媒体，这样做实际上达不到宣传的作用，造成浪费。随着市场的开发，以及广告业逐渐发展成熟，广告主将会认识到整体广告策划的重要，从而主动寻找能够并且擅长全面服务的广告公司，逐渐淘汰媒体广告公司和客户广告公司。

第二，专业广告公司通过发布产品广告对消费者负责。专业广告公司在宣传广告主的产品时必须实事求是，如实说明本产品的优良及注意事项，抵制虚假广告，一旦出现，则运用法律的武器加以制裁，使广告市场有序地运作。

第三，专业广告公司对广告媒体的促进作用。广告公司是广告媒体的业务来源。虽然目前广告市场还未做到这一点，但随着市场经济的发展，这是必然趋势，广告市场愈发展愈完善，愈证明广告公司是广告媒体生存、发展的基础。广告公司为广告媒体争取客户，而客户的多少直接关系到媒体经济效益的好坏，决定媒体的发展规模。同时，通过广告公司争取客户，一方面可以使广告媒体减少机构设置，节约经营费用，另一方面，专业广告公司与媒体直接发生关系，克服了媒体给广告主回扣的问题，保障了媒体的利益。再有，广告公司对媒体的业务行为起到了规范作用，一般情况下，广告作品要获得媒体承认才能刊播。同时，媒体未得广告公司的同意，不得任意变更广告内容，从而保障了广告作品的完好推出，规范了媒体的业务行为，增强了媒体的美誉度。

④广告公司的经营原则。广告公司是独立的经济实体。是实行自负盈亏、自主经营、自我发展、自我约束的市场经济下的法人组织。结合它的特点，在经营活动中应坚持以下原则。

第一，合法经营原则。广告公司开展业务活动必须遵守合法经营原则，按照政府制定的各项法规进行运作。首先，广告公司的设置和经营要合法。广告公司的设置和经营要符合《公司法》、

《民法通则》、《反不正当竞争法》等有关法律规定。其次，广告公司的代理业务要合法。代理的业务必须是国家有关法律允许的正常业务。要符合《中华人民共和国广告法》、《广告管理条例》、《广告管理条例施行细则》、《广告审查标准》以及《消费者权益保护法》等。再次，广告公司收费要合理、合法。广告公司在经营过程中，不能随意开价，更不能漫天要价，要有利于广告市场的稳定发展，推动广告市场供求机制正常发挥作用，要按照有关规定合理收取费用。

第二，经济效益原则。经济效益原则是市场运行的基本原则。广告公司和其他经济实体一样都是经济运行的基本单位，经营目标是盈利，讲求经济利益，在市场经济的引导下提高广告公司的运作能力，提高公司的经济效益，从而推动全社会整体效益的发展。

第三，合同契约原则。广告公司在开展业务时要以合同的形式、契约的方法将委托双方的权利、义务和责任确定下来。合同一经签订就要完全执行，以维护合同的严肃性。广告公司与广告媒体之间也要以合同、契约的形式明确双方的责权，形成风险共担、利益共享的利益共同体关系。市场经济就是法制经济，广告公司的经营活动必须坚持合同、契约原则，这既是法制经济的具体体现，也是广告市场有序化的要求。

第四，信誉至上原则。广告公司必须讲求信誉，在广告运行中要守信用，重合同，用全面、优质的服务赢得客户的信赖，树立良好的企业形象。广告公司要奉行客户至上，为客户提供全方位、多层次的服务原则，执行以客户的满意度为衡量公司工作好坏标准的原则。

第五，敢想、创新的原则。广告公司在为客户设计和制作广告时要敢于突破旧有观念，敢于想象，破除陈旧的表现形式，以"新"的观念、"新"的形式取胜，给消费者耳目一新的感觉，精采的创意，脱俗的表现赢得声誉，赢得经济效益。

2. 企业广告组织

一部分有条件的企业在其内部设置了广告部，或设立附属广告公司。企业内部的广告部负责本企业广告业务，不对外经营。企业的附属广告公司为本公司的广告业务服务，同时对外承接广告业务，进行独立核算。

企业自设的广告部的地位及其隶属关系因企业的情况不同而有差异。有的直接隶属于总经理，也有的直接隶属于负责销售的副总经理，还有的则隶属于销售部或业务部。这些不同情况的关系都是企业根据自己的业务需要而决定的，是以发挥最佳效益为原则。

①总经理直辖式。这种形式的广告组织，是作为企业的重要部门之一，与企业生产、销售、财务等部门并列，由总经理直接领导。

②负责营销的副总经理直辖式。这种形式的广告组织作为企业的下级机构，直接归负责营销的副总经理领导。

③市场营销辅助式。广告部作为企业的二级下属机构，隶属于销售部门，具体工作对营销部门负责。与同级部门相配合。

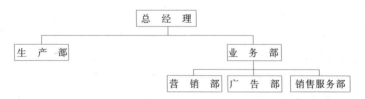

④集权式。大型企业在总厂或总公司下，设立广告部，作为其一级下属机构，向上直接对总经理负责，向下则统管各分公司

或者各分厂的全部广告工作。

⑤分权式。大型企业的各下属分厂或分公司都设立广告部,作为分厂或分公司的直属机构,广告部负责本分厂或分公司的广告业务,只对本厂或本公司的广告促销业务负责。

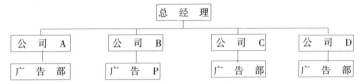

⑥附属广告公司式。这种类型的隶属关系,一般在大型工商企业中才有。广告公司作为一个独立法人单位,在组织机构和功能上具有与一般专业广告公司一样的特点,但其行政、财务关系不具有完全独立的性质,在业务上主要负责总公司的广告业务。

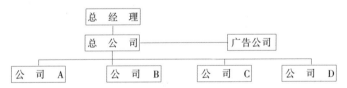

3. 媒体广告组织

①报纸广告组织的机构设置。报纸广告组织的内部机构基本上分为两类。

A. 并列式。在报纸总编辑下设立编辑部、广告部、发行部以及印刷业务部等主要业务部门。各部门的职责如下:

编辑部,负责报纸各版面的编辑出版,为广告业务安排具体版面。

发行部,负责报纸的发行、征订和发放。它决定报纸广告与消费者见面的渠道和方式。

印刷部,负责报纸的印刷事务,包括负责与印刷厂联系,安排印刷的进度计划，监督并检查报纸广告的印刷质量。

B. 隶属式。通常是在总编辑下设编辑部，编辑部内部下设广告组织，广告组织内部再根据工作需要进行分工，如广告调查、分类广告、广告策划、广告印刷、广告文案等。这种方式多为区域性或地方性报纸所采用。

报纸广告组织专门负责报纸广告业务的接洽、签约、设计、制作以及发布实施等具体工作。对外来的广告作品负责编辑、检查、审核及安排发布版面、时间等事宜。全国性报纸的广告组织下设市场调研、美术、分类广告、策划、普通广告、娱乐广告，广告编辑、校对、分发、印刷监制以及财务等具体部门。

②杂志广告组织的机构设置。由于杂志的覆盖面不同，可以分为全国性杂志和地方性杂志，其广告组织随杂志的不同而有区别。

A. 全国性杂志广告组织的内部结构。多数为总编辑下设编辑部、美工部、印刷部、发行部和广告业务部。广告业务部根据广告制作程序设置相关的具体工作室。

B. 地方性杂志广告组织的内部结构，由于其发行量小，内部一般不单独设立广告部门。广告业务由杂志相关部门兼管。

③广播广告组织的机构设置。广播媒体由于其业务量相对较大，一般都在总编辑下设独立的广告业务部，广告业务部再根据广播广告的制作程序设置相关部门。

④电视广告组织的机构设置。电视广告组织机构与广播媒体相似，在总编辑下设独立的广告业务部，广告业务部再根据需要下设导演、编辑、摄影、摄象、美工、音响、制作合成等具体机构。

媒体广告组织主要有刊播、设计制作和收集广告反馈信息的职能。

刊播广告的职能。广告作品只有通过广告媒体的刊播才能传输给目标市场的消费者，所以广告媒体是刊播广告的具体手段和载体。其广告作品的来源有二；其一是广告代理公司。广告公司接受广告客户的委托，制成广告作品，通过广告媒介在预定的版面、时间内刊播。其二是广告客户。广告客户直接委托媒体广告组织为之进行广告运作，在他们购买的媒体版面上的规定时间内刊播。

设计制作职能。媒体组织接受的广告任务，来自于广告公司的多为广告成品，而来自广告客户的多为广告资料和要求，需要媒介组织力量为之策划、设计、创意、制作。如报纸和杂志要进行广告文案的撰写、美工设计。广播、电视的脚本和故事板的撰写，演员的排练、录音录像、剪辑加工、合成等。在设计制作时，要依据广告客户的要求，充分领悟客户的广告决策和广告目标，确保广告作品完全符合消费者的意图。

收集广告反馈信息的职能。广告刊播以后，媒体广告组织应负责对媒体受众的反映进行搜集，对消费者的查询、意见甚至投诉信件要进行登记汇总，定期向客户反映。加强与广告主、广告公司的联系，及时了解广告的心理效果，增强广告主的信心。

4. 广告团体

广告团体是指民间性质的专业协会组织或学术组织，如广告协会、广告学会、广告职业联谊会或广告专业联合会等。随着广告市场的不断发展，而发展成为区域性的国际广告组织和全球性的国际广告组织。目前我国的广告行业协会组织有中国广告协会和中国对外贸易广告协会，中国广告学会是学术组织。此外，一些较为专业性的团体，如广播、电视、报纸、杂志四大传播机构也相继成立了广告协会或广告学会组织。

第二节 广告组织的经营与选择

一、广告组织的经营

1. 广告组织经营的业务内容

①广告计划业务。广告公司接了广告主的委托以后，开始进行工作，第一步是完成广告计划，这是制定广告活动全过程的工作蓝图。广告计划应与企业目标相一致，它是实现企业目标的行动纲领。为此广告计划的制定必须建立在广泛、深入、具体、真

实的社会、市场调查基础之上，依据市场调查的数据情况制定出广告目标、广告对象、广告区域、广告媒体、广告预算、广告刊播的时间、广告效果测定的具体方法等。

②广告调查业务。对广告主产品或劳务的市场分析，过去销售状况，销售实绩，市场占有率，广告效果评估，广告费用，广告市场的竞争情况，竞争对手的广告表现方法等，即对广告产品或劳务的内部环境和外部环境的全面调查。

③广告设计与制作业务。广告主题的确定，创意的选择，广告标题的拟定，文稿的撰写，美术、摄影，构图制板，纸型的确定，电视片的制作，电台的录制等一整套业务的操作，如电视的故事板和广播脚本的撰写、选择演员、聘请模特、与广告制作公司交涉业务等。

④广告传播业务。选择广告媒体，了解广告媒体的信誉度、传播时空的广域度，媒体的对象、价格等。确定媒体，决定发行报刊或电视台、电台；广告发行份数、播映时间的长短、频率，编制广告发稿计划表，确定媒介组合方案、决定广告费在各媒体间的合理分配等。

⑤广告管理业务。直接组织与管理广告业务的工作，如落实广告计划明确广告业务人员之间的分工协作关系，调整广告组织机构，组织广告运作小组，决定广告业务程序，按照广告日程表监督广告工作进程的发展协调广告公司内部各部门之间的关系，以及广告公司的外部关系。

广告公司的经营内容都是围绕着向人众传播商品或劳务的信息，最终达到推销的目的。为此，广告公司首先要协调好与广告主的关系，充分了解广告主的产品或劳务，以及广告主产品或劳务的市场状况，了解广告主的素质、特点，真诚地为广告主服务，要有风险意识，有与广告主共同承担风险的责任心。广告主是广告公司的衣食父母，只有真诚的态度，良好的服务，过硬的广告产品才能留住，抓得牢广告主。在与广告主的关系上，一方面，不能唯唯诺诺，"唯广告主之命是从"，这样既不能形成真正好的广告创意，不能达到真正的广告目标，砸了广告公司的牌子，也留不住广告主；另一方面，也不能老大自居，认为广告主不懂广告，不认真考虑广告主的意见和要求，认为广告主给钱是应当的，盛气凌人，看不起小客户，这样有再好的广告作品也留不住客户。这两种经营态度都是错误的。正确的经营态度应该是，客户不论大小，一样真诚对待，热忱服务，工作中不卑不亢，一切按规矩办事，一切以大局为重，以精良的产品服务于客户。广告主与广告公司之间应建立良好的平等的朋友关系，做到坦诚信任，相互理解尊重。而广告公司在业务上应该具有与广告主同等的或者在其上的有关广告及市场的知识和经验，这样才能为广告主出好主意，想出好创意，服务好广告主。

2. 广告组织的经营过程

①认清广告主的产品或劳务的实际情况，调查其市场及营销情况。

②选定营销服务的目标，并以此为根据选择适当的媒介物，核算出广告预算。

③制定广告计划，把计划向广告主说明。计划方案被采用后，依据计划制作广告，广告作品应根据媒介限定的形式制作，并按规定的日期送到媒介单位。

④监督广告刊播实施，核对广告在预定期限内实施情况后，向广告主汇报并收取广告费。

⑤广告实施过程中及实施后，及时测定广告效果，搜集市场信息，并将这些信息反馈给广告主。

从广告公司的经营活动过程可以看出，广告公司不是出卖文稿、脚本、故事板及广告制品的公司，而是计划、组织众多的传播和服务部门参加，以全面协助广告主完成营销计划的机构。为了满足和适应开展多种业务的需要，广告公司应当经常搜集有关产品、市场、媒介物等情报，建立自己的情报资料室和数据库，并完善各职能部门的组织机构，以使自己在广告活动的各个方面满足广告主的需求，在激烈的竞争中立于不败之地。

二、广告组织的选择

广告主为提高广告效果，在选择和委托广告代理时，应事先对候选广告公司进行全面考察。在考察广告公司时，主要应从以下几个方面着手进行。

1. 公司的整体水平

考察广告公司首先要看其整体水平，整体素质，是否具有创业精神，是否具有全心全意、真诚为客户服务的品格，是只追求金钱，还是与广告主共担风险，追求事业的成功，这是一个公司的境界问题，也是一个公司的成败关键，有的广告公司虽小，新成立，但其境界高，人员的整体素质好，有极强的敬业精神，这就具备了值得信赖的前提。其次就要看公司的水准，即广告公司对广告主所面临的各种问题的解决能力，提出的解决方法是否具有卓见和想象力。在考察时，广告主不应只看广告公司拿出的以往获奖的广告作品。因为考察以往的单项或几项广告作品，不容易看出广告公司的设计能力和制作水平，而应进行整套广告作品的考察。在考察中，让广告公司人员讲解整套作品的策划过程，设计、制作过程，以及所取得的成效。这样可以了解该广告公司的实际业务水平和创意新颖程度。

2. 业绩考察

了解候选广告公司的客户记录，从他们拥有什么样的客户，间接了解其水平和业务能力。若客户阵容强，且都是著名的厂商，则表明这家广告公司很受大厂商的欢迎，业务水平高；反之，则业务水平不高，或者是新公司。在考察业绩时还应看客户与之保持联系的历史，如果多数客户与之保持着相当长时期的业务关系，则说明该公司信誉、水平等俱佳，是深受客户欢迎的。反之客户与之保持的业务联系都很短，则要慎重对待。再有，在了解其客户名单时要注意，该公司是否拥有同类产品或服务的客户，要避免撞车。

3. 信用

主要了解候选的各家广告代理公司，是否博得广告主、媒体公司、承包商、同业以及其他公司的好评。公司的财务状况是否稳定。这项工作可以通过其开户银行或银行咨询机构进行有关调查。公司的信用有问题或财务不稳，则容易出差失，所以必须事先查明。

4. 管理

了解广告公司的内部管理是否有条理，人事是否稳定。对于内部管理，只要亲自到其公司参观即可获得相当印象。人事是否稳定，主要考察其主要业务部门的主管及其有能力的工作人员的任职时间，流动情况。如果他们的任职大多是时间较长，说明其人事关系比较稳定，但如果大多数人任职时间都很短，则其人事不稳，人员流动率较高，这样，业务水平很难在稳定中求发展。这种公司可能是新创立的公司或内部矛盾较多的公司，前者还可进一步考察，后者则要尽量远离。

5. 规模

了解公司的业务规模，对广告主所要求的服务是否都能满足，是否具备实施的条件，硬件设备水平如何？硬件设备水平也是实力的一种表现，在考察时应认真了解公司的技术设备情况，是否具有先进的技术手段，设计人员对硬件设备使用、操作的能力、技术水平。

6. 职工的职业道德

了解公司的职工对客户是否负责，能否保守客户的商业机密。这可以通过该公司的以往客户，查询该公司是否发生过泄露机密的事例，没有最好，万一发现有了，公司是怎样处理的，处理后的情况怎样，都要进行一一详细的了解。这种了解既可以看出该公司职工的素质，职工道德，也可以看出该公司的管理水平，领导层的水平及作用。

7. 经营作风

了解公司的负责人，以及有关部门的负责人，是认真办事，信守合同，创新务实的人还是夸夸其谈的人，是认真覆行合同，还是办事拖拉，敷衍塞责的人。在与广告公司的负责人接触时，考察其负责人，若该公司负责人在争取客户时常常用夸大的言词，力求说服广告主，则表明该公司不注重用实际业务工作能力来争取客户，对其信任程度，应该有所保留。

8. 与媒体关系

广告公司与媒体是保持良好的业务往来关系,还是与主要广告媒体关系不佳。广告公司若与媒体关系不好,说明广告宣传会发生阻碍。广告的播放、刊登时间性极强,错过时间就等于错过一次机会。广告公司若不能及时准确地为广告主买到足够的版面、时间段,则会给企业的广告宣传造成损失。因此选择广告公司时,要详细了解广告公司与各类媒体的关系是否融洽,合作是否通畅。

三、代理制

1. 广告代理制的含义

广告代理制是国际上通行的广告经营机制,80年代末,美国有10000家广告代理机构,日本近3000家,法国2500家、英国1600家、巴西1400家。代理制是广告业发展的必然趋势,所谓代理制,"即是由广告客户委托广告公司实施广告宣传计划,广告媒介通过广告公司承揽广告业务。广告公司处于中间地位,为广告客户和广告媒介双向提供服务。"❶这就是说,由广告主委托广告公司代理广告业务,业务范围是提供广告策划(包括市场调查、广告战略等)、广告创意(结合市场和消费者需求给出整体的创意)和媒体代理(包括媒介计划)等三方面的服务。广告媒体通过广告公司承揽广告业务,广告公司通过为广告主和广告媒体提供双向服务发挥其在广告业中的主导地位。

2. 广告代理制的特点

广告代理制使广告业内部的分工更加合理,使各部分做到各司其职,互相合作,共同发展。广告代理具有工业企业和媒体不能取代的特点:

①专业性。在广告代理制下,广告公司能够帮助客户完成广告程序方面的代理,为客户提供以策划为主导,市场调查为基础,创意为中心,选择媒体为实施手段的全方位、立体化服务。并在整个广告活动中配以公关、展览、促销等手段与营销进行密

---

❶ 摘自国家工商行政管理局关于在部分城市进行广告代理制和广告发布前审查试点工作的意见 工商广字[1993]第214号。

切配合，最后还要监督制作，对反馈信息进行再度收集整理等等。并且为媒体承揽广告业务。广告公司的专业性服务弥补了工商企业因具体广告知识不足而造成的问题，也可避免因工商企业精力不够而产生的问题。

②客观性。广告代理机构既与企业有联系，又与社会有联系，对企业既有一定了解，又有某种距离。一旦接受广告代理，就得承担有关的承诺和法律责任。由于对企业保持了一定的心理距离，因而看问题比较客观，可以避免企业在激烈的竞争中求生存、求发展而表现出的主观立场、避免自卖自夸，避免广告主与受众间的不协调性，从而客观地、科学地、准确地发现问题。妥善地处理问题，而要做到这一点，仅仅依靠企业自身的力量是难以胜任的。企业必须依靠和委托有能力的广告代理公司，为其提供专门的广告策划和市场营销服务。

③系统性。广告代理能够从市场大系统来考虑广告主的利益，把握广告主的特点，明确广告目标，确定广告的合理位置，对企业的广告活动、广告的整体安排进行事先的系统策划。避免企业的广告活动零敲碎打，不能形成震撼力，造成人力、物力的浪费。对于媒体来说，专业广告公司亦可提供全方位的服务，为之介绍、提供广告客户，媒体向广告公司提供必要的媒体动态与刊播机会。广告公司保证媒体的广告收益，如广告主因故拖延或未付广告费，那么，广告费损失则由广告公司承担，媒体可以不承担经济风险。

3. 广告代理制的作用

①有利于提高我国广告业的整体水平。广告代理制要求广告公司在广告活动中起主导作用，使其超越不同媒体的特点，对广告主的广告业务实行全面代理，为了作好全面代理，广告公司的各项业务必须要有长足的发展，分工也会越来越细，专业化的分工促使广告水平的提高。

广告代理制的实行将取消媒介的直接承揽权，媒体的广告刊播业务，通过广告公司的介绍而获得，既可以避免媒体控制广告发布权的问题，而且克服因媒体紧缺广告公司为适应媒体需要，不顾广告质量的弊端。使广告公司有机会提高广告作品的质量。

②有利于企业的发展。广告代理制可以消除企业广告无整体计划、效益欠佳的种种弊端，帮助企业科学、合理地使用有限的广告经费，收到较好的广告效果。同时，广告代理制还有助于企业摆脱"关系广告"、"摊派广告"等，从而帮助消除广告业中的不正之风，使企业在广告活动中得到发展。形成一支能正确运用广告，能与广告公司密切配合，信任广告公司，充分调动广告公司积极性，使广告公司充分发挥作用的广告队伍。使现代广告遵循科学规律加速发展，并为市场经济提供优质服务。

③培育、完善广告市场。广告主、广告公司、媒介是广告市场的主体，完善广告市场就必须使广告主、广告公司、媒介充分进入广告市场，在市场经济的大环境中充分发挥自己的职能和作用。为达到此目标，必须在广告主、广告公司、媒介三者之间进行合理分工，使之各司其职，各尽其责。换句话说，用市场这只"无形的手"使三者各就各位。通过市场的选择使广告主认识到企业的发展必须要有广告的整体运作规划，而这只有专业广告公司才能承担，广告主自身的广告公司和媒介的广告公司，由于接触面的有限，工作性质的不同，不可能真正承担起广告代理的重任。广告公司代理的水平要接受市场的检验，为了立于不败之地，必须提高代理水平。在广告市场发展不足的情况下，广告主可以直接找媒介发布广告，但要提高广告质量，在市场竞争的推动下，广告主必然要重新选择广告公司。于是广告媒体直接受理广告业务的机会必然减少，转而要依靠广告公司接受业务。这样广告公司真正成为广告主和媒介之间的中介环节。

④减少广告资源的浪费，纠正行业不正之风。从宏观看，我国广告业浪费惊人，广告费的流失在一定程度上助长了不正之风。从广告主来说，由于广告费投入的盲目性，没有真正的广告企划，没有总体的预算，没有对媒介的科学选择，造成广告费的高投入、低受益的结果，达不到广告应有的效果。有些企业以广告费作应酬，开支一些不合理的项目，也是造成浪费的一个原因。再者，从广告公司来说，由于广告主与媒介的合作，使广告

公司的人才、技术设备得不到应有运用,造成人才浪费或人才流失。要消除行业不正之风,减少广告资源浪费现象,就要发挥广告公司的作用,实行广告代理制。

⑤与国际广告业接轨,使中国广告业走向世界,参与国际广告业的竞争。国内市场与国际市场是紧密联接在一起的。不仅大量的外国产品涌入中国市场,大量的中国产品也要走向世界,中国广告业必然参与世界广告业的竞争。为适应这种市场经济的发展需要,必须加快解决我国广告业的结构与布局,使专业广告公司尽快发展,在广告活动中起主导作用,同时限制媒体直接承揽制作,发布广告和经营广告业务的活动,使广告代理业健康发展,挺进国际广告市场。

4. 我国推行广告代理的概况

广告作为沟通生产与消费的中介,在市场经济运行中,具有辅佐企业开拓市场和引导消费的特殊功能,是国内、国际市场信息交换的有效渠道,也是参与国际经济循环的重要条件。为使广告业健康发展,我国从1993年中开始推行广告代理制。这是我国广告经营体制的重大改革措施,是我国广告业发展史上的一个里程碑。实行广告代理的基本作法是:选择试点,摸索经验,分段进行,以点带面,全面推开。

首先,理论务虚。国家工商局、国家计委组织广告业有关方面的各类团体和组织对广告业的现状,发展远景等进行讨论,提出推行代理制的必要性和重要性,使广告界人士认识到广告代理是广告业发展的必然趋势。然后提出在部分城市进行广告代理制的试点工作。接着1994年初,正式公布了"关于进行广告代理制试点工作的若干规定(试行)"规定中明确指出"实行广告代理制,是构建广告新体制的重要工作,也是广告行业内部分工的合理举措。"具体规定"一,广告客户必须委托有相应经营资格的广告公司代理广告业务,不得直接通过报社、广播电台、电视台发布广告。""二、兼营广告业务的报社、广播电台、电视台,必须通过有相应经营资格的广告公司代理,方可发布广告(分类广告除外)。""三、广告公司为广告客户代理广告业务,要为广告客户提供市场调查服务及广告活动全面策划方案，提供、落实媒介计划。四、广告公司为媒介承揽广告业务，应有与媒介发布水平相适应的广告设计、制作能力，并能提供广告客户广告费支付能力的经济担保。五、报社、广播电台、电视台下属的广告公司，在人员、业务上必须与本媒介广告部门相脱离，不得以任何形式垄断本媒介的广告业务。"等等。这些规定对于净化广告市场环境，抑制不公平竞争，维护消费者的合法权益，推动我国产品占领国内外市场都具有积极意义。经过3年的试点，1997年又进行了《中国广告业三大支柱相互关系调查》，对广告代理制的推行、广告活动、广告公司的现状、招标、媒介收费的合理性等问题进行调查研究。调查证明代理制的推行促进了广告业的发展，取得了可喜的成果。到目前为止，全国已有十多个城市进行了代理制的试点工作，其"效果比较明显"❶但要在全国全面推行，还要一段时间，要作相当多的工作才能实现。

5. 全面推行代理制应解决的几个问题

①通过广告实践活动，提高广告主的认识水平。从目前来看，广告主广告战略意识还不强，有的还没有全方位的广告策划意识。有时广告主要作一、两个广告，就直接找媒体，整体的广告策划还未形成。这样作广告效果不明显，造成实质上的浪费。这种局面将随着市场的开发，广告业的逐渐成熟，广告主将会认识到整体广告策划的作用，从而主动寻找能够并且擅长全面服务的广告公司。使广告公司真正肩负起代理的责任。

②广告公司不断提高整体素质。有一部分广告主希望实行广告代理，但心存疑虑：广告公司是否有推销的能力？企业促销的因素很多，广告只是其中的一种，那么广告代理机构怎么证明他们的广告是最起作用的？广告公司对广告主的产品是否内行？如果对产品不了解，怎么能完成代理任务？而最使广告主举棋不定的是，广告公司对自己是否忠诚？"只为我服务，还是同时为我竞争对手服务"，是否为所代理企业的广告经营策略保密，对企

---

❶ 国家工商行政管理局广告司司长郑和平语。

业的广告策划是否尽力去作等等。这些疑虑实质上是对广告公司的素质提出的要求。从事代理业务的广告公司必须能够为广告主提供综合性服务，具有情报、策划、创意、公关、竞争的能力；具有相应的产业知识和政策水准；对广告主、广告受众和对社会认真负责的态度；与媒体有良好的合作和协调关系。

③媒介有明确的业务范围。随着人们广告意识的加强，广告业务量将会不断增加，这样媒体广告组织往往不能承受这么繁重的广告业务，需要专业广告公司协助和协调广告活动。媒介由此进一步明确业务活动的范围，进一步推动广告业的专业化分工程度，从而使广告业向专业化深层次发展。

④制定统一的广告代理收费标准和付费方式。明确规定不同服务项目的收费标准，规范广告市场，使广告业的运作有章可循。

第三节 广告管理

一、广告管理的涵义

管理是一种社会现象，是协作劳动的产物，是人们运用适当的方法，对人类生产劳动活动所进行的计划、组织和协调。

广告管理是对广告活动的控制、监督和协调。是广告不同层次的组织机构，对广告活动的控制、监督，协调和服务。按管理者的不同层次可以分为宏观管理和微观管理两大类。

宏观管理是指国家和社会通过行政、法律的方法协调广告活动与社会政治、经济、文化生活的关系为目标的广告管理。

微观管理是指企业或广告经营单位对广告活动的内部管理，主要包括对广告活动所涉及的人、财、物的管理，具体可以划分为两个方面，一是对广告活动程序的管理，如广告信息管理、媒介管理、发布权管理；二是广告经营的管理，如目标管理、计划管理、生产管理、劳动管理、资金管理、成本管理等。随着广告业的日益发展，广告业的竞争日趋激烈，在一些经济发达的国家，出现了不少内容不健康的广告，成为广告公害，受到公众的批评，我国广告业虽然还处于发展阶段，但也出现一些不容忽视的社会问题，只有加强广告管理才能使广告沿着健康的轨道发展。加强对广告的管理具有重要意义。

1. 维护消费者利益，促进社会安定

市场经济的繁荣，同类产品的增多，对于各种各样的产品、消费者不能一一辨别，有关产品的信息、及产品的性能、特点，消费者多数是从广告中获得，广告成了消费者购物的指南，因此，广告必须真实地传达商品信息，不得欺骗公众，牟取暴利，损害消费者的利益。近年来，由于广告发展较快，管理工作没有跟上，在广告的内容和设计上出现了一些混乱现象，一些不法分子乘虚而入，利用虚假广告招摇撞骗，贩卖假货等牟取暴利。特别是一些有关医药、食品、化妆品、家用电器产品等不实的宣传，直接危害到广大消费者的人身安全和健康。从国家工商局广告司获悉，全国各级工商行政管理机关1986年查处虚假广告约1100件，1988年查处1786件，1989年查处约1500件，"八五"期间查处违法违规广告案件近3万件，从查处的虚假广告案件来看，欺骗手段又有了进一步发展，一是用邮寄形式发布虚假广告；二是利用4大传媒传播虚假广告，出售劣次品；三是利用虚假广告招生、办学、培训技术、出售资料非法谋利；四是利用出售"致富信息技术"等虚假广告骗人骗钱财；五是无牌游医乱贴广告，以行医为名，骗取钱财；六是在广告中任意夸大产品的功效，提高获奖的级别，欺骗消费者。虚假广告不仅骗取钱财，甚至危及消费者的生命安全，成为社会的不安定因素。危害市场经济的发展，为保护消费者利益，必须加强广告管理。

2. 保护企业合法权益，维护社会主义经济秩序

随着市场经济的发展，各个工商业为争夺市场，争夺顾客，扩大商品销售而展开激烈的广告战。这是商品经济竞争的必然，在市场竞争中，为了保护企业的合法权益，促进正常的商品竞争，必须加强广告的管理，通过广告法规，禁止某些企业利用广告攻击别家企业及产品，或者暗示性的诋毁，严禁广告骗局、印版骗局、诱饵广告，严惩盗用商标的行为。因为这些行为不仅扰

乱市场，破坏物价政策，损害消费者利益，而且损害名牌商品的信誉，破坏企业的名誉，给社会生产造成浪费。因此，严格执行广告法规，有利于保护企业的合法权益，抵制各种不良的经营作风。

3. 防止精神污染，建设社会主义精神文明

广告在传递经济信息、促进生产、加强物质文明建设过程中有巨大的作用，而且对精神文明建设也有巨大推动作用。所以社会主义广告内容必须健康，符合社会主义精神文明建设的原则，符合中华民族的伦理道德观念，不容许内容不健康的广告毒害人民，造成精神污染。近几年，一些广告在"一切向钱看"的拜金主义思想支配下，追求所谓的艺术，追求刺激，招徕观众和顾客，在广告上出现庸俗、猥亵、伤风败俗等低级趣味的内容。为此，必须加强对广告的管理工作，对水平低劣的广告提出批评，责令改进；对思想意识不健康的，低级下流的广告予以取缔，防止精神污染，推动精神文明建设的发展。

4. 美化市容，保护环境

有些企业或商家为了自身的利益，不从美化城市面貌的全局出发，随意安装霓虹灯广告，设立路牌广告，不择地段、区域地悬挂灯箱广告，影响观瞻。更有甚者，一些江湖骗子随意在街头，建筑物，电线杆上张贴污秽的广告，极大地破坏了市容整洁，污染了精神文明的建设，对此必须坚决取缔，对于路牌广告、霓虹灯广告、灯箱广告等必须统一筹划，统一安排，保护好文物古迹和自然风光。使我们的城市变得更美、更洁、使人民的生活环境的质量更高。

5. 保证国家对广告业的统一领导

就我国目前情况来看，广告产业实行多种所有制，多种经营渠道，多种经营方式。其中有国有企业、集体企业、合资、独资等多种所有制形式；所属部门也有很大差异，有属于商业系统的广告单位，有属于工业、交通运输业、文化部门等各种系统。随着广告业的发展，各个广告公司的竞争也日益激烈。为使各广告公司、广告公司的各部门彼此之间能协调发展，国家必须加强管

理，加强对各个广告经营部门的领导和管理，健全组织管理机构，使我国的各个广告经营部门都纳入国家统一领导、管理和监督之下。认真执行国家的广告方针、政策、法令等，促使我国的广告事业健康发展。

总之，广告管理的最终目标就是用经济立法和行政监督、管理的办法，限制广告活动中的不良倾向，维护广大消费者的利益，保证国家对广告业的统一领导，促进广告事业的迅速健康发展。

二、广告管理的机构

1. 广告管理机构的设置

广告管理的最高机关——广告司

广告管理机关在组织机构上是工商行政管理机关内部的一个职能部门，其设置以工商行政管理机关的设置为基础。国家工商行政管理局内设广告司，广告司是工商行政管理部门广告管理的最高机关。

各省、自治区、直辖市的工商行政管理局设广告处，有的地方又与商标管理机构合并称为商标广告处。

地、市、县的工商行政管理局设广告科、股或者兼职人员。

工商行政管理机关行政归属有其特殊性，上级工商行政管理局对下级工商行政管理局是业务指导关系，地方政府与当地工商行政管理局是行政隶属关系。所以，地方工商行政管理局的广告管理工作，业务接受上级工商行政管理局的指导；行政接受地方政府的领导。

2. 广告管理机构的职能

立法和法规解释职能。作为国家直属机关的国家工商行政管理局，是全国广告管理的最高机关，它代表国务院和国家立法机关起草广告法律、法规；单独或会同有关部门制定广告管理部门规章，并负责解释。地方广告管理机关可以依照立法程序和权限的有关规定，代表有关部门起草地方性的广告管理法规。

控制职能。广告管理机构对广告经营单位的审批和注册的合法权益。在工作中广告管理机构可以根据社会经济发展的实际需要，通过审批和注册手段，适应控制广告经营单位的数量，划定经营范围。

监督职能。各级工商行政管理局有权监督广告主体的广告经营活动，督促其在合法的范围内依法从事经营活动。禁止有损消费者、有损于国家、社会利益的行为或不正当竞争。

检查职能。检查分为定期检查和随时检查两种。定期检查就是对广告经营单位每年进行一次的年检制度。随时检查是指发现问题随时检查处理，如接到违章、违法、虚假广告的报案后马上进行查处解决。平时广告管理机构要随时审查广告经营者的经营活动，了解、掌握发展动向，及时发现问题、解决问题。

指导职能。对广告经营单位的宣传和经营活动要进行帮助、扶持和指导。同时还有对广告协会的指导和扶持。

服务职能。向广告主、广告经营或其他各界提供广告信息、法规、政策等方面的咨询服务，促进地区广告工作的开展。

三、广告宏观管理

广告宏观管理，是指工商行政管理部门，代表国家的意志依据《广告法》及其他有关的法律、法规，对广告活动进行监督、检查、控制和指导。促使从事广告活动的各部门或单位在国家允许的范围内开展广告业务，保护合法经营，取缔非法经营，查处违法广告的责任者，并帮助广告客户和广告经营者提高业务水平，自觉遵守广告法律和各项法规。

宏观管理的方法主要有以下几种：

法律方法。依据《中华人民共和国广告法》、《广告管理条例》、《广告管理条例施行细则》、《食品管理条例》、《药品管理条例》以及其他有关的法律法规，对广告市场进行经常性的监督和管理。

利用广告法规来管理广告市场，具有权威性、规范性和概括性特点，主要适用于处理广告活动中带有共性的问题。由于广告法规具有强制性，因此进行管理时，可以做到有章可循，有据可依。把管理问题用法律的形式规定下来，有利于在广告业内建立起法律秩序，同时各级管理机构职责分明，可以充分发挥管理的职能作用。

行政方法。政府通过各级组织利用行政手段对广告业进行管理和控制。具体做法是发布命令、指示、规定、带有权威性和强制性，广告业的各级组织必须遵守执行。这种行政方法在管理过程中是必要的手段，但不是唯一的，要与其他方法相结合才能更好地发挥作用。在市场经济条件下，行政干预的范围越小，时间越短，对广告市场的发展越有利，越能发挥广告主、广告经营者、广告媒体的作用。

社会监督方法。推行消费者、消费者组织、新闻媒体、社会舆论对广告内容、广告组织、广告客户的广告宣传活动进行监督、管理。这是保护消费者利益的一项具体措施。广告是消费者购买商品的指南，为此，广告必须真实，确切地报道商品或劳务信息，不允许有欺骗消费者的行为，更不允许为牟取暴利而损害消费者利益。社会监督正是动用全社会的力量对不良广告行为进行检举，并利用新闻媒介等对不良广告进行批评，限制或阻制有危害社会公众利益行为的广告出现。

经济方法。政府通过税收及其他经济手段对企业或广告经营单位的广告活动进行约束和调节，以保证其适应社会经济发展的客观需要。运用经济杠杆原理对广告活动、广告经营网点等进行全面考虑。对广告进行的过程利用经济手段进行监督。

自律方法。从事广告经营活动的各层次系统，在工商管理部门的指导下，根据行业特点自行制定公约、守则，进行自我约束。自觉遵守职业道德。

四、广告微观管理

1. 广告参与者的自我管理

广告参与者即广告主、广告经营单位、广告媒介。广告参与者都希望自己在广告活动中能获得最大利益，这就需要对广告的心理效果、经济效果或社会效果进行一系列的决策和控制。

①广告主的自我管理。广告主出资做广告，最终目的是希望推销产品或劳务，获得更大的利润。为达此目的可以通过两条途径实现，一是促销产品，扩大销售，增加企业利润；二是扩大企

业的知名度，提高企业的美誉度，树立良好企业形象，最终达到提高企业效益的目的。企业决不能以不正当手段达到自己的目的。企业主的自我管理，自我约束极其重要。广告主应自觉地遵守法律和法规，在法律容许的范围内参加广告活动，选择适合本单位的广告经营单位代理自己的广告业务。广告主应放手让广告公司大胆工作，对广告公司应给以充分信任。同时也要直接或间接地参与广告活动的部分或全过程。如基本情况的分析，广告目标的确定、媒体的选择和确定，广告预算的确定，及时了解广告工作的进程，监督并检查广告作品的刊播，参与广告的评价工作，从中发现问题及时解决。

广告主应遵守广告法律和法则：《中华人民共和国广告法》、《广告管理条例》、《广告审查标准》、《广告管理条例实施细则》以及有关广告主参与广告活动的各种规定。

②广告公司的自我管理。广告公司是独立的企业组织，它应遵守和贯彻《广告法》、《广告管理条例》、《广告管理条例实施细则》、《广告审查标准》以及有关的规定。同时，还必须进行企业内部的科学管理。

广告公司的工作内容通常是为客户构思、制作、发布广告，负责广告主的完整的广告运作。1993年提出广告代理制以来，越来越多的企业都委托广告公司代理广告业务。所以，广告效果直接影响到广告公司的经济效益，从某种意义上说广告效果的好坏关系到广告公司的生存问题。因此，广告公司必须加强企业的内部管理，提高广告作品的质量，为广告主提供全面服务。为此广告公司必须加强自我管理：

业务管理。广告公司的内部应有合理的业务分工，各业务部门的职能范围必须具体、明确。按照"承揽业务——策划——创意——制作——发布广告——效果测评"等业务环节设置客户服务部、策划部、媒介部、创作部和调研部等，各部有自己的工作重点，围绕一个中心协同作战，从而形成一整套为客户提供全面服务的体制。

业务管理的一项重要职责就是防止虚假广告的出现。这不仅是对广告客户负责,也是对本公司负责。广告的宣传要实事求是,不能随意夸大广告产品的优点和特点,应正确宣传商品的有关知识;广告作用坚持艺术性与真实性的统一,艺术表现不能给人造成错觉和误解;广告作品中的承诺是能够实现的;不能对消费者产生误导。

在业务进行过程中,要注意合同的签订,通过合同、契约的形式使广告公司与广告主的关系,与媒体的关系确定下来,明确双方的责任,保护双方的权益。

财务管理。是对广告公司经营活动中所产生的各种资金的形成、分配和使用进行计划、组织、调节、监督、核算。具体来说有以下内容:监督广告预算的正确执行;现金和各种费用的管理;公司职工工资总额的核算;收取广告拥金;缴纳税金等。广告预算是广告宣传活动各个阶段费用开支的计划,应坚持"量入为出"的原则,使每一阶段的广告开支都控制在预算计划的额度内。

人事管理。人是企业经营活动中最关键的因素。"人本原则"在广告公司内部的人事管理中应得到充分的运用,这是现代企业管理的要求。人事管理具体来说主要包括:人才的选拔、安置和提升;人员的考核,人才的培养。

行政管理。主要包括协调、文书、档案、办公条件、接待等行政或后勤保障工作。

③广告媒体的自我管理。现代广告运用的媒体物种类繁多,参与广告活动的媒体单位越来越多。从目前来看常用媒体有电视、广播、报纸、杂志、交通工具、路牌、橱窗、霓虹灯、电子显示牌等等。各类媒体在广告活动中必须遵守《中华人民共和国广告法》、《广告管理条例》、《广告管理条例实施细则》、《广告审查标准》以及各项有关规定。媒体负有对广告作品内容的合法性、真实性进行全面审查的责任。经审查证明不合法、内容不健康、不真实的广告作品坚决予以取缔,严禁刊播,以保护消费者权益,维护自身形象。

2. 广告内容的管理

《广告法》明确规定："广告不得含有虚假的内容，不得欺骗和误导消费者。"不能有"妨碍社会安定和危害人身、财产安全、损害社会公共利益"；"妨碍社会公共秩序和违背社会良好风尚"；"含有谣秽、迷信、恐怖、暴力、丑恶的内容"；不能有"含有民族、宗教、性别歧视的内容"；不能"妨碍环境和自然资源保护"等内容。

在广告中不能损害国家、民族的尊严，广告中不能："使用中华人民共和国国旗、国徽、国歌"；不能"使用国家机关和国家机关工作人员的名义"；不能"使用国家级、最高级、最佳等用语"。"广告不得贬低其他生产经营者的商品或者服务"。"不得损害未成年人和残疾人的身心健康"。

对一些特殊商品，除做到遵守一般广告的规定外，还要服从特殊商品应遵守的规定。

烟草广告。"禁止利用广播、电影、电视、报纸、期刊发布烟草广告。""禁止在各类等候室、影剧院、会议厅堂、体育比赛场馆等公共场所设置烟草广告。""烟草广告中必须标明'吸烟有害健康'"。烟草广告不得出现：鼓励、提倡、引诱人们吸烟的文字、语言或画面。

酒类广告。国家允许获国家级、部级、省级各类奖的优质烈酒（40°以上）和39°以下的酒作广告，但不得有鼓励、提倡、引诱人们饮酒的广告。不得暗示医疗、保健效果。在刊播39°以下酒类的广告，必须标明酒的度数。

药品、类药品广告。申请发布药品广告，广告客户必须持有省、自治区、直辖市卫生行政主管部门审查批准的《药品广告审批表》，并提交规定的有关证明文件。"麻醉药品、精神药品、放射性药品等特殊药品，不得做广告。"农药广告不得有下列内容："使用无毒、无害"等表明安全性的绝对化的断言、"含有不科学的表示功效的断言或者保证的"、"含有违反农药安全使用规程的文字、语言或者画面的"。另外，严禁有害社会和人身健康的9类药品内容广告的刊播：①凡有淫秽、迷信、荒诞语言的文字画面的药品广告；②凡有贬低同类产品或与其他药品进行功效和安全性对比评价的广告；③凡有违反科学规律，表明或暗示包治百病的药品广告；④凡有标明或暗示"最高"或"之王"等断言药品的广告；⑤凡有"药到病除"、"根治"、"全无副作用"等断言性和隐含保证性之说的药品广告；⑥凡在广告上说明有治愈率，有效率多少多少以上的药品广告；⑦凡说明有专门有用于治疗性功能障碍的药品广告；⑧凡有标明获奖内容的药品广告；⑨凡利用医学科技、学术、医院等机构单位或儿童、医生、患者的名义和形象作为广告内容的药品类广告。

食品广告。不能在广告中出现易与药品混淆的用语和医疗术语，无法用客观指标评价的广告语在广告中也不能出现。广告不得违背《食品卫生法（试行）》的规定。

化妆品广告。不能使用医疗术语，更不能贬低同类产品，不得夸大功效，对可能引起不良反应的化妆品必须在广告中注明使用方法，注明注意事项。

总之，对证明不合法、不真实、内容不健康的广告作品坚决予以取缔，以保护消费者的利益，同时也维护自身的形象。

第十二章　国际广告

　　社会化大生产的发展，促使国际市场进一步拓展，国际贸易自由化和世界经济一体化，促进了商品流通、信息交换，从而广告活动向全世界、全球化发展。国际贸易的发展使国际广告得以产生、发展、而国际广告的加强又促进了国际贸易的突进。

　　国际市场与国内市场的差异，必然导致国际广告与国内广告的区别，为促进外贸事业的发展，必须对国际广告的特点和运作进行深入的研究。结合国际市场的需要，制定切实可行的广告策略，采取相应的措施，促进国际广告的发展。

第一节　国际广告概述

一、国际广告概念

　　为适应国际营销的需要，使外贸出口产品能迅速地进入国际市场，广告主通过国外的或国际的传播媒介，对进口国家或地区的消费者进行的有关商品、劳务、观念等方面的信息传播活动，使商品进口国的消费者了解出口国的情况，引起他们的兴趣，达到开拓市场的目的。国际广告是商品出口的先遣部队和必不可少桥梁。在国际市场上，商品品种繁多，新产品不断涌现，同类商品竞争激烈，消费者有参考广告购物的习惯。据香港调查资料表明，70%的居民参考广告所提供的资料进行购物。在现代市场中，人们购物，除了重视商品的使用价值外，还追求商品的社会价值，注重品牌，寻求新潮，期望用名牌商品塑造自己的形象。因此，在国际市场上，国际广告是引导消费，争取消费者必不可少的促销手段。

国际广告是在国内广告的市场上发展起来的,国际广告和国内广告一样都是为了促销,是营销活动的一个重要组成部分。但由于环境不同,市场不同,文化不同,生活方式不同,消费观念不同,国际广告要适应国际市场的不同特性,才能取得良好的效果。

二、国际广告的特点

1. 广告主性质不同

国内广告活动的广告主,主要指有支付广告费能力的独立核算的企事业单位和团体,广告信息主要在国内或国内某一地区传播。而国际广告主的信息传播范围是国际市场或某一特定的产品进口市场。国际广告主有多种类型。

①跨国公司。这是企业集团化的产物。跨国公司凭借其经营实力开拓国际市场,销售本国产品。如壳牌石油公司、荷兰的菲利浦公司、瑞典的萨巴公司、瑞士雀巢公司、英国的梅塞德斯公司、西门子公司、英国石油公司、新日本钢铁公司以及三菱公司等,国际广告宣传是跨国公司开拓国际市场必要的国际营销手段。跨国公司广告主根据自己经营战略的需要,选择合适的方式进行国际广告宣传。

A. 选择当地的广告公司。经营产品或服务出口到某一两个国外市场的跨国公司,往往委托外国的当地广告公司为代理。当地的广告公司由于谙熟本地环境和文化,广告传播活动易开展,易于取得较好效果。

B. 选择国际广告公司。这是大型跨国公司常用的一种国际广告形式,它有三种情况:

第一,跨国公司广告主的目标市场分散在世界各地。在地区化经营战略指导下,他们的广告突出地区化和差异化,常把广告业务委托给内部组织结构松散的国际广告公司,国际广告公司再将其委托给下属的当地广告公司,进行具体的广告策划。这些国际广告公司的下属公司,通常有能力为广告主提供全方位的服务,创造高水平的当地化广告。

第二,经营全球性的统一包装、统一品牌、统一形象产品的跨国公司，一般选择内部组织紧密的国际广告公司为其进行广告宣传。这类国际广告公司对目标市场的营销形势和消费者状况有深入的了解，并且有较好的公司信誉和企业形象。如可口可乐公司选择了麦卡恩·埃里可森广告公司，"力士香皂"选择了智威·汤普逊广告公司等。

第三，一些跨国公司内部有集中的、强劲的促销部门，这些部门的主要职责就是研究、拟定广告信息策略或广告宣传主题，并将既定的广告信息策略贯彻到世界各地的分部去，公司分部再选择国际广告公司在当地的分部或地方广告公司进行代理。实践证明，这种方法效益很好，是一种理想的选择。

②出口商品的生产企业或经营企业。出口商品的生产企业是指直接从事对外出口商品的生产企业；出口商品的经营企业是指进出口公司。出口商品企业或经营企业进行国际广告宣传的途径主要有两种：

第一，选择当地的广告代理公司。这是一种比较好的形式。广告主将自己的意图，广告目标告诉当地的广告代理公司，由代理公司进行策划、设计、创意和制作，并通过一定的媒体刊播出去。

第二，由本国企业直接向国外目标市场实施广告宣传。这种形式，风险较大。因为国外市场与国内市场差别大，企业不熟悉国外市场的风俗习惯、宗教信仰、语言习惯等营销环境，广告策划难度大，搞不好会出现负面影响。

③进出口商品代理商。进出口商品代理商熟悉当地的法律制度、行为规范及风俗民情、宗教禁忌等，并有现成的营销渠道或网络，有利于国内产品打入国际市场，也有利于开展国际广告宣传。独家代理比一般代理好，独家代理精力集中，责任心强；而一般代理恰巧相反，精力分散，责任心不强，直接影响广告效果。

2. 广告产品不同

国际广告宣传的商品与内销商品，在质量上是不同的，一般出口商品在质量上和技术上都达到国际同类产品的先进水平，生产工艺是先进的,与国内同类产品相比为数上乘产品。对国外消费者来说,进口产品能满足不同消费习惯所致的品种多元化需求。这两个因素都要求国际市场上的产品必须具有一定的竞争力,而国际广告就是宣传和介绍这种高质量、花色品种齐全的产品,这要求广告要有较强的表现力和说服力,切中消费者的需求点,这样才能在国际市场上打开销路,在竞争激烈的国际市场上占有一席之地。

3. 国际广告代理的特点

国际广告可以直接委托媒体发布广告,也可以委托广告代理公司负责全面策划。

委托媒体发布国际广告,有两种情况:一是出口商品的生产企业或经营企业直接委托国外媒体发布广告;另一是出口企业的国外机构或代理委托地方性的媒介刊登广告。一般而言,由于媒体缺乏全面广告代理功能,采取直接委托媒体做广告的企业为数甚少。

广告公司拥有各方面的专业人员,能在广告主的产品开拓市场、打开销路等方面提供有效和全面的服务,为广告主进行市场调查、分析、研究和预测,进行全面的广告策划,选择经济而有效的媒体,创作具有新意的优秀广告作品,收集和研究市场的信息反馈,为广告主提供大量的义务服务,这样广告主不但不必增加广告费的开支,还可节省企业直接进行广告宣传所必须配备的大量专业人才和设备。广告公司受到外贸广告主的重视,以至于大多数广告主都委托专业广告公司负责实施其广告的全面策划。

委托广告公司负责实施广告,按所委托广告公司的性质不同而分为委托国际性广告公司与委托国外当地广告公司两种形式。国际性广告公司组织机构健全,信息反应灵敏,活动范围大,广告经验丰富,能制定较为完善的广告策略,适宜于做开拓性和战略性的广告。但不足之处是距离市场远,机构运行不灵活,对目标市场的信息了解不够细致,因而不宜做要求强推销效果的战术广告。与之相比,出口国当地广告公司则接近销售市场,对市场条件、市场环境、消费者需求、心理特点和消费方式都极为熟悉，因而，可以弥补国际广告公司的不足，有利于进行战术性广告。一般来说，具体产品的销售广告，以选择地区性广告公司为多，而企业形象广告或产品观念广告，则选择国际性广告公司的较多。

4.广告媒体选择上的差别

世界各国的媒介类型基本相同，只是在质量和数量上有差别，广告媒介的组合选择有差别，媒介的影响范围与广告费用也存在差别。这些差别具体表现为以下几方面：

①数量差别。在国际广告中，由于媒介的传播与影响范围不同，种类不同，人口数量和人口构成不同而有所差异。一般来说，广告媒介的选择，应从目标市场考虑，目标市场有多大，则选择有多大覆盖传播面的媒体，贪大求全会造成浪费。

②质量差别。国际广告媒体的社会威望与特点，既与媒体自身的名誉有关，也与当地人口的文化构成有关。如欧洲人对报纸杂志的信任感比对电视强，而美洲特别是南美人则对电视更信任。媒体的特点，是指媒体的专业性因素。由于阶层和职业的不同，国际市场消费者的分化较强，不同消费者的阅读习惯和观看习惯各不相同，媒介也就有不同的适应性，有的适用于娱乐性广告宣传，有的则适用于家用电器产品的宣传等。选择媒体，主要考虑该媒体的读者或观看者是否是自己产品的消费对象，数量对象有多大，广告费的高低等因素。

③时间差异。广告必须及时，广告过时则毫无意义。战略性广告是针对未来的，而战术性广告则要求有很强的时效性。因为客观条件不同，不同国家和地区的广告时间和广告周期安排不同，为此对国际广告必须有准确详细的了解，才能在策划广告时，把握时机安排好广告发布的时间，与商品上市时机做好配合。

④费用差异。不少国家的广告媒体刊播费用没有统一标准，多数报价偏高，可以讨价还价。正规媒介不可讨价还价，但可以随刊登次数的增加而相应在价格上给予优惠。此外还要考虑到广告税率，不同国家广告税的征收标准和办法不同，不同税率会影

响广告费的支出。广告税目前一般是由媒体负担。媒体定价时已考虑了该因素。再有，预付广告费。广告公司代理佣金，目前一般为15％，如果是总代理，则可以拿到30％～45％不等，但必须在广告时间或广告版数上达到一定的数量。

⑤特殊媒体，即商业媒体。在国际广告业务中，广告一般以国际工商业者为对象，因而在国际上有专门为贸易界发行的贸易新闻刊物，作用是沟通贸易信息和介绍产品给当地的贸易商。其宣传重点，是商品的品质、规格和性能，使当地的贸易商接触广告后即对产品有了较详细的了解，即时向广告主订货。由于目前我国的出口广告宣传对象大多是国外批发进口商，故可充分利用这类特殊媒体。

三、国际广告的意义

国际市场的竞争激烈，国际、国内市场环境存在差异，因此加强加际广告的活动，对扩展国际市场，发展外贸有其重要的意义。

1. 开拓国际市场，促进经济发展

在国际市场上，商品极为丰富，形成买方市场，消费者购物的选择范围宽，选择性强，认牌购买的现象尤为普遍，购买弹性大。各国商家为了争夺顾客，展开激烈的广告战，相互拼杀。我国出口企业要开拓国际市场，巩固现有市场，扩大销售，就必须开展强有力的国际广告宣传攻势，使外国目标市场上的消费者了解国内产品的特性及功能、品质，从而产生购买欲望，最终达成购买行为，使商品在当地消费者中间树立深刻而良好的产品印象与企业形象，建立对产品的信任感，创立国际名牌，巩固市场占有率，扩大销售。另外，国际广告的活动可以不断增强广告主的竞争能力，为加强企业发展，走向国际化经营，实现外贸出口计划，创造发展经济的有利条件。

2. 促进国内经济发展，快速走向世界

国内市场与国外市场有明显的区别。由于社会政治，经济、文化、地理环境、宗教、民族习惯等方面有明显的差异，甚至隔阂，所以国内企业要进入国际市场，将面临着新的问题，存在不少难以解决的困难。这些困难可以通过国际广告活动来克服，使广告主与国际消费者之间进行充分的沟通。国际广告通过对国际市场的调查活动，为国内企业提供有关国际市场的商品需求情况，市场环境及国际消费者的基本资料，从而及时安排适合国际市场需求的产品生产，为国内企业的发展开辟新领域，利用国内的劳动力资源、物质资源去占领国际市场，促进国内经济的发展。

3. 加强国际市场信息的交流

现代科学技术的进步，社会化大生产向纵深发展，集团化趋势锐不可挡，生产能力加强，符合人们现代化生活需要的新产品不断涌现，消费水平日益上升，人们的需求不断更新。及时掌握市场的变化，掌握新产品的有关信息，摸清需求的新动向等，都是极为重要的，这些工作可以通过国际广告活动来完成。维持企业在国际市场中的稳定地点，增强其竞争力也需要通过国际广告来完成。国际广告可以通过经常性的市场调查，及时捕捉各种市场信息，并反馈给有关广告主或有关部门，给企业提供帮助。

国际广告的活动，既能沟通国际商情，传递信息，为外贸商品广告主提供新产品的商业信息，又可以加强国际间科技、文化、经济的交流和合作，为人类的共同发展做出贡献。

第二节　国际广告活动的展开

一、国际广告的调查

国际广告同国内商业广告相比有很多特点，因此，在开展国际广告活动之前，必须做好国际广告调查工作。这对国际广告成功与否，具有举足轻重的作用。

国际广告的调查，是对所在国的市场情况作全面系统的调查，它包括对所在国的政治、经济、社会、文化、法律、科技、竞争机制等诸方面的调查。

1. 政治情况

主要调查所在国的政治制度、政府行政机构。主要是了解该国的对外贸易的管理机构、政治局势、政治信仰和意识形态、政府对经济的干预情况等等。

如有的国家政局不稳,因政治事变引起没收,造成全部财产丧失;有的国家对进口商品实行限制经营,限制市场占有份额,限制雇佣、限制经营权等;有的国家有很强的排外情绪,从管理上对商品进口设置种种障碍,有的甚至毁约或片面修改合约、协议等。为了减少或避免财产损失,防患于未然,必须详细进行政治调查。

2. 法规情况

主要调查所在国的海关税、国内对进口商品的管理条例与法规、广告管理法规、税收制度等。不了解或忽视进口国的法规,不仅会在经济上蒙受损失,而且会被误认为无视他国主权。尤其对一些具体的法律条款要认真仔细研究。如有的海关法中规定出口商品的退税奖励条款。要了解进口国的贸易限制如关税及进口配额和出口配额限制、自动限制出口制度、进口许可证制度、产地限制制度、外汇管制制度等。当地的法律,主要有健康法规、安全条例、食品法规、药品法规、劳工法规。还有税收法规,如产品在进入海关后对上市销售进行管理的各项税收制度(零售税、产品税、消费税等)都要一一了解清楚,避免遭受不必要的经济损失。

3. 经济情况

经济情况包括的范围比较广泛,归纳起来有以下几方面:

①了解进口国近期经济发展的总体情况和对以后一定时期经济发展预测的概况,包括进口国的经济周期情况,经济发展所处的阶段,国际市场发展情况对进口国的影响程度等。

②注意掌握进口国的货币情况。如货币币值的稳定程度,兑换率的变化情况,金融情况,保险业情况等。

③商业情况。如超级市场发展情况。

④与经济有关的一般情况。包括进口国人口统计、收入、购买水平、生活水平、消费模式、竞争情况等。人口统计要调查的内容有人口总数、年龄、性别、人口增长率、人口地域分布、人

口密度、职业构成、收入构成、文化构成等方面。收入,包括进口国的国民生产总值、人均产值和增长率等因素。而购买水平、生活水平、消费模式则与人均国民收入相联系。如收入低的国家的消费者,以解决温饱为主,高收入国家的消费者,讲究享受,追求高档消费品。

⑤了解进口国的度量衡情况,如尺寸是英制还是公制等等。

4. 风俗习惯情况

风俗习惯涉及的面比较广,比较复杂,而且容量被出口国忽略,然而它对外贸出口的成败起着极大的影响。因而,各国的风俗习惯应成为国际广告调查的重要内容,对各国的风俗民情必须尊重。

①要了解进口国的忌讳。各国在对颜色、语言及不同的商品、事物都有一些具体忌讳。例如在日本绿色被认为是不吉祥的颜色,而黑、深灰及黑白相间的颜色颇受欢迎,其中又以红、白相间与金银相间的颜色为较好的色彩。在数字方面1、3、5、8是积极的数字,4、9是消极的数字。在中东地区如沙特阿拉伯、科威特、阿拉伯联合酋长国、巴林、伊朗、卡塔尔、也门、阿曼等国,黑色、白色、棕色、深蓝与红色相间的颜色都是深受欢迎的颜色,而粉红色、紫色和黄色则是消极的不受欢迎的色彩。在刚果,动物图像和动物名称被视为不祥之兆,应避免使用。在肯尼亚,7或以7结尾的任何数字都被认为是不详之兆。在欧洲一些国家,对色彩和数字的反映又不一样,如在德国,红色、红黑色或者褐色是不受欢迎的,要避免使用;数字13被认为是消极的。法国人喜爱红、黄、蓝等色,鲜艳的色彩备受欢迎,被看作是时髦、华丽、高贵的色彩。意大利人认为紫色是消极的颜色,服装、化妆品一般用浅淡的色调,食品、玩具则喜欢用鲜艳醒目的颜色;还认为17是消极的,标签上印有修女图案是不雅的。以花为例,意大利奉菊花为国花,但在拉丁美洲一些国家菊花被看作妖花,只有在送葬时才会用菊花供奉死者。许多国家把玫瑰花和白色百合花赠送亲友,以表达情谊,但在印度和欧洲的有些国家,却是用作对死者的悼念品。荷花是日本的"丧花"。巴西

人把绛紫色的花用于葬礼。法国人把黄色花看作不忠诚的象征。总之，对各进口国的忌讳和习惯、喜好等都要进行深入的了解，以便灵活运用。

②了解进口国的语言差异。在语言上，不能按出口国的语言常规生搬硬套。广告语言的译写，要透彻了解国外市场的语言习惯和方言，如果将本国的文案直译成当地的语言，有时会南辕北辙，甚至会引起误会，有损广告效果。尤其是习惯语、成语、暗示语、俚语笑话、双关语，在翻译时更要特别注意，尽可能地符合当地的风俗民情。

③了解宗都信仰情况。不同国家、不同民族有不同的宗教信仰。宗教信仰实际上是一种强大的意识形态力量，它不但影响人们的思想、行为，形成不同地域间的不同习俗，而且影响人们的消费习惯和观念。例如，基督教中的新教派——耶稣派重视清洁；而旧教派——天主教则较为保守，认为沉溺于沐浴妆扮是不当行为。所以旧教盛行的法国，80％的妇女用洗衣皂洗澡，而新教教徒却大部分采用香皂洗澡。再如，印度视牛为神圣之物，不能轻易动之，而伊斯兰教、犹太教盛行的中东每日三餐皆食牛肉，但对猪肉都是绝对禁食。又如伊斯兰教禁止喝酒，当然不许用伊斯兰教的创始人穆罕默德像作酒类商标。还有，不能用申留丝（Senussi）作香烟商标，因申留丝是穆斯林一个教派，禁止抽烟。再有一些国家的宗教教义中教人刻苦勤俭，因此类似洗衣机等节省劳动力的商品均被视为奢侈品，绝不使用。

④了解进口国消费者的性格、购买习惯和消费习惯。不同国家的人，其性格特征各不相同，兴趣习惯也不一样。如西欧人更容易接受幽默的商业广告，而亚洲人则不一定。从购买习惯来看，经济发达国家多数消费者习惯于一次性大量购买。从消费习惯来看，欧美国家的人以肉食、动物性食品为主，而亚洲人多以植物性食物为主。饮食习惯的差异形成消费行为的不同。

5. 传统习惯、文化差异情况

国际广告的展开万万不可忽略对出口国的传统习惯，民族文化的了解。每个国家都有自己的民族文化，而且视自己的民族文化为瑰宝，所以，国际广告要了解各国不同民族的文化特点，传统习惯，尊重出口国的文化和传统，这样才能赢得出口国消费者的好感，获得出口国消费者的认同。如日本人以龟为吉祥物，是长寿的象征，山羊在英国被喻为"不正经的男子"。

东西方文化的差异在国际广告中必须很好地把握。以欧美为代表的低内涵文化，表达方式明确，语言直率，文字表达浅显而直白；以汉文化地区为代表的高内涵文化，在表达方式上，则注重含蓄、了解和信任，不完全依赖于文字或条约。这种文化上的差异，对不同地区的广告活动有着深刻影响。国际广告活动中，往往会因为有关人员文化背景不同而产生沟通上的困难。在国际贸易中常见的沟通问题有：时间语言（如延迟答复，期限和等候等），空间语言，物质语言，友好语言和合同语言。这些类型的沟通语言，成为"国际贸易无声之音"。

6. 自然环境

国际广告活动中要注意了解出口国的经济地理资料，自然资源分布情况，主要城市和商业分布情况，以及气候和季节变化情况。如掌握出口国的一年四季变化情况，雨季有多长，一年之中平均气候，最高气温和最低气温等等。这些自然环境的资料对具有地理特征和季节特征的商品极为重要。

7. 广告环境

①对所在国的媒体情况要进行充分的了解，所在国的媒体种类，经常使用的媒体是什么，最容易被接受的媒体是什么，所在国对媒介有什么限制等。例如在法国，海报倍受青睐，海报的制作也特别考究。在西欧一些国家无线电广播特别受重视，卢森堡广播广告同时用5种语言播放，听众在4000万以上。在日本，电视广告被限制判在15秒以内。在美国，广告最发达，各种广告手段被充分利用，除传统的四大媒体以外，各种现代科技手段都被广告利用，如电子广告、投影广告、飞船广告、卫星广告、云雾广告、闭路电视、有线电视、激光广告、电话广告、电脑广告等广告形式已进入现代社会生活。

②进口国的广告经营业发展情况。国际广告一般都委托当地

商业广告经营业经办,因此要很好考察进口国的广告公司的经营水平,价格和广告费用,经过权衡再确定委托的广告公司。

③深入了解进口国的广告媒介的发行数量和公共调查机关情况。有的国家无此类调查机关,造成发行数量被大大夸大,使广告费用增大,而又达不到应有的广告效果,造成浪费。

二、国际广告策划

在全面系统的国际广告调查的基础上,开始国际广告的策划工作。国际广告的策划与国内广告策划的方法程序基本相同,但由于国情的不同,形成不同的市场特性,所以在广告主题的确定、广告创意、广告媒体的选择等方面都具有一定的特征。为适应国际广告市场的需要,取得满意的营销效果,在国际广告策划中要注意以下问题。

1. 广告的民族化问题

成功的广告、吸引人的广告都应有自己的个性和表现风格,流于平庸无味的广告,无法把商品或服务的信息送入消费者的记忆中,自然不能促进购买与销售了。为此在广告的创意、制作上,必须表现广告的个性,广告的个性集中表现为广告的民族性,表现为民族文化。对于广告人来论,只有表现自己的民族文化才有充分的底蕴,才有饱满的形象和一定的穿透力。独特的广告风格对其他民族来讲,才能具有新鲜和奇特之感,形成一定的吸引力。如可口可乐的广告是通过美国青年的生活方式来展示产品,一直都很成功;万宝路则用西部"牛仔"来作广告,既说明了它是"牛仔之国"的产品,又说明了它是彪悍男人的香烟。

2. 广告的共同性

国际广告是做给进口国的受众看的,因此,必须使进口国的消费者对广告的内涵中心能理解。这就是要求广告的创意既要有民族性,又要有文化的共同性,能与所在国的消费者沟通,只强调民族性就成了狭隘的民族主义。如一些广告在表现方式上用本民族的方言、土语,而忽略了人类文化的共同性,失去了沟通的桥梁,这种广告也是失败的广告。在广告中要表现人类共有的思想内容,如人类共同具有的情感:追求真、善、美等。只有既有民族性又有共同性的广告才会为异国的消费者所接受，获得良好的广告效果。

3. 明确的广告主题和准确的广告定位

在国际广告中同样要有明确的广告主题和准确的广告定位。如美国的运动器材，它的广告主题就是健美，设定的消费对象是有一定的经济能力和健美要求的人。它的定位是在每天只用较少的时间（3分钟或5分钟）进行锻炼，就可以达到健美的要求。由于主题、对象明确，定位准确，所以很快打开了中国市场。

4. 媒体策略

世界各地的媒体有不同特点，广告管理法规不同，在运用媒体组合策略时，必须考虑到各国媒体的具体情况。在国际市场上，一般都以报纸为主要媒体，报纸广告在某些国家只需选用几份广告报纸，就可以影响整个目标市场。但在另一些国家则不同，要选用更多的媒体才能向多数消费者传播消息。广播广告在拉美国家是最强有力的媒体，但在欧洲国家，多数广播电台受政府控制，不易接受广告。有些国家则不许使用电视广告，有时虽有容许，但节目的安排有许多特殊限制，如不得在娱乐节目插播，只能在节目首尾放映等。

三、国际广告实施方法

1. 国际广告实施方案的选择

国际广告实施方法有三条，但现在多数采用一条。

第一，广告主通过进口国的商业广告媒介直接进行国际广告。这种做法虽然简单，但既不经济又不切合实际。因为这样做必须寻找到熟悉外国当地广告媒体的人才，否则很难获得预期的广告效果。由于人才难得，这种方法采用的不多。

第二、广告主委托进口国当地的一般广告代理商经办。即拨给广告经费，全权委托其从事商业广告的管理、制作与实施。这种做法相当冒险。一方面，当地广告代理商对进口商品知识有限，不能形成好的广告主题和广告创意，而只是根据自己的经验和偏好进行广告，其效果往往不佳。另一方面，广告制作费高，不能制作出同时适合几国通用的广告，而且出口国对广告的工作进展和费用的使用难以进行监督,检查和管理,所以此种方法已不采用。

第三,广告主委托具有国际广告能力的综合性广告公司全盘代理。这种方法有诸多好处。其一,能产生高水平的广告制作;其二,同一商业广告作品可以在多国使用,从而降低广告成本;其三,广告效果易测定和判断;其四,广告配套较易进行,即销售现场广告与非销售现场广告相互配合。现在大多数进出口产品的广告主均采用这种形式。

2. 国际广告代理商的选择

在国际广告委托代理商实施时,对广告代理商的选择要考虑以下几个方面:

①广告理念是否一致。要分析广告代理商的广告理念与广告主是否一致,即对待广告的原则与态度是否相同,在创意上是否思路一致,在态度上是否诚恳,在人际关系上是否可信。这是国际广告成功的第一步。

②是否具备作业能力。通过广告公司目前代理的广告主,了解广告公司的作业能力,也可以通过媒介了解。作业能力包括设备、人力、创意、制作、实施、调查、测定等。能力不强,很难制作出上乘的广告作品,广告主的金钱会付诸东流。

③经验与实绩。对广告代理商的了解,只从知名度上认识是不科学的,因为广告代理商虽然代理过许多商品的广告,但也有其专长的项目,所以要了解代理商过去的客户多数属于哪些方面,对哪些行业比较熟悉,主要经办哪些产品。

④广告公司的规模是否符合广告的要求。广告主要寻找与自己的广告产品相适应的广告代理公司,如果广告项目比较多,要求比较高,则应找大公司或有实力的专业广告公司代理,若广告项目比较少,规模不大,就不一定找大型代理商,小商品做大广告会造成浪费。

⑤考察资金能力。广告的运作,需要足够的资金。资金不足,广告的运作必然出现困难,难以达到目标,难以提供良好的服务。选择经济实力比较雄厚的广告公司是至关重要的。

另外还需要了解广告代理商的收费标准和收费方式。

3．广告媒体的选择

国际广告媒体类型基本相同，但各有特点，选择广告媒体时，应着重考虑以下问题：

①媒体的传播与影响范围。从目标市场来考虑，确定媒体，并不是范围越大越好，只有具体针对目标市场的媒体才是科学的。

②媒体的社会威望与特点。广告媒体自身的声誉，对广告商品的名誉有重要影响。要选择那些自律严格，社会责任感强，在消费者心中威信高的媒体。同时注意媒体的特点，即媒体的专业性因素，有的适合于宣传娱乐性广告，有的宜于宣传家庭电器产品等。

③媒体发布的时间。广告必须及时，广告过时就毫无用处。国际广告要准确地了解广告媒体的广告周期和时间安排。如印度报纸广告要在6个月前预定位置；德国电视广告要在前一年的8月底前预定时间，但电视台仍不能保证夏天的广告不会延到冬天才播出。在计划广告时，就要把握好时间，紧密结合商品上市时机作出恰当安排。

④媒体费用。有些国家广告媒体价格没有统一标准，报价多数偏高，但可以讨价还价。还有广告税率问题，不同的广告税率会影响广告费。

⑤媒体组合形式。各国媒体特点不同，运用媒体组合策略时，要考虑各地媒体的具体情况。

在国际市场上，一般皆以报纸为主要媒体，杂志广告不多。但在欧洲各国，妇女杂志读者多，影响大，是理想的广告媒体，对推广新产品效果明显。在报纸广告中，有的国家只需在少数报纸上发行广告，便能达到整个目标市场，但在另一些国家则不行，如人口只有150万的黎巴嫩，时报和周报共有210份，而只有4份超过1万读者，在这种情况下，媒体组合更为有效。

在拉丁美洲国家中，广播是最强有力的广告媒体，在欧洲多数国家政府对广播电台严加控制，不易接受广告。

德国、意大利、南美各国的大城市，运用路牌广告较多，路牌广告有助于介绍产品，开拓新市场，但给消费者的认识较肤浅。

四、国际广告代理制

1. 国际广告代理制的形成

国际广告代理制的形成有一个发展过程，在报纸产生的初期，商人利用报纸的传播功能，刊登简单的广告为销售商品服务。报社从刊登广告中增加了收入，并逐步发展成为报纸收入的主要来源。为争取广告，增加收入，维持报纸的经营，于是报纸设立了专门从事广告开发工作的业务员制度。业务员制度的建立，使广告量增加，业务员对媒介的有力宣传，加深了广告主和大众对媒介的认识，但业务员无力为广告主提供市场资料和良好的设计、制作服务。这实际阻碍了广告业的进一步发展。在广告市场的需求面前，一些媒介业务员相互结合，创建了若干广告公司，扩大了自己的工作范围。他们不再只是为某一家媒介单位争取广告，而是同时为几家媒介单位争取广告。这种小型代理业的建立，是广告代理制度的萌芽。随着广告量增加，广告公司发展了小量的国际广告业务，初步具备了开展国际广告活动的能力，也具备了进行初步市场资料收集的能力，在设计上也有了改进，能为广告主提供较好的服务。随着生产力的提高，市场竞争的加剧，广告主对广告代理业的要求日益增强，使小型广告代理业不断发展、完善，成为一套完整的广告代理制度。

为了配合国际贸易的需要，广告代理制度朝国际化方向发展。很多广告公司在国外设立办事机构或分支机构，与其他国家的广告公司建立联系和业务往来，进行广告业务的相互代理，从而发展成一套完整的国际广告代理制度。

2. 国际广告代理机构应具备的条件

①有足够的资金。由于广告主向广告代理公司支付广告费不是事先一次全部支付的，而是先付部分预付款，待整个广告策划完成之后再付余款，若长期代理则是定期支付。所以广告公司要有充足的周转资金。一则是广告公司所经办的广告营业额，往往

超过其基本额，二则是广告公司又必须按照媒介单位的规定期限，将广告刊播费用付清，否则媒介单位将拒绝发稿。尤其是接受国外广告公司之间的委托代理和国外广告主的直接委托代理，为偿付外汇必须具有外汇支付能力。只有在有足够资金的情况下，当广告主发生迟付或拖欠广告费时，广告代理机构才能先行垫付。

②拥有精干的人才。首先要有善于联络和把握客户的精干的业务人才。其次，有能为广告的发布及时获得媒介的刊出版面或播出时间，并负责广告刊播检查和监督的专业媒介人员。同时还应有精明能干，能将客户所委托的广告拟出经济有效的计划，创作出优秀的广告作品，对产品信息如实表现的人才，还应有富有创意的美工设计、市场调查研究和策划撰稿人员。这些业务员，必须熟悉国际广告业务，具有国际贸易和国际市场知识。这些条件缺一不可，否则将难以承担完整的广告代理的责任。

③有责任感和良好的职业道德。国际广告代理机构对于广告主所委托的广告，应有较高的责任感，熟悉国际市场，具有国际贸易知识以及对产品、市场进行分析评估的能力。能认真进行市场调查研究和分析，并力求做得准确无误。同时要有职业道德，必须为广告主保守商业密秘，决不接受广告主竞争对手的委托，对广告主做到高度负责，以赢得广告主的信任。

④对媒介要有充分的了解。在代理国际广告业务时，要在对媒介充分认识的基础上，向广告主提出正确、恰当的媒介选择，并能说明选择的理由和科学依据，使广告主的广告宣传达到预期的效果。

⑤广告公司有科学化的管理。广告活动是一项复杂的系统工程，每一项广告代理都包含有复杂而繁重的工作任务，从广告调查、拟定计划到广告策划、创意、设计和制作、实施每一个环节都要认真仔细，一环扣一环，来不得半点马虎，这才能不辜负广告主的重托。一个广告公司经常要同时代理几家广告主的业务，这样工作会更加复杂，更要求广告公司有条不紊地开展各项工作，决不能顾此失彼。因而国际广告公司必须做到科学管理，注

意每一项工作的内容,制定工作日程,每项工作都有专人负责,并指定专人根据进度作监督检查,及时查堵漏洞,改正错误,协调工作人员的工作和休息,做到高效率、高产出。在任何一项计划完成后,要对工作进行检查总结,力求对事不对人,以增加工作经验,增强工作人员的责任感。广告公司的总裁或部门经理必须有出色的组织能力与业务能力,以加强广告公司的管理。

⑥具有国际作业能力。国际广告公司在对外联系时要能及时取得对方的合作,在必要时能得到他们的信息资料、技术和人员的支持。还要具有健全的国际信息网络,可以随时从世界各国得到有关市场情报;具有国际广告业务知识和经验,了解国际广告惯例,懂得按有关惯例和规定从事广告活动,开展国际合作。

3. 国际广告代理机构的组织形式和服务内容

国际广告机构有 4 种组织形式,各有不同的服务对象。

①综合性广告代理机构。综合性广告代理机构,是一个国家或地区的广告业是否发达的唯一标准。它在组织设置上功能齐全,具有进行市场调查、研究和分析能力,拥有雄厚的广告策划、设计和创作能力,能为广告主提供全面的服务。不仅有能力承担任何媒介形式的广告制作,而且能够承担任何形式的产品或劳务的广告宣传任务。一些大的广告公司,还可以代广告主进行跨国、跨地区的大型国际广告宣传。

②专业性广告代理机构。这种广告代理有两大类,一类是专一产品代理公司,指对某一专项产品能提供极为出色的优质服务的代理公司,如房地产广告代理业,专门负责房地产的广告,在组织机构设置上,同样具有综合代理公司的全部功能和优秀业务人才,这些人才擅长房地产市场的调研,房地产广告的策划、设计和制作,并选用适合房地产销售的媒介,极具特色。有些房地产广告公司,还负责代理销售,甚至是从产品设计、规划、广告到销售,进行一条龙作业的广告全面代理。

另一类是媒介代理公司。这类代理机构的组织有 3 种:交通广告代理、电视电影广告代理和 POP 广告代理。交通广告代理机构,可以代理任何产品的交通广告,对交通广告具有策划、设计和制作的能力，并拥有交通广告业务的代理权。电视电影广告代理公司专门负责代理制作各种电视电影广告短片，具有从策划、设计到导演、编排、摄制的能力，还能兼办播出工作，向电视台代购时间，将广告片送往播映等，这种广告公司拥有优秀的专业人才。POP广告代理公司，能够设计、创作和制作出优秀的POP广告作品，并确保质量上乘。

③分类广告代理公司。这也是一种综合代理公司，只是其公司的规模比较小，工作重点是代理各报的分类广告，分类广告的工作量小，不需创造性劳动，但需要有不怕麻烦的服务精神，能为各界广告主节约时间和减少麻烦。

④工程广告代理公司。专门代理广告工程施工制作。负责霓虹灯、灯箱、路牌、彩牌、展览场地的施工布置，拥有专业的小型工程设计人员和工程建造人员，并拥有优秀的美工设计人员，能在各地开展施工，为广告活动提供专业服务。

随着国际展览业的发展，一种专门从事国际展览的广告代理公司在悄然崛起。国际展览公司专门负责国际性展览的策划、准备、会务组织和会场商品陈列的装潢设计，为展览会提供全面的服务。

第三节 国际广告的发展趋势

本世纪以来，世界各国经济都取得了迅速发展，国际市场形成并扩大，商品市场全球化趋势的发展异常迅猛。世界经济政治格局出现重大变化，欧洲共同市场、中南美自由贸易区、中美洲共同市场作为一体化过程中集团化经济已经出现，本世纪末、21世纪中叶以前，世界将形成三个大的经济圈：一个以美国、加拿大、墨西哥为中心的美洲经济圈；一个以日本、东南亚国家为主的亚太经济圈；一个以欧洲经济共同体为核心的欧洲经济圈，三个经济圈之间相互竞争，又相互合作，它们之间将由对外封闭转向相互开放市场。广告随着世界经济的变化，将出现新的发展趋势。

一、国际广告公司合并的趋势还将继续

世界经济一体化趋势,使更多的跨国公司出现,公司兼并之风加剧,大型跨国企业为了打入更多的市场,要求和鼓励广告公司兼并国外的一些独立广告公司,以形成连环结构或同国外的一些规模相等的公司网络合并,从而获得了广告业全面、准确、快速的世界性服务。这种更大的联合造成资金规模扩大,使自己在争取巨型广告主时处于有利地位,从而获得超额利润。

1987年,总部设在英国的跨国传播集团WPP,以5.66亿美元的巨资购并了"百年不衰"的巨型跨国广告公司智威汤逊。1989年初又以8.64亿美元的巨款购并了闻名于世的巨型跨国广告公司奥格威集团。WPP集团的年营业额因此而陡然上升到135亿美元。

1986年BBDO、DDB和尼德汉姆·哈泼三家跨国广告公司实行合并,建立了奥姆尼康集团,集团营业额达50亿美元。

1986年总部设在英国的萨奇兄弟公司以5000万美元购进了贝克-斯皮洛格公司,后又出资6.4亿美元收购著名的罗瑟·瑞夫斯作为创始人之一的特德·贝茨广告公司。当时特德·贝茨广告公司是美国第三大广告公司,收购这家有影响的广告业巨子后,不但使萨奇兄弟的声望大振,而且使美国广告业在世界广告界的地位明显改善。在第二年,即1987年,萨奇兄弟集团的广告营业额达到114亿美元,税前利润比上年猛增77%,达到1.9亿美元。1960年首开国际广告营业集团化先例的英特普尤利克集团,于1987年进一步与林达斯环球、茨贝-爱华合并建立了新的林达斯环球集团。

在当前经济快速发展的时代,巨型跨国企业要求广告业作全面、准确、快速的服务,而这种服务必须是世界性的。世界性的服务只有巨型广告公司才能承担。通过联合巨型广告公司筹集更多的可以动用的资金,以便在争取巨型广告主时处于有利地位,从而降低成本,有效地利用先进技术,提高效益。总之,只有更大的联合,才能取得更大的利润。1987年世界前15家广告公司的营业额均超过20亿美元,1990年有12家广告公司的营业额超过35亿美元。而1990年前三名的经营额都在110亿美元以上。国际广告业进入了全球化和垄断的时期。

二、国际广告公司的服务职能向多功能、多元化方向发展

新科技的迅速发展，缩短了国与国的距离，广告主对广告公司的服务要求也越来越多。国际广告公司为适应广告主的要求，也朝着综合信息型公司的方向发展，与广告客户在不同领域进行合作。如萨奇公司1987年由单一的广告公司变为多种经营的公司，承担着10项不同的市场服务和7项管理咨询服务。WPP集团有15种市场服务，WCRS有9种市场服务，罗威公司有7种市场服务项目。

三、国际广告标准化的趋势

国际广告的标准化日益引起人们的兴趣。在国际市场营销中人们发现一则成功的广告可以走遍天下，符合人的基本需要，准确表达人的真实情感，在本国受欢迎，在国外也同样会受欢迎。尤其在经济生活日趋国际化，国与国之间的经济交往发展得更为方便、快捷。文化的交流使语言障碍减少，习惯的差异日益缩小，从而使得国际广告的标准化趋势日渐明显。力士香皂（LUX）以国际著名影星作为自己的国际品牌形象战略已成功实施了70年，其间索菲亚·罗兰、简·方达、伊丽莎白·泰勒、赫本、张曼玉等国际影星形象遍及79个国家，以"美容"为唯一广告诉求，表达了人类对美丽的执著追求，这一广告成功的为西方人和东方人所接受、认可。又如，美国宝洁公司在欧洲宣传"干净先生"清洁剂时，广告主角造型与美国广告相同，只是利用语言不同，这一广告使宝洁节省50%的成本。美著名品牌LEVI'S（利维斯牌牛仔裤）在全球用统一的广告诉求——青春形象，征服了无数消费者。这种标准化广告的优点在于：其一，节省成本。一旦形成某个广告概念，就可将广告推广到其他国家去，尤其是初入国际新市场，难以确定在新市场是否值得耗巨资作广告时，采用标准化广告，可以减少或避免广告投资风险。其二，可以充分利用国内广告公司已获得的广告技能和经验，制作打入国际市场的广告；其三，强调产品统一形象，加深消费者对

产品的认识,并且避免在不同国家可能产生的产品误解,损害已取得的产品形象;其四,有利于跨国广告公司集中管理全球广告业务,实现规模经济。

四、广告创意日益注重研究消费者的心理

商业广告的根本目的是为了销售。当社会产品丰富,同类产品的可选择性增强,浅显地介绍产品的功能效益不足以打动消费者,于是现代广告越来越注重深挖消费者的心理因素,把如何从情、趣、新、合等方面进行消费者心智的研究放于首位。

以情动人。在广告的创意中深挖人类共同的情感因素,以情达意的形式,包载切实的广告利益点,让观众在动情中触发,在深思中明意,欣然地接受广告的观念。

以趣激人。捕捉生活中的细节作为广告创意的最佳切入点,以小见大,源于生活,高于生活。如合情不合理,合理不合情,以不正常求正常;亦真亦幻;虚中有实,实中有虚等诸多处理手段,再配上摄制和电脑等高新技术完成整个创作。创作活动充满不同事物之间,现实与虚幻、真理与荒诞、幽默与讽刺、具体与抽象间的碰撞、交融转化、结合。以无限的趣味引起人的回味和深思,形成想象,增强记忆,促成行动。

寻求新的致效点。不重复别人的创意,在创意中大胆的想象,进行异质的组合,即破坏原有事物间的逻辑联系。而恰是这种破坏才使新的空间组合从环境中蜕变出来,形成崭新的含意,使人产生意外的视觉和心理震惊,从而在心理活动上打下深深的烙印。法国南部卡尔芙城的奥罗服装工厂把一件世界上最大的长4.8米,宽3.6米的衬衫悬挂在厂外的墙上,边上还挂着一件普通衬衫,站着一名雇员,以便比较。来往的行人走到这里,总要驻足伫望,这一产品很快畅销在当地市场上。

兼收并蓄,发挥人的潜能,综合利用人的感觉器官。丰富多样,艳丽多彩的生活,一方面要求广告创作手法多元化,创造出无数种新的创意组合;另一方面,对一切艺术传统、艺术形式、艺术手段兼收并蓄的吸收和运用,以超越时空、国界、民族和文化层次的优势,形成无所不至的影响。像现代流行的展览会的形

式，有平面设计，又有实物展示，形成适合产品特点的氛围，有的在展览会上发送产品供受众试用、品尝等，把人的感官全部调动起来，形成全面的立体感受，并进一步上升为理性认识，达到感性认识和理性认识的一致，加深认识和理解，巩固认识达到的广告效果。

总之，国际广告随着世界经济的迅猛发展，也在日新月异地变化，对此我们要深入、认真、扎实地研究、学习，尽快赶上国际广告发展的步伐。

附 录

附录一 《中华人民共和国广告法》

(1994年10月27日第八届全国人民代表大会
常务委员会第十次会议通过)

第一章 总 则

第一条 为了规范广告活动,促进广告业的健康发展,保护消费者的合法权益,维护社会经济秩序,发挥广告在社会主义市场经济中的积极作用,制定本法。

第二条 广告主、广告经营者、广告发布者在中华人民共和国境内从事广告活动,应当遵守本法。

本法所称广告,是指商品经营者或者服务提供者承担费用,通过一定媒介和形式直接或者间接地介绍自己所推销的商品或者所提供的服务的商业广告。

本法所称广告主,是指为推销商品或者提供服务,自行或者委托他人设计、制作、发布广告的法人、其他经济组织或者个人。

本法所称广告经营者,是指受委托提供广告设计、制作、代理服务的法人、其他经济组织或者个人。

本法所称广告发布者,是指为广告主或者广告主委托的广告经营者发布广告的法人或者其他经济组织。

第三条 广告应当真实、合法,符合社会主义精神文明建设的要求。

第四条 广告不得含有虚假的内容，不得欺骗和误导消费者。

第五条 广告主、广告经营者、广告发布者从事广告活动，应当遵守法律、行政法规，遵循公平、诚实信用的原则。

第六条 县级以上人民政府工商行政管理部门是广告监督管理机关。

第二章 广告准则

第七条 广告内容应当有利于人民的身心健康，促进商品和服务质量的提高，保护消费者的合法权益，遵守社会公德和职业道德，维护国家的尊严和利益。

广告不得有下列情形：

（一）使用中华人民共和国国旗、国徽、国歌；

（二）使用国家机关和国家机关工作人员的名义；

（三）使用国家级、最高级、最佳等用语；

（四）妨碍社会安定和危害人身、财产安全，损害社会公共利益；

（五）妨碍社会公共秩序和违背社会良好风尚；

（六）含有淫秽、迷信、恐怖、暴力、丑恶的内容；

（七）含有民族、种族、宗教、性别歧视的内容；

（八）妨碍环境和自然资源保护；

（九）法律、行政法规规定禁止的其他情形。

第八条 广告不得损害未成年人和残疾人的身心健康。

第九条 广告中对商品的性能、产地、用途、质量、价格、生产者、有效期限、允诺或者对服务的内容、形式、质量、价格、允诺有表示的，应当清楚、明白。

广告中表明推销商品、提供服务附带赠送礼品的，应当标明赠送的品种和数量。

第十条 广告使用数据、统计资料、调查结果、文摘、引用语，应当真实、准确，并表明出处。

第十一条 广告中涉及专利产品或者专利方法的，应当标明专利号和专利种类。

未取得专利权的，不得在广告中谎称取得专利权。

禁止使用未授予专利权的专利申请和已经终止、撤销、无效的专利做广告。

第十二条 广告不得贬低其他生产经营者的商品或者服务。

第十三条 广告应当具有可识别性，能够使消费者辨明其为广告。

大众传播媒介不得以新闻报道形式发布广告。通过大众传播媒介发布的广告应当有广告标记，与其他非广告信息相区别，不得使消费者产生误解。

第十四条 药品、医疗器械广告不得有下列内容：

（一）含有不科学的表示功效的断言或者保证的；

（二）说明治愈率或者有效率的；

（三）与其他药品、医疗器械的功效和安全性比较的；

（四）利用医药科研单位、学术机构、医疗机构或者专家、医生、患者的名义和形象作证明的；

（五）法律、行政法规规定禁止的其他内容。

第十五条 药品广告的内容必须以国务院卫生行政部门或者省、自治区、直辖市卫生行政部门批准的说明书为准。

国家规定的应当在医生指导下使用的治疗性药品广告中，必须注明"按医生处方购买和使用"。

第十六条 麻醉药品、精神药品、毒性药品、放射性药品等特殊药品，不得做广告。

第十七条 农药广告不得有下列内容：

（一）使用无毒、无害等表明安全性的绝对化断言的；

（二）含有不科学的表示功效的断言或者保证的；

（三）含有违反农药安全使用规程的文字、语言或者画面的；

（四）法律、行政法规规定禁止的其他内容。

第十八条 禁止利用广播、电影、电视、报纸、期刊发布烟草广告。

禁止在各类等候室、影剧院、会议厅堂、体育比赛场馆等公共场所设置烟草广告。

烟草广告中必须标明"吸烟有害健康"。

第十九条 食品、酒类、化妆品广告的内容必须符合卫生许可的事项，并不得使用医疗用语或者易与药品混淆的用语。

第三章　广告活动

第二十条 广告主、广告经营者　广告发布者之间的广告活动中应当依法订立书面合同，明确各方的权利和义务。

第二十一条 广告主、广告经营者、广告发布者不得在广告活动中进行任何形式的不正当竞争。

第二十二条 广告主自行或者委托他人设计、制作、发布广告，所推销的商品或者所提供的服务应当符合广告主的经营范围。

第二十三条 广告主委托设计、制作、发布广告，应当委托具有合法经营资格的广告经营者、广告发布者。

第二十四条 广告主自行或者委托他人设计、制作、发布广告，应当具有或者提供真实、合法、有效的下列证明文件：

（一）营业执照以及其他生产、经营资格的证明文件；

（二）质量检验机构对广告中有关商品质量内容出具的证明文件；

（三）确认广告内容真实性的其他证明文件。

依照本法第三十四条的规定，发布广告需要经有关行政主管部门审查的，还应当提供有关批准文件。

第二十五条 广告主或者广告经营者在广告中使用他人名义、形象的，应当事先取得他人的书面同意；使用无民事行为能力人、限制民事行为能力人的名义、形象的，应当事先取得其监护人的书面同意。

第二十六条 从事广告经营的，应当具有必要的专业技术人员、制作设备，并依法办理公司或者广告经营登记，方可从事广告活动。

广播电台、电视台、报刊出版单位的广告业务，应当由其专门从事广告业务的机构办理，并依法办理兼营广告的登记。

第二十七条 广告经营者、广告发布者依据法律、行政法规查验有关证明文件，核实广告内容。对内容不实或者证明文件不全的广告，广告经营者不得提供设计、制作、代理服务，广告发布者不得发布。

第二十八条 广告经营者、广告发布者按照国家有关规定，建立、健全广告业务的承接登记、审核、档案管理制度。

第二十九条 广告收费应当合理、公开，收费标准和收费办法应当向物价和工商行政管理部门备案。

广告经营者、广告发布者应当公布其收费标准和收费办法。

第三十条 广告发布者向广告主、广告经营者提供的媒介覆盖率、收视率、发行量等资料应当真实。

第三十一条 法律、行政法规规定禁止生产、销售的商品或者提供的服务，以及禁止发布广告的商品或者服务，不得设计、制作、发布广告。

第三十二条 有下列情形之一的，不得设置户外广告：

（一）利用交通安全设施、交通标志的；

（二）影响市政公共设施、交通安全设施、交通标志使用的；

（三）妨碍生产或者人民生活，损害市容市貌的；

（四）国家机关、文物保护单位和名胜风景点的建筑控制地带；

（五）当地县级以上地方人民政府禁止设置户外广告的区域。

第三十三条 户外广告的设置规划和管理办法，由当地县级以上地方人民政府组织广告监督管理、城市建设、环境保护、公安等有关部门制定。

第四章 广告的审查

第三十四条 利用广播、电影、电视、报纸、期刊以及其他媒介发布药品、医疗器械、农药、兽药等商品的广告和法律、行政法规规定应当进行审查的其他广告，必须在发布前依照有关法律、行政法规由有关行政主管部门（以下简称广告审查机关）对广告内容进行审查；未经审查，不得发布。

第三十五条　广告主申请广告审查，应当依照法律、行政法规向广告审查机关提交有关证明文件。广告审查机关应当依照法律、行政法规作出审查决定。

第三十六条　任何单位和个人不得伪造、变造或者转让广告审查决定文件。

第五章　法律责任

第三十七条　违反本法规定，利用广告对商品或者服务作虚假宣传的，由广告监督管理机关责令广告主停止发布，并以等额广告费用在相应范围内公开更正消除影响，并处广告费用一倍以上五倍以下的罚款；对负有责任的广告经营者、广告发布者没收广告费用，并处广告费用一倍以上五部以下的罚款；情节严重的，依法停止其广告业务。构成犯罪的，依法追究刑事责任。

第三十八条　违反本法规定，发布虚假广告，欺骗和误导消费者，使购买商品或者接受服务的消费者的合法权益受到损害的，由广告主依法承担民事责任；广告经营者、广告发布者明知或者应知广告虚假仍设计、制作、发布的，应当依法承担连带责任。

广告经营者、广告发布者不能提供广告主的真实名称、地址的，应当承担全部民事责任。

社会团体或者其他组织，在虚假广告中向消费者推荐商品或者服务，使消费者的合法权益受到损害的，应当依法承担连带责任。

第三十九条　发布广告违反本法第七条第二款规定的，由广告监督管理机关责令负有责任的广告主、广告经营者、广告发布者停止发布、公开更正，没收广告费用，并处广告费用一倍以上五倍以下的罚款；情节严重的，依法停止其广告业务。构成犯罪的，依法追究刑事责任。

第四十条　发布广告违反本法第九条至第十二条规定的，由广告监督管理机关责令负有责任的广告主、广告经营者，广告发布者停止发布、公开更正，没收广告费用，可以并处广告费用一倍以上五倍以下的罚款。

发布广告违反本法第十三条规定的，由广告监督管理机关责令广告发布者改正，处以 1000 元以上 1 万元以下的罚款。

第四十一条 违反本法第十四条至第十七条、第十九条规定，发布药品、医疗器械、农药、食品、酒类、化妆品广告的，或者违反本法第三十一条规定发布广告的，由广告监督管理机关责令负有责任的广告主、广告经营者、广告发布者改正或者停止发布，没收广告费用，可以并处广告费用一倍以上五倍以下的罚款；情节严重的，依法停止其广告业务。

第四十二条 违反本法第十八条的规定，利用广播、电影、电视、报纸、期刊发布烟草广告，或者在公共场所设置烟草广告的，由广告监督管理机关责令负有责任的广告主、广告经营者停止发布，没收广告费用，可以并处广告费用一倍以上五倍以下的罚款。

第四十三条 违反本法第三十四条的规定，未经广告审查机关审查批准发布广告的，由广告监督管理机关责令负有责任的广告主、广告经营者、广告发布者停止发布，没收广告费用，并处广告费用一倍以上五倍以下的罚款。

第四十四条 广告主提供虚假证明文件的，由广告监督管理机关处以 1 万元以上 10 万元以下的罚款。

伪造、变造或者转让广告审查决定文件的，由广告监督管理机关没收违法所得，并处 1 万元以上 10 万元以下的罚款。构成犯罪的，依法追究刑事责任。

第四十五条 广告审查机关对违法的广告内容作出审查批准决定的，对直接负责的主管人员和其他直接责任人员，由其所在单位、上级机关、行政监察部门依法给予行政处分。

第四十六条 广告监督管理机关和广告审查机关的工作人员玩忽职守、滥用职权、徇私舞弊的，给予行政处分。构成犯罪的，依法追究刑事责任。

第四十七条 广告主、广告经营者、广告发布者违反本法规

定,有下列侵权行为之一的,依法承担民事责任:

（一）在广告中损害未成年人或者残疾人的身心健康的;
（二）假冒他人专利的;
（三）贬低其他生产经营者的商品或者服务的;
（四）广告中未经同意使用他人名义、形象的;
（五）其他侵犯他人合法民事权益的。

第四十八条 当事人对行政处罚决定不服的,可以在接到处罚通知之日起15日内向作出处罚决定的机关的上一级机关申请复议;当事人也可以在接到处罚通知之日起15日内直接向人民法院起诉。

复议机关应当在接到复议申请之日起60日内作出复议决定。当事人对复议决定不服的,可以在接到复议决定之日起15日内向人民法院起诉。复议机关逾期不作出复议决定的,当事人可以在复议期满之日起15日内向人民法院起诉。

当事人逾期不申请复议也不向人民法院起诉,又不履行处罚决定的,作出处罚决定的机关可以申请人民法院强制执行。

第六章 附 则

第四十九条 本法自1995年2月1日起施行。本法施行前制定的其他有关广告的法律、法规的内容与本法不符的,以本法为准。

附录二 《广告管理条例》

第一条 为了加强广告管理，推动广告事业的发展，有效地利用广告媒介为社会主义建设服务，制定本条例。

第二条 凡通过报刊、广播、电视、电影、路牌、橱窗、印刷品发布张贴广告，均属本条例管理范围。

第三条 广告内容必须真实、健康、清晰、明白，不得以任何形式欺骗用户和消费者。

第四条 在广告经营活动中，禁止垄断和不正当竞争行为。

第五条 广告的管理机关是国家工商行政管理机关和地方各级工商行政管理机关。

第六条 经营广告业务的单位和个体工商户（以下简称广告经营者），应当按照本条例和有关法规的规定，向工商行政管理机关申请，分别情况办理审批登记手续：

（一）专营广告业务的企业，发给《企业法人营业执照》；

（二）兼营广告业务的事业单位，发给《广告经营许可证》；

（三）具备经营广告业务能力的个体工商户发给《营业执照》；

（四）兼营广告业务的企业，应当办理经营范围变更登记。

第七条 广告客户申请刊播、设置、张贴的广告，其内容应当在广告客户的经营范围或者国家许可的范围内。

第八条 广告有下列内容之一的，不得刊播、设置、张贴：

（一）违反我国法律、法规的；

（二）损害我国民族尊严的；

（三）有中国国旗、国徽、国歌标志、国歌音响的；

（四）有反动、淫秽、迷信、荒诞内容的；

（五）弄虚作假的；

（六）贬低同类产品的。

第九条 新闻单位刊播广告，应当有明确的标志。新闻单位不得以新闻报道形式刊播广告，收取费用；新闻记者不得借采访名义招揽广告。

第十条 禁止利用广播、电视、报刊为卷烟做广告。

第十一条 申请刊播、电视、张贴下列广告，应提交有关证明：

（一）标明质量标准的商品广告，应当提交省辖市以上标准化管理部门或者经计量认证合格的质量检验机构的证明；

（二）标明获奖的商品广告，应当提交本届、本年度或者数届、数年度连续获奖的证书，并在广告中注明获奖级别和颁奖部门；

（三）标明优质产品称号的商品广告，应当提交政府颁发的优质产品证书，在广告中标明授予优质产品标号的时间和部门；

（四）标明专利权的商品广告，应当提交专利证书；

（五）标明注册商标的商品广告，应当提交商标注册证；

（六）实施生产许可证的产品广告，应当提交生产许可证；

（七）文化、教育、卫生广告，应当提交上级行政主管部门的证明；

（八）其他各类广告，需要提交证明的，应当提交政府有关部门或者其授权单位的证明。

第十二条 广告经营者承办或者代理广告业务，应当查验证明，审查广告内容。对违反本条例规定的广告，不得刊播、设置、张贴。

第十三条 户外广告的设置、张贴由当地人民政府组织工商行政管理、城建、环保、公安等有关部门制定规划，工商行政管理机关负责监督实施。

在政府机关和文物保护单位周围的建筑地带以及当地人民政府禁止设置、张贴广告的区域，不得设置、张贴广告。

第十四条 广告收费标准，由广告经营者制定，报当地工商行政管理机关和物价管理机关备案。

第十五条 广告业务代理费标准，由国家工商行政管理机关会同国家物价管理机关制定。

户外广告场地费、建筑物占用费的收费标准，由当地工商行政管理机关会同物价、城建部门协商制定，报当地人民政府批准。

第十六条 广告经营者必须按照国家规定设置广告会计帐簿，依法纳税，并接受财政、审计、工商行政管理部门的监督检查。

第十七条 广告经营者承办或者代理广告业务，应当与客户或者被代理人签订书面合同，明确各方的责任。

第十八条 广告客户或者广告经营者违反本条例规定，由工商行政管理机关根据情节轻重，分别给予下列处罚：

（一）停止发布广告；

（二）责令公开更正；

（三）通报批评；

（四）没收非法所得；

（五）罚款；

（六）停业整顿；

（七）吊销营业执照或者广告经营许可证。

违反本条例规定情节严重，构成犯罪的，由司法机关依法追究刑事责任。

第十九条 广告客户和广告经营者对工商行政管理机关处罚决定不服的，可以在收到处罚通知之日起15日内，向上一级工商行政管理机关申请复议。对复议决定仍不服的，可以在收到复议决定之日起30日内，向人民法院起诉。

第二十条 广告客户和广告经营者违反本条例规定，使用户和消费者蒙受损失，或者有其他侵权行为的，应当承担赔偿责任。

损害赔偿，受害人可以请求县以上工商行政管理机关处理。当事人对工商行政管理机关处理不服的，可以向人民法院起诉。受害人也可以直接向人民法院起诉。

第二十一条 本条例由国家工商行政管理局负责解释；施行细则由国家工商行政管理局制定。

第二十二条 本条例自 1987 年 12 月 1 日起施行,1982 年 2 月 6 日国务院发布的《广告管理暂行条例》同时废止。

附录三 《广告管理条例施行细则》

(国家工商行政管理局
工商广告字〔1988〕第 13 号)

第一条 根据《广告管理条例》(以下简称《条例》)第二十一条的规定,制定本细则。

第二条 《条例》第二条规定的管理范围包括:

(一)利用报纸、期刊、图书、名录等刊登广告;

(二)利用广播、电视、电影、录像、幻灯等播映广告;

(三)利用街道、广场、机场、车站、码头等的建筑物或空间设置路牌、霓虹灯、电子显示牌、橱窗、灯箱、墙壁等广告;

(四)利用影剧院、体育场(馆)、文化馆、展览馆、宾馆、饭店、游乐场、商场等场所内外设置、张贴广告;

(五)利用车、船、飞机等交通工具设置、绘制、张贴广告;

(六)通过邮局邮寄各类广告宣传品;

(七)利用馈赠实物进行广告宣传;

(八)利用其他媒介和形式刊播、设置、张贴广告。

第三条 申请经营广告业务的企业,除符合企业登记等条件外,还应具备下列条件:

(一)有负责调查的机构和专业人员;

(二)有熟悉广告法规的管理人员及广告设计、制作、编审人员;

(三)有专职的财会人员;

(四)申请承接或代理外商来华广告,应当具备经营外商来华广告的能力;

第四条 兼营广告业务的事业单位,应当具备下列条件:

(一)有直接发布广告的手段以及设计、制作广告的技术、设备;

（二）有熟悉广告管理法规的管理人员和编审人员；

（三）单独立帐，有专职或兼职的财会人员。

第五条 中外合资经营企业、中外合作经营企业申请经营广告业务，参照《条例》、本细则和有关规定办理。

第六条 申请经营广告业务的个体工商户，除应具备《城乡个体工商管理暂行条例》规定的条件外，本人还应具有广告专业技能，熟悉广告管理法规，并经考试审查合格。

第七条 根据《条例》第六条规定，按照下列程序办理广告经营者的审批登记：

（一）全国性的广告企业，中外合资、中外合作经营广告业务的企业，向国家工商行政管理局申请，经核准，发给《中华人民共和国营业执照》。

地方性的广告企业，向所在市、县工商行政管理局申请，报省、自治区、直辖市工商行政管理局或其授权的省辖市工商行政管理局核准，由所在市、县工商行政管理局发给《企业法人营业执照》。

（二）兼营广告业务的单位，向所在市、县工商行政管理局申请，报省、自治区、直辖市工商行政管理局或其授权的省辖市工商行政管理局核准，由所在市、县工商行政管理局发给《广告经营许可证》。

兼营广告业务的事业单位申请直接承揽外商来华广告，向省、自治区、直辖市工商行政管理局申请，经审查转报国家工商行政管理局核准后，由省、自治区、直辖市工商行政管理局发给《中华人民共和国广告经营许可证》。

（三）经营广告业务的个体工商户，向所在市、县工商行政管理局申请，报省、自治区、直辖市工商行政管理局或其授权的省辖市工商行政管理局核准，由所在市、县工商行政管理局发给《营业执照》。

（四）举办地方性的临时广告经营活动，举办单位向省、自治区、直辖市工商行政管理局或其授权的省辖市工商行政管理局申请，经核准，发给《临时性广告经营许可证》。

第八条 兼营广告业务的事业单位,经过核准,可以代理同类媒介的广告业务。

第九条 广告客户申请利用广播、电视、报刊以外的媒介为卷烟做广告,需经省、自治区、直辖市工商行政管理局或其授权的省辖市工商行政管理局批准。

广告客户申请为获得国家级、部级、省级各类奖的优质烈性酒做广告,需经省、自治区、直辖市或其授权的省辖市工商行政管理局批准。刊播39度以下(含39度)酒类的广告,必须标明酒的度数。

第十条 根据《条例》第七条的规定,广告客户申请发布广告,应当出具相应的证明:

(一)工商企业和个体工商户分别交验《企业法人营业执照》副本和《营业执照》;

(二)机关、团体、事业单位提交本单位的证明;

(三)个人提交乡、镇人民政府、街道办事处或所在单位证明;

(四)全国性公司、中外合资经营企业、中外合作经营企业、外商独资经营企业,应当交验国家工商行政管理局颁发的《中华人民共和国营业执照》;

(五)外国企业常驻代表机构,应当交验国家工商行政管理局颁发的《外国企业在中国常驻代表机构登记证》。

第十一条 根据《条例》第十一条第(一)项的规定,申请发布商品广告,应当交验符合国家标准、部标准(专业标准)、企业标准的质量证明。

第十二条 根据《条例》第十一条第(二)项的规定,申请发布获奖商品广告,应当交验省、自治区、直辖市以上行政主管部门颁奖的证明。

第十三条 根据《条例》第十一条第(七)项的规定,申请发布下列广告应当提交有关证明:

(一)报刊出版发行广告,应当交验省、自治区、直辖市新闻出版机关核发的登记证;

（二）图书出版社发行广告，应当提交新闻出版机关批准成立出版社的证明；

（三）各类文艺演出广告，应当提交所在县以上文化主管部门准许演出的证明；

（四）大专院校招生广告，应当提交国家教育委员会或省、自治区、直辖市教育行政部门同意刊播广告的证明；中等专业学校的招生广告，应当提交地（市）教育行政部门同意刊播广告的证明；外国来中国招生的广告，应当提交国家教育委员会同意刊播广告的证明；

（五）各类文化补习班或职业技术培训招生广告、招工招聘广告，应当提交县以上（含县）教育行政部门或劳动人事部门同意刊播广告的证明；

（六）个人行医广告，应当提交县以上（含县）卫生行政主管部门批准行医的证明和审查批准广告内容的证明；

（七）药品、类药品广告，应当提交所在省、自治区、直辖市卫生行政部门核发的《药品广告审批表》；

（八）兽药广告应当提交省、自治区、直辖市农牧渔业行政管理机关审查批准的证明；

（九）农药广告应当提交农牧渔业部或省、自治区、直辖市农牧渔业厅（局）药检或植保部门审查批准的《农药广告审批表》。

第十四条 根据《条例》第十一条第（八）项的规定，申请刊播下列内容的广告，应当提交有关证明。

（一）食品广告，应当提交所在地（市）级以上食品卫生监督机构批准的《食品广告审批表》；

（二）各类展销会、订货会、交易会等广告，应当提交主办单位主管部门批准的证明；

（三）有奖储蓄广告，应当提交上一级人民银行的证明；

（四）个人启事、声明等广告，应当提交所在单位、乡（镇）人民政府或街道办事处出具的证明。

第十五条 广告客户申请刊播、设置、张贴广告，应当提交各类证明的原件或经原出证部门签章、公证机关公证的复制件。

第十六条 根据《条例》第十五条的规定，承办国内广告业务的代理费，为广告费的10%。承办外商来华广告付给外商的代理费，为广告费的15%。

第十七条 外国企业（组织）、外籍人员承揽和发布广告，应当委托具有经营外商广告权的广告经营者办理。

第十八条 根据《条例》第十二条的规定，代理和发布广告，代理者和发布者均应负责审查广告内容，查验有关证明，并有权要求客户提交其他必要的证明文件。对于无合法证明、证明不全或内容不实的广告，不得代理、发布。

广告经营者必须建立广告的承接登记、复审和业务档案制度。广告业务档案的保存时间不得少于一年。

第十九条 广告客户违反《条例》第三条、第八条第（五）项规定，利用广告弄虚作假欺骗用户和消费者的，责令其在相应的范围内发布更正广告，并视其情节处广告费二倍以上五倍以下罚款；给用户和消费者造成损害的，承担赔偿责任。

广告经营者帮助广告客户弄虚作假的，视其情节予以通报批评、没收非法所得、处广告费二倍以上五倍以下罚款；屡犯不改的，责令其停业整顿，吊销其营业执照或广告经营许可证；给用户和消费者造成损害的，负连带赔偿责任。

发布更正广告的费用分别由广告客户和广告经营者承担。

第二十条 违反《条例》第四条、第八条第（六）项规定的，视其情节予以通报批评、没收非法所得、处5000元以下罚款或责令停业整顿。

第二十一条 广告经营者违反《条例》第六条规定，无照或超越经营范围经营广告业务的，取缔其非法经营活动、没收非法所得、处5000元以下罚款。

第二十二条 广告客户违反《条例》第七条规定的，视其情节予以通报批评、处5000元以下罚款。

第二十三条 违反《条例》第八条第（一）（二）（三）项规定的，对广告经营者予以通报批评、没收非法所得、处1万元以下罚款；对广告客户视其情节予以通报批评、处广告费二倍以下罚款。

第二十四条 新闻单位违反《条例》第九条规定的，视其情节予以通报批评、没收非法所得、处1万元以下罚款。

第二十五条 广告经营者违反《条例》第十条规定的，视其情节予以通报批评、没收非法所得、处1万元以下罚款。

第二十六条 广告客户违反《条例》第十一条规定，伪造、涂改、盗用或者非法复制广告证明的，予以通报批评、处5000元以下罚款。

广告经营者违反《条例》第十一条（二）（三）项规定的，处1000元以下罚款。

为广告客户出具非法或虚假证明的，予以通报批评、处5000元以下罚款，并负连带责任。

第二十七条 广告经营者违反《条例》第十二条规定的，视其情节予以通报批评、没收非法所得、处3000元以下罚款；由此造成虚假广告的，必须负责发布更正广告，给用户和消费者造成损害的，负连带赔偿责任。

第二十八条 违反《条例》第十三条规定，非法设置、张贴广告的，没收非法所得、处5000元以下罚款，并限期拆除。逾期不拆除的，强制拆除，其费用由设置、张贴者承担。

第二十九条 违反《条例》第十四条、第十五条规定的，视其情节予以通报批评、责令限期改正、没收非法所得、处5000元以下罚款。

第三十条 外国企业、外国企业常驻代表机构违反《条例》规定的，由所在省、自治区、直辖市工商行政管理局参照本细则的条款提出处理意见，报国家工商行政管理局批准执行。

第三十一条 本细则由国家工商行政管理局负责解释。

第三十二条 本细则自公布之日起施行。

附录四 《广告审查标准》

(国家工商行政管理局颁布)

前 言

第一条 为了加强对广告宣传的管理,维护消费者权益和社会公共利益,特制定本标准。

第二条 制定本标准的依据是:

(一)《广告管理条例》;

(二)《广告管理条例施行细则》;

(三)广告管理各单项规章;

(四)国家涉及广告管理的法律、法规;

(五)国际上通行的广告宣传准则。

第三条 本标准为广告发布前审查的基本标准。凡违反国家有关广告管理法律、法规,不符合本标准要求的广告,一律不得发布。

第一章 通 则

第四条 广告必须真实、合法、健康、明白,不得欺骗和误导公众。

第五条 广告必须具有可识别性,并能使公众清晰辨明广告客户。

第六条 下列广告,不得发布:

(一)损害国家、民族利益和尊严的;

(二)宣传法律、法规禁止生产、销售的产品的;

(三)使用中国国旗、国徽标志及国歌音响的;

(四)欺诈、虚假的;

(五)有淫秽、迷信、恐怖、荒诞、丑恶内容及其他有悖社会善良习俗和公共道德标准的;

（六）污辱、诽谤或贬低他人的；

（七）有种族、宗教、性别歧视的；

（八）不利于社会安定及公民生命财产安全的；

（九）不利于环境保护的；

（十）中国加入的国际公约中明确规定禁止出现的；

（十一）违反国际通行惯例和道德准则的；

（十二）违反其他法律、法规规定的。

第七条 广告中宣传产品或服务的特性、构成、生产方法、价格、用途、质量、产地、担保必须准确，不得使公众产生误解。

第八条 广告应尊重他人权利，广告涉及他人名义、名誉、形象、言论、专有标记、注册商标等人身权和财产权的，必须在发布前经权利人书面同意。

禁止使用国家领导人的名义、形象、言论进行广告宣传。

第九条 广告涉及专利权的，必须标明专利和专利类型。禁止用未授权的专利申请和已终止无效的专利进行广告宣传。

第十条 广告涉及产品或服务获奖或获其他荣誉的，必须标明所获奖或荣誉的性质、获得日期及颁奖组织。

第十一条 广告不得损害未成年人、妇女和残疾人的形象和利益，不得对其产生不良后果及影响。

第十二条 发布户外广告，不得有碍市容观瞻，不得造成对周围环境的损害。

第十三条 在新闻媒介上发布的广告，必须与新闻或其他非广告内容相区别，并足以使公众明显认定。

第十四条 发布下列广告，应提交相应的证明：

（一）标明质量合格者，应提交省辖市以上标准化管理部门或经计量认证合格的质量检验机构出具的符合标准的证明；

（二）标明获奖者，应提交本年度、本届获奖或数年度、数届连续获奖的证书，并在广告中注明获奖级别和颁奖部门；

（三）标明优质产品称号者，应提交政府颁发的优质产品证书，并在广告中标明授予优质产品称号的时间和部门；

（四）标明专利权者，应提交专利证书；

（五）标明注册商标者，应提交商标注册证；

（六）实施生产许可证制度的商品的广告应提交生产许可证。

第二章 画面与形象

第十五条 广告中使用的画面、形象应当优美、高雅、文明，不得有下列问题：

（一）使人对商品或服务的质量、用途、效果等宣传要点产生误解；

（二）使人产生厌恶、恐怖、痛苦等不良感觉；

（三）过分感官刺激；

（四）有性挑逗或性诱惑；

（五）可能导致危险或不良行为发生。

第十六条 广告中形象的运用必须恰当：

（一）军人、警察、公务人员、医生、教师，非经所属主管部门同意，不得在广告中表示其头衔或申明其身份。

（二）不得以医生、护士、药剂师、医疗机构、保健机构等人员或机构的名义为药品、食品、化妆品、医疗器械、医疗服务做广告。

（三）国内产品，用外国人做模特的，应能够识别为国内产品；国外产品广告，用中国人做模特的，应能够识别为国外产品。

第十七条 不得滥用公众对名人的信任感。聘用名人做广告宣传商品的使用效果，必须与其本人的真实使用情况相一致。

第十八条 妇女模特的使用，不得有损于妇女形象的健康。

第十九条 妇女模特不得裸露肩以下、膝以上15厘米（公分）的部位（泳装模特不在此限）。

第二十条 泳装模特的使用必须与宣传的产品、画面环境相适应。

第二十一条 商品使用、安装方面的使用示范，必须真实，符合有关技术规范。

第二十二条 有关交通和交通工具的表现，应遵守交通安全规则。交通工具的操作应符合有关的机械常识。

第三章 语言、文字与音响

第二十三条 广告中语言、文字的表述必须真实、规范、健康、文明、不得欺骗或误导公众。

第二十四条 广告中使用的语言、文字、计量单位等，必须遵守国家的有关规定和规范标准。

第二十五条 广告中使用的数据、统计资料、调查结果、文摘、引用语等，必须真实、含义完整并标明出处。

广告中使用的数字必须有依据；使用的百分比必须有检测机构出具的证明。

第二十六条 商品质量或使用效果方面的结论或断言，应有质量检验机构的证明。

第二十七条 运用承诺、保证、担保性语言、文字，应当有实际履行能力的证明。

第二十八条 使用或操作上有特殊要求的商品，应当在广告中加以说明。

第二十九条 广告中不得使用下列语言、文字：

（一）"最好"、"最佳"、"第一"、"首创"等无限高度的形容词；

（二）没有依据、不切实际的夸张；

（三）低级趣味、诲淫意识或渲染色情的描述。

第三十条 广告中使用的音响不应过于刺激或引起噪音干扰。

第四章 比较广告

第三十一条 比较广告应符合公平、正当竞争的原则。

第三十二条 广告中的比较性内容，不得涉及具体的产品或服务，或采用其他直接的比较方式。对一般性同类产品或服务广告进行间接比较的广告，必须有科学的依据和证明。

第三十三条　比较广告中使用的数据或调查结果，必须有依据，并应提供国家专门检测机构的证明。

第三十四条　比较广告内容，应当是相同的产品或可类比的产品，比较之处应当具有可比性。

第三十五条　比较广告使用的语言、文字的描述，应当准确，并且能使消费者理解。不得以直接或影射方式中伤、诽谤其他产品。

第三十六条　比较广告不得以联想方式误导消费者，不得造成不使用该产品将会造成严重损失或不良后果的感觉（安全或劳保用品除外）。

第五章　儿童广告

第三十七条　儿童广告，是指儿童使用的产品或有儿童参加演示内容的广告。

第三十八条　儿童广告必须有益于儿童的生理和心理健康，有利于培养儿童优秀的思想品质和高尚的道德。

第三十九条　不适于儿童使用的产品广告，不得有儿童参加演示。

第四十条　针对儿童宣传的广告，应当进行浅显的，能够为儿童正确理解的描述。

第四十一条　广告中出现的儿童或家长，应当表现为具有良好行为或态度的典范。

第四十二条　不得发布下列儿童广告：

（一）有损儿童的身心健康或道德品质的；

（二）利用儿童给家长施加购买压力的；

（三）影响儿童对长辈和他人尊重或友善的；

（四）影响父母、长辈对儿童的言行进行正确教育的；

（五）以是否拥有某种商品使儿童产生优越感或自卑感的；

（六）儿童模特对宣传的商品的演出超出一般儿童行为能力的；

（七）表现不应由儿童单独从事的某种活动的；

（八）可能引发儿童任何不良事故或行为的；

（九）利用超出儿童判断力的描述，使儿童误解，或者变相欺骗儿童的；

（十）使用教师或儿童教育家、儿童文艺作家、儿童表演艺术家等名义、身份或形象的。

第六章 家用电器广告

第四十三条 家用电器包括：

家用电子器具：收音机（含电子管收音机、晶体管收音机）、录音机（含录放机、收录机）扩音机、电唱机、音响组合、音箱、电视机、录像机及其配套件、录音磁带（含无声带、有声带）、录像磁带、电子元器件等。

家用电器器具：电风扇（含台扇、吊扇、落地扇、壁扇）、排气风扇、凉（热）风扇、单相空调器、空气清洁器、冷饮水器、电冰箱、冷藏柜、制冰机、电灶、电磁灶、微波电炉、电烤箱、电饭煲、电水壶、电热水杯、洗衣机、电熨斗、吸尘器、地板打蜡机、擦玻璃机、取暖电炉、电热毯（垫）、电褥子、电热水器、加湿器、电器器具零配件等。

第四十四条 申请审查家用电器广告，应交验以下证明：

（一）国家质量检验机构出具的质量检验合格证明；

（二）实行生产许可证制度的产品，应交验《生产许可证》。

第四十五条 禁止发布下列家用电器的广告：

（一）不合格产品；

（二）用不合格的原材料、零部件生产、组装的产品；

（三）国家明令淘汰的产品；

（四）没有产品质量标准，未经质量检验机构检验合格的产品；

（五）弄虚作假，以次充好，伪造注册商标，假冒名牌的产品。

第四十六条 达不到国家的有关标准规定等级，仍有使用价值的"处理品"，降价销售的，在广告中应显著标出"处理品"

字样。

第七章 药品广告

第四十七条 药品是指用于预防、治疗、诊断人的疾病,有目的地调节人的生理机能并规定有适应症、用法和用量的物质,包括中药材、中药饮片、中成药、化学原料药及其制剂、抗生素、生化药品、放射性药品、血清疫苗、血液制品和诊断药品等。

第四十八条 申请审查药品(含进口药品)广告,应交验省、自治区、直辖市卫生行政部门出具的《药品广告审批表》。

第四十九条 申请审查精神药品、毒性药品、放射性药品广告,应出具经国务院卫生行政部门核准,由所在地省、自治区、直辖市卫生行政部门核发的药品宣传批准文号。

第五十条 禁止发布下列药品的广告:

(一)麻醉药品和国际公约管制的精神药品品种;

(二)未经卫生行政部门批准生产的药品(含试生产的药品);

(三)卫生行政部门已明令禁止销售、使用的药品;

(四)医疗单位配制的制剂;

(五)未进行商标注册的药品(中药材、中药饮片不在此列);

(六)临床使用,发现有超出规定的副作用的药品。

第五十一条 药品广告的语言、文字、画面的含义,不得超出卫生行政部门在《药品广告审批表》中核准的内容。

第五十二条 利用电视、广播、报纸、杂志和其他印刷品及路牌发布药品广告的,药品的宣传批准文号应列为广告内容,同时发布。

利用前款媒介发布推荐给个人使用的药品广告,广告内容必须标明对患者的忠告性语言"请在医生指导下使用"。

第五十三条 药品广告不得含有下列内容和表现形式:

(一)有淫秽、迷信、荒诞语言文字、画面的;

（二）贬低同类产品或与其他药品进行功效和安全性对比评价的；

（三）违反科学规律，表明或暗示包治百病的；

（四）有"疗效最佳"、"药到病除"、"根治"、"安全预防"、"完全无副作用"等断言或隐含保证的；

（五）有"最高技术"、"最高科学"、"最进步制法"、"药之王"等断言的；

（六）说明治愈率或有效率的；

（七）利用医药科技单位、学术机构、医院或儿童、医生、患者的名义和形象作为广告内容的；

（八）专用于治疗性功能障碍的；

（九）标明获奖内容的。

第五十四条　药品广告的表现不得令人产生自己已患某种疾病的疑虑。

第八章　农药广告

第五十五条　农药包括：用于防治农、牧业的病、虫、杂草、鼠害和其他有害生物，以及调节植物、昆虫生长的药物（包括化学农药的原药、加工制剂及生物农药）。

第五十六条　申请审查农药广告，应交验农业行政主管部门出具的《农药广告审批表》。

在全国性报刊（含全国性专业报刊）、广播、电视上发布农药广告，应交验由国务院农业行政主管部门出具的《农药广告审批表》。

利用其他媒介刊播、设置广告，应交验由省、自治区、直辖市农业厅（局）药检或植保部门出具的《农药广告审批表》。

第五十七条　申请审查进口农药广告，应交验由国务院农业行政主管部门农药检定所出具的《农药广告审批表》。

第五十八条　农药广告的文字、语言及画面的含义，不得超出《农药广告审批表》中核准的内容。如需更改，应重新申办《农药广告审批表》。

第五十九条 发布农药广告，不得出现下列内容：

（一）有安全性断言的，如"完全"、"无毒"、"不含毒性"、"无残毒"等；

（二）贬低同类产品或与其他药品进行功效和安全性对比评价的；

（三）有"保证高产"、"根治"等断言或隐含保证的；有违反农药安全使用规程的文字、语言或画面的。

第九章 兽药广告

第六十条 兽药是指用于预防、治疗、诊断畜、禽等动物疾病，有目的地调节其生理机能并规定作用、用法、用量的物质（含饲料药物添加剂），包括：血清、菌（疫苗）、诊断液等生物制品；兽用中药材、中成药、化学原料药及其制剂；抗生素、生化药品、放射性药品。

第六十一条 申请审查兽药广告，应交验下列证明材料：

（一）省、自治区、直辖市农业行政主管部门出具的兽药广告证明；

（二）省、自治区、直辖市农业行政主管部门核发的兽药生产批准文号，兽药经营企业应交验县以上农业行政主管部门核发的《兽药经营许可证》；

（三）商标注册证书；

（四）产品质量检验合格证；

（五）省、自治区、直辖市农业行政主管部门批准的兽药说明书。

第六十二条 申请审查进口兽药广告，应交验以下材料：

（一）国务院农业行政主管部门核发的《进口兽药登记许可证》；

（二）省、自治区、直辖市或国务院农业行政主管部门指定的兽药监察所出具的检验合格证明；

（三）兽药说明书（附中文译本）。

第六十三条 兽药广告的内容，必须以省、自治区、直辖市农业行政主管部门批准的兽药广告证明或兽药说明书为准。

第六十四条 禁止发布下列兽药广告：

（一）未取得农业行政主管部门检发的批准文号的；

（二）国务院农业行政主管部门明令禁止使用的；

（三）非兽药冒充兽药的；

（四）兽药所含成份的种类、含量、名称与国家标准、行业标准或者地方标准不符的；

（五）超过有效期的；

（六）因变质不能药用的；

（七）因被污染不能药用的；

（八）兽用麻醉药品和精神药品；

（九）兽医医疗单位配制的兽药制剂；

（十）其他与兽药标准规定不符的。

第六十五条 兽药广告中下列用语的含义是：

（一）畜、禽等动物：指家畜、家禽、鱼类、蜜蜂、蚕及其他人工饲养的动物；

（二）新兽药：指我国新研制出的兽药原料药品；

（三）兽药新剂：指用兽药原料药品新研制、加工出的兽药剂。

第十章 医疗器械广告

第六十六条 医疗器械包括：用于人体疾病诊断、治疗、预防，调节人体生理功能或替代人体器官的仪器、设备、装置、器具、植入物、材料及其相关物品。

第六十七条 申请审查医疗器械广告，应交验国家医药管理部门，或省、自治区、直辖市医药管理部门或同级医药行政管理部门出具的《医疗器械广告证明》。

申请审查进口医疗器械广告，应交验国家医药管理部门出具的《医疗器械广告证明》

第六十八条 医疗器械广告的文字、语言及画面的含义，不得超出《医疗器械广告证明》中核准的内容。如需更改，应重新申办《医疗器械广告证明》。

第六十九条　下列医疗器械，禁止发布广告：

（一）未经国家医药管理部门或省、自治区、直辖市医药管理部门或同级医药行政管理部门批准生产的医疗器械；

（二）临床试用、试生产的医疗器械；

（三）已实施生产许可证而未取得生产许可证生产的医疗器械；

（四）有悖于中国社会习俗和道德规范的医疗器械。

第七十条　医疗器械广告不得出现下列内容：

（一）使用专家、医生、患者、未成年人或医疗科研、学术机构、医疗单位的名义进行广告宣传；

（二）使用"保证治愈"等有关保证性的断语；

（三）与同类产品功效、性能进行比较的言论或画面、形象；

（四）运用数字或图表宣传治疗效果；

（五）宣传不使用做广告的产品，可能导致或加重某种疾病的语言、文字、画面；

（六）可能使人得出使用广告的产品，可以使疾病迅速治愈、身体康复的印象或结论的语言、文字、画面。

第七十一条　标明获得专利权的医疗器械广告，必须说明获得专利的类型。在专利获批准以前，不得进行与专利有关的宣传。

第七十二条　标明获奖的医疗器械广告，其标明的获奖必须是获得省级以上（含省级）人民政府授予的各类奖。其他各种获奖，不得在广告中标明。

第七十三条　推荐给个人使用的具有治疗疾病或调节生理功能作用的医疗器械，除经医疗器械广告证明出具机关批准，可以不在广告中标明忠告性语言的以外，均须在广告中标明对患者的忠告语"请在医生指导下使用。"

第十一章　医疗广告

第七十四条　医疗广告包括：医疗机构通过一定媒介或形

式,向社会公众宣传其运用科学技术诊疗疾病的活动。

第七十五条 医疗广告内容仅限于医疗机构名称、诊疗地点、从业医师姓名、技术职称、服务商标、诊疗时间、诊疗科目、诊疗方法、通信方式。

第七十六条 西医临床诊疗科目,以《综合医院分级管理标准》的卫生部有关文件为依据,疾病名称以国际分类 ICD—9 中三位数类目表为依据。

中医临床诊疗科目以全国中医院分级管理标准及国家中医药管理部门有关文件为依据;疾病名称以全国中医高等院校统一教材及国家中医药管理部门有关规定为依据;治疗方法、机理以中医药学理论及其有关规范为依据。

第七十七条 申请审查医疗广告,应交验卫生行政部门出具的《医疗广告证明》。

第七十八条 医疗广告证明文号必须与广告内容同时发布。

第七十九条 医疗广告的文字、语言及画面的含义,不得超出《医疗广告证明》中核准的内容。

第八十条 医疗广告中禁止出现下列内容:

(一)有淫秽、迷信、荒诞语言文字、画面的;

(二)贬低他人的;

(三)保证治愈或隐含保证治愈的;

(四)宣传诊疗效果及治愈率的、有效率的;

(五)利用患者或医学权威机构、人员和医生的名义、形象或使用其推荐语进行宣传的;

(六)冠以社会秘方或名医传授等内容的;

(七)以通信形式诊断疾病的;

(八)国家卫生行政部门规定不得进行宣传的诊疗方法;

(九)违反其他有关法律、法规的。

第十二章 食品广告

第八十一条 食品包括:各种供人食用或者饮用的成品和原料,但不包括以治疗为目的的药品。

第八十二条 申请审查食品广告，应交验食品卫生监督机构出具的《食品广告证明》。

申请审查特殊营养食品广告及食品新资源广告，应交验省级以上卫生行政部门出具的证明。

第八十三条 特殊营养食品，是指通过改变食品中天然营养素的成分含量比例，以适应某些特殊人群营养需要的食品。

第八十四条 食品新资源，是指在我国新发现、新引进或新研制的，无食用习惯或仅在个别地区有食用习惯，而且符合食品基本要求的物品。

第八十五条 食品广告的语言、文字及画面的含义，不得超出《食品广告证明》中核准的内容。

第八十六条 食品广告中不得出现医疗术语，易与药品混淆的用语以及无法用客观指标评价的用语，如：返老还童、延年益寿、白发变黑、齿落更生、防老抗癌、祖传秘方、宫庭秘方等。

第八十七条 食品广告不得表示或暗示减肥功能，若表示有助于消化、保持体型，应在广告中同时强调体育锻炼、营养均衡等与之相配合。

第八十八条 食品广告表示其低脂、低糖、低盐、低胆固醇等含量的，必须出具卫生监督机构说明其低于同类产品含量的证明。

第八十九条 禁止发布母乳替代食品广告。

第十三章 烟酒广告

第九十条 禁止利用广播、电视、报刊媒介及法律、法规明令禁止吸烟的场所发布烟草制品广告。

第九十一条 酒类广告及利用非禁止媒介发布烟草制品广告，不得出现以下内容：

（一）有鼓动、倡导、引诱人们吸烟、饮酒的文字、语言和画面；

（二）有吸烟和饮酒形象；

（三）有未成年人形象。

第九十二条 烟酒广告不得表示或暗示医疗、保健效果，如：增加记忆力、健胃健脾。不得使用无法以客观指标评价的用语，如：返老还童、延年益寿、防老抗癌等。

第九十三条 申请发布酒精含量的39度以上烈性酒广告及在非禁止媒介上发布烟草制品广告，应交验以下材料：

（一）产品质量检验合格证书；

（二）省、自治区、直辖市工商行政管理局或其授权的省辖市工商行政管理局批准做广告的证明。

第九十四条 发布39度以下（含39度）酒类广告，必须注明酒的度数。

第九十五条 利用非禁止媒介发布烟草制品广告，必须在广告中标明"吸烟有害健康"或其他类似内容的忠告性语言。

第十四章 化妆品广告

第九十六条 化妆品广告包括：以涂擦、喷洒或者其他类似的方法，散布于人体表面任何部位（皮肤、毛发、指甲、口唇等），以达到清洁、清除不良气味、护肤、美容和修饰目的的日用化学工业产品。

特殊用途化妆品，是指用于育发、染发、烫发、脱发、美乳、健美、除臭、除雀斑、防晒的化妆品。

第九十七条 申请审查化妆品广告，应交验下列材料：

（一）营业执照；

（二）《化妆品生产企业卫生许可证》；

（三）《化妆品生产许可证》；

（四）美容类化妆品，须交验省级以上化妆品检测站（中心）或卫生防疫站出具的检验合格的证明；

（五）特殊用途化妆品，须交验国务院卫生行政部门核发的批准文号；

（六）化妆品如宣称科技成果的，须交验省级以上轻工行业主管部门颁发的科技成果鉴定书。

第九十八条 申请审查进口化妆品广告，需交验下列证明：

（一）国务院卫生行政部门批准化妆品进口的有关批件；

（二）国家商检部门检验化妆品合格的证明；

（三）出口国（地区）批准生产该化妆品的证明文件（附中文译本）。

第九十九条 对可能引起不良反应的化妆品，应在广告中注明使用反应、注意事项。

第一〇〇条 化妆品广告中禁止出现下列内容：

（一）化妆品名称、制法、成分、效用或性能有虚假夸大的；

（二）使用他人名义保证或以暗示方法使人误解其效用的；

（三）宣传医疗作用或使用医疗术语的；

（四）有贬低同类产品内容的；

（五）使用最新创造、最新发明、纯天然制品、无副作用等绝对化语言的；

（六）有涉及化妆品性能或功能、销量等方面的数据的；

（七）违反其他法律、法规的。

第十五章 金融广告

第一〇一条 金融广告包括银行业、证券业、保险业、信托业、租赁业、金银、外汇买卖，以及各种社会融资活动的广告。

第一〇二条 金融广告的内容必须真实、准确、合法、明白，不得欺骗或误导公众。

第一〇三条 金融广告应当保证其内容的准确性和完整性，确保公众对广告中所涉及内容的性质（如投资机会、资金用途、附加条件等）有充分的了解，不得夸大或隐匿关键的内容；对于有风险的金融活动，必须在广告中予以说明。

第一〇四条 申请发布的融资广告，不得包含下列内容：

（一）对该融资活动收益前景的评论和建议，或比照其他证券和投资的收益；

（二）说明或暗示任何付还本金或应支付的任何利息是有保证的。

第一〇五条 融资广告提及广告主资产额的，应交验具有法律效力的资产负债证明。

第一〇六条　股票广告,应在显著位置标注"股市有风险,股民须慎重入市"或含有类似内容的忠告性语言。

第一〇七条　下列金融活动,禁止发布广告:
（一）违反国家法律、法规的;
（二）未经国家金融主管部门批准的;
（三）企、事业单位内部的资金融通行为。

第一〇八条　发布储蓄、信贷广告,应提交上一级人民银行出具的批准文件。

第一〇九条　发布保险、信托、租赁广告,应提交上级主管部门和同级人民银行出具的批准文件。

第一一〇条　发布批发金银及其制品广告,应提交中国人民银行出具的批准文件;发布零售及其制品广告,应提交省级或计划单列市人民银行出具的批准文件。

第一一一条　股票发行、上市广告,应分别情况,提交下列证明:
（一）中央企业发布股票发行、上市广告,须提交其主管部门和企业所在地省级或计划单列市人民政府出具的批准文件、中国证券监督管理委员会复审同意的证明和上市地（上海、深圳）证券交易所上市委员会准予上市的批准文件;
（二）地方企业发布股票发行、上市广告,须提交省级或计划单列市人民政府出具的批准文件、中国证券监督管理委员会复审同意的证明和上市地（上海、深圳）证券交易所上市委员会准予上市的批准文件。

第一一二条　发布其他与股票有关的（如新股认购权利证书、分红派息、配股说明书、年度业绩报告等）广告,应当提交当地省级和计划单列市证券主管机关,及上市地证券主管机关出具的批准文件。

第一一三条　发布投资基金证券广告,须提交中国人民银行出具的批准文件。

第一一四条　发布债券广告,应分别情况,提交下列证明:

（一）金融机构债券广告，须提交中国人民银行出具的批准文件；

（二）国家投资债券、国家投资公司债券广告，须提交国家计委出具的批准文件；

（三）中央企业债券广告，须提交中国人民银行和国家计委出具的批准文件；

（四）地方企业债券、地方投资公司债券广告，须提交省级或计划单列市人民政府出具的批准文件；

（五）企业短期融资券广告，须提交省级或计划单列市人民银行出具的批准文件。

第一一五条 发布定向募集法人股广告，应分别情况，提交下列证明：

（一）中央企业发布定向募集法人股广告，须提交国家经济体制改革委员会的批准文件；

（二）地方企业发布定向募集法人股广告，须提交省级或计划单列市体制改革委员会的批准文件。

第一一六条 为社会公益事业集资所发行的彩票广告，须提交国务院的批准文件。

发布其他有偿集资广告，根据国家有关规定提交相应的批准文件。

第十六章 其他广告

第一一七条 报刊出版发行广告，应提交新闻出版署核发的《报纸登记证》和《期刊登记证》。

第一一八条 图书出版社发行广告，应提交新闻管理机关批准成立出版社的证明。

第一一九条 文艺演出广告，应提交县以上文化主管部门演出的证明。

第一二〇条 文化补习班的招生广告，应提交县以上（含县）教育行政部门同意刊播广告的证明。

第一二一条 职业技术培训班招生广告、招工招聘广告，应提交县以上（含县）教育行政部门或劳动人事部门同意刊播广告的证明。

第一二二条 大专院校招生广告，跨省招生，学制一年以上的，须经学校所在地省、自治区、直辖市教育行政部门审核，报国家教育委员会批准后，方可发布。

第一二三条 中等专业教育广告，应提交地（市）级教育行政部门同意刊播广告的证明。

第一二四条 外国来华的招生广告，应提交国家教育委员会的证明。

第一二五条 展销会、订货会、交易会广告，应提交主办单位主管部门批准的证明。

1994年1月

后 记

为了适应我国社会主义市场经济的发展和广告事业本身的发展对广告学研究的迫切需要,为了满足我校广告学专业和其他相关专业在教学上的急需,笔者在总结自己多年从事广告学概论教学实践的基础上,编撰了本书。

在编撰过程中,笔者参阅了中外广告学方面的一些论著,受到很大启发,吸取了近年来广告学研究中的最新成果。因篇幅的限制,未一一注明出处,谨在此表示诚挚而深切的谢意。

由于本人水平有限,书中难免存在不够确切或完善甚至错误之处,恳请广大读者和同行专家予以批评、指正。

董景寰

1998 年 4 月

彩图 1

彩图3

彩图2

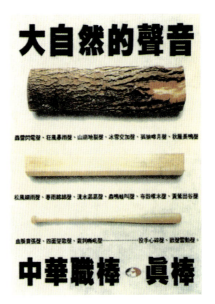

彩图4

彩图5

彩图 6

彩图 7

彩图8

彩图9

彩图 10

彩图 11

彩图 12

彩图 13

图书在版编目（CIP）数据

广告学概论/董景寰编著. -北京：中国建筑工业出版社，1998
高等学校广告学专业教学丛书暨高级培训教材
ISBN 7-112-03690-9

Ⅰ.广… Ⅱ.董… Ⅲ.广告学-高等学校-教材 Ⅳ.F713.8

中国版本图书馆 CIP 数据核字（98）第 35245 号

高等学校广告学专业教学丛书暨高级培训教材
广 告 学 概 论
董景寰　编著

中国建筑工业出版社出版、发行（北京西郊百万庄）
新 华 书 店 经 销
北京中科印刷有限公司印刷
开本：850×1168 毫米　1/32　印张：12　插页：4　字数：323 千字
1998 年 12 月第一版　　2006 年 9 月第七次印刷
印数：8501—9700 册　定价：32.00 元
ISBN 7-112-03690-9
J·24（8969）

版权所有　翻印必究
如有印装质量问题,可寄本社退换
（邮政编码　100037）